FREUD-STUDIENAUSGABE

BAND IV

Herausgegeben von
Alexander Mitscherlich · Angela Richards · James Strachey
Mitherausgeber des Ergänzungsbandes
Ilse Grubrich-Simitis

Band IV: Der Witz und seine Beziehung zum Unbewußten (1905) · Der Familienroman der Neurotiker (1909 [1908]) · Über den Gegensinn der Urworte (1910) · Zur Psychologie des Gymnasiasten (1914) · Das Unheimliche (1919) · Der Humor (1927) · Brief an Romain Rolland (Eine Erinnerungsstörung auf der Akropolis) (1936)

SIGMUND FREUD

Studienausgabe

BAND IV

Psychologische Schriften

S. FISCHER VERLAG

Die Freud-Studienausgabe erschien ursprünglich (1969–1975)
im Rahmen der S. Fischer-Reihe
CONDITIO HUMANA
ERGEBNISSE AUS DEN WISSENSCHAFTEN VOM MENSCHEN
(Herausgeber: Thure von Uexküll und Ilse Grubrich-Simitis;
Berater: Johannes Cremerius, Hans J. Eggers, Thomas Luckmann).

1. Auflage 1970

Zwischen 1969 und 1982 erschien die *Studienausgabe*
in kartonierter Ausstattung. In diesem Zeitraum erreichte Band IV
insgesamt fünf, teils korrigierte Auflagen.
Von 1982 bis 1989 wurde die *Studienausgabe* in einer
Taschenbuchversion vorgelegt.
Sie ist in die Auflagenzählung einbezogen.
1989 präsentierte der S. Fischer Verlag die *Studienausgabe* erneut
kartoniert, und zwar als revidierte Neuausgabe mit editorischen
Ergänzungen, die in Band I, S. 32, erläutert sind.
Seither weitere, teils korrigierte Auflagen von Band IV.

Zuletzt 10. Auflage 2009

Elfte Auflage

Druck und Bindung: CPI – Clausen & Bosse, Leck
Printed in Germany 2012
ISBN 978 3 10 822724 1

INHALT

ZU DIESEM BAND

Eine genauere Darstellung der Gliederung und der Ziele der vorliegenden Ausgabe sowie der editorischen Methode findet sich in den Erläuterungen zur Edition, die dem Band I vorangestellt sind. Diese Gesichtspunkte sollen daher hier nur noch einmal kurz zusammengefaßt werden; zugleich möchten wir dem Leser mit einigen Erklärungen einen Wegweiser zum vorliegenden Band geben.

Ziel dieser nach Themen gegliederten Ausgabe ist es, vor allem den Studenten aus den an die Psychoanalyse angrenzenden Wissensgebieten – der Soziologie, den Politischen Wissenschaften, der Sozialpsychologie, Pädagogik usw. –, aber auch interessierten Laien die Hauptwerke Sigmund Freuds in preiswerter Ausstattung mit einem detaillierten neuen Anmerkungsapparat systematischer und in größerem Umfang zugänglich zu machen, als dies in den Taschenbuchausgaben einiger Einzelwerke möglich ist. Zunächst bestand nicht die Absicht, die Schriften zur Behandlungstechnik und zur Theorie der Therapie in die Edition aufzunehmen. Auf vielfachen Wunsch wurde dieser Teil von Freuds Werk später in einem nicht-numerierten Ergänzungsband zur *Studienausgabe* nachgereicht.

Die Veröffentlichung der *Studienausgabe* erfolgt nach dem Tode von James Strachey, dem Senior des Herausgebergremiums, der jedoch bis zu seinem Tode im April 1967 an den Vorbereitungen, vor allem am Inhaltsplan und an den Richtlinien für die Kommentierung, mitgearbeitet hat.

Die für diese Ausgabe benutzten Texte sind im allgemeinen die der letzten deutschen Ausgabe, die noch zu Freuds Lebzeiten veröffentlicht wurden, in den meisten Fällen also die der zuerst in London erschienenen *Gesammelten Werke* (die ihrerseits großenteils Photokopien der noch in Wien publizierten *Gesammelten Schriften* sind). Wo dies nicht zutrifft, wird die Quelle in der das betreffende Werk einführenden ›Editorischen Vorbemerkung‹ genannt. Ein paar Seitenhinweise Freuds auf frühere, heute kaum noch erreichbare Ausgaben seines Werks sind von den Herausgebern weggelassen worden; statt dessen wurden deskriptive Fußnoten hinzugefügt, welche es dem Leser ermöglichen, die entsprechenden Stellen in heute greifbaren Editionen aufzufinden; dies betrifft vor allem die *Traumdeutung*. Um unnötige Wiederholungen zu vermeiden, sind auch ausführliche bibliographische Angaben Freuds über eigene Werke sowie über Schriften anderer Autoren, die in den älteren Editionen im Text enthalten sind, in der Regel in die Bibliographie am Schluß der Bände der *Studienausgabe* verwiesen worden. Außer diesen unwesentlichen Änderungen und dem einheitlichen Gebrauch der Abkürzung »S.« für Seitenverweise (auch dort, wo Freud, wie vor allem in den frühen Arbeiten, »p.« schrieb) sowie schließlich einigen wenigen Modernisierungen der Orthographie, Interpunktion und Typographie wird jede Änderung, die am Quellentext vorgenommen wurde, in einer Fußnote erklärt.

Das in die *Studienausgabe* aufgenommene editorische Material entstammt der *Standard Edition of the Complete Psychological Works of Sigmund Freud*, der englischen Ausgabe also, die unter der Leitung von James Strachey hergestellt wurde; es wird hier mit Erlaubnis der Inhaber der Veröffentlichungsrechte, des Institute of Psycho-Analysis und des Verlages Hogarth Press (London), in der Übersetzung wiedergegeben. Wo es das Ziel der vorliegenden Ausgabe erforderte, wurde dieses Material gekürzt und adaptiert; zugleich wurden einige wenige Korrekturen vorgenommen und ergänzende Anmerkungen hinzugefügt. Abgesehen von den ›Editorischen Vorbemerkungen‹, stehen sämtliche von den Herausgebern stammenden Zusätze in eckigen Klammern.

Die Herausgeber sind Ilse Grubrich-Simitis vom S. Fischer Verlag zu großem Dank verbunden. Ohne ihre Initiative wäre diese Studienausgabe nicht begonnen worden; in allen Stadien der Vorbereitung hat sie unschätzbare Hilfen und kenntnisreiche Anregungen gegeben. Großer Dank gebührt auch Käte Hügel für die Übertragung des editorischen Materials ins Deutsche sowie Ingeborg Meyer-Palmedo für ihre sorgfältige Hilfe beim Korrekturlesen und für die Herstellung der Register.

Die in diesem Band verwendeten speziellen Abkürzungen sind in der Liste der Abkürzungen auf S. 301 erklärt. Im Text oder in den Fußnoten sind gelegentlich Werke von Freud erwähnt, die nicht in die *Studienausgabe* aufgenommen wurden. Die Bibliographie am Ende jedes Bandes (in welcher die Daten aller erwähnten technischen Arbeiten Freuds und anderer Autoren enthalten sind) informiert den Leser darüber, ob die betreffende Arbeit in die *Studienausgabe* aufgenommen wurde oder nicht. Auf S. 332 ff. findet sich außerdem ein Gesamtinhaltsverzeichnis der *Studienausgabe*.

Die Herausgeber

Der Witz
und seine Beziehung zum Unbewußten

(1905)

EDITORISCHE VORBEMERKUNG

Deutsche Ausgaben:

1905 Leipzig und Wien, Deuticke. II + 206 Seiten.
1912 2. Aufl. im gleichen Verlag. (Mit einigen kleinen Zusätzen.) IV + 207 Seiten.
1921 3. unveränderte Aufl. im gleichen Verlag. IV + 207 Seiten.
1925 4. unveränderte Aufl. im gleichen Verlag. IV + 207 Seiten.
1925 *G. S.*, Bd. 9, 1–269. (Unverändert.)
1940 *G. W.*, Bd. 6, 1–285. (Unverändert.)

Bei der Erörterung der Beziehung zwischen Witz und Traum erwähnt Freud seinen »subjektiven Anlaß..., mich mit dem Problem des Witzes zu beschäftigen« (S. 162). Es handelte sich, kurz gesagt, darum, daß Wilhelm Fließ, als er im Herbst 1899 die Korrekturfahnen der *Traumdeutung* las, bemängelte, die Träume enthielten zu viele Witze. Freud selbst erwähnt dieses Ereignis in einer Fußnote in der ersten Auflage der *Traumdeutung* (1900*a*, VI. Kapitel, etwa in der Mitte der zweiten Hälfte von Abschnitt A).
Dieser Vorfall hatte zweifellos eine anregende Wirkung und führte dazu, daß Freud dem Gegenstand größere Aufmerksamkeit schenkte; aber sein Interesse an ihm wurde sicher nicht erst zu diesem Zeitpunkt geweckt. Es gibt vielmehr genügend Beweise, daß er sich schon mehrere Jahre damit beschäftigte. Das zeigt sich z. B. in dem Hinweis auf den Mechanismus der »komischen« Effekte in der *Traumdeutung* (VII. Kapitel, gegen Ende von Abschnitt E), der einen Hauptpunkt im Schlußkapitel des vorliegenden Werks vorwegnimmt. Natürlich mußte es Freud, sobald er sich näher mit den Träumen befaßte, auffallen, wie häufig witzähnliche Strukturen in den Träumen selbst oder in den mit ihnen zusammenhängenden Assoziationen vorkommen – die *Traumdeutung* ist voll von Beispielen dieser Art.
Ganz abgesehen von den Träumen zeigt sich Freuds frühes theoretisches Interesse am Witz auch in seinen Briefen an Fließ (Freud, 1950*a*). Am 12. Juni 1897 (Brief Nr. 65) schrieb er: »Ich will gestehen, daß ich in letzter Zeit eine Sammlung tiefsinniger jüdischer Geschichten angelegt habe.« Diese »Sammlung« erwähnt Freud noch mehrmals und teilt Fließ etliche der jüdischen Geschichten in seinen Briefen mit; einige erscheinen auch in der *Traumdeutung*. Natürlich stammen aus dieser Sammlung die vielen Beispiele solcher Anekdoten, auf die er seine Theorien in erheblichem Maße stützte.
Ferner übte in jener Zeit Theodor Lipps einen gewissen Einfluß auf Freuds

Denken aus. Lipps (1851–1914) war ein Münchener Professor, der über psychologische und ästhetische Themen gearbeitet hat und dem der Begriff »Einfühlung« zugeschrieben wird. Freuds Interesse wurde wahrscheinlich zunächst von Lipps' Ansichten über das Unbewußte geweckt (s. Lipps, 1883 und 1897). 1898 erschien jedoch ein weiteres Werk von Lipps, diesmal über einen spezielleren Gegenstand – *Komik und Humor.* Und diese Arbeit war es, die Freud zu seiner vorliegenden Studie anregte, wie er uns gleich am Anfang mitteilt.
Auf den so vorbereiteten Boden fiel dann die Saat der kritischen Bemerkung von Fließ; es dauerte jedoch noch einige Jahre, bevor sie Frucht brachte.
Im Jahre 1905 veröffentlichte Freud drei Hauptwerke: die Fallgeschichte der »Dora« (1905 *e*; zu großen Stücken ist diese Arbeit allerdings schon vier Jahre vorher niedergeschrieben worden), die *Drei Abhandlungen zur Sexualtheorie* und *Der Witz und seine Beziehung zum Unbewußten.* An den beiden zuletzt genannten Büchern arbeitete Freud gleichzeitig: Ernest Jones (1962 *a*, 25) berichtet, daß Freud die beiden Manuskripte auf zwei nebeneinanderstehenden Tischen liegen hatte und »je nach Laune bald an dem einen, bald an dem anderen« schrieb. Die beiden Bücher kamen auch fast gleichzeitig heraus; die genauen Daten stehen nicht fest, aber *Der Witz* muß vor Anfang Juni erschienen sein, denn die Wiener Tageszeitung *Die Zeit* brachte schon am 4. Juni eine lange und positive Besprechung des Buches.
Sein späteres Schicksal unterscheidet sich erheblich von dem der anderen größeren Werke Freuds aus jener Zeit. *Die Traumdeutung, Zur Psychopathologie des Alltagslebens* und die *Drei Abhandlungen* sind alle in den späteren Ausgaben stark erweitert und so verändert worden, daß sie fast nicht wiederzuerkennen sind. An seinem Buch über den *Witz* nahm Freud, als es 1912 in zweiter Auflage erschien, nur ein halbes Dutzend kleinere Zusätze vor und änderte später überhaupt nichts mehr daran[1].
Möglicherweise hängt das mit der Tatsache zusammen, daß dieses Buch etwas abseits von seinen anderen Schriften steht. Vielleicht meinte Freud das selber, denn er nimmt in anderen Werken verhältnismäßig selten Bezug darauf, und z. B. in den *Vorlesungen zur Einführung in die Psychoanalyse*[2] sagt er, es »hat mich seinerzeit ein Stück von meinem Wege abgeführt«. Unerwartet nahm er jedoch nach einer Pause von über zwanzig Jahren mit der kurzen Arbeit ›Der Humor‹ (1927 *d*, im vorliegenden Band S. 275) den Faden noch einmal auf, um dieses noch ungeklärte Problem mit Hilfe der neu entwickelten Strukturvorstellung von der Seele aufzuhellen.
Ernest Jones bezeichnet das Buch über den *Witz* als die am wenigsten bekannte der Freudschen Schriften; das ist, zumindest was die nichtdeutschen Leser betrifft, wahr und nicht verwunderlich. Das Werk enthält gleichwohl eine Fülle

---

[1] Zur Erleichterung der Orientierung wurden in der vorliegenden Ausgabe die Abschnitte, in welche Freud die langen Kapitel unterteilt hat, numeriert.
[2] (1916–17); 25. Vorlesung, *Studienausgabe*, Bd. 1, 238.

hochinteressanten Materials, große Teile davon erscheinen in keiner der anderen Arbeiten Freuds, und abgesehen von der *Traumdeutung* finden sich nirgends so detaillierte Darstellungen komplizierter psychischer Vorgänge wie gerade hier.

A. Analytischer Teil

I
EINLEITUNG

[1]

Wer einmal Anlaß gehabt hat, sich in der Literatur bei Ästhetikern und Psychologen zu erkundigen, welche Aufklärung über Wesen und Beziehungen des Witzes gegeben werden kann, der wird wohl zugestehen müssen, daß die philosophische Bemühung dem Witz lange nicht in dem Maße zuteil geworden ist, welches er durch seine Rolle in unserem Geistesleben verdient. Man kann nur eine geringe Anzahl von Denkern nennen, die sich eingehender mit den Problemen des Witzes beschäftigt haben. Allerdings finden sich unter den Bearbeitern des Witzes die glänzenden Namen des Dichters Jean Paul (Fr. Richter) und der Philosophen Th. Vischer, Kuno Fischer und Th. Lipps; aber auch bei diesen Autoren steht das Thema des Witzes im Hintergrunde, während das Hauptinteresse der Untersuchung dem umfassenderen und anziehenderen Probleme des Komischen zugewendet ist.

Man gewinnt aus der Literatur zunächst den Eindruck, als sei es völlig untunlich, den Witz anders als im Zusammenhange mit dem Komischen zu behandeln.

Nach Th. Lipps (*Komik und Humor*, 1898)[1] ist der Witz »die durchaus subjektive Komik«, d. h. die Komik, »die wir hervorbringen, die an unserem Tun als solchem haftet, zu der wir uns durchwegs als darüberstehendes Subjekt, niemals als Objekt, auch nicht als freiwilliges Objekt verhalten« (S. 80). Erläuternd hiezu die Bemerkung: Witz heiße überhaupt »jedes bewußte und geschickte Hervorrufen der Komik, sei es der Komik der Anschauung oder der Situation« (S. 78).

K. Fischer erläutert die Beziehung des Witzes zum Komischen mit Beihilfe der in seiner Darstellung zwischen beide eingeschobenen Karikatur.

---

[1] *Beiträge zur Ästhetik*, herausgegeben von Theodor Lipps und Richard Maria Werner, VI. – Ein Buch, dem ich den Mut und die Möglichkeit verdanke, diesen Versuch zu unternehmen.

(*Über den Witz,* 1889.) Gegenstand der Komik ist das Häßliche in irgendeiner seiner Erscheinungsformen: »Wo es verdeckt ist, muß es im Licht der komischen Betrachtung entdeckt, wo es wenig oder kaum bemerkt wird, muß es hervorgeholt und so verdeutlicht werden, daß es klar und offen am Tage liegt ... So entsteht die Karikatur« (S. 45). – »Unsere ganze geistige Welt, das intellektuelle Reich unserer Gedanken und Vorstellungen, entfaltet sich nicht vor dem Blicke der äußeren Betrachtung, läßt sich nicht unmittelbar bildlich und anschaulich vorstellen und enthält doch auch seine Hemmungen, Gebrechen, Verunstaltungen, eine Fülle des Lächerlichen und der komischen Kontraste. Diese hervorzuheben und der ästhetischen Betrachtung zugänglich zu machen, wird eine Kraft nötig sein, welche imstande ist, nicht bloß Objekte unmittelbar vorzustellen, sondern auf diese Vorstellungen selbst zu reflektieren und sie zu verdeutlichen: eine gedankenerhellende Kraft. Diese Kraft ist allein das *Urteil.* Das Urteil, welches den komischen Kontrast erzeugt, ist der *Witz,* er hat im stillen schon in der Karikatur mitgespielt, aber erst im Urteil erreicht er seine eigentümliche Form und das freie Gebiet seiner Entfaltung« (S. 49–50).

Wie man sieht, verlegt Lipps den Charakter, welcher den Witz innerhalb des Komischen auszeichnet, in die Betätigung, in das aktive Verhalten des Subjekts, während K. Fischer den Witz durch die Beziehung zu seinem Gegenstand, als welcher das verborgene Häßliche der Gedankenwelt gelten soll, kennzeichnet. Man kann diese Definitionen des Witzes nicht auf ihre Triftigkeit prüfen, ja man kann sie kaum verstehen, wenn man sie nicht in den Zusammenhang einfügt, aus dem gerissen sie hier erscheinen, und man stände so vor der Nötigung, sich durch die Darstellungen des Komischen bei den Autoren hindurchzuarbeiten, um von ihnen etwas über den Witz zu erfahren. Indes wird man an anderen Stellen gewahr, daß dieselben Autoren auch wesentliche und allgemein gültige Charaktere des Witzes anzugeben wissen, bei welchen von dessen Beziehung zum Komischen abgesehen ist.

Die Kennzeichnung des Witzes bei K. Fischer, die den Autor selbst am besten zu befriedigen scheint, lautet: »Der Witz ist ein *spielendes* Urteil« (S. 51). Zur Erläuterung dieses Ausdruckes werden wir auf die Analogie verwiesen: »wie die ästhetische Freiheit in der spielenden Betrachtung der Dinge bestand« (S. 50). An anderer Stelle (S. 20) wird das ästhetische Verhalten gegen ein Objekt durch die Bedingung charakterisiert, daß wir von diesem Objekt nichts verlangen, insbesondere keine Befriedigung unserer ernsten Bedürfnisse, sondern uns mit dem

Genuß der Betrachtung desselben begnügen. Das ästhetische Verhalten ist *spielend* im Gegensatz zur Arbeit. – »Es könnte sein, daß aus der ästhetischen Freiheit auch eine von der gewöhnlichen Fessel und Richtschnur losgelöste Art des Urteilens entspringt, die ich um ihres Ursprungs willen *›das spielende Urteil‹* nennen will, und daß in diesem Begriff die erste Bedingung, wenn nicht die ganze Formel enthalten ist, die unsere Aufgabe löst. ›Freiheit gibt Witz und Witz gibt Freiheit‹, sagt Jean Paul. ›Der Witz ist ein bloßes Spiel mit Ideen‹« (S. 24) [1].

Von jeher liebte man es, den Witz als die Fertigkeit zu definieren, Ähnlichkeiten zwischen Unähnlichem, also versteckte Ähnlichkeiten zu finden. Jean Paul hat diesen Gedanken selbst witzig so ausgedrückt: »Der Witz ist der verkleidete Priester, der jedes Paar traut.« Th. Vischer [2] fügt die Fortsetzung an: »Er traut die Paare am liebsten, deren Verbindung die Verwandten nicht dulden wollen.« Vischer wendet aber ein, daß es Witze gebe, bei denen von Vergleichung, also auch von Auffindung von Ähnlichkeit, keine Rede sei. Er definiert also den Witz mit leiser Abweichung von Jean Paul als die Fertigkeit, mit überraschender Schnelle mehrere Vorstellungen, die nach ihrem inneren Gehalt und dem Nexus, dem sie angehören, einander eigentlich fremd sind, zu einer Einheit zu verbinden. K. Fischer hebt dann hervor, daß in einer Menge von witzigen Urteilen nicht Ähnlichkeiten, sondern Unterschiede gefunden werden, und Lipps macht darauf aufmerksam, daß sich diese Definitionen auf den Witz beziehen, den der Witzige *hat*, und nicht, den er *macht*.

Andere in gewissem Sinne miteinander verknüpfte Gesichtspunkte, die bei der Begriffsbestimmung oder Beschreibung des Witzes herangezogen wurden, sind der *»Vorstellungskontrast«*, *»der Sinn im Unsinn«*, *»die Verblüffung und Erleuchtung«*.

Auf den Vorstellungskontrast legen Definitionen wie die von Kraepelin [3] den Nachdruck. Der Witz sei »die willkürliche Verbindung oder Verknüpfung zweier miteinander in irgendeiner Weise kontrastierender Vorstellungen, zumeist durch das Hilfsmittel der sprachlichen Assoziation«. Es wird einem Kritiker wie Lipps nicht schwer, die völlige Unzulänglichkeit dieser Formel aufzudecken, aber er selbst schließt das Moment des Kontrastes nicht aus, sondern verschiebt es nur an eine andere Stelle. »Der Kontrast bleibt bestehen, aber er ist nicht so oder so gefaßter Kontrast der mit den Worten verbundenen Vorstellungen,

---

[1] [J. P. F. Richter, 1804, II. Teil, § 51.]
[2] [Vischer, 1846–57, Bd. 1, 422.]
[3] [Kraepelin, 1885, 143.]

sondern Kontrast oder Widerspruch der Bedeutung und Bedeutungslosigkeit der Worte« (1898, S. 87). Beispiele erläutern, wie letzteres verstanden werden soll. »Ein Kontrast entsteht erst dadurch, daß ... wir seinen Worten eine Bedeutung zugestehen, die wir ihnen dann doch wieder nicht zugestehen können« (S. 90).

In der Weiterentwicklung dieser letzten Bestimmung kommt der Gegensatz von »Sinn und Unsinn« zur Bedeutung. »Was wir einen Moment für sinnvoll nehmen, steht als völlig sinnlos vor uns. Darin besteht in diesem Falle der komische Prozeß« ... »Witzig erscheint eine Aussage, wenn wir ihr eine Bedeutung mit psychologischer Notwendigkeit zuschreiben, und indem wir sie ihr zuschreiben, sofort auch wiederum absprechen. Dabei kann unter der Bedeutung verschiedenes verstanden sein. Wir leihen einer Aussage einen *Sinn* und wissen, daß er ihr logischerweise nicht zukommen kann. Wir finden in ihr eine *Wahrheit*, die wir dann doch wiederum den Gesetzen der Erfahrung oder allgemeinen Gewohnheiten unseres Denkens zufolge nicht darin finden können. Wir gestehen ihr eine über ihren wahren Inhalt hinausgehende logische oder praktische Folge zu, um eben diese Folge zu verneinen, sobald wir die Beschaffenheit der Aussage für sich ins Auge fassen. In jedem Falle besteht der psychologische Prozeß, den die witzige Aussage in uns hervorruft und auf dem das Gefühl der Komik beruht, in dem unvermittelten Übergang von jenem Leihen, Fürwahrhalten, Zugestehen, zum Bewußtsein oder Eindruck relativer Nichtigkeit« (S. 85).

So eindringlich diese Auseinandersetzung klingt, so möchte man hier doch die Frage aufwerfen, ob der Gegensatz des Sinnvollen und Sinnlosen, auf dem das Gefühl der Komik beruht, auch zur Begriffsbestimmung des Witzes, insofern er vom Komischen unterschieden ist, beiträgt.

Auch das Moment der »Verblüffung und Erleuchtung« führt tief in das Problem der Relation des Witzes zur Komik hinein. Kant[1] sagt vom Komischen überhaupt, es sei eine merkwürdige Eigenschaft desselben, daß es uns nur für einen Moment täuschen könne. Heymans (1896) führt aus, wie die Wirkung eines Witzes durch die Aufeinanderfolge von Verblüffung und Erleuchtung zustande komme. Er erläutert seine Meinung an einem prächtigen Witz von Heine, der eine seiner Figuren, den armen Lotteriekollekteur Hirsch-Hyacinth, sich rühmen läßt, der große Baron Rothschild habe ihn ganz wie seinesgleichen, ganz *famillionär* behan-

[1] [Kant, *Kritik der Urteilskraft*, 1. Teil, Abschnitt 1, 54.]

delt. Hier erscheine das Wort, welches der Träger des Witzes ist, zunächst einfach als eine fehlerhafte Wortbildung, als etwas Unverständliches, Unbegreifliches, Rätselhaftes. Dadurch verblüffe es. Die Komik ergebe sich aus der Lösung der Verblüffung, aus dem Verständnis des Wortes. Lipps (1898, S. 95) ergänzt hiezu, daß diesem ersten Stadium der Erleuchtung, das verblüffende Wort bedeute dies und jenes, ein zweites Stadium folgt, in dem man einsehe, dies sinnlose Wort habe uns verblüfft und dann den guten Sinn ergeben. Erst diese zweite Erleuchtung, die Einsicht, daß ein nach gemeinem Sprachgebrauch sinnloses Wort das ganze verschuldet habe, diese Auflösung in Nichts, erzeuge erst die Komik.
Ob die eine oder die andere dieser beiden Auffassungen uns einleuchtender erscheinen möge, durch die Erörterungen über Verblüffung und Erleuchtung werden wir einer bestimmten Einsicht näher gebracht. Wenn nämlich die komische Wirkung des Heineschen *famillionär* auf der Auflösung des scheinbar sinnlosen Wortes beruht, so ist wohl der »Witz« in die Bildung dieses Wortes und in den Charakter des so gebildeten Wortes zu versetzen.
Außer allem Zusammenhang mit den zuletzt behandelten Gesichtspunkten wird eine andere Eigentümlichkeit des Witzes als wesentlich für ihn von allen Autoren anerkannt. »*Kürze* ist der Körper und die Seele des Witzes, ja er selbst“, sagt Jean Paul (1804, II. Teil, § 42) und modifiziert damit nur eine Rede des alten Schwätzers Polonius in Shakespeares *Hamlet* (II. Akt, 2. Szene):

> »Weil Kürze dann des Witzes Seele ist,
> Weitschweifigkeit der Leib und äußre Zierat,
> Fass' ich mich kurz.«
>
> (Schlegelsche Übersetzung.)

Bedeutsam ist dann die Schilderung der Kürze des Witzes bei Lipps (1898, S. 90). »Der Witz sagt, was er sagt, nicht immer in wenig, aber immer in *zu* wenig Worten, d. h. in Worten, die nach strenger Logik oder gemeiner Denk- und Redeweise dazu nicht genügen. Er kann es schließlich geradezu sagen, indem er es verschweigt.«
»Daß der Witz etwas *Verborgenes* oder *Verstecktes* hervorholen müsse« (K. Fischer, 1889, S. 51), wurde uns schon bei der Zusammenstellung des Witzes mit der Karikatur gelehrt. Ich hebe diese Bestimmung nochmals hervor, weil auch sie mehr mit dem Wesen des Witzes als mit seiner Zugehörigkeit zur Komik zu tun hat.

[2]

Ich weiß wohl, daß die vorstehenden kümmerlichen Auszüge aus den Arbeiten der Autoren über den Witz dem Werte dieser Arbeiten nicht gerecht werden können. Infolge der Schwierigkeiten, welche einer von Mißverständnis freien Wiedergabe so komplizierter und fein nuancierter Gedankengänge entgegenstehen, kann ich den Wißbegierigen die Mühe nicht ersparen, sich die gewünschte Belehrung an den ursprünglichen Quellen zu holen. Aber ich weiß nicht, ob sie von ihr voll befriedigt zurückkehren würden. Die von den Autoren angegebenen und im vorigen zusammengestellten Kriterien und Eigenschaften des Witzes – die Aktivität, die Beziehung zum Inhalt unseres Denkens, der Charakter des spielenden Urteils, die Paarung des Unähnlichen, der Vorstellungskontrast, der »Sinn im Unsinn«, die Aufeinanderfolge von Verblüffung und Erleuchtung, das Hervorholen des Versteckten und die besondere Art von Kürze des Witzes – erscheinen uns zwar auf den ersten Blick als so sehr zutreffend und so leicht an Beispielen erweisbar, daß wir nicht in die Gefahr geraten können, den Wert solcher Einsichten zu unterschätzen, aber es sind *disiecta membra,* die wir zu einem organisch Ganzen zusammengefügt sehen möchten. Sie tragen schließlich zur Kenntnis des Witzes nicht mehr bei als etwa eine Reihe von Anekdoten zur Charakteristik einer Persönlichkeit, über welche wir eine Biographie beanspruchen dürfen. Es fehlt uns völlig die Einsicht in den vorauszusetzenden Zusammenhang der einzelnen Bestimmungen, etwa was die Kürze des Witzes mit seinem Charakter als spielendes Urteil zu schaffen haben kann, und ferner die Aufklärung, ob der Witz allen diesen Bedingungen genügen muß, um ein richtiger Witz zu sein, oder nur einzelnen darunter, und welche dann durch andere vertretbar, welche unerläßlich sind. Auch eine Gruppierung und Einteilung der Witze auf Grund ihrer als wesentlich hervorgehobenen Eigenschaften würden wir wünschen. Die Einteilung, welche wir bei den Autoren finden, stützt sich einerseits auf die technischen Mittel, anderseits auf die Verwendung des Witzes in der Rede (Klangwitz, Wortspiel – karikierender, charakterisierender Witz, witzige Abfertigung).

Wir wären also nicht in Verlegenheit, einer weiteren Bemühung zur Aufklärung des Witzes ihre Ziele zu weisen. Um auf Erfolg rechnen zu können, müßten wir entweder neue Gesichtspunkte in die Arbeit eintragen oder durch Verstärkung unserer Aufmerksamkeit und Vertiefung unseres Interesses weiter einzudringen versuchen. Wir können uns vorsetzen, es wenigstens an dem letzteren Mittel nicht fehlen zu lassen. Es ist immerhin auffällig, wie wenig Beispiele von als solchen anerkannten Witzen den Autoren für ihre Untersuchungen genügen und wie ein jeder die nämlichen von seinen Vorgängern übernimmt. Wir dürfen uns der Verpflichtung nicht entziehen, dieselben Beispiele zu analysieren, die bereits den klassischen Autoren über den Witz gedient haben, aber wir beabsichtigen, uns außerdem an neues Material zu wenden, um eine breitere Unterlage für unsere Schlußfolgerungen zu gewinnen. Es liegt dann nahe, daß wir solche Beispiele von Witz zu Objekten unserer Untersuchung nehmen, die uns selbst im Leben den größten Eindruck gemacht und uns am ausgiebigsten lachen gemacht haben.

Ob das Thema des Witzes solcher Bemühung wert ist? Ich meine, daran ist nicht zu zweifeln. Wenn ich von persönlichen, während der Entwicklung dieser Studien aufzudeckenden Motiven absehe, die mich drängen, Einsicht in die Probleme des Witzes zu gewinnen, kann ich mich auf die Tatsache des intimen Zusammenhanges alles seelischen Geschehens berufen, welche einer psychologischen Erkenntnis auch auf einem entlegenen Gebiet einen im vorhinein nicht abschätzbaren Wert für andere Gebiete zusichert. Man darf auch daran mahnen, welch eigentümlichen, geradezu faszinierenden Reiz der Witz in unserer Gesellschaft äußert. Ein neuer Witz wirkt fast wie ein Ereignis von allgemeinstem Interesse; er wird wie die neueste Siegesnachricht von dem einen dem anderen zugetragen. Selbst bedeutende Männer, die es für mitteilenswert halten, wie sie geworden sind, welche Städte und Länder sie gesehen und mit welchen hervorragenden Menschen sie verkehrt haben, verschmähen es nicht, in ihre Lebensbeschreibung aufzunehmen, diese und jene vortrefflichen Witze hätten sie gehört [1].

---

[1] J. v. Falke, *Lebenserinnerungen*, 1897.

II
DIE TECHNIK DES WITZES

[1]

Wir folgen einem Winke des Zufalls und greifen das erste Witzbeispiel auf, das uns im vorigen Abschnitt entgegengetreten ist.

In dem Stück der *Reisebilder,* welches ›Die Bäder von Lucca‹ betitelt ist, führt H. Heine die köstliche Gestalt des Lotteriekollekteurs und Hühneraugenoperateurs Hirsch-Hyacinth aus Hamburg auf, der sich gegen den Dichter seiner Beziehungen zum reichen Baron Rothschild berühmt und zuletzt sagt: Und so wahr mir Gott alles Gute geben soll, Herr Doktor, ich saß neben Salomon Rothschild und er behandelte mich ganz wie seinesgleichen, ganz *famillionär* [1].

An diesem als ausgezeichnet anerkannten und sehr lachkräftigen Beispiel haben Heymans und Lipps die Ableitung der komischen Wirkung des Witzes aus der »Verblüffung und Erleuchtung« (s. oben [S. 16]) erläutert. Wir aber lassen diese Frage beiseite und stellen uns die andere: was es denn ist, was die Rede des Hirsch-Hyacinth zu einem Witze macht? Es könnte nur zweierlei sein; entweder ist es der in dem Satz ausgedrückte Gedanke, der den Charakter des Witzigen an sich trägt, oder der Witz haftet an dem Ausdruck, den der Gedanke in dem Satz gefunden hat. Auf welcher Seite sich uns der Witzcharakter zeigt, dort wollen wir ihn weiter verfolgen und versuchen, seiner habhaft zu werden.

Ein Gedanke kann ja im allgemeinen in verschiedenen sprachlichen Formen – in Worten also – zum Ausdruck gebracht werden, die ihn gleich zutreffend wiedergeben mögen. In der Rede des Hirsch-Hyacinth liegt uns nun eine bestimmte Ausdrucksform eines Gedankens vor und, wie uns ahnt, eine besonders eigentümliche, nicht diejenige, welche am leichtesten verständlich ist. Versuchen wir, denselben Gedanken möglichst getreulich in anderen Worten auszudrücken. Lipps hat dies bereits getan und damit die Fassung des Dichters gewissermaßen erläutert. Er sagt (1898, S. 87): »Wir verstehen, daß Heine sagen will, die Aufnahme sei eine familiäre gewesen, nämlich von der bekannten Art, die

---

[1] [*Reisebilder* III, II. Teil, Kapitel VIII.]

durch den Beigeschmack des Millionärtums an Annehmlichkeiten nicht zu gewinnen pflegt.« Wir verändern nichts an diesem Sinn, wenn wir eine andere Fassung annehmen, die sich vielleicht besser in die Rede des Hirsch-Hyacinth einfügt: »Rothschild behandelte mich ganz wie seinesgleichen, ganz *familiär*, d. h. soweit ein *Millionär* das zustande bringt.« »Die Herablassung eines reichen Mannes hat immer etwas Mißliches für den, der sie an sich erfährt«, würden wir noch hinzusetzen[1].

Ob wir nun bei dieser oder einer anderen gleichwertigen Textierung des Gedankens verbleiben, wir sehen, daß die Frage, welche wir uns vorgelegt haben, bereits entschieden ist. Der Witzcharakter haftet in diesem Beispiel nicht am Gedanken. Es ist eine richtige und scharfsinnige Bemerkung, die Heine seinem Hirsch-Hyacinth in den Mund legt, eine Bemerkung von unverkennbarer Bitterkeit, wie sie bei dem armen Manne angesichts so großen Reichtums leicht begreiflich ist, aber wir würden uns nicht getrauen, sie witzig zu heißen. Meinte nun jemand, der bei der Übertragung die Erinnerung an die Fassung des Dichters nicht loszuwerden vermag, der Gedanke sei doch auch an sich witzig, so können wir ja auf ein sicheres Kriterium des bei der Übertragung verlorengegangenen Witzcharakters verweisen. Die Rede des Hirsch-Hyacinth machte uns laut lachen, die sinngetreue Übertragung derselben nach Lipps oder in unserer Fassung mag uns gefallen, zum Nachdenken anregen, aber zum Lachen bringen kann sie uns nicht.

Wenn aber der Witzcharakter unseres Beispiels nicht dem Gedanken anhaftet, so ist er in der Form, im Wortlaut seines Ausdruckes zu suchen. Wir brauchen nur die Besonderheit dieser Ausdrucksweise zu studieren, um zu erfassen, was man als die Wort- oder Ausdruckstechnik dieses Witzes bezeichnen kann und was in inniger Beziehung zu dem Wesen des Witzes stehen muß, da Charakter und Wirkung des Witzes mit dessen Ersetzung durch anderes verschwinden. Wir befinden uns übrigens in voller Übereinstimmung mit den Autoren, wenn wir soviel Wert auf die sprachliche Form des Witzes legen. So z. B. sagt K. Fischer (1889, S. 72): »Es ist zunächst die bloße Form, die das Urteil zum Witz macht, und man wird hier an ein Wort Jean Pauls erinnert, welches eben diese Natur des Witzes in demselben Ausspruche erklärt und be-

[1] Derselbe Witz wird uns noch an anderer Stelle [S. 132] beschäftigen, und dort werden wir Anlaß finden, an der von Lipps gegebenen Übertragung desselben, der sich die unsrige anschließt, eine Korrektur vorzunehmen, welche aber die hier nachfolgenden Erörterungen nicht zu stören vermag.

weist: ›So sehr sieget die bloße Stellung, es sei der Krieger oder der Sätze.‹«

Worin besteht nun die »Technik« dieses Witzes? Was ist mit dem Gedanken etwa in unserer Fassung vorgegangen, bis aus ihm der Witz wurde, über den wir so herzlich lachen? Zweierlei, wie die Vergleichung unserer Fassung mit dem Text des Dichters lehrt. Erstens hat eine erhebliche *Verkürzung* stattgefunden. Wir mußten, um den im Witz enthaltenen Gedanken voll auszudrücken, an die Worte *»R. behandelte mich ganz wie seinesgleichen, ganz familiär«*, einen Nachsatz anfügen, der aufs kürzeste eingeengt lautete: d. h. *soweit ein Millionär das zustande bringt*, und dann fühlten wir erst noch das Bedürfnis nach einem erläuternden Zusatz [1]. Beim Dichter heißt es weit kürzer:

»R. behandelte mich ganz wie seinesgleichen, ganz famillionär.«

Die ganze Einschränkung, die der zweite Satz an den ersten anfügt, welcher die familiäre Behandlung konstatiert, ist im Witze verlorengegangen.

Aber doch nicht ganz ohne einen Ersatz, aus dem man sie rekonstruieren kann. Es hat auch noch eine zweite Abänderung stattgefunden. Das Wort *»familiär«* im witzlosen Ausdruck des Gedankens ist im Text des Witzes zu *»familionär«* umgewandelt worden, und ohne Zweifel hängt gerade an diesem Wortgebilde der Witzcharakter und der Lacheffekt des Witzes. Das neugebildete Wort deckt sich in seinem Anfang mit dem »familiär« des ersten, in seinen auslautenden Silben mit dem »Millionär« des zweiten Satzes, es vertritt gleichsam den einen Bestandteil »Millionär« aus dem zweiten Satze, infolgedessen den ganzen zweiten Satz, und setzt uns auf diese Weise in den Stand, den im Text des Witzes ausgelassenen zweiten Satz zu erraten. Es ist als ein Mischgebilde aus den zwei Komponenten »familiär« und »Millionär« zu beschreiben, und man wäre versucht, sich seine Entstehung aus diesen beiden Worten graphisch zu veranschaulichen [2].

FAMILI ÄR
MILIONÄR
―――――――――
FAMILIO*N*ÄR

[1] Ganz ähnliches gilt für die Übertragung von Lipps.

[2] Die beiden Worten gemeinsamen Silben sind hier fett gedruckt im Gegensatz zu den verschiedenen Typen der besonderen Bestandteile beider Worte. Das zweite *l*, welches in der Aussprache kaum zur Geltung kommt, durfte natürlich übergangen werden. Es ist naheliegend, daß die Übereinstimmung der beiden Worte in mehreren Silben der Witztechnik den Anlaß zur Herstellung des Mischwortes bietet.

Den Vorgang aber, welcher den Gedanken in den Witz übergeführt hat, kann man sich in folgender Weise darstellen, die zunächst recht phantastisch erscheinen mag, aber nichtsdestoweniger genau das wirklich vorhandene Ergebnis liefert:

»R. behandelte mich ganz familiär,
d. h. soweit ein Millionär es zustande bringt.«

Nun denke man sich eine zusammendrängende Kraft auf diese Sätze einwirken und nehme an, daß der Nachsatz aus irgendeinem Grunde der weniger resistente sei. Dieser wird dann zum Schwinden gebracht werden, der bedeutsame Bestandteil desselben, das Wort »Millionär«, welches sich gegen die Unterdrückung zu sträuben vermag, wird gleichsam an den ersten Satz angepreßt, mit dem ihm so sehr ähnlichen Element dieses Satzes »familiär« verschmolzen, und gerade diese zufällig gegebene Möglichkeit, das Wesentliche des zweiten Satzes zu retten, wird den Untergang der anderen unwichtigeren Bestandteile begünstigen. So entsteht dann der Witz:

»R. behandelte mich ganz famili on är.«
/ \
(mili) (är)

Abgesehen von solcher zusammendrängenden Kraft, die uns ja unbekannt ist, dürfen wir den Hergang der Witzbildung, also die Witztechnik dieses Falles, beschreiben als eine *Verdichtung mit Ersatzbildung*, und zwar besteht in unserem Beispiel die Ersatzbildung in der Herstellung eines *Mischwortes*. Dieses Mischwort *»famillionär«*, an sich unverständlich, in dem Zusammenhange, in dem es steht, sofort verstanden und als sinnreich erkannt, ist nun der Träger der zum Lachen zwingenden Wirkung des Witzes, deren Mechanismus uns allerdings durch die Aufdeckung der Witztechnik in keiner Weise nähergebracht wird. Inwiefern kann ein sprachlicher Verdichtungsvorgang mit Ersatzbildung durch ein Mischwort uns Lust schaffen und zum Lachen nötigen? Wir merken, dies ist ein anderes Problem, dessen Behandlung wir aufschieben dürfen, bis wir einen Zugang zu ihm gefunden haben. Vorläufig werden wir bei der Technik des Witzes bleiben.

Unsere Erwartung, daß die Technik des Witzes für die Einsicht in das Wesen desselben nicht gleichgültig sein könne, veranlaßt uns zunächst zu forschen, ob es noch andere Witzbeispiele gibt, die wie Heines »famillionär« gebaut sind. Es gibt deren nun nicht sehr viele, aber immerhin genug, um eine kleine Gruppe, die durch die Mischwortbildung charakterisiert ist, aufzustellen. Heine selbst hat aus dem Worte Millionär einen zweiten Witz gezogen, sich gleichsam selbst kopiert, indem er von einem *»Millionarr«* spricht (›Ideen‹, Kapitel XIV [1]), was eine durchsichtige Zusammenziehung von *Millionär* und *Narr* ist und ganz ähnlich wie das erste Beispiel einen unterdrückten Nebengedanken zum Ausdruck bringt.

Andere Beispiele, die mir bekannt geworden sind: Die Berliner heißen einen gewissen *Brunnen* in ihrer Stadt, dessen Errichtung dem Oberbürgermeister *Forckenbeck* viel Ungnade zugezogen hat, das *»Forckenbecken«*, und dieser Bezeichnung ist der Witz nicht abzusprechen, wenngleich das Wort »Brunnen« erst eine Wandlung in das ungebräuchliche »Becken« erfahren mußte, um mit dem Namen in einem Gemeinsamen zusammenzutreffen. – Der böse Witz Europas hatte einst einen Potentaten aus Leopold in *Cleopold* umgetauft wegen seiner damaligen Beziehungen zu einer Dame mit dem Vornamen Cléo, eine unzweifelhafte Verdichtungsleistung, die nun mit dem Aufwand eines einzigen Buchstabens eine ärgerliche Anspielung immer frisch erhält. – Eigennamen verfallen überhaupt leicht dieser Bearbeitung der Witztechnik: In Wien gab es zwei Brüder, namens Salinger, von denen einer *Börsensensal* war. Das gab die Handhabe, den einen Bruder *Sensalinger* zu nennen, während für den anderen zur Unterscheidung die unliebenswürdige Bezeichnung *Scheusalinger* in Aufnahme kam. Es war bequem und gewiß witzig; ich weiß nicht, ob es berechtigt war. Der Witz pflegt danach nicht viel zu fragen.

Folgender Verdichtungswitz wurde mir erzählt: Ein junger Mann, der bisher in der Fremde ein heiteres Leben geführt, besucht nach längerer Abwesenheit einen hier wohnenden Freund, der nun mit Überraschung den Ehering an der Hand des Besuchers bemerkt. Was? ruft er aus, Sie sind verheiratet? Ja, lautet die Antwort: *Trauring*, aber wahr. Der Witz ist vortrefflich; in dem Worte *»Trauring«* kommen die beiden Komponenten, das Wort: Ehering in *Trauring* gewandelt und der Satz: *Traurig, aber wahr*, zusammen.

Es tut der Wirkung des Witzes hier keinen Eintrag, daß das Mischwort eigentlich nicht ein unverständliches, sonst nicht existenzfähiges Gebilde ist wie »famillionär«, sondern sich vollkommen mit dem einen der beiden verdichteten Elemente deckt.

Zu einem Witz, der wiederum dem »famillionär« ganz analog ist, habe ich selbst im Gespräche unabsichtlich das Material geliefert. Ich erzählte

[1] [*Reisebilder* II.]

einer Dame von den großen Verdiensten eines Forschers, den ich für einen mit Unrecht Verkannten halte. »Aber der Mann verdient doch ein Monument«, meinte sie. »Möglich, daß er es einmal bekommen wird«, antwortete ich, »aber momentan ist sein Erfolg sehr gering.« *»Monument«* und *»momentan«* sind Gegensätze. Die Dame vereinigt nun die Gegensätze: Also wünschen wir ihm einen *monumentanen* Erfolg.

Einer[1] vortrefflichen Bearbeitung des gleichen Themas in englischer Sprache (A. A. Brill, ›Freud's Theory of Wit‹, 1911) verdanke ich einige fremdsprachige Beispiele, die den gleichen Mechanismus der Verdichtung zeigen wie unser »famillionär«.

Der englische Autor de Quincey, erzählt Brill, hat irgendwo die Bemerkung gemacht, daß alte Leute dazu neigen, in *»anecdotage«* zu verfallen. Das Wort ist zusammengeschmolzen aus den sich teilweise überdeckenden

anec*dote*
und *dotage* (kindisches Gefasel).

In einer anonymen kurzen Geschichte fand Brill einmal die Weihnachtszeit bezeichnet als *»the alcoholidays«*. Die gleiche Verschmelzung aus

alco*hol*
und *holidays* (Festtage).

Als Flaubert seinen berühmten Roman *Salammbô*, der im alten Karthago spielt, veröffentlicht hatte, verspottete ihn Sainte-Beuve als *Carthaginoiserie* wegen seiner peinlichen Detailmalerei:

Cartha*ginois*
chinoiserie.

Das vorzüglichste Witzbeispiel dieser Gruppe hat einen der ersten Männer Österreichs zum Urheber, der nach bedeutsamer wissenschaftlicher und öffentlicher Tätigkeit nun ein oberstes Amt im Staate bekleidet. Ich habe mir die Freiheit genommen, die Witze, die dieser Person zugeschrieben werden und in der Tat alle das gleiche Gepräge tragen, als Material für diese Untersuchungen zu verwenden[2], vor allem darum, weil es schwergehalten hätte, sich ein besseres zu verschaffen.

---

[1] [Dieser Absatz und die folgenden drei Beispiele wurden 1912 hinzugefügt.]

[2] Ob ich ein Recht dazu habe? Ich bin wenigstens nicht durch eine Indiskretion zur Kenntnis dieser Witze gekommen, die in dieser Stadt (Wien) allgemein bekannt sind und in jedermanns Munde gefunden werden. Eine Anzahl derselben hat Ed. Hanslick [der berühmte Musikkritiker] in der *Neuen Freien Presse* und in seiner Autobiographie

Herr N. wird eines Tages auf die Person eines Schriftstellers aufmerksam gemacht, der durch eine Reihe von wirklich langweiligen Aufsätzen bekannt geworden ist, welche er in einer Wiener Tageszeitung veröffentlicht hat. Die Aufsätze behandeln durchweg kleine Episoden aus den Beziehungen des ersten Napoleon zu Österreich. Der Verfasser ist rothaarig. Herr N. fragt, sobald er den Namen gehört hat: »Ist das nicht der *rote Fadian*, der sich durch die Geschichte der Napoleoniden zieht?«

Um die Technik dieses Witzes zu finden, müssen wir auf ihn jenes Reduktionsverfahren anwenden, welches den Witz durch Änderung des Ausdruckes aufhebt und dafür den ursprünglichen vollen Sinn wieder einsetzt, wie er sich aus einem guten Witz mit Sicherheit erraten läßt. Der Witz des Herrn N. vom roten Fadian ist aus zwei Komponenten hervorgegangen, aus einem absprechenden Urteil über den Schriftsteller und aus der Reminiszenz an das berühmte Gleichnis, mit welchem Goethe die Auszüge: ›Aus Ottiliens Tagebuche‹ in den *Wahlverwandtschaften* einleitet[1]. Die unmutige Kritik mag gelautet haben: Das also ist der Mensch, der ewig und immer wieder nur langweilige Feuilletons über Napoleon in Österreich zu schreiben weiß! Diese Äußerung ist nun gar nicht witzig. Auch der schöne Vergleich Goethes ist kein witziger und ganz gewiß nicht geeignet, uns zum Lachen zu bringen. Erst wenn diese beiden in Beziehung zueinander gesetzt werden und dem eigentümlichen Verdichtungs- und Verschmelzungsprozeß unterliegen, entsteht ein Witz, und zwar von erstem Range[2].

Die Verknüpfung zwischen dem schimpflichen Urteil über den langweiligen Geschichtschreiber und dem schönen Gleichnis in den *Wahlverwandtschaften* muß sich aus Gründen, die ich hier noch nicht verständlich machen kann, auf weniger einfache Weise hergestellt haben als in vielen ähnlichen Fällen. Ich werde es versuchen, den vermutlichen

---

der Öffentlichkeit übergeben. Für die bei mündlicher Tradition kaum vermeidlichen Entstellungen, die etwa die anderen betroffen hätten, bitte ich um Entschuldigung. [Mit »Herrn N.« war wahrscheinlich Josef Unger (1828–1913), Professor der Jurisprudenz und von 1881 an Präsident des Obersten Gerichtshofes, gemeint.]

[1] »Wir hören von einer besonderen Einrichtung in der englischen Marine. Sämtliche Tauwerke der königlichen Flotte, vom stärksten bis zum schwächsten, sind dergestalt gesponnen, daß ein *roter Faden* durch das Ganze durchgeht, den man nicht herauswinden kann, ohne alles aufzulösen, und woran auch die kleinsten Stücke kenntlich sind, daß sie der Krone gehören. Ebenso zieht sich durch Ottiliens Tagebuch ein Faden der Neigung und Anhänglichkeit, der alles verbindet und das Ganze bezeichnet.« (20. Band der Sophien-Ausgabe, S. 212.)

[2] Wie wenig diese regelmäßig zu wiederholende Beobachtung mit der Behauptung stimmt, der Witz sei ein spielendes Urteil [vgl. S. 14], brauche ich nur anzudeuten.

wirklichen Hergang durch folgende Konstruktion zu ersetzen. Zunächst mag das Element der beständigen Wiederkehr desselben Themas bei Herrn N. eine leise Reminiszenz an die bekannte Stelle der *Wahlverwandtschaften* geweckt haben, die ja zumeist fälschlich mit dem Wortlaut *»es zieht sich wie ein roter Faden«* zitiert wird. Der »rote Faden« des Gleichnisses übt nun eine verändernde Wirkung auf den Ausdruck des ersten Satzes aus, infolge des zufälligen Umstandes, daß auch der Geschmähte *rot,* nämlich *rothaarig* ist. Es mag nun gelautet haben: *Also dieser rote Mensch ist es, der die langweiligen Feuilletons über Napoleon schreibt.* Nun griff der Prozeß ein, der die Verdichtung beider Stücke zu einem bezweckte. Unter dem Drucke desselben, der in der Gleichheit des Elements *»rot«* den ersten Stützpunkt gefunden hatte, assimilierte sich das *»langweilig«* dem *»Faden«* und verwandelte sich in *»fad«,* und nun konnten die beiden Komponenten verschmelzen zu dem Wortlaut des Witzes, an welchem diesmal das Zitat fast mehr Anteil hat als das gewiß ursprünglich allein vorhandene schmähende Urteil.

»Also dieser *rote* Mensch ist es, der das *fade* Zeug über N. schreibt.
Der *rote* *Faden,* der sich durch alles hindurchzieht.

Ist das nicht der *rote Fadian,* der sich durch die Geschichte der N. zieht?«

Eine Rechtfertigung, aber auch eine Korrektur dieser Darstellung werde ich in einem späteren Abschnitt [S. 98 f.] geben, wenn ich diesen Witz von anderen als bloß formalen Gesichtspunkten her analysieren darf. Was immer aber an ihr zweifelhaft sein möge, die Tatsache, daß hier eine Verdichtung vorgefallen ist, kann nicht in Zweifel gezogen werden. Das Ergebnis der Verdichtung ist einerseits wiederum eine erhebliche Verkürzung, anderseits anstatt einer auffälligen Mischwortbildung vielmehr eine Durchdringung der Bestandteile beider Komponenten. *»Roter Fadian«* wäre immerhin als bloßes Schimpfwort existenzfähig; es ist in unserem Falle sicherlich ein Verdichtungsprodukt.

Wenn nun an dieser Stelle zuerst ein Leser unwillig würde über eine Betrachtungsweise, die ihm das Vergnügen am Witz zu zerstören droht, ohne ihm aber die Quelle dieses Vergnügens aufklären zu können, so würde ich ihn zunächst um Geduld bitten. Wir stehen erst bei der Technik des Witzes, deren Untersuchung ja auch Aufschlüsse verspricht, wenn wir sie erst weit genug ausgedehnt haben.

Wir sind durch die Analyse des letzten Beispiels vorbereitet darauf, daß, wenn wir dem Verdichtungsvorgang noch in anderen Beispielen begegnen, der Ersatz des Unterdrückten nicht in einer Mischwortbildung, sondern auch in einer anderen Abänderung des Ausdrucks gegeben sein könne. Worin dieser andersartige Ersatz bestehen mag, wollen wir aus anderen Witzen des Herrn N. lernen.

»Ich bin *tête-à-bête* mit ihm gefahren.« Nichts leichter als diesen Witz zu reduzieren. Offenbar kann es dann nur heißen: Ich bin *tête-à-tête* mit dem X. gefahren, und der X. ist ein dummes *Vieh.*

Keiner der beiden Sätze ist witzig. Oder in einen Satz zusammengezogen: *Ich bin tête-à-tête mit dem dummen Vieh von X. gefahren,* was ebensowenig witzig ist. Der Witz stellt sich erst her, wenn das *»dumme Vieh«* weggelassen wird und zum Ersatz dafür das eine *tête* sein *t* in *b* verwandelt, mit welcher geringen Modifikation das erst unterdrückte »Vieh« doch wieder zum Ausdruck gelangt. Man kann die Technik dieser Gruppe von Witzen beschreiben als *Verdichtung mit leichter Modifikation* und ahnt, daß der Witz um so besser sein wird, je geringfügiger die Modifikation ausfällt.

Ganz ähnlich, obwohl nicht unkompliziert, ist die Technik eines anderen Witzes. Herr N. sagt im Wechselgespräch über eine Person, an der manches zu rühmen und vieles auszusetzen ist: »Ja, die Eitelkeit ist eine seiner *vier Achillesfersen.«* [1] Die leichte Modifikation besteht hier darin, daß anstatt der *einen Achillesferse,* die man ja auch beim Helden zugestehen muß, deren *vier* behauptet werden. Vier Fersen, also vier Füße hat aber nur das Vieh. Somit haben die beiden im Witz verdichteten Gedanken gelautet: *»Y. ist bis auf seine Eitelkeit ein hervorragender Mensch; aber ich mag ihn doch nicht, er ist doch eher ein Vieh als ein Mensch.«* [2]

Ähnlich, nur viel einfacher, ist ein anderer Witz, den ich in einem Familienkreise *in statu nascendi* zu hören bekam. Von zwei Brüdern, Gymnasiasten, ist der eine ein vortrefflicher, der andere ein recht mittelmäßiger Schüler. Nun passiert auch dem Musterknaben einmal ein Unfall in der Schule, den die Mutter zur Sprache bringt, um der Besorgnis Ausdruck zu geben, das Ereignis könne den Anfang einer dauernden Verschlechterung bedeuten. Der bisher durch seinen Bruder verdunkelte

---

[1] [*Zusatz 1912:*] Dasselbe Witzwort soll schon vorher von H. Heine auf Alfred de Musset geprägt worden sein.

[2] Eine der Komplikationen der Technik dieses Beispiels liegt darin, daß die Modifikation, durch welche sich die ausgelassene Schmähung ersetzt, als *Anspielung* auf diese letztere zu bezeichnen ist, da sie erst über einen Schlußprozeß zu ihr hinführt. Über ein anderes Moment, welches hier die Technik kompliziert, s. unten [S. 98].

Knabe greift diesen Anlaß bereitwillig auf. Ja, sagt er, Karl *geht auf allen Vieren zurück.*

Die Modifikation besteht hier in einem kleinen Zusatz zur Versicherung, daß der andere auch nach seinem Urteil zurückgeht. Diese Modifikation vertritt und ersetzt aber ein leidenschaftliches Plaidoyer für die eigene Sache: Überhaupt müßt ihr nicht glauben, daß er darum soviel gescheiter ist als ich, weil er in der Schule besseren Erfolg hat. Er ist doch nur ein dummes Vieh, d. h. viel dümmer, als ich bin.

Ein schönes Beispiel von Verdichtung mit leichter Modifikation zeigt ein anderer sehr bekannter Witz des Herrn N., der von einer im öffentlichen Leben stehenden Persönlichkeit behauptete, sie habe eine große *Zukunft hinter sich.* Es war ein jüngerer Mann, auf den dieser Witz zielte, der durch seine Abstammung, Erziehung und seine persönlichen Eigenschaften berufen erschien, dereinst die Führung einer großen Partei zu übernehmen und an ihrer Spitze zur Regierung zu gelangen. Aber die Zeiten änderten sich, die Partei wurde regierungsunfähig, und nun ließ sich vorhersehen, daß auch der zu ihrem Führer prädestinierte Mann es zu nichts bringen werde. Die kürzeste reduzierte Fassung, durch die man diesen Witz ersetzen könnte, würde lauten: *Der Mann hat eine große Zukunft vor sich gehabt, mit der ist es aber jetzt aus.* Anstatt des *»gehabt«* und des Nachsatzes die kleine Veränderung im Hauptsatze, daß das *»vor«* durch ein *»hinter«*, sein Gegenteil, abgelöst wird [1].

Fast der nämlichen Modifikation bediente sich Herr N. im Falle eines Kavaliers, der Ackerbauminister geworden war ohne anderes Anrecht, als daß er selbst Landwirtschaft betrieb. Die öffentliche Meinung hatte Gelegenheit, ihn als den mindest begabten, der je mit diesem Amt betraut gewesen, zu erkennen. Als er aber das Amt niedergelegt und sich auf seine landwirtschaftlichen Interessen zurückgezogen hatte, sagte Herr N. von ihm:

»Er ist, wie Cincinnatus, auf seinen Platz *vor* dem Pflug zurückgekehrt.«

Der Römer, den man auch von der Landwirtschaft weg zum Amt berufen hatte, nahm seinen Platz *hinter* dem Pflug wieder ein. *Vor* dem Pflug ging damals wie heute nur – der Ochs.

---

[1] An der Technik dieses Witzes wirkt noch ein anderes Moment mit, welches ich mir später anzuführen aufspare. Es betrifft den inhaltlichen Charakter der Modifikation (Darstellung durch das Gegenteil [S. 68 ff.], Widersinn [S. 55 ff.]). Die Witztechnik ist durch nichts behindert, sich mehrerer Mittel gleichzeitig zu bedienen, die wir aber nur der Reihe nach kennenlernen können.

Eine gelungene Verdichtung mit leiser Modifikation ist es auch, wenn Karl Kraus[1] von einem sogenannten Revolverjournalisten mitteilt, er sei mit dem Orienterpreßzug in eines der Balkanländer gefahren. Gewiß treffen in diesem Wort die beiden anderen *»Orientexpreßzug«* und *»Erpressung«* zusammen. Infolge des Zusammenhanges macht sich das Element »Erpressung« nur als Modifikation des vom Verbum geforderten »Orientexpreßzuges« geltend. Dieser Witz hat für uns, indem er einen Druckfehler vorspiegelt, noch ein anderes Interesse[2].

Wir könnten die Reihe dieser Beispiele leicht um weitere vermehren, aber ich meine, wir bedürfen keiner neuen Fälle, um die Charaktere der Technik in dieser zweiten Gruppe, Verdichtung mit Modifikation, sicher zu erfassen. Vergleichen wir nun die zweite Gruppe mit der ersten, deren Technik in Verdichtung mit Mischwortbildung bestand, so sehen wir leicht ein, daß die Unterschiede nicht wesentliche und die Übergänge fließend sind. Die Mischwortbildung wie die Modifikation unterordnen sich dem Begriff der Ersatzbildung, und, wenn wir wollen, können wir die Mischwortbildung auch als Modifikation des Grundwortes durch das zweite Element beschreiben.

[2]

Wir dürfen aber hier einen ersten Halt machen und uns fragen, mit welchem aus der Literatur bekannten Moment sich unser erstes Ergebnis ganz oder teilweise deckt. Offenbar mit dem der Kürze, die Jean Paul die Seele des Witzes nennt (s. oben S. 17). Die Kürze ist nun nicht an sich witzig, sonst wäre jeder Lakonismus ein Witz. Die Kürze des Witzes muß von besonderer Art sein. Wir erinnern uns, daß Lipps versucht hat, die Besonderheit der Witzkürzung näher zu beschreiben (s. S. 17). Hier hat nun unsere Untersuchung eingesetzt und nachgewiesen, daß die Kürze des Witzes oftmals das Ergebnis eines besonderen Vorganges ist, der im Wortlaut des Witzes eine zweite Spur, die Ersatzbildung, hinterlassen hat. Bei der Anwendung des Reduktionsverfahrens, welches den eigentümlichen Verdichtungsvorgang rückgängig zu machen beabsichtigt, finden wir aber auch, daß der Witz nur an dem wörtlichen Ausdruck hängt, welcher durch den Verdichtungsvorgang hergestellt wird. Natürlich wendet sich jetzt unser volles Interesse diesem sonderbaren und bisher fast nicht gewürdigten Vorgang zu. Wir

[1] [S. auch weiter unten, S. 75.]
[2] [Weil er auf der Grenze zwischen einem Witz und einer Fehlleistung steht.]

können auch noch gar nicht verstehen, wie aus ihm all das Wertvolle des Witzes, der Lustgewinn, den der Witz uns bringt, entstehen kann. Sind ähnliche Vorgänge, wie wir sie hier als Technik des Witzes beschrieben haben, auf irgendeinem anderen Gebiete des seelischen Geschehens schon bekannt geworden? Allerdings, auf einem einzigen und scheinbar recht weit abliegenden. Im Jahre 1900 habe ich ein Buch veröffentlicht, welches, wie sein Titel *(Die Traumdeutung)* besagt, den Versuch macht, das Rätselhafte des Traumes aufzuklären und ihn als Abkömmling normaler seelischer Leistung hinzustellen. Ich finde dort Anlaß, den *manifesten,* oft sonderbaren, *Trauminhalt* in Gegensatz zu bringen zu den *latenten,* aber völlig korrekten *Traumgedanken,* von denen er abstammt, und gehe auf die Untersuchung der Vorgänge ein, welche aus den latenten Traumgedanken den Traum machen, sowie der psychischen Kräfte, die bei dieser Umwandlung beteiligt sind. Die Gesamtheit der umwandelnden Vorgänge nenne ich die *Traumarbeit,* und als ein Stück dieser Traumarbeit habe ich einen Verdichtungsvorgang beschrieben, der mit dem der Witztechnik die größte Ähnlichkeit zeigt, wie dieser zur Verkürzung führt und Ersatzbildungen von gleichem Charakter schafft. Jedem werden aus eigener Erinnerung an seine Träume die Mischgebilde von Personen und auch von Objekten bekannt sein, die in den Träumen auftreten[1]; ja, der Traum bildet auch solche von Worten, die sich dann in der Analyse zerlegen lassen (z. B. Autodidasker = Autodidakt + Lasker)[2]. Andere Male, und zwar noch viel häufiger, werden von der Verdichtungsarbeit des Traumes nicht Mischgebilde erzeugt, sondern Bilder, die völlig einem Objekt oder einer Person gleichen bis auf eine Zutat oder Abänderung, die aus anderer Quelle stammt, also Modifikationen ganz wie die in den Witzen des Herrn N. Wir können nicht bezweifeln, daß wir hier wie dort den nämlichen psychischen Prozeß vor uns haben, den wir an den identischen Leistungen erkennen dürfen. Eine so weitgehende Analogie der Witztechnik mit der Traumarbeit wird gewiß unser Interesse für die erstere steigern und die Erwartung in uns rege machen, aus einem Vergleich von Witz und Traum manches zur Aufklärung des Witzes zu ziehen. Aber wir enthalten uns, auf diese Arbeit einzugehen, indem wir uns sagen, daß wir die Technik erst bei einer sehr geringen Zahl von Witzen erforscht haben, so daß wir nicht wissen können, ob die Analogie, deren

---

[1] [Vgl. *Die Traumdeutung* (1900*a*), und zwar die auf die drei ersten Beispiele in Kapitel VI, Abschnitt A, folgende Diskussion; s. *Studienausgabe,* Bd. 2, S. 293 f.]
[2] [Ibid., Beispiel V, S. 299–302.]

Leitung wir uns überlassen wollen, auch vorhalten wird. Wir wenden uns also von dem Vergleich mit dem Traume ab und kehren zur Witztechnik zurück, lassen an dieser Stelle unserer Untersuchung gleichsam einen Faden heraushängen, den wir vielleicht später wieder aufnehmen werden.

[3]

Das nächste, was wir erfahren wollen, ist, ob der Vorgang der Verdichtung mit Ersatzbildung bei allen Witzen nachweisbar ist, so daß er als der allgemeine Charakter der Witztechnik bezeichnet werden kann.
Ich erinnere mich da an einen Witz, der mir infolge besonderer Umstände im Gedächtnis geblieben ist. Einer der großen Lehrer meiner jungen Jahre, den wir für unbefähigt hielten, einen Witz zu schätzen, wie wir auch nie einen eigenen Witz von ihm gehört hatten, kam eines Tages lachend in das Institut und gab bereitwilliger als sonst Bescheid über den Anlaß seiner heiteren Stimmung. »Ich habe da einen vorzüglichen Witz gelesen. In einem Pariser Salon wurde ein junger Mann eingeführt, der ein Verwandter des großen J. J. Rousseau sein sollte und auch diesen Namen trug. Er war überdies rothaarig. Er benahm sich aber so ungeschickt, daß die Dame des Hauses zu dem Herrn, der ihn eingeführt, als Kritik äußerte: »*Vous m'avez fait connaître un jeune homme r o u x et s o t, mais non pas un R o u s s e a u.*« Und er lachte von neuem.
Dies ist nach der Nomenklatur der Autoren ein Klangwitz [vgl. S. 46], und zwar niedriger Sorte, einer, der mit dem Eigennamen spielt, etwa wie der Witz in der Kapuzinade aus *Wallensteins Lager*, die bekanntlich der Manier des Abraham a Santa Clara nachgebildet ist:

»Läßt sich nennen den *Wallenstein*,
ja freilich ist er uns *allen* ein *Stein*
des Anstoßes und Ärgernisses.« [1]

Welches ist aber die Technik dieses Witzes?
Da zeigt es sich, daß der Charakter, welchen wir vielleicht hofften allgemein nachzuweisen, schon bei dem ersten neuen Fall versagt. Es liegt hier keine Auslassung, kaum eine Verkürzung vor. Die Dame sagt im

---

[1] [Schiller, *Wallensteins Lager*, 8. Szene. – Abraham a Santa Clara war ein berühmter österreichischer Volksprediger und Satiriker (1644–1709).] Daß dieser Witz [der Rousseau-Witz] infolge eines anderen Moments doch einer höheren Einschätzung würdig ist, kann erst an späterer Stelle [S. 73] gezeigt werden.

Witze selbst fast alles aus, was wir ihren Gedanken unterlegen können. »Sie haben mich auf einen Verwandten von J. J. Rousseau gespannt gemacht, vielleicht einen Geistesverwandten, und siehe da, es ist ein rothaariger dummer Junge, ein *roux et sot.*« Ich habe da allerdings einen Zusatz, eine Einschaltung machen können, aber dieser Reduktionsversuch hebt den Witz nicht auf. Er bleibt und haftet an dem Gleichklang von $\frac{\text{ROUSSEAU}}{\text{ROUX SOT}}$. Damit ist nun erwiesen, daß die Verdichtung mit Ersatzbildung an dem Zustandekommen dieses Witzes keinen Anteil hat.

Was aber sonst? Neue Versuche zur Reduktion können mich belehren, daß der Witz so lange resistent bleibt, bis der Name *Rousseau* durch einen anderen ersetzt wird. Ich setze z. B. anstatt desselben *Racine* ein und sofort hat die Kritik der Dame, die ebenso möglich bleibt wie vorhin, jede Spur von Witz eingebüßt. Nun weiß ich, wo ich die Technik dieses Witzes zu suchen habe, kann aber noch über deren Formulierung schwanken; ich will folgende versuchen: Die Technik des Witzes liegt darin, daß ein und dasselbe Wort – der Name – in *zweifacher Verwendung* vorkommt, einmal als Ganzes und dann in seine Silben zerteilt wie in einer Scharade.

Ich kann einige wenige Beispiele anführen, die in ihrer Technik mit diesem identisch sind.

Mit einem auf der gleichen Technik der zweifachen Verwendung beruhenden Witz soll sich eine italienische Dame für eine taktlose Bemerkung des ersten Napoleon gerächt haben. Er sagte ihr auf einem Hofballe, auf ihre Landsleute deutend: *»Tutti gli Italiani danzano si male«*, und sie erwiderte schlagfertig: *»Non tutti, ma buona parte.«*[1] (Brill, 1911.)

(Nach Th. Vischer und K. Fischer[2].) Als in Berlin einmal die *Antigone* [von Sophokles] aufgeführt wurde, fand die Kritik, daß die Aufführung des antiken Charakters entbehrt habe. Der Berliner Witz machte sich diese Kritik in folgender Weise zu eigen: *Antik? Oh, nee.*

In ärztlichen Kreisen ist ein analoger Zerteilungswitz heimisch. Wenn man einen seiner jugendlichen Patienten befragte, ob er sich je mit der Masturbation befaßt habe, würde man gewiß keine andere Antwort hören als: *O na, nie.*

---

1 [›Die Italiener tanzen alle so schlecht!‹ – ›Nicht alle, aber *buona parte* (ein guter Teil)‹ – die ursprüngliche, italienische Fassung des Nachnamens von Napoleon. – Dieses Beispiel ist 1912 hinzugefügt worden.]

2 [Vischer, 1846–57, Bd. I, 429, und Fischer, 1889, 75.]

In allen drei[1] Beispielen, die für die Gattung genügen mögen, dieselbe Technik des Witzes. Ein Name wird in ihnen zweimal verwendet, das eine Mal ganz, das andere Mal in seine Silben zerteilt, in welcher Zerteilung seine Silben einen gewissen anderen Sinn ergeben[2].

Die mehrfache Verwendung desselben Wortes einmal als eines Ganzen und dann der Silben, in die es sich zerfällen läßt, war der erste Fall einer von der Verdichtung abweichenden Technik, der uns begegnet ist. Nach kurzer Besinnung müssen wir aber aus der Fülle der uns zuströmenden Beispiele erraten, daß die neu aufgefundene Technik kaum auf dieses Mittel beschränkt sein dürfte. Es gibt offenbar eine zunächst noch gar nicht übersehbare Anzahl von Möglichkeiten, wie man dasselbe Wort oder dasselbe Material von Worten zur mehrfachen Verwendung in einem Satze ausnützen kann. Sollten uns alle diese Möglichkeiten als technische Mittel des Witzes entgegentreten? Es scheint so zu sein; die nachfolgenden Beispiele von Witzen werden es erweisen.

Man kann zunächst dasselbe Material von Worten nehmen und nur etwas an der Anordnung derselben ändern. Je geringer die Abänderung ist, je eher man den Eindruck empfängt, verschiedener Sinn sei doch mit denselben Worten gesagt worden, desto besser ist in technischer Hinsicht der Witz.

D. Spitzer (*Wiener Spaziergänge*[3]):

»Das Ehepaar X lebt auf ziemlich großem Fuße. Nach der Ansicht der

---

[1] [Dies hätte eigentlich in der Ausgabe von 1912 in ›vier‹ geändert werden müssen, blieb aber unkorrigiert.]

[2] Die Güte dieser Witze beruht darauf, daß gleichzeitig ein anderes Mittel der Technik von weit höherer Ordnung zur Anwendung gekommen ist (s. unten [S. 73]). – An dieser Stelle kann ich übrigens auch auf eine Beziehung des Witzes zum Rätsel aufmerksam machen. Der Philosoph Fr. Brentano hat eine Gattung von Rätseln gedichtet, in denen eine kleine Anzahl von Silben zu erraten ist, die, zu einem Worte vereinigt, oder so oder anders zusammengefaßt, einen anderen Sinn ergeben, z. B.:

... ließ mich das *Platanenblatt ahnen*

oder:

wie du dem *Inder hast verschrieben, in der Hast verschrieben?*

Die zu erratenden Silben werden im Zusammenhang des Satzes durch das entsprechend oft zu wiederholende Füllwort *dal* ersetzt. Ein Kollege des Philosophen übte eine geistreiche Rache, als er von der Verlobung des in reiferen Jahren stehenden Mannes hörte, indem er fragte: *Daldaldal daldaldal? (Brentano brennt-a-no?)*

Was macht den Unterschied zwischen diesen *Daldal*-Rätseln und den obenstehenden Witzen? Daß in ersteren die Technik als Bedingung angegeben ist und der Wortlaut erraten werden soll, während in den Witzen der Wortlaut mitgeteilt und die Technik versteckt ist.

[Es handelt sich um Franz Brentano (1838–1917), dessen philosophische Vorlesungen Freud in seinem ersten Studienjahr an der Wiener Universität gehört hatte.]

[3] [1912, Bd. 1, 280. Spitzer (1835–1893) war ein Wiener Journalist.]

einen soll der Mann *viel verdient* und sich *dabei etwas zurückgelegt* haben, nach anderen wieder soll sich die Frau *etwas zurückgelegt* und dabei *viel verdient* haben.«

Ein geradezu diabolisch guter Witz! Und mit wie geringen Mitteln er hergestellt ist! Viel verdient – sich etwas zurückgelegt, sich etwas zurückgelegt – viel verdient; es ist eigentlich nichts als eine Umstellung dieser beiden Phrasen, wodurch sich das vom Manne Ausgesagte von dem über die Frau Angedeuteten unterscheidet. Allerdings ist dies auch hier wiederum nicht die ganze Technik dieses Witzes[1]. [Vgl. S. 41 und S. 73.]

Ein reicher Spielraum eröffnet sich der Witztechnik, wenn man die *»mehrfache Verwendung des gleichen Materials«* dahin ausdehnt, daß das Wort – oder die Worte –, an denen der Witz haftet, das eine Mal unverändert, das andere Mal mit einer *kleinen Modifikation* gebraucht werden dürfe.

Z. B. ein anderer Witz des Herrn N.:

Er hört von einem Herrn, der selbst als Jude geboren ist, eine gehässige Äußerung über jüdisches Wesen. »Herr Hofrat«, meint er, »Ihr Ant*e*semitismus war mir bekannt, Ihr Ant*i*semitismus ist mir neu.«

Hier ist nur ein einziger Buchstabe verändert, dessen Modifikation bei sorgloser Aussprache kaum bemerkt wird. Das Beispiel erinnert an die anderen Modifikationswitze des Herrn N. (s. S. 28 f.), aber zum Unterschiede von ihnen fehlt ihm die Verdichtung; es ist im Witze selbst alles gesagt, was gesagt werden soll. »Ich weiß, daß Sie früher selbst Jude waren; es wundert mich also, daß gerade Sie über Juden schimpfen.«

Ein vortreffliches Beispiel eines solchen Modifikationswitzes ist auch der bekannte Ausruf: *Traduttore – Traditore!*

Die fast bis zur Identität gehende Ähnlichkeit der beiden Worte ergibt eine sehr eindrucksvolle Darstellung der Notwendigkeit, die den Übersetzer zum Frevler an seinem Autor werden läßt[2].

Die Mannigfaltigkeit der möglichen leisen Modifikationen ist bei diesen Witzen so groß, daß keiner mehr ganz dem anderen gleicht.

Hier ein Witz, der sich bei einem rechtswissenschaftlichen Examen zu-

---

[1] [*Zusatz 1912:*] Ebensowenig wie in dem vortrefflichen, bei Brill [1911] angeführten Witz von Oliver Wendell Holmes: *»Put not your trust in money, but put your money in trust.«* Es wird hier ein Widerspruch angekündigt, der nicht erfolgt. Der zweite Teil des Satzes nimmt diesen Widerspruch zurück. Übrigens ein gutes Beispiel für die Unübersetzbarkeit der Witze von solcher Technik.

[2] [*Zusatz 1912:*] Brill [ibid.] zitiert einen ganz analogen Modifikationswitz: *Amantes amentes* (Verliebte = Narren).

getragen haben soll! Der Kandidat soll eine Stelle des *Corpus juris* übersetzen. *»Labeo ait« ... Ich falle, sagt er ... Sie fallen, sag' ich*, erwidert der Prüfer, und die Prüfung ist zu Ende[1]. Wer den Namen des großen Rechtsgelehrten für eine, zudem falsch erinnerte, Vokabel verkennt, verdient freilich nichts Besseres. Aber die Technik des Witzes liegt in der Verwendung fast der nämlichen Worte, welche die Unwissenheit des Geprüften bezeugen, zu seiner Bestrafung durch den Prüfer. Der Witz ist außerdem ein Beispiel von »Schlagfertigkeit«, deren Technik, wie sich zeigen lassen wird [S. 66f.], von der hier erläuterten nicht viel absteht.

Worte sind ein plastisches Material, mit dem sich allerlei anfangen läßt. Es gibt Worte, welche in gewissen Verwendungen die ursprüngliche volle Bedeutung eingebüßt haben, deren sie sich in anderem Zusammenhange noch erfreuen. In einem Witz von Lichtenberg sind gerade jene Verhältnisse herausgesucht, unter denen die abgeblaßten Worte ihre volle Bedeutung wieder bekommen müssen.

»Wie geht's?« fragte der Blinde den *Lahmen*. »Wie Sie *sehen*«, antwortete der Lahme dem *Blinden*.

Es gibt im Deutschen auch Worte, die in anderem Sinne *voll* und *leer* genommen werden können, und zwar in mehr als nur einem. Es können nämlich zwei verschiedene Abkömmlinge desselben Stammes, das eine sich zu einem Worte mit voller Bedeutung, das andere sich zu einer abgeblaßten End- oder Anhängesilbe entwickelt haben, und beide doch vollkommen gleich lauten. Der Gleichlaut zwischen einem vollen Wort und einer abgeblaßten Silbe mag auch ein zufälliger sein. In beiden Fällen kann die Witztechnik aus solchen Verhältnissen des Sprachmaterials Nutzen ziehen.

Schleiermacher wird z.B. ein Witz zugeschrieben, der uns als fast reines Beispiel solcher technischen Mittel wichtig ist: *Eifersucht* ist eine *Leidenschaft*, die mit *Eifer sucht*, was *Leiden schafft*.

Dies ist unstreitig witzig, wiewohl nicht gerade kräftig als Witz. Es fallen hier eine Menge von Momenten weg, die uns bei der Analyse anderer Witze irremachen können, solange wir jeden von ihnen vereinzelt in Untersuchung ziehen. Der im Wortlaut ausgedrückte Gedanke ist wertlos; er gibt jedenfalls eine recht ungenügende Definition der Eifersucht. Von »Sinn im Unsinn«, »verborgenem Sinn«, »Verblüffung

[1] [Labeo ist der Name eines berühmten römischen Rechtsgelehrten (ca. 50 v. Chr. bis 18 n. Chr.), und die lateinischen Worte hätten tatsächlich mit »Labeo sagt« übersetzt werden müssen. Der Kandidat verwechselte *»Labeo«* mit *»labor«*, »ich falle.]

und Erleuchtung« ist keine Rede. Einen Vorstellungskontrast wird man mit der größten Anstrengung nicht herausfinden, einen Kontrast zwischen den Worten und dem, was sie bedeuten, nur mit großem Zwang. Von einer Verkürzung ist nichts zu finden; der Wortlaut macht im Gegenteil den Eindruck der Weitschweifigkeit. Und doch ist es ein Witz, selbst ein sehr vollkommener. Sein einzig auffälliger Charakter ist gleichzeitig derjenige, mit dessen Aufhebung der Witz verschwindet, nämlich daß hier dieselben Worte eine mehrfache Verwendung erfahren. Man hat dann die Wahl, ob man diesen Witz jener Unterabteilung zurechnen will, in welcher Worte einmal ganz und das andere Mal zerteilt gebraucht werden (wie *Rousseau, Antigone*), oder jener anderen, in der die volle und die abgeblaßte Bedeutung von Wortbestandteilen die Mannigfaltigkeit herstellen. Außer diesem ist nur noch ein anderes Moment für die Technik des Witzes beachtenswert. Es ist hier ein ungewohnter Zusammenhang hergestellt, eine Art *Unifizierung* vorgenommen worden, indem die Eifersucht durch ihren eigenen Namen, gleichsam durch sich selbst definiert ist. Auch dies ist, wie wir hier hören werden [S. 65 ff.], eine Technik des Witzes. Diese beiden Momente müssen also für sich hinreichend sein, einer Rede den gesuchten Charakter des Witzes zu geben.

Wenn wir uns nun in die Mannigfaltigkeit der »mehrfachen Verwendung« desselben Wortes noch weiter einlassen, so merken wir mit einem Male, daß wir Formen von »Doppelsinn« oder »Wortspiel« vor uns haben, die als Technik des Witzes längst allgemein bekannt und gewürdigt sind. Wozu haben wir uns die Mühe gegeben, etwas neu zu entdecken, was wir aus der seichtesten Abhandlung über den Witz hätten entnehmen können? Wir können zu unserer Rechtfertigung zunächst nur anführen, daß wir an dem nämlichen Phänomen des sprachlichen Ausdrucks doch eine andere Seite hervorheben. Was bei den Autoren den »spielerischen« Charakter des Witzes erweisen soll, fällt bei uns unter den Gesichtspunkt der »mehrfachen Verwendung«.

Die weiteren Fälle von mehrfacher Verwendung, die man auch als *Doppelsinn* zu einer neuen, dritten Gruppe vereinigen kann, lassen sich leicht in Unterabteilungen bringen, die freilich nicht durch wesentliche Unterscheidungen voneinander gesondert sind, ebensowenig wie die ganze dritte Gruppe von der zweiten. Da gibt es zunächst

a) die Fälle von Doppelsinn eines *Namens* und seiner *dinglichen Bedeutung*, z. B. *»Drück dich aus unserer Gesellschaft ab, Pistol«* (bei Shakespeare[1]).

[1] [*Heinrich IV*, II. Teil, II. Akt, 4. Szene.]

»Mehr *Hof* als *Freiung*«, sagte ein witziger Wiener mit Beziehung auf mehrere schöne Mädchen, die seit Jahren viel gefeiert wurden und noch immer keinen Mann gefunden hatten. »Hof« und »Freiung« sind zwei aneinanderstoßende Plätze im Innern der Stadt Wien.

Heine[1]: »Hier in Hamburg herrscht nicht der schändliche Macbeth, sondern hier herrscht *Banko*« (Banquo).

Wo der unveränderte Name nicht brauchbar – man könnte sagen: nicht mißbrauchbar – ist, kann man mittels einer der uns bekannten kleinen Modifikationen den Doppelsinn aus ihm gewinnen:

»Weshalb haben die Franzosen den *Lohengrin* zurückgewiesen?« fragte man in nun überwundenen Zeiten. Die Antwort lautete: »*Elsa's* (*Elsaß*) wegen.«

b) den Doppelsinn der *sachlichen* und *metaphorischen* Bedeutung eines Wortes, der eine ergiebige Quelle für die Witztechnik ist. Ich zitiere nur ein Beispiel: Ein als Witzbold bekannter ärztlicher Kollege sagte einmal zum Dichter Arthur Schnitzler[2]: »Ich wundere mich nicht, daß du ein großer Dichter geworden bist. Hat doch schon dein Vater seinen Zeitgenossen den *Spiegel* vorgehalten.« Der Spiegel, den der Vater des Dichters, der berühmte Arzt Dr. Schnitzler, gehandhabt[3], war der *Kehlkopfspiegel*; nach einem bekannten Ausspruch Hamlets ist es der Zweck des Schauspieles, also auch des Dichters, der es schafft, »der Natur gleichsam den Spiegel vorzuhalten: der Tugend ihre eigenen Züge, der Schmach ihr eigenes Bild und dem Jahrhundert und Körper der Zeit den Abdruck seiner Gestalt zu zeigen« (III. Akt, 2. Szene).

c) den eigentlichen Doppelsinn oder das *Wortspiel*, den sozusagen idealen Fall der mehrfachen Verwendung; dem Wort wird hier nicht Gewalt angetan, es wird nicht in seine Silbenbestandteile zerrissen, es braucht sich keiner Modifikation zu unterziehen, nicht die Sphäre, der es angehört, etwa als Eigenname, mit einer anderen zu vertauschen; ganz so wie es ist und im Gefüge des Satzes steht, darf es dank der Gunst gewisser Umstände zweierlei Sinn aussagen.

Beispiele stehen hier reichlich zur Verfügung:

(Nach K. Fischer [1889, 80].) Eine der ersten Regentenhandlungen des letzten Napoleon war bekanntlich die Wegnahme der Güter der Orléans. Ein vortreffliches Wortspiel sagte damals: »*C'est le premier* *v o l* *de l'aigle.*« »*Vol*« heißt *Flug*, aber auch *Raub*.

Ludwig XV. wünschte den Witz eines seiner Hofherren, von dessen

[1] [*Schnabelewopski*, Kapitel III.]

[2] [Dieser war selbst Arzt.]

[3] [und selbst erfunden hat]

Talent man ihm erzählt hatte, auf die Probe zu stellen; bei der ersten Gelegenheit befiehlt er dem Kavalier, einen Witz zu machen über ihn selbst; er selbst, der König, wolle *»Sujet«* dieses Witzes sein. Der Hofmann antwortete mit dem geschickten Bonmont: *»Le roi n'est pas sujet.«* *»Sujet«* heißt ja auch *Untertan.* [Nach Fischer, loc. cit.]

Der Arzt, der vom Krankenbett der Frau weggeht, sagt zu dem ihn begleitenden Ehemanne kopfschüttelnd: Die Frau *gefällt* mir nicht. Mir *gefällt* sie schon lange nicht, beeilt sich dieser zuzustimmen.

Der Arzt bezieht sich natürlich auf den Zustand der Frau, er hat aber seine Besorgnis um die Kranke in solchen Worten ausgedrückt, daß der Mann in ihnen die Bestätigung seiner ehelichen Abneigung finden kann.

Von einer satirischen Komödie sagte Heine: »Diese Satire wäre nicht so *bissig* geworden, wenn der Dichter mehr zu *beißen* gehabt hätte.« Dieser Witz ist eher ein Beispiel von metaphorischem und gemeinem Doppelsinn als ein richtiges Wortspiel, aber wem läge daran, hier an scharfen Grenzen festzuhalten?

Ein anderes gutes Wortspiel wird bei den Autoren (Heymans, Lipps) in einer Form erzählt, durch die ein Verständnis desselben verhindert wird[1]. Die richtige Fassung und Einkleidung fand ich unlängst in einer sonst wenig brauchbaren Sammlung von Witzen[2].

»Saphir kam einst mit Rothschild zusammen. Sie hatten kaum ein Weilchen miteinander geplaudert, als Saphir sagte: ›Hören Sie, Rothschild, meine Kasse ist dünn geworden, Sie könnten mir 100 Dukaten pumpen.‹ ›Je nun‹, erwiderte Rothschild, ›darauf soll es mir nicht ankommen,

[1] »›Wenn Saphir‹, so sagt Heymans, ›einem reichen Gläubiger, dem er einen Besuch abstattet, auf die Frage: Sie kommen wohl um die 300 Gulden, antwortet: Nein, Sie kommen um die 300 Gulden, so ist eben dasjenige, was er meint, in einer sprachlich vollkommen korrekten und auch keineswegs ungewöhnlichen Form ausgedrückt.‹ In der Tat ist es so: Die Antwort Saphirs ist *an sich betrachtet* in schönster Ordnung. Wir verstehen auch, was er sagen will, nämlich daß er seine Schuld nicht zu bezahlen beabsichtige. Aber Saphir gebraucht dieselben Worte, die vorher von seinem Gläubiger gebraucht wurden. Wir können also nicht umhin, sie auch in dem Sinne zu nehmen, in welchem sie von jenem gebraucht wurden. Und dann hat Saphirs Antwort gar keinen Sinn mehr. Der Gläubiger »kommt« ja überhaupt nicht. Er kann ja auch nicht um die 300 Gulden kommen, d. h.: er kann nicht kommen, um 300 Gulden zu bringen. Zudem hat er als Gläubiger nicht zu bringen, sondern zu fordern. Indem die Worte Saphirs in solcher Weise zugleich als Sinn und als Unsinn erkannt werden, entsteht die Komik« (Lipps, 1898, S. 97).
Nach der obenstehenden, zur Aufklärung vollständig wiedergegebenen Fassung ist die Technik dieses Witzes weit einfacher, als Lipps meint. Saphir kommt nicht, um die 300 Gulden zu bringen, sondern um sie erst von dem Reichen zu holen. Somit entfallen die Erörterungen über »Sinn und Unsinn« in diesem Witz.

[2] *Das große Buch der Witze,* gesammelt und herausgegeben von Willy Hermann. Berlin 1904.

aber nur unter der Bedingung, daß Sie einen Witz machen.‹ ›Darauf soll's mir ebenfalls nicht ankommen‹, versetzte Saphir. ›Gut, so kommen Sie morgen auf mein Bureau.‹ Saphir stellte sich pünktlich ein. ›Ach‹, sagte Rothschild, als er den Eintretenden gewahrte. *›Sie kommen um Ihre 100 Dukaten.‹* ›Nein‹, erwiderte dieser, *›Sie kommen um Ihre 100 Dukaten,* da es mir bis zum Jüngsten Tage nicht einfallen wird, sie wieder zu bezahlen.‹«

»Was *stellen* diese Statuen *vor?*« fragt ein Fremder einen einheimischen Berliner angesichts einer Front von Denkmälern auf einem öffentlichen Platz. »Je nu«, antwortet dieser, *»entweder das rechte oder das linke Bein.«* [1]

Heine in der *Harzreise:* »Auch sind mir in diesem Augenblicke nicht alle Studenten*namen* im Gedächtnisse, und unter den Professoren sind manche, die noch gar keinen *Namen* haben.«

Wir üben uns vielleicht in der diagnostischen Differenzierung, wenn wir hier einen anderen allbekannten Professorenwitz anschließen. »Der Unterschied zwischen *ordentlichen* und *außerordentlichen* Professoren besteht darin, daß die *ordentlichen* nichts *außerordentliches* und die *außerordentlichen* nichts *ordentliches* leisten.« Das ist gewiß ein Spiel mit den zwei Bedeutungen der Worte »ordentlich« und »außerordentlich«, in und außer der *ordo* (dem Stande) einerseits und tüchtig, beziehungsweise hervorragend, anderseits. Die Übereinstimmung dieses Witzes aber mit anderen uns bekanntgewordenen Beispielen mahnt uns daran, daß hier die mehrfache Verwendung weit auffälliger ist als der Doppelsinn. Man hört ja in dem Satz nichts anderes als das immer wiederkehrende *»ordentlich«*, bald als solches, bald negativ modifiziert (vgl. S. 35). Außerdem ist hier wiederum das Kunststück vollbracht, einen Begriff durch seinen Wortlaut zu definieren (vgl. Eifersucht ist eine Leidenschaft usw. [S. 36]), genauer beschrieben, zwei korrelative Begriffe durcheinander, wenn auch negativ, zu definieren, was eine kunstvolle Verschränkung ergibt. Endlich kann man den Gesichtspunkt der Unifizierung auch hier hervorheben, die Herstellung eines innigeren Zusammenhanges zwischen den Elementen der Aussage, als man nach deren Natur zu erwarten ein Recht hätte.

Heine in der *Harzreise:* »Der Pedell Sch. grüßte mich sehr kollegialisch,

---

[1] Weiteres zur Analyse dieses Wortspiels siehe unten. [Von einer weiteren Analyse dieses Witzes ist allerdings nichts zu finden, und es ist möglich, daß diese Fußnote vielmehr an das Ende des vorhergehenden Absatzes gehört, da der Witz Saphir–Rothschild tatsächlich noch einmal, und zwar auf S. 44, erörtert wird.]

denn er ist ebenfalls Schriftsteller und hat meiner in seinen halbjährigen Schriften oft erwähnt; wie er mich denn auch außerdem oft *zitiert* hat, und wenn er mich nicht zu Hause fand, immer so gütig war, die *Zitation*[1] mit Kreide auf meine Stubentür zu schreiben.«
Der »Wiener Spaziergänger« Daniel Spitzer fand für einen sozialen Typus, der zur Zeit des Gründertums blühte, die lakonische, aber gewiß auch sehr witzige, biographische Charakteristik:
»*Eiserne* Stirne – *eiserne* Kasse – *eiserne* Krone.« (Letzteres ein Orden, mit dessen Verleihung der Adelsstand verknüpft war.) Eine ganz ausgezeichnete Unifizierung, alles gleichsam aus Eisen! Die verschiedenen, aber nicht sehr auffällig miteinander kontrastierenden Bedeutungen des Beiwortes »eisern« ermöglichen diese »mehrfachen Verwendungen«.
Ein anderes Wortspiel mag uns den Übergang zu einer neuen Unterart der Doppelsinntechnik erleichtern. Der auf Seite 38 erwähnte witzige Kollege ließ sich zur Zeit des Dreyfushandels den Witz zuschulden kommen:
»Dieses Mädchen erinnert mich an Dreyfus. Die Armee glaubt nicht an ihre *Unschuld*.«
Das Wort »Unschuld«, auf dessen Doppelsinn der Witz aufgebaut ist, hat in dem einen Zusammenhang den gebräuchlichen Sinn mit dem Gegensatz: Verschulden, Verbrechen, in dem anderen aber einen sexuellen Sinn, dessen Gegensatz sexuelle Erfahrung ist. Nun gibt es sehr viele derartige Beispiele von Doppelsinn, und in ihnen allen kommt es für die Wirkung des Witzes ganz besonders auf den sexuellen Sinn an. Man könnte für diese Gruppe etwa die Bezeichnung *»Zweideutigkeit«* reservieren.
Ein ausgezeichnetes Beispiel solch eines zweideutigen Witzes ist der auf Seite 34 f. mitgeteilte von D. Spitzer:
»Nach der Ansicht der einen soll der Mann *viel verdient* und *sich dabei etwas zurückgelegt* haben, nach anderen wieder soll *sich* die Frau *etwas zurückgelegt* und dabei *viel verdient* haben.«
Vergleicht man aber dieses Beispiel von Doppelsinn mit Zweideutigkeit mit anderen, so fällt ein Unterschied ins Auge, der für die Technik nicht ganz belanglos ist. In dem Witz von der »Unschuld« liegt der eine Sinn des Wortes unserem Erfassen ebenso nahe wie der andere; man wüßte wirklich nicht zu unterscheiden, ob die sexuelle oder die nichtsexuelle Bedeutung des Wortes die gebräuchlichere und uns ver-

[1] [Hier: Vorladung der Göttinger Universitätsverwaltung wegen undisziplinierten Betragens von Studenten.]

trautere ist. Anders in dem Beispiel von D. Spitzer; in diesem ist der eine, banale, Sinn der Worte »sich etwas zurückgelegt« der bei weitem aufdringlichere, verdeckt und versteckt gleichsam den sexuellen Sinn, der einem Arglosen etwa gar entgehen könnte. Setzen wir zum scharfen Gegensatz ein anderes Beispiel von Doppelsinn hin, in dem auf solches Verstecken der sexuellen Bedeutung verzichtet ist, z. B. Heines Charakterschilderung einer gefälligen Dame: »Sie konnte nichts *abschlagen* außer ihr Wasser.« Es klingt wie eine Zote, der Eindruck des Witzes kommt kaum zur Geltung [1]. Nun kann die Eigentümlichkeit, daß die beiden Bedeutungen des Doppelsinnes uns nicht gleich nahe liegen, auch bei Witzen ohne sexuelle Beziehung vorkommen, sei es, daß der eine Sinn der an sich gebräuchlichere ist, sei es, daß er durch den Zusammenhang mit den anderen Teilen des Satzes vorangestellt wird (z. B. *c'est le premier vol de l'aigle*); alle diese Fälle schlage ich vor als *Doppelsinn* mit *Anspielung* zu bezeichnen.

[4]

Wir haben bis jetzt bereits eine so große Anzahl verschiedener Techniken des Witzes kennengelernt, daß ich fürchten muß, wir könnten die Übersicht über dieselben verlieren. Versuchen wir darum eine Zusammenstellung derselben:

I. Die Verdichtung:
- *a)* mit Mischwortbildung,
- *b)* mit Modifikation.

II. Die Verwendung des nämlichen Materials:
- *c)* Ganzes und Teile,
- *d)* Umordnung,
- *e)* leichte Modifikation,
- *f)* dieselben Worte voll und leer.

III. Doppelsinn:
- *g)* Name und Sachbedeutung,
- *h)* metaphorische und sachliche Bedeutung,
- *i)* eigentlicher Doppelsinn (Wortspiel),
- *j)* Zweideutigkeit,
- *k)* Doppelsinn mit Anspielung.

[1] Vgl. hiezu K. Fischer (1889, S. 85), der für solche doppelsinnige Witze, in denen die beiden Bedeutungen nicht gleichmäßig im Vordergrunde stehen, sondern die eine hinter der anderen, den Namen »Zweideutigkeit« beansprucht, den ich oben anders verwendet habe. Solche Namengebung ist Sache des Übereinkommens, der Sprachgebrauch hat keine sichere Entscheidung getroffen.

Diese Mannigfaltigkeit wirkt verwirrend. Sie könnte uns mißmutig werden lassen, daß wir uns gerade der Beschäftigung mit den technischen Mitteln des Witzes zugewendet haben, und könnte uns argwöhnen lassen, daß wir deren Bedeutung für eine Erkenntnis des Wesentlichen am Witze doch überschätzen. Stände dieser erleichternden Vermutung nicht die eine unabweisbare Tatsache im Wege, daß der Witz jedesmal aufgehoben ist, sobald wir die Leistung dieser Techniken im Ausdruck wegräumen! Wir werden also doch darauf hingewiesen, die Einheit in dieser Mannigfaltigkeit zu suchen. Es müßte möglich sein, alle diese Techniken unter einen Hut zu bringen. Die zweite und dritte Gruppe zu vereinigen ist nicht schwierig, wie wir uns schon gesagt haben [S. 37]. Der Doppelsinn, das Wortspiel ist ja nur der ideale Fall von Verwendung des nämlichen Materials. Letzterer ist dabei offenbar der umfassendere Begriff. Die Beispiele von Zerteilung, Umordnung des gleichen Materials, mehrfacher Verwendung mit leichter Modifikation (*c, d, e*) würden sich dem Begriff des Doppelsinnes nicht ohne Zwang unterordnen. Aber welche Gemeinsamkeit gibt es zwischen der Technik der ersten Gruppe – Verdichtung mit Ersatzbildung – und jener der beiden anderen, mehrfache Verwendung des nämlichen Materials?

Nun, eine sehr einfache und deutliche, sollt' ich meinen. Die Verwendung des nämlichen Materials ist ja nur ein Spezialfall der Verdichtung; das Wortspiel ist nichts anderes als eine Verdichtung *ohne* Ersatzbildung; die Verdichtung bleibt die übergeordnete Kategorie. Eine zusammendrängende oder richtiger *ersparende* Tendenz beherrscht alle diese Techniken. Es scheint alles Sache der Ökonomie zu sein, wie Prinz Hamlet sagt *(Thrift, thrift, Horatio!)* [I. Akt, 2. Szene].

Machen wir die Probe auf diese Ersparnis an den einzelnen Beispielen. *»C'est le premier vol de l'aigle«* [S. 38]. Das ist der erste Flug des Adlers. Ja, aber es ist ein Raubausflug. *Vol* bedeutet zum Glück für die Existenz dieses Witzes sowohl »Flug« als auch »Raub«. Ist dabei nichts verdichtet und erspart worden? Gewiß der ganze zweite Gedanke, und zwar ist er ohne Ersatz fallengelassen worden. Der Doppelsinn des Wortes *vol* macht solchen Ersatz überflüssig, oder ebenso richtig: Das Wort *vol* enthält den Ersatz für den unterdrückten Gedanken, ohne daß der erste Satz darum einen Zusatz oder eine Abänderung brauchte. Das eben ist die Wohltat des Doppelsinnes.

Ein anderes Beispiel: Eiserne Stirne – eiserne Kasse – eiserne Krone [S. 41]. Welch außerordentliche Ersparnis gegen eine Ausführung des Gedankens, in welcher der Ausdruck das *»eisern«* nicht gefunden hätte!

»Mit der nötigen Frechheit und Gewissenlosigkeit ist es nicht schwer, ein großes Vermögen zu erwerben, und zur Belohnung für solche Verdienste bleibt natürlich der Adel nicht aus.«

Ja, in diesen Beispielen ist die Verdichtung, also die Ersparnis, unverkennbar. Sie soll aber in allen nachweisbar sein. Wo steckt nun die Ersparnis in solchen Witzen wie *Rousseau – roux et sot* [S. 32], *Antigone – antik? o – nee* [S. 33], in denen wir zuerst die Verdichtung vermißt haben, die uns vor allem bewogen haben, die Technik der mehrfachen Verwendung des nämlichen Materials aufzustellen? Hier würden wir allerdings mit der Verdichtung nicht durchkommen, aber wenn wir diese mit dem ihr übergeordneten Begriff der »Ersparnis« vertauschen, geht es ohne Schwierigkeit. Was wir in den Beispielen Rousseau, Antigone usw. ersparen, ist leicht zu sagen. Wir ersparen es, eine Kritik zu äußern, ein Urteil zu bilden, beides ist im Namen selbst schon gegeben. Im Beispiel der Leidenschaft – Eifersucht [S. 36] ersparen wir es uns, eine Definition mühsam zusammenzustellen: Eifersucht, Leidenschaft und – Eifer sucht, Leiden schafft; die Füllworte dazu, und die Definition ist fertig. Ähnliches gilt für alle anderen bisher analysierten Beispiele. Wo am wenigsten erspart wird, wie in dem Wortspiel von Saphir: »Sie kommen um Ihre 100 Dukaten« [S. 39 f.], da wird wenigstens erspart, den Wortlaut der Antwort neu zu bilden; der Wortlaut der Anrede genügt auch zur Antwort. Es ist wenig, aber nur in diesem Wenigen liegt der Witz. Die mehrfache Verwendung der nämlichen Worte zur Anrede wie zur Antwort gehört gewiß zum »Sparen«. Ganz, wie Hamlet die rasche Aufeinanderfolge des Todes seines Vaters und der Hochzeit seiner Mutter aufgefaßt sehen will:

»Das Gebackene
Vom Leichenschmaus gab kalte Hochzeitsschüsseln.«
[I. Akt, 2. Szene.]

Ehe wir aber die »Tendenz zur Ersparnis« als den allgemeinsten Charakter der Witztechnik annehmen und die Fragen stellen, woher sie stammt, was sie bedeutet und wieso der Lustgewinn des Witzes aus ihr entspringt, wollen wir einem Zweifel Raum gönnen, der ein Recht hat, angehört zu werden. Mag es sein, daß jede Witztechnik die Tendenz zeigt, mit dem Ausdruck zu sparen, aber die Beziehung ist nicht umkehrbar. Nicht jede Ersparung am Ausdruck, jede Kürzung, ist darum auch witzig. Wir standen schon einmal an dieser Stelle, damals als wir noch bei jedem Witz den Verdichtungsvorgang nachzuweisen hofften, und damals machten wir uns den berechtigten Einwand, ein Lakonismus sei noch kein Witz [vgl. S. 30]. Es müßte also eine besondere Art von Verkürzung und von Ersparnis sein, an welcher der Charakter des Witzes hinge, und solange wir diese Besonderheit nicht kennen, bringt uns die Auffindung des Gemeinsamen in der Witztechnik der Lösung unserer Aufgabe nicht näher. Außerdem finden wir den Mut zu bekennen, daß die Ersparungen, welche die Witztechnik macht, uns nicht zu imponieren vermögen. Sie erinnern vielleicht an die Art, wie manche Hausfrauen sparen, wenn sie, um einen entlegenen Markt aufzusuchen, Zeit und Geld für die Fahrt aufwenden, weil dort das Gemüse um einige Heller wohlfeiler zu haben ist. Was erspart sich der Witz durch seine Technik? Einige neue Worte zusammenzufügen, die sich meist mühelos ergeben hätten; anstatt dessen muß er sich die Mühe geben, das eine Wort aufzusuchen, welches ihm beide Gedanken deckt; ja, er muß oft erst den Ausdruck des einen Gedankens in eine nicht gebräuchliche Form umwandeln, bis diese ihm den Anhalt zur Zusammenfassung mit dem zweiten Gedanken ergeben kann. Wäre es nicht einfacher, leichter und eigentlich sparsamer gewesen, die beiden Gedanken so auszudrücken, wie es sich eben trifft, auch wenn dabei keine Gemeinsamkeit des Ausdruckes zustande kommt? Wird die Ersparnis an geäußerten Worten nicht durch den Aufwand an intellektueller Leistung mehr als aufgehoben? Und wer macht dabei die Ersparung, wem kommt sie zugute?

Wir können diesen Zweifeln vorläufig entgehen, wenn wir den Zweifel selbst an eine andere Stelle versetzen. Kennen wir wirklich bereits alle Arten der Witztechnik? Es ist sicherlich vorsichtiger, neue Beispiele zu sammeln und der Analyse zu unterziehen.

[5]

Wir haben in der Tat einer großen, vielleicht der zahlreichsten Gruppe von Witzen noch nicht gedacht und uns dabei vielleicht durch die Geringschätzung beeinflussen lassen, welche diesen Witzen zuteil geworden ist. Es sind die, welche gemeinhin *Kalauer (calembourgs)* genannt werden und für die niedrigste Abart des Wortwitzes gelten, wahrscheinlich, weil sie am »billigsten« sind, mit leichtester Mühe gemacht werden können. Und wirklich stellen sie den mindesten Anspruch an die Technik des Ausdrucks wie das eigentliche Wortspiel den höchsten. Wenn bei letzterem die beiden Bedeutungen in dem identischen und darum meist nur einmal gesetzten Wort ihren Ausdruck finden sollen, so genügt beim Kalauer, daß die zwei Worte für die beiden Bedeutungen durch irgendeine, aber unübersehbare Ähnlichkeit aneinander erinnern, sei es durch eine allgemeine Ähnlichkeit ihrer Struktur, einen reimartigen Gleichklang, die Gemeinsamkeit einiger anlautender Buchstaben u. dgl. Eine Häufung solcher, nicht ganz treffend »Klangwitze«[1] benannter Beispiele findet sich in der Predigt des Kapuziners in *Wallensteins Lager:*

»Kümmert sich mehr um den *Krug* als den *Krieg,*
Wetzt lieber den *Schnabel* als den *Sabel,*
...
Frißt den *Ochsen* lieber als den *Oxenstirn',*
...
Der *Rheinstrom* ist geworden zu einem *Peinstrom,*
Die *Klöster* sind ausgenommene *Nester,*
Die *Bistümer* sind verwandelt in *Wüsttümer,*
...
Und alle die gesegneten deutschen *Länder*
Sind verkehrt worden in *Elender.*«

Besonders gern modifiziert der Witz einen der Vokale des Wortes, z. B.: Von einem kaiserfeindlichen italienischen Dichter, der dann doch genötigt war, einen deutschen Kaiser in Hexametern zu besingen, sagt Hevesi (*Almanaccando,* [*Bilder aus Italien*][2], S. 87): Da er die Cäs*a*ren nicht auszurotten vermag, merzt er wenigstens die Cäs*u*ren aus.
Bei der Fülle von Kalauern, die uns zur Verfügung stünden, hat es vielleicht noch ein besonderes Interesse, ein wirklich schlechtes Beispiel hervorzuheben, das Heine zur Last fällt. Nachdem er sich (Buch *Le Grand,* Kapitel V[3]) durch lange Zeit vor seiner Dame als »indischer Prinz« gebärdet, wirft er dann die Maske ab und gesteht: »Madame! Ich habe Sie belogen ... Ich war ebensowenig jemals in *Kalkutta,* wie der *Kalkuten*braten, den ich gestern mittag gegessen.« Offenbar liegt der Fehler dieses Witzes darin, daß die beiden ähnlichen Worte nicht mehr bloß ähnlich, sondern eigentlich identisch sind. Der Vogel, dessen Braten er gegessen, heißt so, weil er aus dem nämlichen Kalkutta stammt oder stammen soll.

---

[1] [Ein solcher ist schon auf S. 32 angeführt.]
[2] [Das Buch von Hevesi (1888) wird in *G. W.* inkorrekt mit dem Untertitel ›*Reisen in Italien*‹ genannt.]
[3] [*Reisebilder* II, ›Ideen‹, Kapitel V.]

K. Fischer hat diesen Formen des Witzes große Aufmerksamkeit geschenkt und will sie von den »Wortspielen« scharf getrennt wissen (1889, S. 78). »Das *calembourg* ist das schlechte Wortspiel, denn es spielt mit dem Wort nicht als Wort, sondern als Klang.« Das Wortspiel aber »geht von dem Klange des Wortes in das Wort selbst ein« [ibid., 79]. Anderseits zählt er auch Witze wie »famillionär«, Antigone (antik? o nee) usw. zu den Klangwitzen. Ich sehe keine Nötigung, ihm hierin zu folgen. Auch im Wortspiel ist das Wort für uns nur ein Klangbild, mit dem sich dieser oder jener Sinn verbindet. Der Sprachgebrauch macht aber auch hier wieder keine scharfen Unterschiede, und wenn er den »Kalauer« mit Mißachtung, das »Wortspiel« mit einem gewissen Respekt behandelt, so scheinen diese Wertungen durch andere als technische Gesichtspunkte bedingt zu sein. Man achte einmal darauf, welcher Art die Witze sind, die man als »Kalauer« zu hören bekommt. Es gibt Personen, welche die Gabe besitzen, wenn sie in aufgeräumter Stimmung sind, durch längere Zeit jede an sie gerichtete Rede mit einem Kalauer zu beantworten. Einer meiner Freunde, sonst das Muster der Bescheidenheit, wenn seine ernsthaften Leistungen in der Wissenschaft in Rede stehen, pflegt dergleichen auch von sich zu rühmen. Als die Gesellschaft, die er einst so in Atem erhielt, der Verwunderung über seine Ausdauer Ausdruck gab, sagte er: »Ja, ich liege hier auf der *Ka-Lauer*«, und als man ihn bat endlich aufzuhören, stellte er die Bedingung, daß man ihn zum *Poeta Ka-laureatus* ernenne. Beides sind aber vortreffliche Verdichtungswitze mit Mischwortbildung. (Ich liege hier auf der *Lauer*, um *Kalauer* zu machen.)

Jedenfalls aber entnehmen wir schon aus den Streitigkeiten über die Abgrenzung von Kalauer und Wortspiel, daß ersterer uns nicht zur Kenntnis einer völlig neuen Witztechnik verhelfen kann. Wenn beim Kalauer auch der Anspruch auf die mehrsinnige Verwendung des *nämlichen* Materials aufgegeben ist, so fällt doch der Akzent auf das Wiederfinden des Bekannten, auf die Übereinstimmung der beiden dem Kalauer dienenden Worte, und somit ist dieser nur eine Unterart der Gruppe, die im eigentlichen Wortspiel ihren Gipfel erreicht.

[6]

Es gibt aber wirklich Witze, deren Technik fast jegliche Anknüpfung an die der bisher betrachteten Gruppen vermissen läßt.

Man erzählt von Heine, daß er sich eines Abends in einem Pariser

Salon mit dem Dichter Soulié[1] befunden und unterhalten habe, unterdessen tritt einer jener Pariser Geldkönige in den Saal, die man nicht bloß um des Geldes willen mit Midas vergleicht, und sieht sich bald von einer Menge umringt, die ihn mit größter Ehrerbietung behandelt. »Sehen Sie doch«, sagt Soulié zu Heine, »wie dort das neunzehnte Jahrhundert das goldene Kalb anbetet.« Mit einem Blick auf den Gegenstand der Verehrung antwortet Heine, gleichsam berichtigend: *»Oh, der muß schon älter sein«* (K. Fischer, 1889, S. 82–3).

Worin ist nun die Technik dieses ausgezeichneten Witzes gelegen? In einem Wortspiel, meint K. Fischer: »So kann z. B. das Wort ›goldenes Kalb‹ den Mammon und auch den Götzendienst bedeuten, im ersten Falle ist das Gold, im zweiten das Tierbild die Hauptsache; es kann auch dazu dienen, um nicht eben schmeichelhaft jemand zu bezeichnen, der sehr viel Geld und sehr wenig Verstand hat« (loc. cit.). Wenn wir die Probe machen und den Ausdruck »goldenes Kalb« wegschaffen, heben wir allerdings auch den Witz auf. Wir lassen dann Soulié sagen: »Sehen Sie doch, wie die Leute den dummen Kerl umschwärmen, bloß weil er reich ist«, und das ist freilich gar nicht mehr witzig. Heines Antwort wird dann auch unmöglich.

Aber wir wollen uns besinnen, daß es ja sich gar nicht um den etwa witzigen Vergleich Souliés, sondern um die Antwort Heines handelt, die gewiß weit witziger ist. Dann haben wir kein Recht, an die Phrase vom goldenen Kalb zu rühren, dieselbe bleibt als Voraussetzung für die Worte Heines bestehen und die Reduktion darf nur diese letzteren betreffen. Wenn wir diese Worte: »Oh, der muß schon älter sein«, ausführen, können wir sie nur etwa so ersetzen: »Oh, das ist kein Kalb mehr, das ist schon ein ausgewachsener Ochs.« Für den Witz Heines erübrigte also, daß er das »goldene Kalb« nicht mehr metaphorisch, sondern persönlich genommen, auf den Geldmenschen selbst bezogen hätte. Wenn dieser Doppelsinn nicht etwa schon in der Meinung Souliés enthalten war!

Wie aber? Nun glauben wir zu bemerken, daß diese Reduktion den Witz Heines nicht völlig vernichtet, vielmehr dessen Wesentliches unangetastet gelassen habe. Es lautet jetzt so, daß Soulié sagt: »Sehen Sie doch, wie dort das neunzehnte Jahrhundert das goldene Kalb anbetet!« und Heine zur Antwort gibt: »Oh, das ist kein Kalb mehr, das ist schon ein Ochs.« Und in dieser reduzierten Fassung ist es noch immer ein

---

[1] [Frédéric Soulié (1800–1847), französischer Dramatiker und Novellist.]

Witz. Eine andere Reduktion der Worte Heines ist aber nicht möglich.

Schade, daß dieses schöne Beispiel so komplizierte technische Bedingungen enthält. Wir können an ihm zu keiner Klärung kommen, verlassen es darum und suchen uns ein anderes, in dem wir eine innere Verwandtschaft mit dem vorigen zu verspüren glauben.

Es sei einer der »Badewitze«, welche die Badescheu der Juden in Galizien behandeln. Wir verlangen nämlich keinen Adelsbrief von unseren Beispielen, wir fragen nicht nach ihrer Herkunft, sondern nur nach ihrer Tüchtigkeit, ob sie uns zum Lachen zu bringen vermögen und ob sie unseres theoretischen Interesses würdig sind. Beiden diesen Anforderungen entsprechen aber gerade die Judenwitze am besten.

Zwei Juden treffen in der Nähe des Badehauses zusammen. *»Hast du genommen ein Bad?«* fragt der eine. *»Wieso?«* fragt der andere dagegen, *»fehlt eins?«*

Wenn man über einen Witz recht herzlich lacht, ist man nicht gerade in der geeignetsten Disposition, um seiner Technik nachzuforschen. Darum bereitet es einige Schwierigkeiten, sich in diese Analysen hineinzufinden. »Das ist ein komisches Mißverständnis«, drängt sich uns auf. – Gut, aber die Technik dieses Witzes? – Offenbar der doppelsinnige Gebrauch des Wortes nehmen. Für den einen ist »nehmen« das farblos gewordene Hilfswort; für den anderen das Verbum mit unabgeschwächter Bedeutung. Also ein Fall von »voll« und »leer« nehmen desselben Wortes (Gruppe II, *f* [S. 42]). Ersetzen wir den Ausdruck »ein Bad genommen« durch den gleichwertigen einfacheren »gebadet«, so fällt der Witz weg. Die Antwort paßt nicht mehr. Der Witz haftet also wiederum am Ausdruck »genommen ein Bad«.

Ganz richtig, doch scheint es, daß auch in diesem Falle die Reduktion an unrichtiger Stelle angesetzt hat. Der Witz liegt nicht in der Frage, sondern in der Antwort, in der Gegenfrage: »Wieso? Fehlt eins?« Und diese Antwort ist ihres Witzes durch keine Erweiterung oder Veränderung, die nur ihren Sinn ungestört läßt, zu berauben. Auch haben wir den Eindruck, daß in der Antwort des zweiten Juden das Übersehen des Bades bedeutsamer ist als das Mißverständnis des Wortes »nehmen«. Aber wir sehen auch hier noch nicht klar und wollen ein drittes Beispiel suchen.

Wiederum ein Judenwitz, an dem aber nur das Beiwerk jüdisch ist, der Kern ist allgemein menschlich. Gewiß hat auch dieses Beispiel seine unerwünschten Komplikationen, aber zum Glück nicht diejenigen, welche uns bisher klarzusehen verhindert haben.

»Ein Verarmter hat sich von einem wohlhabenden Bekannten unter vielen Beteuerungen seiner Notlage 25 fl. geborgt. Am selben Tage noch trifft ihn der Gönner im Restaurant vor einer Schüssel Lachs mit Mayonnaise. Er macht ihm Vorwürfe: ›Wie, Sie borgen sich Geld von mir aus und dann bestellen Sie sich Lachs mit Mayonnaise. Dazu haben Sie mein Geld gebraucht?‹ ›Ich verstehe Sie nicht‹, antwortet der Beschuldigte, ›wenn ich kein Geld habe, *kann* ich nicht essen Lachs mit Mayonnaise, wenn ich Geld habe, *darf* ich nicht essen Lachs mit Mayonnaise. *Also wann soll ich eigentlich essen Lachs mit Mayonnaise?*‹«

Hier ist endlich nichts mehr von Doppelsinn zu entdecken. Auch die Wiederholung von »Lachs mit Mayonnaise« kann nicht die Technik des Witzes enthalten, denn sie ist nicht »mehrfache Verwendung« desselben Materials, sondern durch den Inhalt geforderte wirkliche Wiederholung des Identischen. Wir dürfen vor dieser Analyse eine Weile ratlos bleiben, werden vielleicht zur Ausflucht greifen wollen, der Anekdote, die uns lachen machte, den Charakter des Witzes zu bestreiten.

Was läßt sich sonst Bemerkenswertes über die Antwort des Verarmten sagen? Daß ihr in eigentlich auffälliger Weise der Charakter des Logischen verliehen ist. Mit Unrecht aber, die Antwort ist ja unlogisch. Der Mann verteidigt sich dagegen, daß er das ihm geliehene Geld für den Leckerbissen verwendet hat, und fragt mit einem Schein von Recht – *wann* er denn eigentlich Lachs essen darf. Aber das ist gar nicht die richtige Antwort; der Geldgeber wirft ihm nicht vor, daß er sich den Lachs gerade an dem Tage gegönnt, an dem er sich das Geld geborgt, sondern mahnt ihn daran, daß er in seinen Verhältnissen *überhaupt nicht* das Recht habe, an solche Leckerbissen zu denken. Diesen einzig möglichen Sinn des Vorwurfes läßt der verarmte Bonvivant unberücksichtigt, antwortet, als ob er den Vorwurf mißverstanden hätte, auf etwas anderes.

Wenn nun gerade in dieser *Ablenkung* der Antwort von dem Sinn des Vorwurfes die Technik dieses Witzes gelegen wäre? Eine ähnliche Veränderung des Standpunktes, Verschiebung des psychischen Akzents wäre dann vielleicht auch in den beiden früheren Beispielen, die wir als verwandt empfunden haben, nachzuweisen.

Siehe da, dieser Nachweis gelingt ganz leicht und deckt in der Tat die Technik dieser Beispiele auf. Soulié macht Heine darauf aufmerksam, daß die Gesellschaft im neunzehnten Jahrhundert das »goldene Kalb« anbetet, geradeso wie einst das Volk der Juden in der Wüste. Dazu paßte eine Antwort von Heine etwa wie: »Ja, so ist die menschliche

Natur, die Jahrtausende haben an ihr nichts geändert«, oder irgendetwas anderes Beipflichtendes. Heine lenkt aber in seiner Antwort von dem angeregten Gedanken ab, er antwortet überhaupt nicht darauf, er bedient sich des Doppelsinnes, dessen die Phrase »goldenes Kalb« fähig ist, um einen Seitenweg einzuschlagen, greift den einen Bestandteil der Phrase, das »Kalb«, auf und antwortet, als ob auf dieses der Akzent in der Rede Souliés gefallen wäre: »Oh, das ist kein Kalb mehr« usw. [1]
Noch deutlicher ist die Ablenkung im Badewitz. Dieses Beispiel fordert eine graphische Darstellung heraus.
Der erste fragt: »Hast du genommen ein *Bad*?« Der Akzent ruht auf dem Element Bad.
Der zweite antwortet, als hätte die Frage gelautet: »Hast du *genommen* ein Bad?«
Der Wortlaut »genommen ein Bad?« soll nur diese Verschiebung des Akzents ermöglichen. Lautete es: »Hast du gebadet?« so wäre ja jede Verschiebung unmöglich. Die unwitzige Antwort wäre dann: »Gebadet? Was meinst du? Ich weiß nicht, was das ist.« Die Technik des Witzes aber liegt in der Verschiebung des Akzents von »Baden« auf »nehmen« [2].
Kehren wir zum Beispiel »Lachs mit Mayonnaise« als dem reinsten zurück. Das Neue an demselben darf uns nach verschiedenen Richtungen beschäftigen. Zunächst müssen wir die hier aufgedeckte Technik mit einem Namen belegen. Ich schlage vor, sie als *Verschiebung* zu bezeichnen, weil das Wesentliche an ihr die Ablenkung des Gedankenganges, die Verschiebung des psychischen Akzents auf ein anderes als das angefangene Thema ist. Sodann obliegt uns die Untersuchung, in welchem Verhältnis die Verschiebungstechnik zum Ausdruck des Witzes steht. Unser Beispiel (Lachs mit Mayonnaise) läßt uns erkennen, daß der Verschiebungswitz in hohem Grade unabhängig vom wörtlichen Ausdruck ist. Er hängt nicht am Worte, sondern am Gedankengange. Um ihn wegzuschaffen, fruchtet uns keine Ersetzung der Worte bei Festhaltung des Sinnes der Antwort. Die Reduktion ist nur möglich, wenn wir den Ge-

---

[1] Die Antwort Heines ist eine Kombination von zwei Witztechniken, einer Ablenkung mit einer Anspielung. Er sagt ja nicht direkt: Das ist ein Ochs.

[2] Das Wort »nehmen« eignet sich infolge seiner vielseitigen Gebrauchsfähigkeiten sehr gut für die Herstellung von Wortspielen, von denen ich ein reines Beispiel zum Gegensatz gegen den obenstehenden Verschiebungswitz mitteilen will: »Ein bekannter Börsenspekulant und Bankdirektor geht mit einem Freunde über die Ringstraße spazieren. Vor einem Kaffeehaus macht er diesem den Vorschlag: ›Gehen wir hinein und *nehmen* wir etwas.‹ Der Freund hält ihn zurück: ›Aber Herr Hofrat, es sind doch Leute darin.‹«

dankengang abändern und den Feinschmecker auf den Vorwurf direkt antworten lassen, welchem er in der Fassung des Witzes ausgewichen ist. Die reduzierte Fassung würde dann lauten: »Was mir schmeckt, kann ich mir nicht versagen, und woher ich das Geld dafür nehme, ist mir gleichgültig. Da haben Sie die Erklärung, warum ich gerade heute Lachs mit Mayonnaise esse, nachdem Sie mir Geld geliehen haben.« – Das wäre aber kein Witz, sondern ein *Zynismus.*

Es ist lehrreich, diesen Witz mit einem ihm dem Sinne nach sehr nahestehenden zu vergleichen:

Ein Mann, der dem Trunk ergeben ist, ernährt sich in einer kleinen Stadt durch Lektionengeben. Sein Laster wird aber allmählich bekannt, und er verliert infolgedessen die meisten seiner Schüler. Ein Freund wird beauftragt, ihn zur Besserung zu mahnen. »Sehen Sie, Sie könnten die schönsten Lektionen in der Stadt haben, wenn Sie das Trinken aufgeben wollten. Also tun Sie's doch.« – »Wie kommen Sie mir vor?« ist die entrüstete Antwort. *»Ich geb' Lektionen, damit ich trinken kann; soll ich das Trinken aufgeben, damit ich Lektionen bekomme!«*

Auch dieser Witz trägt den Anschein von Logik, der uns bei »Lachs mit Mayonnaise« aufgefallen ist, aber er ist kein Verschiebungswitz mehr. Die Antwort ist eine direkte. Der Zynismus, der dort verhüllt ist, wird hier offen eingestanden. – »Das Trinken ist mir ja die Hauptsache.« Die Technik dieses Witzes ist eigentlich recht armselig und kann uns dessen Wirkung nicht erklären, sie liegt nur in der Umordnung des gleichen Materials, strenger genommen in der Umkehrung der Mittel- und Zweck-Relation zwischen dem Trinken und dem Lektionengeben oder -bekommen. Sowie ich in der Reduktion dieses Moment im Ausdruck nicht mehr betone, habe ich den Witz verwischt, also etwa so: »Was ist das für unsinnige Zumutung? Mir ist doch das Trinken die Hauptsache, nicht die Lektionen. Die Lektionen sind für mich doch nur ein Mittel, um weitertrinken zu können.« Der Witz haftete also wirklich am Ausdruck.

Im Badewitz ist die Abhängigkeit des Witzes vom Wortlaut (Hast du genommen ein Bad?) unverkennbar, und die Abänderung desselben bringt die Aufhebung des Witzes mit sich. Die Technik ist hier nämlich eine kompliziertere, eine Verbindung von Doppelsinn (von der Unterart *f*)[1] und Verschiebung. Der Wortlaut der Frage läßt einen Doppel-

[1] [D. i. »dieselben Worte ›voll‹ und ›leer‹«. In der Liste auf S. 42 ist die Unterart *f* in Gruppe II (Die Verwendung des nämlichen Materials) und nicht in Gruppe III (Doppelsinn) eingeordnet. Wie auf S. 37 angemerkt, gehen die Gruppen II und III jedoch ineinander über.]

sinn zu, und der Witz kommt dadurch zustande, daß die Antwort nicht an den vom Fragesteller beabsichtigten, sondern an den Nebensinn anknüpft. Wir sind demgemäß imstande, eine Reduktion zu finden, welche den Doppelsinn im Ausdruck bestehen läßt und doch den Witz aufhebt, indem wir bloß die Verschiebung rückgängig machen:
»Hast du genommen ein Bad?« – »Was soll ich genommen haben? Ein Bad? Was ist das?« Das ist aber kein Witz mehr, sondern eine gehässige oder scherzhafte Übertreibung.
Eine ganz ähnliche Rolle spielt der Doppelsinn im Heineschen Witz über das »goldene Kalb«. Er ermöglicht der Antwort die Ablenkung von dem angeregten Gedankengang, welche im Witz von Lachs mit Mayonnaise ohne solche Anlehnung an den Wortlaut geschieht. In der Reduktion würden die Rede Souliés und die Antwort Heines etwa lauten: »Es erinnert doch lebhaft an die Anbetung des goldenen Kalbes, wie die Gesellschaft hier den Mann, bloß weil er so reich ist, umschwärmt.« Und Heine: »Daß er wegen seines Reichtums so gefeiert wird, finde ich nicht das ärgste. Aber Sie betonen mir zu wenig, daß man ihm wegen seines Reichtums seine Dummheit verzeiht.« Damit wäre bei Erhaltung des Doppelsinnes der Verschiebungswitz aufgehoben.
An dieser Stelle dürfen wir uns auf den Einwand gefaßt machen, daß uns vorgehalten werde, diese heikeln Unterscheidungen suchen auseinanderzureißen, was doch zusammengehöre. Gibt nicht jeder Doppelsinn Anlaß zu einer Verschiebung, zu einer Ablenkung des Gedankenganges von dem einen Sinn zum anderen? Und wir sollten damit einverstanden sein, daß »Doppelsinn« und »Verschiebung« als Repräsentanten zweier ganz verschiedener Typen der Witztechnik aufgestellt werden? Nun, diese Beziehung zwischen Doppelsinn und Verschiebung besteht allerdings, aber sie hat mit unserer Unterscheidung der Witztechniken nichts zu tun. Beim Doppelsinn enthält der Witz nichts als ein mehrfacher Deutung fähiges Wort, welches dem Hörer gestattet, den Übergang von einem Gedanken zu einem anderen zu finden, den man etwa – mit einigem Zwang – einer Verschiebung gleichstellen kann. Beim Verschiebungswitz aber enthält der Witz selbst einen Gedankengang, in dem eine solche Verschiebung vollzogen ist; die Verschiebung gehört hier der Arbeit an, die den Witz hergestellt hat, nicht jener, die zu seinem Verständnis notwendig ist. Sollte uns dieser Unterschied nicht einleuchten, so haben wir an den Reduktionsversuchen ein nie versagendes Mittel, uns denselben greifbar vor Augen zu führen. Einen Wert wollen wir

aber jenem Einwand nicht bestreiten. Wir werden durch ihn aufmerksam gemacht, daß wir die psychischen Vorgänge bei der Bildung des Witzes (die Witzarbeit[1]) nicht mit den psychischen Vorgängen bei der Aufnahme des Witzes (die Verständnisarbeit) zusammenwerfen dürfen. Nur die ersteren[2] sind der Gegenstand unserer gegenwärtigen Untersuchung[3].

Gibt es noch andere Beispiele der Verschiebungstechnik? Sie sind nicht leicht aufzufinden. Ein ganz reines Beispiel, dem auch die bei unserem Vorbild so sehr überbetonte Logik abgeht, ist folgender Witz:

Ein Pferdehändler empfiehlt dem Kunden ein Reitpferd: »Wenn Sie dieses Pferd nehmen und sich um 4 Uhr früh aufsetzen, sind Sie um ½7 Uhr in Preßburg.« – »Was mach' ich in Preßburg um ½7 Uhr früh?«

Die Verschiebung ist hier wohl eklatant. Der Händler erwähnt die frühe Ankunft in der kleinen Stadt offenbar nur in der Absicht, die Leistungsfähigkeit des Pferdes an einer Probe zu beweisen. Der Kunde sieht von dem Leistungsvermögen des Tieres, das er weiter nicht in Zweifel zieht, ab und geht bloß auf die Daten des zur Probe gewählten Beispieles ein. Die Reduktion dieses Witzes ist dann nicht schwer zu geben.

Mehr Schwierigkeiten bietet ein anderes, in seiner Technik recht undurchsichtiges Beispiel, welches sich aber doch als Doppelsinn mit Verschiebung auflösen läßt. Der Witz erzählt von der Ausflucht eines Schadchens (jüdischen Heiratsvermittlers), gehört also zu einer Gruppe, die uns noch mehrfach beschäftigen wird.

Der Schadchen hat dem Bewerber versichert, daß der Vater des Mädchens nicht mehr am Leben ist. Nach der Verlobung stellt sich heraus, daß der Vater noch lebt und eine Kerkerstrafe abbüßt. Der Bewerber macht nun dem Schadchen Vorwürfe. »Nun«, meint dieser, »was habe ich Ihnen gesagt? Ist denn das *ein Leben*?«

---

[1] [Der hier eingeführte Terminus dient dazu, die Ähnlichkeit zwischen den Vorgängen hervorzuheben, die zur Witz- bzw. zur Traumbildung führen; es ist darauf schon kurz hingewiesen worden (S. 31 f.). Diese Frage wird in allen Einzelheiten in Kapitel VI erörtert.]

[2] Über die letzteren siehe die späteren Abschnitte [Kapitel des Buches].

[3] Vielleicht sind hier einige Worte zur weiteren Klärung nicht überflüssig: Die Verschiebung findet regelmäßig statt zwischen einer Rede und einer Antwort, welche den Gedankengang nach anderer Richtung fortsetzt, als er in der Rede begonnen wurde. Die Berechtigung, Verschiebung von Doppelsinn zu sondern, geht am schönsten aus den Beispielen hervor, in denen sich beide kombinieren, wo also der Wortlaut der Rede einen Doppelsinn zuläßt, der vom Redner nicht beabsichtigt ist, aber der Antwort den Weg zur Verschiebung weist. (S. die Beispiele [S. 52 f.].)

Der Doppelsinn liegt in dem Worte »Leben«, und die Verschiebung besteht darin, daß der Schadchen sich von dem gemeinen Sinn des Wortes, in dem es den Gegensatz zu »Tod« bildet, auf den Sinn wirft, den das Wort in der Redensart: Das ist kein Leben, hat. Er erklärt dabei seine damalige Äußerung nachträglich für doppelsinnig, obwohl diese mehrfache Bedeutung gerade hier recht fernliegt. Soweit wäre die Technik ähnlich wie im Witz vom »goldenen Kalb« und im »Badewitz«. Aber es ist hier noch ein anderes Moment zu beachten, welches durch seine Vordringlichkeit das Verständnis der Technik stört. Man könnte sagen, dieser Witz sei ein »charakterisierender«, er bemüht sich, die für den Heiratsvermittler charakteristische Mischung von verlogener Dreistigkeit und schlagfertigem Witz durch ein Beispiel zu illustrieren. Wir werden hören, daß dies nur die Schauseite, die Fassade, des Witzes ist; sein Sinn, d. h. seine Absicht ist eine andere. Wir schieben es auch auf, eine Reduktion von ihm zu versuchen [1].

Nach diesen komplizierten und schwierig zu analysierenden Beispielen wird es uns wiederum Befriedigung bereiten, wenn wir in einem Falle ein völlig reines und durchsichtiges Vorbild eines »Verschiebungswitzes« zu erkennen vermögen. Ein Schnorrer trägt dem reichen Baron seine Bitte um Gewährung einer Unterstützung für die Reise nach Ostende vor; die Ärzte hätten ihm Seebäder zur Herstellung seiner Gesundheit empfohlen. »Gut, ich will Ihnen etwas dazu geben«, meint der Reiche, »aber müssen Sie gerade nach Ostende gehen, dem teuersten aller Seebäder?« – »Herr Baron«, lautet die zurechtweisende Antwort, »für meine Gesundheit ist mir nichts zu teuer.« – Gewiß, ein richtiger Standpunkt, nur eben nicht richtig für den Bittsteller. Die Antwort ist vom Standpunkt eines reichen Mannes gegeben. Der Schnorrer benimmt sich, als wäre es sein eigenes Geld, das er für seine Gesundheit opfern soll, als gingen Geld und Gesundheit die nämliche Person an [2].

[7]

Knüpfen wir nun von neuem an das so lehrreiche Beispiel »Lachs mit Mayonnaise« an. Es kehrte uns gleichfalls eine Schauseite zu, an welcher ein auffälliges Aufgebot von logischer Arbeit zu bemerken war, und wir haben durch die Analyse erfahren, daß diese Logik einen Denkfehler, nämlich eine Verschiebung des Gedankenganges zu verdecken hatte. Von hier aus mögen wir, wenn auch nur auf dem Wege der Kon-

[1] S. unten Abschnitt III [S. 99 ff.].
[2] [Dieser Witz kommt auf S. 106 f. noch einmal vor.]

trastverknüpfung, an andere Witze gemahnt werden, die ganz im Gegenteil etwas Widersinniges, einen Unsinn, eine Dummheit unverhüllt zur Schau stellen. Wir werden neugierig sein, worin die Technik dieser Witze bestehen mag.

Ich stelle das stärkste und zugleich reinste Beispiel der ganzen Gruppe voran. Es ist wiederum ein Judenwitz.

Itzig ist zur Artillerie assentiert worden. Er ist offenbar ein intelligenter Bursche, aber ungefügig und ohne Interesse für den Dienst. Einer seiner Vorgesetzten, der ihm wohlgesinnt ist, nimmt ihn beiseite und sagt ihm: »Itzig, du taugst nicht zu uns. Ich will dir einen Rat geben: *Kauf' dir eine Kanon' und mach' dich selbständig.«*

Der Rat, über den man herzlich lachen kann, ist ein offenbarer Unsinn. Es gibt doch keine Kanonen zu kaufen, und ein einzelner kann sich als Wehrkraft unmöglich selbständig machen, gleichsam »etablieren«. Es kann uns aber keinen Moment zweifelhaft bleiben, daß dieser Rat kein bloßer Unsinn ist, sondern ein witziger Unsinn, ein vorzüglicher Witz. Wodurch wird also der Unsinn zum Witz?

Wir brauchen nicht lange zu überlegen. Aus den in der Einleitung [S. 16] angedeuteten Erörterungen der Autoren können wir erraten, daß in solchem witzigen Unsinn ein Sinn steckt und daß dieser Sinn im Unsinn den Unsinn zum Witz macht. Der Sinn in unserem Beispiel ist leicht zu finden. Der Offizier, welcher dem Artilleristen Itzig den unsinnigen Rat gibt, stellt sich nur dumm, um Itzig zu zeigen, wie dumm er selbst sich benimmt. Er kopiert den Itzig. »Ich will dir jetzt einen Rat geben, der genauso dumm ist wie du.« Er geht auf Itzigs Dummheit ein und bringt sie ihm zur Einsicht, indem er sie zur Grundlage eines Vorschlags macht, der Itzigs Wünschen entsprechen muß, denn besäße Itzig eine eigene Kanone und betriebe das Kriegshandwerk auf eigene Rechnung, wie kämen ihm da seine Intelligenz und sein Ehrgeiz zustatten! Wie würde er die Kanone instand halten und sich mit ihrem Mechanismus vertraut machen, um die Konkurrenz mit anderen Kanonenbesitzern zu bestehen!

Ich unterbreche die Analyse dieses Beispiels, um in einem kürzeren und einfacheren, aber minder grellen Fall von Unsinnswitz den gleichen Sinn des Unsinns nachzuweisen.

»Niemals geboren zu werden, wäre das beste für die sterblichen Menschenkinder.« [1] *»Aber«*, setzen die Weisen der *Fliegenden Blätter* hinzu, *»unter 100 000 Menschen passiert dies kaum einem.«*

[1] [Zitat aus der anonymen Erzählung vom Wettstreit zwischen Homer und Hesiod.]

Der moderne Zusatz zum alten Weisheitsspruch ist ein klarer Unsinn, der durch das anscheinend vorsichtige »kaum« noch dümmer wird. Aber er knüpft als unbestreitbar richtige Einschränkung an den ersten Satz an, kann uns also die Augen darüber öffnen, daß jene mit Ehrfurcht vernommene Weisheit auch nicht viel besser als ein Unsinn ist. Wer nie geboren worden ist, ist überhaupt kein Menschenkind; für den gibt es kein Gutes und kein Bestes. Der Unsinn im Witze dient also hier zur Aufdeckung und Darstellung eines anderen Unsinns wie im Beispiel vom Artilleristen Itzig.

Ich kann hier ein drittes Beispiel anfügen, welches durch seinen Inhalt die ausführliche Mitteilung, die es erfordert, kaum verdienen würde, aber gerade wieder die Verwendung des Unsinns im Witze zur Darstellung eines anderen Unsinns besonders deutlich erläutert:

Ein Mann, der verreisen muß, vertraut seine Tochter einem Freunde an mit der Bitte, während seiner Abwesenheit über ihre Tugend zu wachen. Er kommt nach Monaten zurück und findet sie geschwängert. Natürlich macht er dem Freund Vorwürfe. Der kann sich den Unglücksfall angeblich nicht erklären. »Wo hat sie denn geschlafen?« fragt endlich der Vater. – »Im Zimmer mit meinem Sohn.« – »Aber wie kannst du sie im selben Zimmer mit deinem Sohn schlafen lassen, nachdem ich dich so gebeten habe, sie zu behüten?« – »Es war doch eine spanische Wand zwischen ihnen. Da war das Bett von deiner Tochter, da das Bett von meinem Sohn und dazwischen die spanische Wand.« – »Und wenn er um die spanische Wand herumgegangen ist?« – *»Außer das«*, meint der andere nachdenklich. *»So wäre es möglich.«*

Von diesem, seinen sonstigen Qualitäten nach recht geringen Witz gelangen wir am leichtesten zur Reduktion. Sie würde offenbar lauten: Du hast kein Recht, mir Vorwürfe zu machen. Wie kannst du denn so *dumm* sein, deine Tochter in ein Haus zu geben, in dem sie in der beständigen Gesellschaft eines jungen Mannes leben muß? Als ob es einem Fremden möglich wäre, unter solchen Umständen für die Tugend eines Mädchens einzustehen! Die scheinbare Dummheit des Freundes ist also auch hier nur die Spiegelung der Dummheit des Vaters. Durch die Reduktion haben wir die Dummheit im Witze und mit ihr den Witz selbst beseitigt. Das Element »Dummheit« selbst sind wir nicht losgeworden; es findet im Zusammenhange des auf seinen Sinn reduzierten Satzes eine andere Stelle.

Nun können wir auch die Reduktion des Witzes von der Kanone versuchen. Der Offizier hätte zu sagen: »Itzig, ich weiß, du bist ein intelligenter Geschäftsmann. Aber ich sage dir, es ist eine *große Dummheit*, wenn du nicht einsiehst, daß es beim Militär unmöglich so zugehen kann wie im Geschäftsleben, wo jeder auf eigene Faust und gegen den anderen arbeitet. Beim Militär heißt es sich unterordnen und zusammenwirken.«

Die Technik der bisherigen Unsinnswitze besteht also wirklich in der Anbringung von etwas Dummem, Unsinnigem, dessen Sinn die Veranschaulichung, Darstellung von etwas anderem Dummen und Unsinnigen ist.

Hat die Verwendung des Widersinnes in der Witztechnik jedesmal diese Bedeutung? Hier ist noch ein Beispiel, welches im bejahenden Sinne antwortet:

Als dem Phokion[1] einmal nach einer Rede Beifall geklatscht wurde, fragte er zu seinen Freunden gewendet: *»Was habe ich denn Dummes gesagt?«*

Diese Frage klingt widersinnig. Aber wir verstehen alsbald ihren Sinn. »Was habe ich denn gesagt, was diesem dummen Volk so gefallen konnte? Ich müßte mich ja eigentlich des Beifalls schämen; wenn es den Dummen gefallen hat, kann es selbst nicht sehr gescheit gewesen sein.«

Andere Beispiele können uns aber darüber belehren, daß der Widersinn sehr häufig in der Witztechnik gebraucht wird, ohne dem Zwecke der Darstellung eines anderen Unsinns zu dienen.

Einem bekannten Universitätslehrer, der sein wenig anmutendes Spezialfach reichlich mit Witzen zu würzen pflegt, wird zur Geburt seines jüngsten Kindes gratuliert, das ihm in bereits vorgerücktem Alter beschieden wurde. »Ja«, erwiderte er den Glückwünschenden, »es ist merkwürdig, *was Menschenhände zustande bringen können.«* – Diese Antwort erscheint ganz besonders sinnlos und nicht am Platze. Kinder heißen doch ein Segen Gottes recht im Gegensatz zum Werk der Menschenhand. Aber bald fällt uns ein, daß diese Antwort doch einen Sinn hat, und zwar einen obszönen. Es ist keine Rede davon, daß der glückliche Vater sich dumm stellen will, um etwas anderes oder andere Personen als dumm zu bezeichnen. Die anscheinend sinnlose Antwort wirkt auf uns überraschend, verblüffend, wie wir mit den Autoren sagen wollen. Wir haben gehört [S. 16 f.], daß die Autoren die ganze Wirkung solcher Witze aus dem Wechsel von »Verblüffung und Erleuchtung« ableiten. Darüber wollen wir uns später ein Urteil zu bilden versuchen

---

[1] [Athener Staatsmann.]

[S. 124]; wir begnügen uns hervorzuheben, daß die Technik dieses Witzes in der Anbringung von solchem Verblüffenden, Unsinnigen besteht.
Eine ganz besondere Stellung unter diesen Dummheitswitzen nimmt ein Witz von Lichtenberg ein.
Er wundere sich, *daß den Katzen gerade an der Stelle zwei Löcher in den Pelz geschnitten wären, wo sie die Augen hätten.* Sich über etwas Selbstverständliches zu wundern, etwas, was eigentlich nur die Auseinandersetzung einer Identität ist, ist doch gewiß eine Dummheit [vgl. S. 89]. Es mahnt an einen ernsthaft gemeinten Ausruf bei Michelet *(Das Weib*[1]*)*, der nach meiner Erinnerung etwa so lautet: Wie schön ist es doch von der Natur eingerichtet, daß das Kind, sobald es zur Welt kommt, eine Mutter vorfindet, die bereit ist, sich seiner anzunehmen! Der Satz von Michelet ist eine wirkliche Dummheit, aber der Lichtenbergsche ist ein Witz, der sich der Dummheit zu irgendeinem Zwecke bedient, hinter dem etwas steckt. Was? Das können wir freilich in diesem Moment nicht angeben.

[8]

Wir haben nun bereits an zwei Gruppen von Beispielen erfahren, daß die Witzarbeit sich der Abweichungen vom normalen Denken, der *Verschiebung* und des *Widersinnes,* als technischer Mittel zur Herstellung des witzigen Ausdrucks bedient. Es ist gewiß eine berechtigte Erwartung, daß auch andere *Denkfehler* eine gleiche Verwendung finden können. Wirklich lassen sich einige Beispiele von dieser Art angeben:
Ein Herr kommt in eine Konditorei und läßt sich eine Torte geben; bringt dieselbe aber bald wieder und verlangt an ihrer Statt ein Gläschen Likör. Dieses trinkt er aus und will sich entfernen, ohne gezahlt zu haben. Der Ladenbesitzer hält ihn zurück. »Was wollen Sie von mir?« – »Sie sollen den Likör bezahlen.« – »Für den habe ich Ihnen ja die Torte gegeben.« – »Die haben Sie ja auch nicht bezahlt.« – *»Die habe ich ja auch nicht gegessen.«*
Auch dieses Geschichtchen trägt den Schein von Logik zur Schau, den wir als geeignete Fassade für einen Denkfehler bereits kennen. Der Fehler liegt offenbar darin, daß der schlaue Kunde zwischen dem Zurückgeben der Torte und dem Dafürnehmen des Likörs eine Beziehung herstellt, die nicht besteht. Der Sachverhalt zerfällt vielmehr in zwei Vorgänge, die für den Verkäufer voneinander unabhängig sind, nur in

---

[1] [*La femme,* 1860.]

seiner eigenen Absicht im Verhältnisse des Ersatzes stehen. Er hat zuerst die Torte genommen und zurückgegeben, für die er also nichts schuldig ist, dann nimmt er den Likör, und den ist er schuldig zu bezahlen. Man kann sagen, der Kunde wende die Relation »dafür« doppelsinnig an; richtiger, er stelle vermittels eines Doppelsinnes eine Verbindung her, die sachlich nicht stichhaltig ist[1].

Es ist nun die Gelegenheit da, ein nicht unwichtiges Bekenntnis abzulegen. Wir beschäftigen uns hier mit der Erforschung der Technik des Witzes an Beispielen und sollten also sicher sein, daß die von uns gewählten Beispiele wirklich richtige Witze sind. Es steht aber so, daß wir in einer Reihe von Fällen ins Schwanken geraten, ob das betreffende Beispiel ein Witz genannt werden darf oder nicht. Ein Kriterium steht uns ja nicht zu Gebote, ehe die Untersuchung ein solches ergeben hat; der Sprachgebrauch ist unzuverlässig und bedarf selbst der Prüfung auf seine Berechtigung; wir können uns bei der Entscheidung auf nichts anderes stützen als auf eine gewisse »Empfindung«, welche wir dahin interpretieren dürfen, daß sich in unserem Urteilen die Entscheidung nach bestimmten Kriterien vollziehe, die unserer Erkenntnis noch nicht zugänglich sind. Für eine zureichende Begründung werden wir die Berufung auf diese »Empfindung« nicht ausgeben dürfen. Bei dem letzterwähnten Beispiel werden wir nun zweifeln müssen, ob wir es als Witz darstellen dürfen, als einen sophistischen Witz etwa, oder als ein Sophisma schlechtweg. Wir wissen eben noch nicht, worin der Charakter des Witzes liegt.

Hingegen ist das nächstfolgende Beispiel, welches den sozusagen komplementären Denkfehler aufweist, ein unzweifelhafter Witz. Es ist wiederum eine Heiratsvermittlergeschichte:

Der Schadchen verteidigt das von ihm vorgeschlagene Mädchen gegen die Ausstellungen des jungen Mannes. »Die Schwiegermutter gefällt mir nicht«, sagt dieser, »sie ist eine boshafte, dumme Person.« – »Sie heiraten doch nicht die Schwiegermutter, Sie wollen die Tochter.« – »Ja, aber jung ist sie nicht mehr und schön von Gesicht gerade auch nicht.« – »Das macht nichts; ist sie nicht jung und schön, wird sie Ihnen um so eher treu bleiben.« – »Geld ist auch nicht viel da.« – »Wer spricht vom Geld?

[1] [*Zusatz 1912:*] Eine ähnliche Unsinnstechnik ergibt sich, wenn der Witz einen Zusammenhang aufrechterhalten will, der durch die besonderen Bedingungen seines Inhalts aufgehoben erscheint. Dazu gehört Lichtenbergs *Messer ohne Klinge, wo der Stiel fehlt.* Ähnlich der von J. Falke [1897, 271] erzählte Witz: »Ist das die Stelle, wo der Duke of Wellington diese Worte gesprochen hat?« – *»Ja, das ist die Stelle, aber die Worte hat er nie gesprochen.«*

Heiraten Sie denn das Geld? Sie wollen doch eine Frau!« – »Aber sie hat ja auch einen Buckel!« – »Nun, was wollen Sie? *Gar keinen Fehler soll sie haben!*«

Es handelt sich also in Wirklichkeit um ein nicht mehr junges, unschönes Mädchen mit geringer Mitgift, das eine abstoßende Mutter hat und außerdem mit einer argen Verunstaltung versehen ist. Gewiß keine zur Eheschließung einladenden Verhältnisse. Der Heiratsvermittler weiß bei jedem einzelnen dieser Fehler anzugeben, von welchem Gesichtspunkte man sich mit ihm versöhnen könnte; den nicht zu entschuldigenden Buckel nimmt er dann als den einen Fehler in Anspruch, den man jedem Menschen hingehen lassen müsse. Es liegt wiederum der Schein von Logik vor, welcher für das Sophisma charakteristisch ist und der den Denkfehler verdecken soll. Das Mädchen hat offenbar lauter Fehler, mehrere, über die man hinwegsehen könnte, und einen, über den man nicht hinwegkommt; es ist nicht zu heiraten. Der Vermittler tut, als ob jeder einzelne Fehler durch seine Ausflucht beseitigt wäre, während doch von jedem ein Stück Entwertung erübrigt, das sich zum nächsten summiert. Er besteht darauf, jeden Faktor vereinzelt zu behandeln, und weigert sich, sie zur Summe zusammenzusetzen.

Die nämliche Unterlassung ist der Kern eines anderen Sophismas, das viel belacht worden ist, dessen Berechtigung, ein Witz zu heißen, man aber anzweifeln könnte.

A hat von B einen kupfernen Kessel entlehnt und wird nach der Rückgabe von B verklagt, weil der Kessel nun ein großes Loch zeigt, das ihn unverwendbar macht. Seine Verteidigung lautet: *»Erstens habe ich von B überhaupt keinen Kessel entlehnt; zweitens hatte der Kessel bereits ein Loch, als ich ihn von B übernahm; drittens habe ich den Kessel ganz zurückgegeben.«* Jede einzelne Einrede ist für sich gut, zusammengenommen aber schließen sie einander aus. A behandelt isoliert, was im Zusammenhange betrachtet werden muß, ganz wie der Heiratsvermittler mit den Mängeln der Braut verfährt. Man kann auch sagen: A setzt das »und« an die Stelle, an der nur ein »entweder – oder« möglich ist[1].

Ein anderes Sophisma begegnet uns in der folgenden Heiratsvermittlergeschichte.

Der Bewerber hat auszusetzen, daß die Braut ein kürzeres Bein hat und hinkt. Der Schadchen widerspricht ihm. »Sie haben unrecht. Nehmen Sie an, Sie heiraten eine Frau mit gesunden, geraden Gliedern. Was

[1] [Diese Anekdote wird auf S. 191 noch weiter erörtert.]

haben Sie davon? Sie sind keinen Tag sicher, daß sie nicht hinfällt, ein Bein bricht und dann lahm ist fürs ganze Leben. Und dann die Schmerzen, die Aufregung, die Doktorrechnung! Wenn Sie aber *die* nehmen, so kann Ihnen das nicht passieren; da haben Sie eine *fertige Sach'*.«

Der Schein von Logik ist hier recht dünn, und niemand wird dem bereits »fertigen Unglück« gar noch einen Vorzug vor dem bloß möglichen zugestehen wollen. Der in dem Gedankengang enthaltene Fehler wird sich leichter an einem zweiten Beispiel aufzeigen lassen, einer Geschichte, die ich des Jargons nicht völlig entkleiden mag.

Im Tempel zu Krakau sitzt der große Rabbi N. und betet mit seinen Schülern. Er stößt plötzlich einen Schrei aus und äußert, von den besorgten Schülern befragt: »Eben jetzt ist der große Rabbi L. in Lemberg gestorben.« Die Gemeinde legt Trauer um den Verstorbenen an. Im Laufe der nächsten Tage werden nun die aus Lemberg Ankommenden befragt, wie der Rabbi gestorben, was ihm gefehlt, aber sie wissen nichts davon, sie haben ihn im besten Wohlbefinden verlassen. Es stellt sich endlich als ganz gesichert heraus, daß Rabbi L. in Lemberg nicht zu jener Stunde gestorben ist, in der Rabbi N. seinen Tod telepathisch verspürte, da er immer noch weiter lebt. Ein Fremder ergreift die Gelegenheit, einen Schüler des Krakauer Rabbi mit dieser Begebenheit aufzuziehen. »Es war doch eine große Blamage von eurem Rabbi, daß er damals den Rabbi L. in Lemberg sterben gesehen hat. Der Mann lebt noch heute.« »Macht nichts«, erwidert der Schüler, *»der Kück*[1] *von Krakau bis nach Lemberg war doch großartig.«*

Hier wird der beiden letzten Beispielen gemeinsame Denkfehler unverhüllt eingestanden. Der Wert der Phantasievorstellung wird gegen die Realität ungebührlich erhoben, die Möglichkeit fast der Wirklichkeit gleichgestellt. Der Fernblick über die Krakau von Lemberg trennende Länderstrecke wäre eine imposante telepathische Leistung, wenn er etwas Wahres ergeben hätte, aber darauf kommt es dem Schüler nicht an. Es wäre doch möglich gewesen, daß der Rabbi in Lemberg in jenem Moment gestorben wäre, in dem der Krakauer Rabbi seinen Tod verkündete, und dem Schüler verschiebt sich der Akzent von der Bedingung, unter der die Leistung des Lehrers bewundernswert ist, zur unbedingten Bewunderung dieser Leistung. *»In magnis rebus voluisse sat est«*[2] bezeugt einen ähnlichen Standpunkt. Ebenso wie in diesem Beispiel von

---

[1] »Kück« [ein jiddisches Wort] von »gucken«, also Blick, Fernblick.

[2] [»Es genügt, hat man ein Großes gewollt.« Das Zitat – freilich in einer etwas anderen Form: *»In magnis et voluisse sat est«* – stammt von Properz, *Elegien*, X, 6.]

der Realität abgesehen wird zugunsten der Möglichkeit, so mutet im vorigen der Heiratsvermittler dem Bewerber zu, die Möglichkeit, daß eine Frau durch einen Unfall lahm werden kann, als das bei weitem Bedeutsamere ins Auge zu fassen, wogegen die Frage, ob sie wirklich lahm ist oder nicht, ganz zurücktreten soll.

Dieser Gruppe der *sophistischen* Denkfehler reiht sich eine interessante andere an, in welcher man den Denkfehler als einen *automatischen* bezeichnen kann. Es ist vielleicht nur eine Laune des Zufalls, daß alle Beispiele, die ich aus dieser neuen Gruppe anführen werde, wiederum den Schadchengeschichten angehören:

»Ein Schadchen hat zur Besprechung über die Braut einen Gehilfen mitgebracht, der seine Mitteilungen bekräftigen soll. Sie ist gewachsen wie ein Tannenbaum, meint der Schadchen. – Wie ein Tannenbaum, wiederholt das Echo. – Und Augen hat sie, die muß man gesehen haben. – Heißt Augen, die sie hat! bekräftigt das Echo. – Und gebildet ist sie wie keine andere. – Und wie gebildet! – Aber das eine ist wahr, gesteht der Vermittler zu, sie hat einen kleinen Höcker. – *Aber ein Höcker!* bekräftigt wieder das Echo.« Die anderen Geschichten sind ganz analog, obwohl sinnreicher.

»Der Bräutigam ist bei der Vorstellung der Braut sehr unangenehm überrascht und zieht den Vermittler beiseite, um ihm flüsternd seine Ausstellungen mitzuteilen. ›Wozu haben Sie mich hiehergebracht?‹ fragt er ihn vorwurfsvoll. ›Sie ist häßlich und alt, schielt und hat schlechte Zähne und triefende Augen ...‹ – ›Sie können laut sprechen‹, wirft der Vermittler ein, *›taub ist sie auch.‹*«

»Der Bräutigam macht mit dem Vermittler den ersten Besuch im Hause der Braut, und während sie im Salon auf das Erscheinen der Familie warten, macht der Vermittler auf einen Glasschrank aufmerksam, in welchem die schönsten Silbergeräte zur Schau gestellt sind. ›Da schauen Sie hin, an diesen Sachen können Sie sehen, wie reich diese Leute sind.‹ – ›Aber‹, fragt der mißtrauische junge Mann, ›wäre es denn nicht möglich, daß diese schönen Sachen nur für die Gelegenheit zusammengeborgt sind, um den Eindruck des Reichtums zu machen?‹ – ›Was fällt Ihnen ein?‹ antwortet der Vermittler abweisend. *›Wer wird denn den Leuten was borgen!‹*«

In allen drei Fällen ereignet sich das nämliche. Eine Person, die mehrmals nacheinander in gleicher Weise reagiert hat, setzt diese Weise der Äußerung auch bei dem nächsten Anlasse fort, wo sie unpassend wird und den Absichten der Person zuwiderläuft. Sie versäumt es, sich den

Anforderungen der Situation anzupassen, indem sie dem Automatismus der Gewöhnung nachgibt. So vergißt der Helfer in der ersten Geschichte, daß er mitgenommen wurde, um den Bewerber zugunsten der vorgeschlagenen Braut zu stimmen, und da er bisher seiner Aufgabe gerecht wurde, indem er die vorgebrachten Vorzüge der Braut durch seine Wiederholung unterstrich, unterstreicht er jetzt auch ihren schüchtern zugestandenen Höcker, den er hätte verkleinern sollen. Der Vermittler der zweiten Geschichte wird von der Aufzählung der Mängel und Gebrechen der Braut so fasziniert, daß er die Liste derselben aus seiner eigenen Kenntnis vervollständigt, wiewohl das gewiß nicht sein Amt und seine Absicht ist. In der dritten Geschichte endlich läßt er sich von seinem Eifer, den jungen Mann von dem Reichtum der Familie zu überzeugen, so weit hinreißen, daß er, um nur in dem einen Beweispunkte recht zu behalten, etwas vorbringt, was seine ganze Bemühung umstoßen muß. Überall siegt der Automatismus über die zweckmäßige Abänderung des Denkens und Äußerns.

Das ist nun leicht einzusehen, aber verwirrend muß es wirken, wenn wir aufmerksam werden, daß diese drei Geschichten mit dem gleichen Recht als »komisch« bezeichnet werden können, wie wir sie als witzig angeführt haben. Die Aufdeckung des psychischen Automatismus gehört zur Technik des Komischen wie jede Entlarvung, jeder Selbstverrat. Wir sehen uns hier plötzlich vor das Problem der Beziehung des Witzes zur Komik gestellt, das wir zu umgehen trachteten. (Siehe Einleitung [S. 13].) Sind diese Geschichten etwa nur »komisch« und nicht auch »witzig«? Arbeitet hier die Komik mit denselben Mitteln wie der Witz? Und wiederum, worin besteht der besondere Charakter des Witzigen?

Wir müssen daran festhalten, daß die Technik der letztuntersuchten Gruppe von Witzen in nichts anderem als in der Anbringung von *»Denkfehlern«* besteht, sind aber genötigt zuzugestehen, daß deren Untersuchung uns bisher mehr ins Dunkel als zur Erkenntnis geführt hat. Wir geben jedoch die Erwartung nicht auf, durch eine vollständigere Kenntnis der Techniken des Witzes zu einem Ergebnis zu gelangen, welches der Ausgangspunkt für weitere Einsichten werden kann.

[9]

Die nächsten Beispiele von Witz, an denen wir unsere Untersuchung fortsetzen wollen, geben leichtere Arbeit. Ihre Technik erinnert uns vor allem an Bekanntes.

Etwa ein Witz von Lichtenberg:
»Der Januarius ist der Monat, da man seinen guten Freunden Wünsche darbringt, und die übrigen die, worin sie nicht erfüllt werden.«
Da diese Witze eher fein als stark zu nennen sind und mit wenig aufdringlichen Mitteln arbeiten, wollen wir uns den Eindruck von ihnen erst durch Häufung verstärken.
»Das menschliche Leben zerfällt in zwei Hälften, in der ersten wünscht man die zweite herbei, und in der zweiten wünscht man die erste zurück.«
»Die Erfahrung besteht darin, daß man erfährt, was man nicht zu erfahren wünscht« (beide bei K. Fischer [1889, 59–60]).
Es ist unvermeidlich, daß wir durch diese Beispiele an eine früher behandelte Gruppe gemahnt werden, welche sich durch die »mehrfache Verwendung desselben Materials« auszeichnet [vgl. S. 34 ff.]. Das letzte Beispiel besonders wird uns veranlassen, die Frage aufzuwerfen, warum wir es nicht dort angereiht haben, anstatt es hier in neuem Zusammenhange aufzuführen. Die Erfahrung wird wieder durch ihren eigenen Wortlaut beschrieben, wie an jener Stelle die Eifersucht (vgl. S. 36). Auch würde ich mich gegen diese Zuweisung nicht viel sträuben. An den beiden anderen Beispielen, meine ich aber, die ja ähnlichen Charakters sind, ist ein anderes Moment auffälliger und bedeutsamer als die mehrfache Verwendung derselben Worte, der hier alles an Doppelsinn Streifende abgeht. Und zwar möchte ich hervorheben, daß hier neue und unerwartete Einheiten hergestellt sind, Beziehungen von Vorstellungen zueinander, und Definitionen durcheinander oder durch die Beziehung auf ein gemeinsames Drittes. Ich möchte diesen Vorgang *Unifizierung* heißen; er ist offenbar der Verdichtung durch Zusammendrängung in die nämlichen Worte analog. So werden die zwei Hälften des menschlichen Lebens durch eine zwischen ihnen entdeckte gegenseitige Beziehung beschrieben; in der ersten wünscht man die zweite herbei, in der zweiten die erste zurück. Es sind, genauer gesagt, zwei sehr ähnliche Beziehungen zueinander, die zur Darstellung gewählt wurden. Der Ähnlichkeit der Beziehungen entspricht dann die Ähnlichkeit der Worte, welche uns eben an die mehrfache Verwendung des nämlichen Materials mahnen konnte (herbei-wünschen – zurückwünschen). In dem Witz von Lichtenberg sind der Januar und die ihm gegenübergestellten Monate durch eine wiederum modifizierte Beziehung zu etwas Drittem charakterisiert; dies sind die Glückwünsche, die man in dem einen Monat empfängt und die sich in den anderen nicht erfüllen. Der Unterschied

von der mehrfachen Verwendung des gleichen Materials, die sich ja dem Doppelsinn annähert, ist hier recht deutlich[1].

Ein schönes Beispiel von Unifizierungswitz, das der Erläuterung nicht bedarf, ist folgendes:

Der französische Odendichter J. B. Rousseau schrieb eine Ode an die Nachwelt *(à la postérité);* Voltaire fand, daß der Wert des Gedichtes dasselbe keineswegs berechtige, auf die Nachwelt zu kommen, und sagte witzig: *»Dieses Gedicht wird nicht an seine Adresse gelangen.«* (Nach K. Fischer [1889, 123]).

Das letzte Beispiel kann uns darauf aufmerksam machen, daß es wesentlich die Unifizierung ist, welche den sogenannt schlagfertigen Witzen zugrunde liegt [vgl. S. 36]. Die Schlagfertigkeit besteht ja im Eingehen der Abwehr auf die Aggression, im »Umkehren des Spießes«, im »Be-

---

[1] Ich will mich der früher [S. 34, Anm. 2] erwähnten eigentümlichen Negativrelation des Witzes zum Rätsel, daß der eine verbirgt, was das andere zur Schau stellt, bedienen, um die »Unifizierung« besser, als obige Beispiele es gestatten, zu beschreiben. Viele der Rätsel, mit deren Produktion sich der Philosoph G. Th. Fechner die Zeit seiner Erblindung vertrieb, zeichnen sich durch einen hohen Grad von Unifizierung aus, der ihnen einen besonderen Reiz verleiht. Man nehme z. B. das schöne Rätsel Nr. 203 (*Rätselbüchlein* von Dr. Mises [Pseudonym Fechners]. Vierte vermehrte Auflage, Jahreszahl nicht angegeben):

»Die beiden ersten finden ihre Ruhestätte
Im Paar der andern, und das Ganze macht ihr Bette.«

Von den beiden Silbenpaaren, die zu erraten sind, ist nichts angegeben als eine Beziehung zueinander, und vom Ganzen nur eine solche zum ersten Paar. (Die Auflösung lautet: Totengräber.) Oder folgende zwei Beispiele von Beschreibung durch Relation zu dem nämlichen oder wenig modifizierten dritten:

Nr. 170. »Die erste Silb' hat Zähn' und Haare,
Die zweite Zähne in den Haaren.
Wer auf den Zähnen nicht hat Haare,
Vom Ganzen kaufe keine Ware.« (Roßkamm.)

Nr. 168. »Die erste Silbe frißt,
Die andere Silbe ißt,
Die dritte wird gefressen,
Das Ganze wird gegessen.« (Sauerkraut.)

Die vollendetste Unifizierung findet sich in einem Rätsel von Schleiermacher, das man nicht anders als witzig heißen kann:

»Von der letzten umschlungen
Schwebt das vollendete Ganze
Zu den zwei ersten empor.« (Galgenstrick.)

Die größte Mehrzahl aller Silbenrätsel ist der Unifizierung bar, d. h. das Merkmal, aus dem die eine Silbe erraten werden soll, ist ganz unabhängig von dem für die zweite, dritte Silbe und wiederum von dem Anhaltspunkt fürs selbständige Erraten des Ganzen.

zahlen mit gleicher Münze«, also in Herstellung einer unerwarteten Einheit zwischen Angriff und Gegenangriff.
Z. B.: Bäcker zum Wirt, der einen schwärenden Finger hat: *»Der ist dir wohl in dein Bier hineingekommen?«* Wirt: *»Das nicht, aber es ist mir eine von deinen Semmeln unter den Nagel geraten.«* (Nach Überhorst, *Das Komische*, Bd. 2, 1900.)
Serenissimus macht eine Reise durch seine Staaten und bemerkt in der Menge einen Mann, der seiner eigenen hohen Person auffällig ähnlich sieht. Er winkt ihn heran, um ihn zu fragen: *»Hat Seine Mutter wohl einmal in der Residenz gedient?«* – »Nein, Durchlaucht«, lautet die Antwort, *»aber mein Vater.«*
Herzog Karl von Württemberg trifft auf einem seiner Spazierritte von ungefähr einen Färber, der mit seiner Hantierung beschäftigt ist. *»Kann Er meinen Schimmel blau färben?«* ruft ihm der Herzog zu und erhält die Antwort zurück: *»Jawohl,* Durchlaucht, *wenn er das Sieden vertragen kann!«* [Fischer, 1889, 107.]
Bei dieser ausgezeichneten »Retourkutsche« – die eine unsinnige Anfrage mit einer ebenso unmöglichen Bedingung beantwortet – wirkt noch ein anderes technisches Moment mit, das ausgeblieben wäre, wenn die Antwort des Färbers gelautet hätte: »Nein, Durchlaucht; ich fürchte, der Schimmel wird das Sieden nicht vertragen.«
Der Unifizierung steht noch ein anderes, ganz besonders interessantes technisches Mittel zu Gebote, die Anreihung durch das Bindewort *und.* Solche Anreihung bedeutet Zusammenhang; wir verstehen sie nicht anders. Wenn z. B. Heine in der *Harzreise* von der Stadt Göttingen erzählt: *»Im allgemeinen werden die Bewohner Göttingens eingeteilt in Studenten, Professoren, Philister und Vieh«*, so verstehen wir diese Zusammenstellung genau in dem Sinne, der durch den Zusatz Heines noch unterstrichen wird: »welche vier Stände doch nichts weniger als scharf geschieden sind.« Oder, wenn er [ibid.] von der Schule spricht, wo er *»soviel Latein, Prügel und Geographie«* ausstehen mußte, so will diese Anreihung, die durch die Mittelstellung der Prügel zwischen den beiden Lehrgegenständen überdeutlich wird, uns sagen, daß wir die durch die Prügel unverkennbar bezeichnete Auffassung des Schulknaben gewiß auch auf Latein und Geographie ausdehnen sollen.
Bei Lipps [1898, 177] finden wir unter den Beispielen von »witziger Aufzählung« (»Koordination«) als nächst verwandt dem Heineschen »Studenten, Professoren, Philister und Vieh« den Vers:
»Mit einer Gabel und mit Müh' zog ihn die Mutter aus der Brüh'«; als

ob die Mühe ein Instrument wäre wie die Gabel, setzt Lipps erläuternd hinzu. Wir empfangen aber den Eindruck, als sei dieser Vers gar nicht witzig, allerdings sehr komisch, während die Heinesche Anreihung ein unzweifelhafter Witz ist. Vielleicht werden wir uns später an diese Beispiele erinnern, wenn wir dem Problem des Verhältnisses von Komik und Witz nicht mehr auszuweichen brauchen. [Vgl. S. 197.]

[10]

Am Beispiel vom Herzog und vom Färber haben wir bemerkt, daß es ein Witz durch Unifizierung bliebe, wenn der Färber antworten würde: *Nein,* ich fürchte, der Schimmel wird das Sieden nicht vertragen. Seine Antwort lautete aber: *Ja,* Durchlaucht, wenn er das Sieden vertragen kann. In der Ersetzung des eigentlich hingehörigen »Nein« durch ein »Ja« liegt ein neues technisches Mittel des Witzes, dessen Verwendung wir an anderen Beispielen verfolgen wollen.

Ein dem eben erwähnten bei K. Fischer benachbarter Witz ist einfacher [1889, 107–8]: Friedrich der Große hört von einem Prediger in Schlesien, der im Rufe steht, mit Geistern zu verkehren; er läßt den Mann kommen und empfängt ihn mit der Frage: *»Er kann Geister beschwören?«* Die Antwort war: *»Zu Befehl, Majestät, aber sie kommen nicht.«* Hier ist es nun ganz augenfällig, daß das Mittel des Witzes in nichts anderem bestand als in der Ersetzung des einzig möglichen »Nein« durch sein Gegenteil. Um diese Ersetzung durchzuführen, mußte an das »Ja« ein »aber« geknüpft werden, so daß »ja« und »aber« dem Sinne von »nein« gleichkommen.

Diese *Darstellung durchs Gegenteil,* wie wir sie nennen wollen, dient der Witzarbeit in verschiedenen Ausführungen. In folgenden zwei Beispielen tritt sie fast rein hervor: Heine: *»Diese Frau glich in vielen Punkten der Venus von Melos: sie ist auch außerordentlich alt, hat ebenfalls keine Zähne und auf der gelblichen Oberfläche ihres Körpers einige weiße Flecken.«*

Eine Darstellung der Häßlichkeit vermittels ihrer Übereinstimmungen mit dem Schönsten; diese Übereinstimmungen können freilich nur in doppelsinnig ausgedrückten Eigenschaften oder in Nebensachen bestehen. Letzteres trifft für das zweite Beispiel zu:

Lichtenberg: ›Der große Geist‹.

»Er hatte die Eigenschaften der größten Männer in sich vereinigt, er trug den Kopf schief wie Alexander, hatte immer etwas in den Haaren

zu nesteln wie Cäsar, konnte Kaffee trinken wie Leibniz, und wenn er einmal recht in seinem Lehnstuhl saß, so vergaß er Essen und Trinken darüber wie Newton, und man mußte ihn wie diesen wecken; seine Perücke trug er wie Dr. Johnson, und ein Hosenknopf stand ihm immer offen wie dem Cervantes.«

Ein besonders schönes Beispiel von Darstellung durch das Gegenteil, in welchem auf die Verwendung doppelsinniger Worte gänzlich verzichtet ist, hat J. v. Falke von einer Reise nach Irland heimgebracht. Schauplatz ein Wachsfigurenkabinett, sagen wir Madame Tussaud. Auch hier ein Führer, der eine Gesellschaft von alt und jung von Figur zu Figur mit seinen Erläuterungen begleitet. *»This is the Duke of Wellington and his horse«*, worauf ein junges Fräulein die Frage stellt: *»Which is the Duke of Wellington and which is his horse?« »Just, as you like, my pretty child«*, lautet die Antwort, *»you pay the money and you have the choice.«* (Welches ist der Herzog von W. und welches ist sein Pferd? – Wie es Ihnen beliebt, mein schönes Kind, Sie zahlen Ihr Geld und Sie haben die Wahl.) (1897, S. 271.)

Die Reduktion dieses irischen Witzes würde lauten: Unverschämt, was diese Wachsfigurenleute dem Publikum zu bieten wagen! Pferd und Reiter sind nicht auseinanderzukennen. (Scherzhafte Übertreibung.) Und dafür zahlt man sein gutes Geld! Diese entrüstete Äußerung wird nun dramatisiert, in einem kleinen Vorfall begründet, an Stelle des Publikums im allgemeinen tritt eine einzelne Dame, die Reiterfigur wird individuell bestimmt, es muß der in Irland so überaus populäre Herzog von Wellington sein. Die Unverschämtheit des Besitzers oder Führers aber, der den Leuten das Geld aus der Tasche zieht und ihnen nichts dafür bietet, wird durch das Gegenteil dargestellt, durch eine Rede, in welcher er sich als gewissenhaften Geschäftsmann herausstreicht, dem nichts mehr am Herzen liegt als die Achtung der Rechte, die das Publikum durch die Zahlung erworben hat. Nun merkt man auch, daß die Technik dieses Witzes keine ganz einfache ist. Indem ein Weg gefunden wurde, den Schwindler seine Gewissenhaftigkeit beteuern zu lassen, ist der Witz ein Fall von Darstellung durchs Gegenteil; indem er dies aber bei einem Anlaß tut, wo man ganz anderes von ihm verlangt, so daß er mit geschäftlicher Solidität antwortet, wo man Ähnlichkeit der Figuren von ihm erwartet, ist es ein Beispiel von Verschiebung. Die Technik des Witzes liegt in der Kombination der beiden Mittel.

Von diesem Beispiel ist es nicht weit zu einer kleinen Gruppe, die man als Überbietungswitze benennen könnte. In ihnen wird das *»Ja«*, welches in der Reduktion am Platze wäre, durch ein *»Nein«* ersetzt, das aber mit einem noch verstärkten *»Ja«* infolge seines Inhalts gleichwertig ist, und ebenso im umgekehrten Falle. Der Widerspruch steht an Stelle einer Bestätigung mit Überbietung; so z. B. das Epigramm von Lessing[1]:

»Die gute Galathee! Man sagt, sie schwärz' ihr Haar;
Da doch ihr Haar schon schwarz, als sie es kaufte, war.«

Oder die boshafte Scheinverteidigung der Schulweisheit durch Lichtenberg:
»Es gibt mehr Dinge im Himmel und auf Erden, als Eure Schulweisheit sich träumen läßt«, hatte Prinz Hamlet verächtlich gesagt[2]. Lichtenberg weiß, daß diese Verurteilung lange nicht scharf genug ist, indem sie nicht alles verwertet, was man gegen die Schulweisheit einwenden kann. Er fügt also das noch Fehlende hinzu: *»Aber es gibt auch vieles in der Schulweisheit, das sich weder im Himmel noch auf Erden findet.«* Seine Darstellung hebt zwar hervor, wodurch uns die Schulweisheit für den von Hamlet gerügten Mangel entschädigt, aber in dieser Entschädigung liegt ein zweiter und noch größerer Vorwurf.
Durchsichtiger noch, weil frei von jeder Spur von Verschiebung, sind zwei Judenwitze, allerdings von grobem Kaliber.
Zwei Juden sprechen über das Baden. *»Ich nehme jedes Jahr ein Bad«*, sagt der eine, *»ob ich es nötig habe oder nicht.«*
Es ist klar, daß er sich durch solche prahlerische Versicherung seiner Reinlichkeit erst recht der Unreinlichkeit überführt.
Ein Jude bemerkt Speisereste am Bart des anderen. *»Ich kann dir sagen, was du gestern gegessen hast.«* – *»Nun, sag'.«* – *»Also Linsen.«* – *»Gefehlt, vorgestern!«*
Ein prächtiger Überbietungswitz, der leicht auf Darstellung durchs Gegenteil zurückzuführen ist, ist auch folgender:
Der König besucht in seiner Herablassung die chirurgische Klinik und trifft den Professor bei der Vornahme der Amputation eines Beines, deren einzelne Stadien er nun mit lauten Äußerungen seines königlichen Wohlgefallens begleitet. *»Bravo, bravo, mein lieber Geheimrat.«* Nach vollendeter Operation tritt der Professor an ihn heran und fragt, sich tief verneigend: *»Befehlen Majestät auch das andere Bein?«*

---

1 [›Auf die Galathee‹. *Sinngedichte.*] Nach einem Vorbild der »Griechischen Anthologie«.
2 [*Hamlet*, I. Akt, 5. Szene.]

Was der Professor sich während des königlichen Beifalls gedacht haben mag, das ließ sich gewiß nicht unverändert aussprechen: »Das muß ja den Eindruck machen, als nehme ich dem armen Teufel das kranke Bein ab im königlichen Auftrag und nur wegen des königlichen Wohlgefallens. Ich habe doch wirklich andere Gründe für diese Operation.« Aber dann geht er vor den König hin und sagt: »Ich habe keine anderen Gründe für eine Operation als Ew. Majestät Auftrag. Der mir gespendete Beifall hat mich so beseligt, daß ich nur Ew. Majestät Befehl erwarte, um auch das gesunde Bein zu amputieren.« Es gelingt ihm so, sich verständlich zu machen, indem er das Gegenteil von dem aussagt, was er sich denkt und bei sich behalten muß. Dieses Gegenteil ist eine unglaubwürdige Überbietung.

Die Darstellung durchs Gegenteil ist, wie wir an diesen Beispielen sehen, ein häufig gebrauchtes und kräftig wirkendes Mittel der Witztechnik. Aber wir dürfen auch etwas anderes nicht übersehen, daß diese Technik keineswegs dem Witz allein eigen ist. Wenn Marcus Antonius, nachdem er in langer Rede auf dem Forum die Stimmung der Zuhörer um Cäsars Leichnam umgemodelt, endlich wieder einmal die Worte hinwirft:

»Denn Brutus ist ein *ehrenwerter* Mann...«,

so weiß er, daß das Volk ihm nun den wahren Sinn seiner Worte entgegenschreien wird:

»Sie sind *Verräter:* ehrenwerte Männer!« [1]

Oder wenn der *Simplizissimus* eine Sammlung unerhörter Brutalitäten und Zynismen als Äußerungen von *»Gemütsmenschen«* überschreibt, so ist das auch eine Darstellung durchs Gegenteil. Diese heißt man aber »Ironie«, nicht mehr Witz. Der Ironie ist gar keine andere Technik als die der Darstellung durchs Gegenteil eigentümlich. Überdies liest und hört man vom *ironischen Witz.* Es ist also nicht mehr zu bezweifeln, daß die Technik allein nicht hinreicht, den Witz zu charakterisieren. Es muß noch etwas anderes hinzukommen, das wir bis jetzt nicht aufgefunden haben. Anderseits steht aber noch immer unwidersprochen da, daß mit der Rückbildung der Technik der Witz beseitigt ist. Vorläufig mag es uns schwerfallen, die beiden festen Punkte, die wir für die Aufklärung des Witzes gewonnen haben, miteinander vereint zu denken.

---

[1] [*Julius Cäsar,* III. Akt, 2. Szene.]

[11]

Wenn die Darstellung durchs Gegenteil zu den technischen Mitteln des Witzes gehört, so wird in uns die Erwartung rege, daß der Witz auch von deren Gegenteil, der Darstellung durch *Ähnliches* und Verwandtes, Gebrauch machen könne. Die Fortsetzung unserer Untersuchung kann uns in der Tat belehren, daß dies die Technik einer neuen, ganz besonders umfangreichen Gruppe von Gedankenwitzen ist[1]. Wir beschreiben die Eigenart dieser Technik weit treffender, wenn wir anstatt Darstellung durch »Verwandtes« setzen: durch *Zusammengehöriges* oder *Zusammenhängendes.* Wir wollen sogar mit letzterem Charakter den Anfang machen und ihn sofort durch ein Beispiel erläutern.

Eine amerikanische Anekdote erzählt: Zwei wenig skrupulösen Geschäftsleuten war es gelungen, sich durch eine Reihe recht gewagter Unternehmungen ein großes Vermögen zu erwerben, und nun ging ihr Bemühen dahin, sich der guten Gesellschaft aufzudrängen. Unter anderen erschien es ihnen als ein zweckmäßiges Mittel, sich von dem vornehmsten und teuersten Maler der Stadt, dessen Bilder als Ereignisse betrachtet wurden, malen zu lassen. Auf einer großen Soiree wurden die kostbaren Bilder zuerst gezeigt, und die beiden Hausherren führten selbst den einflußreichsten Kunstkenner und Kritiker zur Wand des Salons, auf welcher die beiden Porträts nebeneinander aufgehängt waren, um ihm sein bewunderndes Urteil zu entlocken. Der sah die Bilder lange Zeit an, schüttelte dann den Kopf, als ob er etwas vermissen würde, und fragte bloß, auf den freien Raum zwischen beiden Bildern deutend: *»And where is the Saviour?«* (Und wo bleibt der Heiland? Oder: Ich vermisse da das Bild des Heilands.)

Der Sinn dieser Rede ist klar. Es handelt sich wieder um die Darstellung von etwas, was direkt nicht ausgedrückt werden kann. Auf welchem Wege kommt diese *»indirekte Darstellung«* zustande? Durch eine Reihe leicht sich einstellender Assoziationen und Schlüsse verfolgen wir den Weg von der Darstellung des Witzes an nach rückwärts.

Die Frage: Wo ist der Heiland, das Bild des Heilands? läßt uns erraten, daß der Redner durch den Anblick der beiden Bilder an einen ähnlichen, ihm wie uns vertrauten Anblick gemahnt worden ist, welcher aber als hier fehlendes Element das Bild des Erlösers in der Mitte zwischen zwei anderen Bildern zeigte. Es gibt nur einen solchen Fall: Christus hän-

[1] [Im Gegensatz zu Wortwitzen. S. S. 86.]

gend zwischen den beiden Schächern. Das Fehlende wird vom Witz hervorgehoben, die Ähnlichkeit haftet an den im Witz übergangenen Bildern rechts und links vom Heiland. Sie kann nur darin bestehen, daß auch die im Salon aufgehängten die Bilder von Schächern sind. Was der Kritiker sagen wollte und nicht sagen konnte, war also: Ihr seid ein paar Halunken; ausführlicher: Was kümmern mich eure Bilder? Ihr seid ein paar Halunken, das weiß ich. Und er hat es schließlich über einige Assoziationen und Schlußfolgerungen auf einem Wege gesagt, den wir als den der *Anspielung* bezeichnen.

Wir erinnern uns sofort, daß wir der Anspielung bereits begegnet sind. Beim Doppelsinn nämlich; wenn von den zwei Bedeutungen, die in demselben Wort ihren Ausdruck finden, die eine als die häufigere und gebräuchlichere so sehr im Vordergrunde steht, daß sie uns an erster Stelle einfallen muß, während die andere als die entlegenere zurücksteht, so wollten wir diesen Fall als *Doppelsinn mit Anspielung* bezeichnen [S. 42]. Bei einer ganzen Reihe der bisher untersuchten Beispiele hatten wir angemerkt, daß deren Technik keine einfache sei, und erkennen nun die Anspielung als deren komplizierendes Moment. (Z. B. vgl. etwa den Umordnungswitz von der Frau, die sich etwas zurückgelegt und dabei viel verdient hat [S. 34 f.], oder den Widersinnswitz bei der Gratulation zum jüngsten Kind, es sei merkwürdig, was Menschenhände alles vermögen, S. 58.)

In der amerikanischen Anekdote haben wir nun die Anspielung frei vom Doppelsinn vor uns und finden als ihren Charakter die Ersetzung durch etwas im Denkzusammenhange Verbundenes. Es ist leicht zu erraten, daß der verwertbare Zusammenhang von mehr als einer Art sein kann. Um uns nicht in der Fülle zu verlieren, werden wir nur die ausgeprägtesten Variationen und diese nur an wenigen Beispielen erörtern.

Der zur Ersetzung verwendete Zusammenhang kann ein bloßer *Anklang* sein, so daß diese Unterart dem Kalauer beim Wortwitz analog wird. Es ist aber nicht der Anklang zweier Worte aneinander, sondern ganzer Sätze, charakteristischer Wortverbindungen u. dgl.

Z. B. Lichtenberg hat den Spruch geprägt: *»Neue Bäder heilen gut«*, der uns sofort an das Sprichwort erinnert: *Neue Besen kehren gut,* mit dem er die ersten anderthalb Worte, das letzte und die ganze Struktur des Satzes gemeinsam hat. Er ist auch sicherlich im Kopfe des witzigen Denkers als Nachbildung des bekannten Sprichwortes entstanden. Der Spruch Lichtenbergs wird so zur Anspielung auf das Sprichwort. Mittels dieser Anspielung wird uns etwas angedeutet, was nicht geradeheraus gesagt wird, daß an der Wirkung von Bädern auch noch anderes beteiligt ist als das in seinen Eigenschaften sich gleichbleibende Thermalwasser.

Ähnlich ist ein anderer Scherz oder Witz[1] von Lichtenberg technisch aufzulösen: *Ein Mädchen, kaum zwölf Moden alt.* Das klingt an die Zeitbestimmung *»zwölf Monden«* (i. e. Monate) an und war vielleicht ursprünglich ein Schreibfehler für letzteren, in der Poesie zulässigen Ausdruck. Aber es hat einen guten Sinn, die wechselnde Mode anstatt des wechselnden Mondes zur Altersbestimmung für ein weibliches Wesen zu verwenden.

Der Zusammenhang kann in der Gleichheit bis auf eine einzige *leichte Modifikation* bestehen. Diese Technik läuft also wiederum einer Worttechnik parallel [vgl. S. 35]. Beide Arten von Witzen rufen fast den gleichen Eindruck hervor, doch sind sie nach den Vorgängen bei der Witzarbeit besser voneinander zu trennen.

Als Beispiel eines solchen Wortwitzes oder Kalauers: Die große, aber nicht nur durch den Umfang ihrer Stimme berühmte Sängerin Marie Wilt erfuhr die Kränkung, daß man den Titel eines aus dem bekannten Roman von J. Verne gezogenen Theaterstückes zu einer Anspielung auf ihre Mißgestalt verwendete: *»Die Reise um die Wilt in 80 Tagen.«*

Oder: *»Jede Klafter eine Königin«*, eine Modifikation des bekannten Shakespeareschen *»Jeder Zoll ein König«* und eine Anspielung auf dieses Zitat, auf eine vornehme und überlebensgroße Dame bezogen. Es wäre wirklich nicht viel Ernsthaftes dagegen zu sagen, wenn jemand diesen Witz vielmehr zu den Verdichtungen mit Modifikationen als Ersatzbildung (S. 28) stellen würde. (Vgl. *tête-à-bête.*)

Von einer hochstrebenden, aber in der Verfolgung ihrer Ziele eigensinnigen Person sagte ein Freund: *»Er hat ein Ideal vor dem Kopf.« »Ein Brett vor dem Kopf haben«* ist die geläufige Redensart, auf welche diese Modifikation anspielt und deren Sinn sie für sich selbst in Anspruch nimmt. Auch hier kann man die Technik als Verdichtung mit Modifikation beschreiben.

Fast ununterscheidbar werden Anspielung durch Modifikation und Verdichtung mit Ersatzbildung, wenn sich die Modifikation auf die Veränderung von Buchstaben einschränkt, z. B. Di*ch*teritis. Die Anspielung auf die böse Seuche der Di*ph*theritis stellt auch das Dichten Unberufener als gemeingefährlich hin.

---

[1] [Der Unterschied zwischen beiden wird ausführlich in einem späteren Kapitel erörtert, S. 122 ff.]

Die Negationspartikeln ermöglichen sehr schöne Anspielungen mit geringen Abänderungskosten:

»Mein *Un*glaubensgenosse Spinoza«, sagt Heine. »Wir von Gottes *Un*gnaden Taglöhner, Leibeigene, Neger, Fronknechte« usw. ... beginnt bei Lichtenberg ein nicht weiter ausgeführtes Manifest dieser Unglücklichen, die jedenfalls auf solche Titulatur mehr Anrecht haben als Könige und Fürstlichkeiten auf die unmodifizierte.

Eine Form der Anspielung ist schließlich auch die *Auslassung*, der Verdichtung ohne Ersatzbildung vergleichbar. Eigentlich wird bei jeder Anspielung etwas ausgelassen, nämlich die zur Anspielung hinführenden Gedankenwege. Es kommt nur darauf an, ob die Lücke das Augenfälligere ist oder der die Lücke teilweise ausfüllende Ersatz in dem Wortlaut der Anspielung. So kämen wir über eine Reihe von Beispielen von der krassen Auslassung zur eigentlichen Anspielung zurück.

Auslassung ohne Ersatz findet sich in folgendem Beispiel[1]: In Wien lebt ein geistreicher und kampflustiger Schriftsteller, der sich durch die Schärfe seiner Invektive wiederholt körperliche Mißhandlungen von seiten der Angegriffenen zugezogen hat. Als einmal eine neue Missetat eines seiner habituellen Gegner beredet wurde, äußerte ein dritter: *Wenn der X das hört, bekommt er wieder eine Ohrfeige*[2]. Zur Technik dieses Witzes gehört zunächst die Verblüffung über den scheinbaren Widersinn, denn eine Ohrfeige bekommen, leuchtet uns als unmittelbare Folge davon, daß man etwas gehört hat, keineswegs ein. Der Widersinn vergeht, wenn man in die Lücke einsetzt: *dann schreibt er einen so bissigen Artikel gegen den Betreffenden, daß* usw. Anspielung durch Auslassung und Widersinn sind also die technischen Mittel dieses Witzes.

Heine: *»Er lobt sich so stark, daß die Räucherkerzchen im Preise steigen.«* Diese Lücke ist leicht auszufüllen. Das Ausgelassene ist durch eine Folgerung ersetzt, die nun als Anspielung auf dasselbe zurückleitet. Eigenlob stinkt.

Nun wieder einmal die beiden Juden vor dem Badehause!

»Schon wieder ein Jahr vergangen!« seufzt der eine.

Diese Beispiele lassen wohl keinen Zweifel bestehen, daß die Auslassung zur Anspielung gehört.

Eine immer noch auffällige Lücke findet sich in nachstehendem Beispiel,

---

[1] [Freud erwähnt dieses Beispiel in einer Fußnote zu seiner Analyse des »Rattenmanns« (1909*d*, II (A)), um die Anwendung einer ähnlichen Technik bei Zwangssymptomen zu beleuchten. S. *Studienausgabe*, Bd. 7, S. 87, Anm. 2.]

[2] [Dieser »X« war Karl Kraus, auf den schon auf S. 30 hingewiesen wurde.]

das doch ein echter und richtiger Anspielungswitz ist. Nach einem Künstlerfest in Wien wurde ein Scherzbuch herausgegeben, in welchem unter anderen folgender, höchst merkwürdiger Sinnspruch verzeichnet stand:

»Eine Frau ist wie ein Regenschirm. Man nimmt sich dann doch einen Komfortabel.«

Ein Regenschirm schützt nicht genug vor dem Regen. Das »dann doch« kann nur heißen: wenn es tüchtig regnet, und ein Komfortabel ist ein öffentliches Fuhrwerk. Da wir es aber hier mit der Form des Gleichnisses zu tun haben, wollen wir die eingehendere Untersuchung dieses Witzes auf einen späteren Moment verschieben. [Vgl. S. 105 f.]

Ein wahres Wespennest der stachligsten Anspielungen enthalten Heines ›Bäder von Lucca‹, die von dieser Form des Witzes die kunstvollste Verwendung zu polemischen Zwecken (gegen den Grafen Platen) machen [1]. Lange zuvor, ehe der Leser diese Verwendung ahnen kann, wird einem gewissen Thema, das sich zur direkten Darstellung besonders schlecht eignet, durch Anspielungen aus dem mannigfaltigsten Material präludiert, z. B. in den Wortverdrehungen des Hirsch-Hyacinth: »Sie sind zu korpulent und ich bin zu mager, Sie haben viel Einbildung und ich habe desto mehr Geschäftssinn, ich bin ein Praktikus und Sie sind ein *Diarrhetikus*, kurz und gut, Sie sind ganz mein Anti*podex.«* – »Venus *Urinia«* – die dicke Gudel vom *Dreckwall* in Hamburg – u. dgl. [2], dann nehmen die Begebenheiten, von denen der Dichter erzählt, eine Wendung, die zunächst nur von dem unartigen Mutwillen des Dichters zu zeugen scheint, bald aber ihre symbolische Beziehung zur polemischen Absicht enthüllt und sich somit gleichfalls als Anspielung kundgibt. Endlich [3] bricht der Angriff auf Platen los, und nun sprudeln und quellen die Anspielungen auf das bereits bekanntgewordene Thema der Männerliebe des Grafen aus jedem der Sätze, die Heine gegen das Talent und den Charakter seines Gegners richtet, z. B.:

»Wenn auch die Musen ihm nicht hold sind, so hat er doch den Genius

[1] [Der Lyriker August Graf von Platen (1796–1835) hatte sich durch eine Satire über die romantische Bewegung Heines Feindschaft zugezogen. Platen war ein sublimierter Homosexueller.]

[2] [Alle diese Beispiele berühren natürlich anales Material. Die Venus »Urinia«, an Urin anklingend, ist eine Verdrehung der »Urania«, der himmlischen, homosexuellen Liebe in Platons *Gastmahl*. Die »Gudel« war eine aristokratische, reiche Dame der Hamburger Gesellschaft, der Hirsch-Hyacinth hier das anale Pseudonym »Dreckwall« anhängt. Alle diese Beispiele finden sich im IX. Kapitel von ›Die Bäder von Lucca‹ (Teil III von Heines *Reisebildern*).]

[3] [Im XI. Kapitel, dem letzten des Buchs.]

der Sprache in seiner Gewalt, oder vielmehr er weiß ihm Gewalt anzutun; denn die freie Liebe dieses Genius fehlt ihm, er muß auch diesem Jungen beharrlich nachlaufen, und er weiß nur die äußeren Formen zu erfassen, die trotz ihrer schönen Rundung sich nie edel aussprechen.«
»Es geht ihm dann wie dem Vogel Strauß, der sich hinlänglich verborgen glaubt, wenn er den Kopf in den Sand gesteckt, so daß nur der Steiß sichtbar wird. Unser erlauchter Vogel hätte besser getan, wenn er den Steiß in den Sand versteckt und uns den Kopf gezeigt hätte.«

Die Anspielung ist vielleicht das gebräuchlichste und am leichtesten zu handhabende Mittel des Witzes und liegt den meisten der kurzlebigen Witzproduktionen zugrunde, die wir in unsere Unterhaltung einzuflechten gewöhnt sind und welche eine Ablösung von diesem Mutterboden und selbständige Konservierung nicht vertragen. Gerade bei ihr werden wir aber von neuem an jenes Verhältnis gemahnt, das begonnen hat, uns an der Schätzung der Witztechnik irrezumachen. Auch die Anspielung ist nicht etwa an sich witzig, es gibt korrekt gebildete Anspielungen, die auf diesen Charakter keinen Anspruch haben. Witzig ist nur die »witzige« Anspielung, so daß das Kennzeichen des Witzes, das wir bis in die Technik verfolgt haben, uns dort wieder entschwindet.
Ich habe die Anspielung gelegentlich als *»indirekte Darstellung«* bezeichnet und werde nun darauf aufmerksam, daß man sehr wohl die verschiedenen Arten der Anspielung mit der Darstellung durch das Gegenteil und mit den noch zu erwähnenden Techniken zu einer einzigen großen Gruppe vereinigen kann, für welche *»indirekte Darstellung«* der umfassendste Name wäre. *Denkfehler – Unifizierung – indirekte Darstellung* heißen also die Gesichtspunkte, unter welche sich die uns bekanntgewordenen Techniken des Gedankenwitzes bringen ließen.

Bei fortgesetzter Untersuchung unseres Materials glauben wir nun eine neue Unterart der indirekten Darstellung zu erkennen, die sich scharf charakterisieren, aber nur durch wenige Beispiele belegen läßt. Es ist dies die Darstellung *durch ein Kleines* oder *Kleinstes*[1], welche die Aufgabe löst, einen ganzen Charakter durch ein winziges Detail zum vollen Ausdruck zu bringen. Die Anreihung dieser Gruppe an die Anspielung wird durch die Erwägung ermöglicht, daß ja diese Winzigkeit mit

[1] [Die Verschiebung auf Kleines und Kleinstes wurde später von Freud als charakteristischer Mechanismus der Zwangsneurose erkannt. S. die Fallgeschichte des »Rattenmanns« (1909*d*, II (C)), *Studienausgabe*, Bd. 7, S. 97f. und Anm. 1, und S. 99.]

dem Darzustellenden in Zusammenhang steht, sich als Folgerung aus ihm ableiten läßt, z. B.:

Ein galizischer Jude fährt in der Eisenbahn und hat es sich recht bequem gemacht, den Rock aufgeknöpft, die Füße auf die Bank gelegt. Da steigt ein modern gekleideter Herr ein. Sofort nimmt sich der Jude zusammen, setzt sich in bescheidene Positur. Der Fremde blättert in einem Buch, rechnet, besinnt sich und richtet plötzlich an den Juden die Frage: »Ich bitte Sie, wann haben wir Jomkipur?« (Versöhnungstag.) *»Aesoi«*, sagt der Jude und legt die Füße wieder auf die Bank, ehe er die Antwort gibt.

Es wird nicht abzuweisen sein, daß diese Darstellung durch ein Kleines an die Tendenz zur Ersparnis anknüpft, welche wir nach der Erforschung der Wortwitztechnik als das letzte Gemeinsame übrigbehalten haben [S. 43 ff.].

Ein ganz ähnliches Beispiel ist folgendes:

Der Arzt, der gebeten worden ist, der Frau Baronin bei ihrer Entbindung beizustehen, erklärt den Moment für noch nicht gekommen und schlägt dem Baron unterdes eine Kartenpartie im Nebenzimmer vor. Nach einer Weile dringt der Wehruf der Frau Baronin an das Ohr der beiden Männer. *»Ah mon Dieu, que je souffre!«* Der Gemahl springt auf, aber der Arzt wehrt ab: »Es ist nichts, spielen wir weiter.« Eine Weile später hört man die Kreißende wieder: *»Mein Gott, mein Gott, was für Schmerzen!«* – »Wollen Sie nicht hineingehen, Herr Professor?« fragt der Baron. – »Nein, nein, es ist noch nicht Zeit.« – Endlich hört man aus dem Nebenzimmer ein unverkennbares: *»Ai, waih, waih«* geschrien; da wirft der Arzt die Karten weg und sagt: »Es ist Zeit.«

Wie der Schmerz durch alle Schichtungen der Erziehung die ursprüngliche Natur durchbrechen läßt, und wie eine wichtige Entscheidung mit Recht von einer scheinbar belanglosen Äußerung abhängig gemacht wird, das zeigt beides dieser gute Witz an dem Beispiel der schrittweisen Veränderung der Klagerufe bei der gebärenden vornehmen Frau.

[12]

Eine andere Art der indirekten Darstellung, deren sich der Witz bedient, das *Gleichnis*, haben wir uns so lange aufgespart, weil dessen Beurteilung auf neue Schwierigkeiten stößt, oder Schwierigkeiten, die sich schon bei anderen Gelegenheiten ergeben haben, besonders deutlich erkennen läßt. Wir haben schon vorhin eingestanden, daß wir bei manchen zur Untersuchung vorliegenden Beispielen ein Schwanken, ob sie überhaupt den Witzen zuzurechnen seien, nicht zu bannen vermögen [z. B. S. 50 und S. 60], und haben in dieser Unsicherheit eine bedenkliche Erschütterung der Grundlagen unserer Untersuchung erkannt. Bei keinem anderen Material empfinde ich aber diese Unsicherheit stärker und häufiger als bei den Gleichniswitzen. Die Empfindung, welche mir – und wahrscheinlich einer großen Anzahl anderer unter den nämlichen Bedingungen wie mir – zu sagen pflegt: Dies ist ein Witz, dies darf man für einen Witz ausgeben, noch ehe der verborgene wesentliche Charakter des Witzes entdeckt ist; diese Empfindung läßt mich bei den witzigen Vergleichen am ehesten im Stiche. Wenn ich den Vergleich zuerst ohne Bedenken für einen Witz erklärt habe, so glaube ich einen Augenblick später zu bemerken, daß das Vergnügen, das er mir bereitet, von anderer Qualität ist, als welches ich einem Witz zu verdanken pflege, und der Umstand, daß die witzigen Vergleiche nur sehr selten das explosionsartige Lachen hervorzurufen vermögen, durch welches sich ein guter Witz bezeugt, macht es mir unmöglich, mich dem Zweifel wie sonst zu entziehen, indem ich mich auf die besten und effektvollsten Beispiele der Gattung einschränke.

Daß es ausgezeichnet schöne und wirksame Beispiele von Gleichnissen gibt, die uns den Eindruck des Witzes keineswegs machen, ist leicht zu zeigen. Der schöne Vergleich der durchgehenden Zärtlichkeit in Ottiliens Tagebuch mit dem roten Faden der englischen Marine (s. S. 26 Anm. 1) ist ein solcher; auch ein anderes, das zu bewundern ich noch nicht müde geworden bin und dessen Eindruck ich nicht überwunden habe, kann ich mir nicht versagen, im gleichen Sinne anzuführen. Es ist das Gleichnis, mit welchem Ferd. Lassalle eine seiner berühmten Verteidigungsreden (›Die Wissenschaft und die Arbeiter‹) geschlossen hat: »Ein Mann, welcher, wie ich Ihnen dies erklärt habe, sein Leben dem Wahlspruch gewidmet hat ›Die Wissenschaft und die Arbeiter‹, dem würde auch eine Verurteilung, die er auf seinem Wege findet, keinen anderen Eindruck machen können, *als etwa das Springen einer Retorte dem in seine wissenschaftlichen Experimente vertieften Chemiker. Mit einem leisen Stirnrunzeln über den Widerstand der Materie setzt er, sowie die Störung beseitigt ist, ruhig seine Forschungen und Arbeiten fort.*«

Eine reiche Auswahl von treffenden und witzigen Gleichnissen findet man in den Schriften Lichtenbergs (2. Bd. der Göttinger Ausgabe, 1853); von dort will ich auch das Material für unsere Untersuchung entnehmen.

»Es ist fast unmöglich, die Fackel der Wahrheit durch ein Gedränge zu tragen, ohne jemandem den Bart zu sengen.«

Das erscheint wohl witzig, aber bei näherem Zusehen merkt man, daß die witzige Wirkung nicht vom Vergleich selbst, sondern von einer Nebeneigenschaft desselben ausgeht. Die »Fackel der Wahrheit« ist eigentlich kein neuer Vergleich, sondern ein längst gebräuchlicher und zur fixierten Phrase herabgesunken, wie es immer zutrifft, wenn ein Vergleich Glück hat und vom Sprachgebrauch akzeptiert wird. Während wir in der Redensart »die Fackel der Wahrheit« den Vergleich kaum mehr bemerken, wird ihm bei Lichtenberg die ursprüngliche Vollkraft wiedergegeben, da nun auf dem Vergleich weitergebaut, eine Folgerung aus ihm gezogen wird. Solches *Vollnehmen abgeblaßter* Redensarten ist uns aber als Technik des Witzes bereits bekannt, es findet eine Stelle bei der mehrfachen Verwendung des nämlichen Materials (s. S. 36f.). Es könnte sehr wohl sein, daß der witzige Eindruck des Lichtenbergschen Satzes nur von der Anlehnung an diese Witztechnik herrührt.

Dieselbe Beurteilung wird gewiß auch für einen anderen witzigen Vergleich desselben Autors gelten können:

»*Ein großes Licht* war der Mann eben nicht, aber ein großer *Leuchter* ... Er war Professor der Philosophie.«

Einen Gelehrten ein großes Licht, ein *lumen mundi* zu heißen, ist längst kein wirksamer Vergleich mehr, mag er ursprünglich als Witz gewirkt haben oder nicht. Aber man frischt den Vergleich auf, man gibt ihm seine Vollkraft wieder, indem man eine Modifikation aus ihm ableitet und solcherart einen zweiten, neuen Vergleich aus ihm gewinnt. Die Art, wie der zweite Vergleich entstanden ist, scheint die Bedingung des Witzes zu enthalten, nicht die beiden Vergleiche selbst. Es wäre dies ein Fall der nämlichen Witztechnik wie im Beispiele von der Fackel.

Aus einem anderen, aber ähnlich zu beurteilenden Grunde erscheint folgender Vergleich als witzig:

»Ich sehe die *Rezensionen* als eine Art von *Kinderkrankheit* an, die die neugeborenen Bücher mehr oder weniger befällt. Man hat Exempel, daß die gesündesten daran sterben und die schwächlichen oft durchkommen. Manche bekommen sie gar nicht. Man hat oft versucht, ihnen durch *Amulette* von *Vorrede* und *Dedikation* vorzubeugen oder sie gar durch *eigene Urteile zu makulieren;* es hilft aber nicht immer.«

Der Vergleich der Rezensionen mit den Kinderkrankheiten ist zuerst nur auf das Befallenwerden, kurz nachdem sie das Licht der Welt erblickt haben, gegründet. Ob er soweit witzig ist, getraue ich mich nicht zu entscheiden. Aber dann wird er fortgeführt: es ergibt sich, daß die weiteren Schicksale der neuen Bücher innerhalb des Rahmens des nämlichen Gleichnisses oder durch angelehnte Gleichnisse dargestellt werden können. Solche Fortsetzung einer Vergleichung ist unzweifelhaft witzig, aber wir wissen bereits, dank welcher Technik sie so erscheint; es ist ein Fall von *Unifizierung,* Herstellung eines ungeahnten Zusammenhanges. Der Charakter der Unifizierung wird aber dadurch nicht geändert, daß dieselbe hier in der Anreihung an ein erstes Gleichnis besteht.

Bei einer Reihe anderer Vergleichungen ist man versucht, den unleugbar vorliegenden witzigen Eindruck auf ein anderes Moment zu schieben, welches wiederum mit der Natur des Gleichnisses an sich nichts zu tun hat. Es sind dies Vergleichungen, die eine auffällige Zusammenstellung, oft eine absurd klingende Vereinigung enthalten oder sich durch eine solche als Ergebnis des Vergleiches ersetzen. Die Mehrzahl der Lichtenbergschen Beispiele gehören dieser Gruppe an.

»Es ist schade, daß man bei Schriftstellern die *gelehrten Eingeweide* nicht sehen kann, um zu erforschen, was sie gegessen haben.« »Die gelehrten Eingeweide«, das ist eine verblüffende, eigentlich absurde Attribuierung, die sich erst durch die Vergleichung aufklärt. Wie wäre es, wenn der witzige Eindruck dieses Vergleiches ganz und voll auf den verblüffenden Charakter dieser Zusammenstellung zurückginge? Dies entspräche einem der uns gut bekannten Mittel des Witzes, der Darstellung durch *Widersinn* [S. 55 ff.].

Lichtenberg hat dieselbe Vergleichung der Aufnahme von Lese- und Lernstoff mit der Aufnahme von physischer Nahrung auch zu einem anderen Witz verwendet:

»Er hielt sehr viel vom *Lernen auf der Stube* und war also gänzlich für *gelehrte Stallfütterung.*«

Die nämliche absurde oder mindestens auffällige Attribuierung, welche, wie wir zu merken beginnen, der eigentliche Träger des Witzes ist, zeigen andere Gleichnisse desselben Autors:

»Das ist die *Wetterseite meiner moralischen Konstitution,* da kann ich etwas aushalten.«

»Jeder Mensch hat auch seine *moralische Backside,* die er nicht *ohne Not* zeigt und die er so lange als möglich mit den *Hosen des guten Anstandes* zudeckt.«

Die »moralische Backside«, das ist die auffällige Attribuierung, die als Resultat einer Vergleichung dasteht. Dazu kommt aber eine Fortführung des Vergleiches mit einem regelrechten Wortspiel (»Not«) und einer zweiten noch ungewöhnlicheren Zusammenstellung (»Die Hosen des guten Anstandes«), die vielleicht selbst an sich witzig ist, denn die Hosen werden dadurch, daß sie die Hosen des guten Anstandes sind, selbst gleichsam witzig. Es darf uns dann nicht wundernehmen, wenn wir vom Ganzen den Eindruck eines sehr witzigen Vergleiches empfangen; wir beginnen zu merken, daß wir ganz allgemein dazu neigen, einen Charakter, welcher nur an einem Teil des Ganzen haftet, in unserer Schätzung auf dieses Ganze auszudehnen. Die »Hosen des guten Anstandes« erinnern übrigens an einen ähnlichen verblüffenden Vers von Heine:

»... Bis mir endlich,
endlich alle Knöpfe rissen,
an der Hose der Geduld.« [1]

Es ist unverkennbar, daß diese beiden letzten Vergleichungen einen Charakter an sich tragen, den man nicht an allen guten, d. h. zutreffenden Gleichnissen wiederfinden kann. Sie sind in hohem Grade *»herabziehend«*, könnte man sagen, sie stellen ein Ding hoher Kategorie, ein Abstraktum (hier: den guten Anstand, die Geduld) mit einem Ding sehr konkreter Natur und selbst niedriger Art (der Hose) zusammen. Ob diese Eigentümlichkeit etwas mit dem Witz zu schaffen hat, werden wir noch in einem anderen Zusammenhange in Erwägung ziehen müssen. Versuchen wir hier ein anderes Beispiel, in dem dieser herabziehende Charakter ganz besonders deutlich ist, zu analysieren. Der Kommis Weinberl in Nestroys Posse *Einen Jux will er sich machen*, der sich ausmalt, wie er einmal als solider alter Handelsherr seiner Jugendtage gedenken wird, sagt: »Wenn so im traulichen Gespräch *das Eis aufg'hackt wird vor dem Magazin der Erinnerung, wann die G'wölbtür der Vorzeit wieder aufg'sperrt und die Pudel der Phantasie voll ang'raumt wird mit Waren von ehemals ...«* Das sind sicherlich Vergleichungen von abstrakten mit sehr gewöhnlichen konkreten Dingen, aber der Witz hängt – ausschließlich oder nur zum Teile – an dem Umstand, daß ein Kommis sich dieser Vergleichungen bedient, die aus dem Bereiche seiner alltäglichen Tätigkeit genommen sind. Das Abstrakte aber in Beziehung zu diesem Gewöhnlichen, des sein Leben sonst voll ist, zu bringen, ist ein Akt von *Unifizierung.*

Kehren wir zu den Lichtenbergschen Vergleichen zurück.

---

[1] [*Romanzero*, Buch III *(Hebräische Melodien)*, Jehuda ben Halevy IV.]

»Die Bewegungsgründe[1]*, woraus man etwas tut, könnten so wie die 32 Winde geordnet und ihre Namen auf eine ähnliche Art formiert werden, z. B. Brot – Brot – Ruhm oder Ruhm – Ruhm – Brot.«*[2]

Wie so häufig bei den Lichtenbergschen Witzen, ist auch hier der Eindruck des Treffenden, Geistreichen, Scharfsinnigen so vorherrschend, daß unser Urteil über den Charakter des Witzigen hiedurch irregeführt wird. Wenn in einem solchen Ausspruch etwas Witz sich dem ausgezeichneten Sinn beimengt, werden wir wahrscheinlich verleitet, das Ganze für einen vortrefflichen Witz zu erklären. Ich möchte vielmehr die Behauptung wagen, daß alles, was hieran wirklich witzig ist, aus dem Befremden über die sonderbare Kombination »Brot–Brot–Ruhm« hervorgeht. Also als Witz eine Darstellung durch Widersinn.

Die sonderbare Zusammenstellung oder absurde Attribuierung kann als Ergebnis eines Vergleiches für sich allein hingestellt werden:

Lichtenberg: *Eine zweischläfrige Frau – Ein einschläfriger Kirchenstuhl.* Hinter beiden steckt der Vergleich mit einem Bett, bei beiden wirkt außer der Verblüffung noch das technische Moment der *Anspielung* mit, das eine Mal an die einschläfernde Wirkung von Predigten, das andere Mal an das nie zu erschöpfende Thema der geschlechtlichen Beziehungen.

Haben wir bisher gefunden, daß eine Vergleichung, so oft sie uns witzig erschien, diesen Eindruck der Beimengung einer der uns bekannten Witztechniken verdankte, so scheinen einige andere Beispiele endlich dafür zu zeugen, daß ein Vergleich auch an und für sich witzig sein kann.

Lichtenbergs Charakteristik gewisser Oden:

»Sie sind das in der Poesie, was Jakob Böhmes unsterbliche Werke in Prosa sind, *eine Art von Pickenick, wobei der Verfasser die Worte und der Leser den Sinn stellen.«*

»Wenn er *philosophiert,* so wirft er gewöhnlich *ein angenehmes Mondlicht* über die Gegenstände, das im ganzen gefällt, aber nicht einen einzigen Gegenstand deutlich zeigt.«

Oder Heine: *»Ihr Gesicht glich einem Codex palimpsestus, wo unter der neuschwarzen Mönchsschrift eines Kirchenvatertextes die halb erloschenen Verse eines altgriechischen Liebesdichters hervorlauschen.«* [*Harzreise.*]

---

[1] Wir würden heute: Beweggründe, Motive sagen.

[2] [Freud griff fast dreißig Jahre später, in seinem offenen Brief an Einstein: *Warum Krieg?* (1933 *b, Studienausgabe,* Bd. 9, S. 281 f.), noch einmal auf diese Analogie zurück.]

Oder die fortgesetzte Vergleichung mit stark herabsetzender[1] Tendenz in den ›Bädern von Lucca‹ [*Reisebilder* III]:
»Der *katholische Pfaffe* treibt es mehr wie ein Kommis, der in einer *großen Handlung* angestellt ist; die Kirche, das große Haus, dessen Chef der Papst ist, gibt ihm bestimmte Beschäftigung und dafür ein bestimmtes Salär; er arbeitet lässig, wie jeder, der nicht für eigene Rechnung arbeitet und viele Kollegen hat und im großen Geschäftstreiben leicht unbemerkt bleibt – nur der Kredit des Hauses liegt ihm am Herzen, und noch mehr dessen Erhaltung, da er bei einem etwaigen Bankerott seinen Lebensunterhalt verlöre. Der *protestantische Pfaffe* hingegen ist überall selbst Prinzipal und treibt die Religionsgeschäfte für eigene Rechnung. Er treibt keinen Großhandel wie sein katholischer Gewerbegenosse, sondern nur einen *Kleinhandel;* und da er demselben allein vorstehen muß, darf er nicht lässig sein, er muß seine *Glaubensartikel* den Leuten anrühmen, die Artikel seiner Konkurrenten herabsetzen, und als echter Kleinhändler steht er in seiner Ausschnittbude, voll von Gewerbsneid gegen alle großen Häuser, absonderlich gegen das große Haus in Rom, das viele tausend Buchhalter und Packknechte besoldet und seine Faktoreien hat in allen vier Weltteilen.«
Angesichts dieser wie vieler anderer Beispiele können wir doch nicht mehr in Abrede stellen, daß ein Vergleich auch an sich witzig sein mag, ohne daß dieser Eindruck auf eine Komplikation mit einer der bekannten Witztechniken zu beziehen wäre. Es entgeht uns aber dann völlig, wodurch der witzige Charakter des Gleichnisses bestimmt ist, da er gewiß nicht am Gleichnis als Ausdrucksform des Gedankens oder an der Operation des Vergleichens haftet. Wir können nicht anders als das Gleichnis unter die Arten der »indirekten Darstellung« aufnehmen, deren sich die Witztechnik bedient, und müssen das Problem unerledigt lassen, das uns beim Gleichnis weit deutlicher als bei den früher behandelten Mitteln des Witzes entgegengetreten ist. Es muß wohl auch seinen besonderen Grund haben, wenn uns die Entscheidung, ob etwas ein Witz ist oder nicht, beim Gleichnis mehr Schwierigkeiten bereitet als bei anderen Ausdrucksformen.

Einen Grund aber, uns zu beklagen, daß diese erste Untersuchung ergebnislos verlaufen sei, bietet uns auch diese Lücke in unserem Verständnis nicht. Bei dem intimen Zusammenhang, den wir den verschiedenen

[1] [S. unten, S. 186 und Anm.]

Eigenschaften des Witzes zuzuschreiben bereit sein mußten, wäre es unvorsichtig gewesen zu erwarten, wir könnten eine Seite des Problems voll aufklären, ehe wir noch einen Blick auf die anderen geworfen haben. Wir werden das Problem nun wohl an anderer Stelle angreifen müssen.

Sind wir sicher, daß keine der möglichen Techniken des Witzes unserer Untersuchung entgangen ist? Das wohl nicht, aber wir können uns bei fortgesetzter Prüfung an neuem Material überzeugen, daß wir die häufigsten und wichtigsten technischen Mittel der Witzarbeit kennengelernt haben, zum mindesten so viel, als zur Schöpfung eines Urteils über die Natur dieses psychischen Vorganges erfordert wird. Ein solches Urteil steht gegenwärtig noch aus; hingegen sind wir in den Besitz einer wichtigen Anzeige gelangt, von welcher Richtung wir eine weitere Aufklärung des Problems zu erwarten haben. Die interessanten Vorgänge der Verdichtung mit Ersatzbildung, die wir als den Kern der Technik des Wortwitzes erkannt haben, wiesen uns auf die Traumbildung hin, in deren Mechanismus die nämlichen psychischen Vorgänge aufgedeckt worden sind. Eben dahin weisen aber auch die Techniken des Gedankenwitzes, die Verschiebung, die Denkfehler, der Widersinn, die indirekte Darstellung, die Darstellung durchs Gegenteil, die samt und sonders in der Technik der Traumarbeit wiederkehren. Der Verschiebung verdankt der Traum das befremdende Ansehen, das uns abhält, in ihm die Fortsetzung unserer Wachgedanken zu erkennen; die Verwendung von Widersinn und Absurdität im Traum hat ihn die Würde eines psychischen Produkts gekostet und hat die Autoren verleitet, Zerfall der geistigen Tätigkeiten, Sistierung von Kritik, Moral und Logik als Bedingungen der Traumbildung anzunehmen. Die Darstellung durchs Gegenteil ist im Traum so gebräuchlich, daß selbst die populären, gänzlich irregehenden Traumdeutungsbücher mit ihr zu rechnen pflegen; die indirekte Darstellung, der Ersatz des Traumgedankens durch eine Anspielung, ein Kleines, eine dem Gleichnis analoge Symbolik, ist gerade das, was die Ausdrucksweise des Traumes von der unseres wachen Denkens unterscheidet[1]. Eine so weitgehende Übereinstimmung wie die zwischen den Mitteln der Witzarbeit und denen der Traumarbeit wird kaum eine zufällige sein können. Diese Übereinstimmung ausführlich nachzuweisen und ihrer Begründung nachzuspüren wird eine unserer späteren Aufgaben werden. [Vgl. Kapitel VI, S. 149 ff.]

---

[1] Vgl. meine *Traumdeutung* [1900 *a*], Abschnitt [Kapitel] VI, ›Die Traumarbeit‹.

III
DIE TENDENZEN DES WITZES

[1]

Als ich zu Ende des vorigen Abschnittes den Heineschen Vergleich des katholischen Priesters mit einem Angestellten einer Großhandlung und des protestantischen mit einem selbständigen Kleinhändler niederschrieb, verspürte ich eine Hemmung, die mich bestimmen wollte, dieses Gleichnis nicht zu verwenden. Ich sagte mir, daß sich unter meinen Lesern wahrscheinlich einige befinden würden, denen nicht nur die Religion, sondern auch deren Regie und Personal ehrwürdig sind; diese Leser würden sich nur über den Vergleich entrüsten und in einen Affektzustand geraten, der ihnen jedes Interesse für die Unterscheidung raubt, ob das Gleichnis an sich oder nur infolge irgendwelcher Zutaten witzig erscheint. Bei anderen Gleichnissen, z. B. dem benachbarten von dem angenehmen Mondlicht, welches eine gewisse Philosophie auf die Gegenstände wirft, wäre eine solche für unsere Untersuchung störende Beeinflussung eines Teiles der Leser nicht zu besorgen. Der frommgläubigste Mann bliebe in der Verfassung, sich ein Urteil über unser Problem zu bilden.

Es ist leicht, den Charakter des Witzes zu erraten, mit welchem die Verschiedenheit der Reaktion auf den Witz beim Hörer zusammenhängt. Der Witz ist das eine Mal Selbstzweck und dient keiner besonderen Absicht, das andere Mal stellt er sich in den Dienst einer solchen Absicht; er wird *tendenziös*. Nur derjenige Witz, welcher eine Tendenz hat, läuft Gefahr, auf Personen zu stoßen, die ihn nicht anhören wollen.

Der nichttendenziöse Witz ist von Th. Vischer als *»abstrakter«* Witz bezeichnet worden; ich ziehe es vor, ihn *»harmlosen«* Witz zu nennen.

Da wir vorhin den Witz nach dem Material, an dem seine Technik angreift, in Wort- und Gedankenwitz unterschieden haben, obliegt es uns, die Beziehung dieser Einteilung zur neu vorgebrachten zu untersuchen. Wort- und Gedankenwitz einerseits, abstrakter und tendenziöser Witz anderseits stehen nun in keiner Relation der Beeinflussung zueinander; es sind zwei voneinander völlig unabhängige Einteilungen der witzigen Produktionen. Vielleicht könnte jemand den Eindruck empfangen haben, als seien die harmlosen Witze vorwiegend Wortwitze, während die kompliziertere Technik des Gedankenwitzes meist von starken Tendenzen in Dienst genommen wird; allein es gibt harmlose Witze, die mit Wortspiel und Gleichklang arbeiten, und ebenso harmlose, die sich aller Mittel des Gedankenwitzes bedienen. Nicht minder leicht zu zeigen ist, daß der tendenziöse Witz der Technik nach nichts anderes als ein Wortwitz zu sein braucht. So z. B. sind Witze, die mit Eigennamen »spielen«, häufig von beleidigender, verletzender Tendenz, sie gehören selbstredend zu den Wortwitzen. Die harmlosesten aller Witze sind aber auch wieder Wortwitze, z. B. die neuerdings beliebt gewordenen Schüttelreime, in denen die mehrfache Verwendung desselben Materials mit einer ganz eigentümlichen Modifikation die Technik darstellt:

»Und weil er Geld in *M*enge *h*atte,
lag stets er in der *H*änge*m*atte.«

Es wird hoffentlich niemand in Abrede stellen, daß das Wohlgefallen an dieser Art von sonst anspruchslosen Reimen das nämliche ist, an dem wir den Witz erkennen.

Gute Beispiele von abstrakten oder harmlosen Gedankenwitzen findet man reichlich unter den Lichtenbergschen Vergleichungen, von denen wir einige bereits kennengelernt haben. Ich füge einige weitere hinzu:

»Sie hatten ein Oktavbändchen nach Göttingen geschickt und an Leib und Seele einen Quartanten wieder bekommen.«

»Um dieses Gebäude gehörig aufzuführen, muß vor allen Dingen ein guter Grund gelegt werden, und da weiß ich keinen festeren, als wenn man über jede Schicht pro gleich eine Schicht kontra aufträgt.«

»Einer zeugt den Gedanken, der andere hebt ihn aus der Taufe, der dritte zeugt Kinder mit ihm, der vierte besucht ihn auf dem Sterbebette und der fünfte begräbt ihn.« (Gleichnis mit Unifizierung.)

»Er glaubte nicht allein keine Gespenster, sondern er fürchtete sich nicht einmal davor.« Der Witz liegt hier ausschließlich an der widersinnigen Darstellung, die das gewöhnlich für geringer Geschätzte in den Komparativ setzt, das für bedeutsamer Gehaltene zum Positiv nimmt. Mit Verzicht auf diese witzige Einkleidung hieße es: es ist viel leichter, sich mit dem Verstand über die Gespensterfurcht hinwegzusetzen, als sich ihrer bei vorkommender Gelegenheit zu erwehren. Dies ist gar nicht mehr witzig, wohl aber eine richtige und noch zu wenig gewürdigte psychologische Erkenntnis, die nämliche, der Lessing in den bekannten Worten Ausdruck gibt:

»Es sind nicht alle frei, die ihrer Ketten spotten.« [1]

---

[1] [*Nathan der Weise*, IV. Akt, 4. Szene.]

Ich kann die Gelegenheit, die sich hier bietet, ergreifen, um ein immerhin mögliches Mißverständnis wegzuräumen. »Harmloser« oder »abstrakter« Witz soll nämlich keineswegs gleichbedeutend sein mit »gehaltlosem« Witz, sondern eben nur den Gegensatz zu den später zu besprechenden »tendenziösen« Witzen bezeichnen. Wie obiges Beispiel zeigt, kann ein harmloser, d. i. tendenzloser Witz auch sehr gehaltvoll sein, etwas Wertvolles aussagen. Der Gehalt eines Witzes ist aber vom Witz unabhängig und ist der Gehalt des Gedankens, der hier durch eine besondere Veranstaltung witzig ausgedrückt wird. Freilich so wie die Uhrmacher ein besonders gutes Werk auch mit einem kostbaren Gehäuse auszustatten pflegen, mag es auch beim Witz vorkommen, daß die besten Witzleistungen gerade zur Einkleidung der gehaltvollsten Gedanken benützt werden.

Wenn wir nun scharf auf die Unterscheidung von Gedankengehalt und witziger Einkleidung beim Gedankenwitz achten, so gelangen wir zu einer Einsicht, welche uns viel Unsicherheit in unserem Urteil über Witze aufzuklären vermag. Es stellt sich nämlich, was doch überraschend ist, heraus, daß wir unser Wohlgefallen an einem Witz nach dem summierten Eindruck von Gehalt und Witzleistung abgeben und uns durch den einen Faktor über das Ausmaß des anderen geradezu täuschen lassen. Erst die Reduktion des Witzes klärt uns die Urteilstäuschung auf.

Das nämliche trifft übrigens auch beim Wortwitz zu. Wenn wir hören: »Die Erfahrung besteht darin, daß man erfährt, was man nicht wünscht erfahren zu haben« [s. S. 65] – so sind wir verblüfft, glauben eine neue Wahrheit zu vernehmen, und es dauert eine Weile, bis wir in dieser Verkleidung die Plattheit: »Durch Schaden wird man klug« (K. Fischer [1889, 59]) erkennen. Die treffliche Witzleistung, die »Erfahrung« nahezu allein durch die Anwendung des Wortes »erfahren« zu definieren, täuscht uns so, daß wir den Gehalt des Satzes überschätzen. Ebenso ergeht es uns bei dem Lichtenbergschen Unifizierungswitz vom »Januarius« (S. 65), der uns weiter nichts zu sagen hat, als was wir längst wissen, daß Neujahrswünsche so selten in Erfüllung gehen wie andere Wünsche, und in vielen ähnlichen Fällen.

Das Gegenteilige erfahren wir bei anderen Witzen, in denen offenbar das Treffende und Richtige des Gedankens uns gefangennimmt, so daß wir den Satz einen glänzenden Witz heißen, während nur der Gedanke glänzend, die Witzleistung oft schwächlich ist. Gerade bei den Lichtenbergschen Witzen ist der Gedankenkern häufig weit wertvoller als die

Witzeinkleidung, auf welche wir dann die Schätzung vom ersteren her unberechtigterweise ausdehnen. So ist z. B. die Bemerkung über die »Fackel der Wahrheit« (S. 80) ein kaum witziger Vergleich, aber sie ist so treffend, daß wir den Satz als einen besonders witzigen hervorheben möchten.

Die Lichtenbergschen Witze sind vor allem durch ihren Gedankeninhalt und ihre Treffsicherheit hervorragend. Goethe hat mit Recht von diesem Autor gesagt, daß seine witzigen und scherzhaften Einfälle geradezu Probleme verbergen, richtiger: an die Lösung von Problemen streifen. Wenn er z. B. als witzigen Einfall aufzeichnet:

»Er las immer *Agamemnon* anstatt *angenommen,* so sehr hatte er den Homer gelesen« (technisch): Dummheit + Wortgleichklang, so hat er damit nichts weniger als das Geheimnis des Verlesens selbst aufgedeckt [1].

Ähnlich ist der Witz, dessen Technik (S. 59) uns wohl recht unbefriedigend erschienen ist:

»Er wunderte sich, daß den Katzen gerade an der Stelle zwei Löcher in den Pelz geschnitten wären, wo sie die Augen hätten.« Die Dummheit, die hier zur Schau getragen wird, ist nur eine scheinbare; in Wirklichkeit steckt hinter dieser einfältigen Bemerkung das große Problem der Teleologie im tierischen Aufbau; es ist gar nicht so selbstverständlich, daß die Lidspalte sich dort öffnet, wo die Hornhaut freiliegt, bis die Entwicklungsgeschichte uns dieses Zusammentreffen aufklärt.

Wir wollen es im Gedächtnis behalten, daß wir von einem witzigen Satz einen Gesamteindruck empfangen, in dem wir den Anteil des Gedankeninhalts von dem Anteil der Witzarbeit nicht zu sondern vermögen; vielleicht findet sich später hiezu eine noch bedeutsamere Parallele. [Vgl. S. 128.]

[2]

Für unsere theoretische Aufklärung über das Wesen des Witzes müssen uns die harmlosen Witze wertvoller sein als die tendenziösen, die gehaltlosen wertvoller als die tiefsinnigen. Harmlose und gehaltlose Wortspiele etwa werden uns das Problem des Witzes in seiner reinsten Form entgegenbringen, weil wir bei ihnen der Gefahr der Verwirrung durch

---

[1] Vgl. meine *Psychopathologie des Alltagslebens,* (1901*b*), 10. Aufl., 1923. [Kapitel X. S. auch Kapitel VI (A), Beispiel 8. Der Witz wird ferner am Schluß der zweiten von Freuds *Vorlesungen zur Einführung in die Psychoanalyse* (1916–17), *Studienausgabe,* Bd. 1, S. 62, behandelt.]

die Tendenz und der Urteilstäuschung durch den guten Sinn entgehen. An solchem Material kann unsere Erkenntnis einen neuen Fortschritt machen.

Ich wähle ein möglichst harmloses Beispiel von Wortwitz:

Ein Mädchen, welches während seiner Toilette die Ankündigung eines Besuches erhält, klagt: »Ach wie schade, gerade wenn man am *anziehendsten* ist, darf man sich nicht sehen lassen.« [1]

Da mir aber Bedenken aufsteigen, ob ich diesen Witz für einen tendenzlosen auszugeben das Recht habe, ersetze ich ihn durch einen anderen, herzlich einfältigen, der von solcher Einwendung frei sein dürfte.

In einem Hause, wo ich zu Gast geladen bin, wird zum Schluß der Mahlzeit die *Roulard* genannte Mehlspeise gereicht, deren Herstellung einiges Geschick bei der Köchin voraussetzt. »Zu Hause gemacht?« fragt darum einer der Gäste, und der Hausherr antwortet: »Ja, gewiß, ein *Home-Roulard*« (Home Rule).

Wir wollen diesmal nicht die Technik des Witzes untersuchen, sondern gedenken unsere Aufmerksamkeit einem anderen, dem wichtigsten Momente zwar, zuzuwenden. Das Anhören dieses improvisierten Witzes bereitete den Anwesenden ein – von mir klar erinnertes – Vergnügen und machte uns lachen. In diesem wie in ungezählten anderen Fällen kann die Lustempfindung des Hörers nicht von der Tendenz und nicht vom Gedankeninhalt des Witzes herrühren; es bleibt nichts übrig, als diese Lustempfindung mit der Technik des Witzes in Zusammenhang zu bringen. Die von uns vorhin beschriebenen technischen Mittel des Witzes – die Verdichtung, Verschiebung, indirekte Darstellung usw. – haben also das Vermögen, beim Hörer eine Lustempfindung hervorzurufen, wenngleich wir noch gar nicht einsehen können, wie ihnen dies Vermögen zukommen mag. Auf so leichte Art gewinnen wir den zweiten Satz zur Aufklärung des Witzes; der erste lautete (S. 21), daß der Charakter des Witzes an der Ausdrucksform hängt. Besinnen wir uns noch, daß der zweite Satz uns eigentlich nichts Neues gelehrt hat. Er isoliert nur, was bereits in einer früher von uns gemachten Erfahrung enthalten war. Wir erinnern ja, wenn es gelang, den Witz zu reduzieren, d. h. mit sorgfältiger Erhaltung des Sinnes dessen Ausdruck durch einen anderen zu ersetzen, so war damit nicht nur der Witzcharakter, sondern auch der Lacheffekt, also das Vergnügen am Witze, aufgehoben.

---

[1] R. Kleinpaul, *Die Rätsel der Sprache*, 1890.

Wir können hier nicht weitergehen, ohne uns vorerst mit unseren philosophischen Autoritäten auseinanderzusetzen.

Die Philosophen, welche den Witz dem Komischen zurechnen und das Komische selbst in der Ästhetik abhandeln, charakterisieren das ästhetische Vorstellen durch die Bedingung, daß wir dabei nichts von und mit den Dingen wollen, die Dinge nicht brauchen, um eines unserer großen Lebensbedürfnisse zu befriedigen, sondern uns mit der Betrachtung derselben und dem Genuß der Vorstellung begnügen. »Dieser Genuß, diese Vorstellungsart ist die rein ästhetische, die nur in sich beruht, nur in sich ihren Zweck hat und keine anderen Lebenszwecke erfüllt« (K. Fischer [1889, 20. Vgl. oben, S. 14 f.]).

Wir setzen uns nun kaum in Widerspruch mit diesen Worten K. Fischers, übersetzen vielleicht nur seinen Gedanken in unsere Ausdrucksweise, wenn wir hervorheben, daß die witzige Tätigkeit doch keine zweck- oder ziellose genannt werden darf, da sie sich unverkennbar das Ziel gesteckt hat, Lust beim Hörer hervorzurufen. Ich zweifle, ob wir irgend etwas zu unternehmen imstande sind, wobei eine Absicht nicht in Betracht kommt. Wenn wir unseren seelischen Apparat gerade nicht zur Erfüllung einer der unentbehrlichen Befriedigungen brauchen, lassen wir ihn selbst auf Lust arbeiten, suchen wir Lust aus seiner eigenen Tätigkeit zu ziehen. Ich vermute, daß dies überhaupt die Bedingung ist, der alles ästhetische Vorstellen unterliegt, aber ich verstehe zu wenig von der Ästhetik, um diesen Satz durchführen zu wollen; vom Witz jedoch kann ich auf Grund der beiden vorhin gewonnenen Einsichten behaupten, daß er eine Tätigkeit ist, welche darauf abzielt, Lust aus den seelischen Vorgängen – intellektuellen oder anderen – zu gewinnen. Es gibt gewiß noch andere Tätigkeiten, die dasselbe bezwecken. Vielleicht unterscheiden sie sich darin, aus welchem Gebiete seelischer Tätigkeit sie Lust schöpfen wollen, vielleicht durch die Methode, deren sie sich dabei bedienen. Wir können das gegenwärtig nicht entscheiden; wir halten aber daran fest, daß nun die Witztechnik und die sie teilweise beherrschende ersparende Tendenz (S. 43 ff.) in Beziehung gebracht sind zur Erzeugung von Lust.

Ehe wir aber darangehen, das Rätsel, wie die technischen Mittel der Witzarbeit Lust beim Hörer erregen können, zu lösen, wollen wir uns erinnern, daß wir zum Zwecke der Vereinfachung und besseren Durchsichtigkeit die tendenziösen Witze ganz zur Seite geschoben haben. Wir müssen doch aufzuklären suchen, welches die Tendenzen des Witzes sind und in welcher Weise er diesen Tendenzen dient.

Wir werden vor allem durch eine Beobachtung gemahnt, den tendenziösen Witz bei der Untersuchung nach der Herkunft der Lust am Witze nicht beiseite zu lassen. Die Lustwirkung des harmlosen Witzes ist zumeist eine mäßige; ein deutliches Wohlgefallen, ein leichtes Lächeln ist zumeist alles, was er beim Hörer zu erreichen vermag, und von diesem Effekt ist etwa noch ein Teil auf Rechnung seines Gedankeninhalts zu setzen, wie wir an geeigneten Beispielen (S. 89) bemerkt haben. Fast niemals erzielt der tendenzlose Witz jene plötzlichen Ausbrüche von Gelächter, die den tendenziösen so unwiderstehlich machen. Da die Technik bei beiden die nämliche sein kann, darf in uns die Vermutung rege werden, daß der tendenziöse Witz kraft seiner Tendenz über Quellen der Lust verfügen müsse, zu denen der harmlose Witz keinen Zugang hat.

Die Tendenzen des Witzes sind nun leicht zu übersehen. Wo der Witz nicht Selbstzweck, d. h. harmlos ist, stellt er sich in den Dienst von nur zwei Tendenzen, die selbst eine Vereinigung unter einen Gesichtspunkt zulassen; er ist entweder *feindseliger* Witz (der zur Aggression, Satire, Abwehr dient) oder *obszöner* Witz (welcher der Entblößung dient). Von vornherein ist wieder zu bemerken, daß die technische Art des Witzes – ob Wort- oder Gedankenwitz – keine Relation zu diesen beiden Tendenzen hat.

Weitläufiger ist es nun, darzulegen, auf welche Weise der Witz diesen Tendenzen dient. Ich möchte bei dieser Untersuchung nicht den feindseligen, sondern den entblößenden Witz voranstellen. Dieser ist zwar weit seltener einer Untersuchung gewürdigt worden, als hätte sich hier eine Abneigung vom Stofflichen aufs Sachliche übertragen, allein wir wollen uns hiedurch nicht beirren lassen, da wir alsbald auf einen Grenzfall des Witzes stoßen werden, der uns Aufklärung über mehr als einen dunklen Punkt zu bringen verspricht.

Man weiß, was unter der »Zote« verstanden wird: Die beabsichtigte Hervorhebung sexueller Tatsachen und Verhältnisse durch die Rede. Indes diese Definition ist nicht stichhaltiger als andere Definitionen. Ein Vortrag über die Anatomie der Sexualorgane oder über die Physiologie der Zeugung braucht trotz dieser Definition nicht einen einzigen Berührungspunkt mit der Zote gemein zu haben. Es gehört noch dazu, daß die Zote an eine bestimmte Person gerichtet werde, von der man sexuell erregt wird und die durch das Anhören der Zote von der Erregung des Redenden Kenntnis bekommen und dadurch selbst sexuell erregt werden soll. Anstatt dieser Erregung mag sie auch in Scham oder

Verlegenheit gebracht werden, was nur eine Reaktion gegen ihre Erregung und auf diesem Umwege ein Eingeständnis derselben bedeutet. Die Zote ist also ursprünglich an das Weib gerichtet und einem Verführungsversuch gleichzusetzen. Wenn sich dann ein Mann in Männergesellschaft mit dem Erzählen oder Anhören von Zoten vergnügt, so ist die ursprüngliche Situation, die infolge sozialer Hemmnisse nicht verwirklicht werden kann, dabei mit vorgestellt. Wer über die gehörte Zote lacht, lacht wie ein Zuschauer bei einer sexuellen Aggression.

Das Sexuelle, welches den Inhalt der Zote bildet, umfaßt mehr als das bei beiden Geschlechtern Besondere, nämlich noch überdies das beiden Geschlechtern Gemeinsame, auf das die Scham sich erstreckt, also das Exkrementelle in seinem ganzen Umfang. Dies ist aber der Umfang, den das Sexuelle im Kindesalter hat, wo für die Vorstellung gleichsam eine Kloake existiert, innerhalb deren Sexuelles und Exkrementelles schlecht oder gar nicht gesondert werden [1]. Überall im Gedankenbereich der Neurosenpsychologie schließt das Sexuelle noch das Exkrementelle ein, wird es im alten, infantilen Sinne verstanden.

Die Zote ist wie eine Entblößung der sexuell differenten Person, an die sie gerichtet ist. Durch das Aussprechen der obszönen Worte zwingt sie die angegriffene Person zur Vorstellung des betreffenden Körperteiles oder der Verrichtung und zeigt ihr, daß der Angreifer selbst sich solches vorstellt. Es ist nicht zu bezweifeln, daß die Lust, das Sexuelle entblößt zu sehen, das ursprüngliche Motiv der Zote ist.

Es kann der Klärung nur förderlich sein, wenn wir hier bis auf die Fundamente zurückgehen. Die Neigung, das Geschlechtsbesondere entblößt zu schauen, ist eine der ursprünglichen Komponenten unserer Libido. Sie ist selbst vielleicht bereits eine Ersetzung, geht auf eine als primär zu supponierende Lust, das Sexuelle zu berühren, zurück. Wie so häufig, hat das Schauen das Tasten auch hier abgelöst [2]. Die Schau- oder Tastlibido ist bei jedermann in zweifacher Art, aktiv und passiv, männlich und weiblich, vorhanden, und bildet sich je nach dem Überwiegen des Geschlechtscharakters nach der einen oder der anderen Richtung überwiegend aus. Bei jungen Kindern kann man die Neigung zur Selbstentblößung leicht beobachten. Wo der Keim dieser Neigung nicht das gewöhnliche Schicksal der Überlagerung und Unterdrückung erfährt, da entwickelt er sich zu der als Exhibitionsdrang bekannten Per-

[1] S. meine gleichzeitig erscheinenden *Drei Abhandlungen zur Sexualtheorie* (1905*d*).

[2] Molls Kontrektationstrieb (*Untersuchungen über die Libido sexualis*, 1898). [Moll beschrieb den von ihm eingeführten »Kontrektationstrieb« als Antrieb, mit anderen Menschen in Kontakt zu kommen.]

version erwachsener Männer. Beim Weibe wird die passive Exhibitionsneigung fast regelmäßig durch die großartige Reaktionsleistung der sexuellen Schamhaftigkeit überlagert, aber nicht ohne daß ihr in der Kleidung ein Ausfallspförtchen gespart bliebe. Wie dehnbar und nach Konvention und Umständen variabel dann das der Frau als erlaubt verbliebene Maß von Exhibition ist, brauche ich nur anzudeuten.

Beim Manne bleibt ein hoher Grad dieser Strebung als Teilstück der Libido bestehen und dient zur Einleitung des Geschlechtsaktes. Wenn diese Strebung sich bei der ersten Annäherung an das Weib geltend macht, muß sie sich aus zwei Motiven der Rede bedienen. Erstens um sich dem Weibe anzuzeigen, und zweitens weil die Erweckung der Vorstellung durch die Rede das Weib selbst in die korrespondierende Erregung versetzen und die Neigung zur passiven Exhibition bei ihr erwecken kann. Diese werbende Rede ist noch nicht die Zote, geht aber in sie über. Wo nämlich die Bereitschaft des Weibes sich rasch einstellt, da ist die obszöne Rede kurzlebig, sie weicht alsbald der sexuellen Handlung. Anders, wenn auf die rasche Bereitschaft des Weibes nicht zu rechnen ist, sondern an deren Statt die Abwehrreaktionen desselben auftreten. Dann wird die sexuell erregende Rede als Zote Selbstzweck; da die sexuelle Aggression in ihrem Fortschreiten bis zum Akt aufgehalten ist, verweilt sie bei der Hervorrufung der Erregung und zieht Lust aus den Anzeichen derselben beim Weibe. Die Aggression ändert dabei wohl auch ihren Charakter in dem nämlichen Sinne wie jede libidinöse Regung, der sich ein Hindernis entgegenstellt; sie wird direkt feindselig, grausam, ruft also die sadistische Komponente des Geschlechtstriebes gegen das Hindernis zur Hilfe.

Die Unnachgiebigkeit des Weibes ist also die nächste Bedingung für die Ausbildung der Zote, allerdings eine solche, die bloß einen Aufschub zu bedeuten scheint und weitere Bemühung nicht aussichtslos erscheinen läßt. Der ideale Fall eines derartigen Widerstandes beim Weibe ergibt sich bei der gleichzeitigen Anwesenheit eines anderen Mannes, eines Dritten, denn dann ist das sofortige Nachgeben des Weibes so gut wie ausgeschlossen. Dieser Dritte gelangt bald zur größten Bedeutung für die Entwicklung der Zote; zunächst ist aber von der Anwesenheit des Weibes nicht abzusehen. Beim Landvolk oder im Wirtshaus des kleinen Mannes kann man beobachten, daß erst das Hinzutreten der Kellnerin oder der Wirtin die Zote zum Vorschein bringt; auf höherer sozialer Stufe erst tritt das Gegenteil ein, macht die Anwesenheit eines weiblichen Wesens der Zote ein Ende; die Männer sparen sich diese Art der

Unterhaltung, die ursprünglich ein sich schämendes Weib voraussetzt, auf, bis sie allein »unter sich« sind. So wird allmählich anstatt des Weibes der Zuschauer, jetzt Zuhörer, die Instanz, für welche die Zote bestimmt ist, und diese nähert sich durch solche Wandlung bereits dem Charakter des Witzes.

Unsere Aufmerksamkeit kann von dieser Stelle an von zwei Momenten in Anspruch genommen werden, von der Rolle des Dritten, des Zuhörers, und von den inhaltlichen Bedingungen der Zote selbst.

Der tendenziöse Witz braucht im allgemeinen drei Personen, außer der, die den Witz macht, eine zweite, die zum Objekt der feindseligen oder sexuellen Aggression genommen wird, und eine dritte, an der sich die Absicht des Witzes, Lust zu erzeugen, erfüllt. Die tiefere Begründung für diese Verhältnisse werden wir später aufzusuchen haben, vorläufig halten wir uns an die Tatsache, die sich ja darin bekundet, daß nicht, wer den Witz macht, ihn auch belacht, also dessen Lustwirkung genießt, sondern der untätige Zuhörer. In der nämlichen Relation befinden sich die drei Personen bei der Zote. Man kann den Hergang so beschreiben: Der libidinöse Impuls des Ersten entfaltet, sowie er die Befriedigung durch das Weib gehemmt findet, eine gegen diese zweite Person feindselige Tendenz und ruft die ursprünglich störende dritte Person zum Bundesgenossen auf. Durch die zotige Rede des Ersten wird das Weib vor diesem Dritten entblößt, der nun als Zuhörer – durch die mühelose Befriedigung seiner eigenen Libido – bestochen wird.

Es ist merkwürdig, daß solcher Zotenverkehr beim gemeinen Volke so überaus beliebt und eine nie fehlende Betätigung heiterer Stimmung ist. Beachtenswert ist aber auch, daß bei diesem komplizierten Vorgang, der so viele Charaktere des tendenziösen Witzes an sich trägt, an die Zote selbst keiner der formellen Ansprüche, welche den Witz kennzeichnen, gestellt wird. Die unverhüllte Nudität auszusprechen bereitet dem Ersten Vergnügen und macht den Dritten lachen.

Erst wenn wir zu feiner gebildeter Gesellschaft aufsteigen, tritt die formelle Witzbedingung hinzu. Die Zote wird witzig und wird nur geduldet, wenn sie witzig ist. Das technische Mittel, dessen sie sich zumeist bedient, ist die Anspielung, d. h. die Ersetzung durch ein Kleines, ein im entfernten Zusammenhang Befindliches, welches der Hörer in seinem Vorstellen zur vollen und direkten Obszönität rekonstruiert. Je größer das Mißverhältnis zwischen dem in der Zote direkt Gegebenen und dem von ihr im Hörer mit Notwendigkeit Angeregten ist, desto feiner wird der Witz, desto höher darf er sich dann auch in die gute

Gesellschaft hinaufwagen. Außer der groben und der feinen Anspielung stehen der witzigen Zote, wie leicht an Beispielen gezeigt werden kann, alle anderen Mittel des Wort- und Gedankenwitzes zur Verfügung.
Hier wird endlich greifbar, was der Witz im Dienste seiner Tendenz leistet. Er ermöglicht die Befriedigung eines Triebes (des lüsternen und feindseligen) gegen ein im Wege stehendes Hindernis, er umgeht dieses Hindernis und schöpft somit Lust aus einer durch das Hindernis unzugänglich gewordenen Lustquelle. Das im Wege stehende Hindernis ist eigentlich nichts anderes als die der höheren Bildungs- und Gesellschaftsstufe entsprechend gesteigerte Unfähigkeit des Weibes, das unverhüllte Sexuelle zu ertragen. Das in der Ausgangssituation als anwesend gedachte Weib wird eben weiterhin als anwesend beibehalten, oder ihr Einfluß wirkt auch in ihrer Abwesenheit auf die Männer einschüchternd fort. Man kann beobachten, wie Männer höherer Stände durch die Gesellschaft niedrigstehender Mädchen sofort veranlaßt werden, die witzige Zote in die einfache zurücksinken zu lassen.
Die Macht, welche dem Weibe und in geringerem Maße auch dem Manne den Genuß der unverhüllten Obszönität erschwert oder unmöglich macht, heißen wir die »Verdrängung« und erkennen in ihr denselben psychischen Vorgang, der in ernsten Krankheitsfällen ganze Komplexe von Regungen mitsamt deren Abkömmlingen vom Bewußtsein fernehält und sich als ein Hauptfaktor der Verursachung bei den sogenannten Psychoneurosen herausgestellt hat. Wir gestehen der Kultur und höheren Erziehung einen großen Einfluß auf die Ausbildung der Verdrängung zu und nehmen an, daß unter diesen Bedingungen eine Veränderung der psychischen Organisation zustande kommt, die auch als ererbte Anlage mitgebracht werden kann, derzufolge sonst angenehm Empfundenes nun als unannehmbar erscheint und mit allen psychischen Kräften abgelehnt wird. Durch die Verdrängungsarbeit der Kultur gehen primäre, jetzt aber von der Zensur in uns verworfene Genußmöglichkeiten verloren. Der Psyche des Menschen wird aber alles Verzichten so sehr schwer, und so finden wir, daß der tendenziöse Witz ein Mittel abgibt, den Verzicht rückgängig zu machen, das Verlorene wiederzugewinnen. Wenn wir über einen feinen obszönen Witz lachen, so lachen wir über das nämliche, was den Bauer bei einer groben Zote lachen macht; die Lust stammt in beiden Fällen aus der nämlichen Quelle; über die grobe Zote zu lachen, brächten wir aber nicht zustande, wir würden uns schämen, oder sie erschiene uns ekelhaft; wir können erst lachen, wenn uns der Witz seine Hilfe geliehen hat.

Es scheint sich uns also zu bestätigen, was wir eingangs vermutet haben [S. 92], daß der tendenziöse Witz über andere Quellen der Lust verfügt als der harmlose, bei dem alle Lust irgendwie an die Technik geknüpft ist. Wir können auch von neuem hervorheben, daß wir beim tendenziösen Witz außerstande sind, durch unsere Empfindung zu unterscheiden, welcher Anteil der Lust aus den Quellen der Technik, welcher aus denen der Tendenz herrührt. Wir wissen also strenggenommen nicht, worüber wir lachen. Bei allen obszönen Witzen unterliegen wir grellen Urteilstäuschungen über die »Güte« des Witzes, soweit dieselbe von formalen Bedingungen abhängt; die Technik dieser Witze ist oft recht ärmlich, ihr Lacherfolg ein ungeheurer.

[3]

Wir wollen nun untersuchen, ob die Rolle des Witzes im Dienst der *feindseligen* Tendenz die nämliche ist.

Von vornherein stoßen wir hier auf dieselben Bedingungen. Die feindseligen Impulse gegen unsere Nebenmenschen unterliegen seit unserer individuellen Kindheit wie seit den Kinderzeiten menschlicher Kultur den nämlichen Einschränkungen, der nämlichen fortschreitenden Verdrängung wie unsere sexuellen Strebungen. Wir haben es noch nicht so weit gebracht, daß wir unsere Feinde zu lieben vermöchten oder ihnen nach dem Backenstreich auf die rechte Backe die linke hinhielten; auch tragen alle Moralvorschriften der Beschränkung im tätigen Haß noch heute die deutlichsten Anzeichen an sich, daß sie ursprünglich für eine kleine Gemeinschaft von Stammesgenossen gelten sollten. So wie wir uns alle als Angehörige eines Volkes fühlen dürfen, gestatten wir uns, von den meisten dieser Beschränkungen gegen ein fremdes Volk abzusehen. Aber innerhalb unseres eigenen Kreises haben wir doch Fortschritte in der Beherrschung feindseliger Regungen gemacht; wie es Lichtenberg drastisch ausdrückt: Wo man jetzt sagt: Entschuldigen Sie, da schlug man einem früher ums Ohr. Die gewalttätige Feindseligkeit, vom Gesetz verboten, ist durch die Invektive in Worten abgelöst worden, und die bessere Kenntnis der Verkettung menschlicher Regungen raubt uns durch ihr konsequentes *»Tout comprendre c'est tout pardonner«* immer mehr von der Fähigkeit, uns gegen den Nebenmenschen, der uns in den Weg getreten ist, zu erzürnen. Mit kräftigen Anlagen zur Feindschaft noch als Kinder begabt, lehrt uns später die höhere persönliche Kultur, daß es unwürdig ist, Schimpfwörter zu gebrauchen, und selbst, wo der Kampf an sich erlaubt geblieben ist, hat die Anzahl der Dinge, die als Mittel im Kampfe nicht verwendet werden dürfen, außerordentlich zugenommen. Seitdem wir auf den Ausdruck der Feindseligkeit durch die Tat verzichten mußten – durch den leidenschaftslosen Dritten daran gehindert, in dessen Interesse die Bewahrung der persönlichen Sicherheit liegt –, haben wir ganz ähnlich wie bei der sexuellen Aggression eine neue Technik der Schmähung ausgebildet, die auf die Anwerbung dieses Dritten gegen unseren Feind abzielt. Indem wir den Feind klein, niedrig, verächtlich, komisch machen, schaffen wir uns auf einem Umwege den Genuß seiner Überwindung, den uns der Dritte, der keine Mühe aufgewendet hat, durch sein Lachen bezeugt.

Wir sind nun auf die Rolle des Witzes bei der feindseligen Aggression vorbereitet. Der Witz wird uns gestatten, Lächerliches am Feind zu verwerten, das wir entgegenstehender Hindernisse wegen nicht laut oder nicht bewußt vorbringen durften, wird also wiederum *Einschränkungen umgehen und unzugänglich gewordene Lustquellen eröffnen.* Er wird ferner den Hörer durch seinen Lustgewinn bestechen, ohne strengste Prüfung unsere Partei zu nehmen, wie wir selbst andere Male, vom harmlosen Witz bestochen, den Gehalt des witzig ausgedrückten Satzes zu überschätzen pflegten. »Die Lacher auf seine Seite ziehen«, sagt mit vollkommen zutreffendem Ausdruck unsere Sprache.

Man fasse z. B. die über den vorigen Abschnitt zerstreuten Witze des Herrn N. ins Auge. Es sind sämtlich Schmähungen. Es ist, als wollte Herr N. laut schreien: Aber der Ackerbauminister ist ja selber ein Ochs! [S. 29.] Laßt mich in Ruhe mit dem ***; der platzt ja vor Eitelkeit! [S. 28.] Etwas Langweiligeres als die Aufsätze dieses Historikers über Napoleon in Österreich habe ich überhaupt noch nicht gelesen! [S. 26.] Aber der Hochstand seiner Persönlichkeit macht es ihm unmöglich, diese seine Urteile in dieser Form von sich zu geben. Sie nehmen darum den Witz zur Hilfe, welcher ihnen eine Aufnahme beim Hörer sichert, die sie trotz ihres etwaigen Wahrheitsgehalts in unwitziger Form niemals gefunden hätten. Einer dieser Witze ist besonders lehrreich, der vom »roten Fadian« [S. 26], vielleicht der überwältigendste von allen. Was nötigt uns daran zum Lachen und lenkt unser Interesse von der Frage, ob dem armen Schriftsteller Unrecht geschehen ist oder nicht, so vollständig ab? Gewiß die witzige Form, der Witz also; aber über was lachen wir dabei? Ohne Zweifel über die Person selbst, die uns als »roter Fadian« vorgeführt wird, und insbesondere über ihre Rothaarigkeit. Körperliche Gebrechen zu verlachen hat sich der Gebildete abgewöhnt, auch zählt für ihn die Rothaarigkeit nicht zu den lachenswürdigen Körperfehlern. Wohl aber gilt sie dafür beim Schulknaben und beim gemeinen Volk, ja auch noch auf der Bildungsstufe gewisser kommunaler und parlamentarischer Vertreter. Und nun hat dieser Witz des Herrn N. es auf die kunstvollste Weise ermöglicht, daß wir, erwachsene und feinfühlige Leute, über die roten Haare des Historikers X. lachen wie die Schulknaben. Es lag dies gewiß nicht in der Absicht des Herrn N.; aber es ist sehr zweifelhaft, ob jemand, der seinen Witz walten läßt, dessen genaue Absicht kennen muß.

War in diesen Fällen das Hindernis für die Aggression, welches der Witz umgehen half, ein innerliches – die ästhetische Auflehnung gegen die Schmähung –, so kann es andere Male rein äußerlicher Natur sein. So in dem Falle, wenn Serenissimus den Fremden, dessen Ähnlichkeit mit seiner eigenen Person ihm auffällt, fragt: War Seine Mutter einmal in der Residenz? und die schlagfertige Antwort darauf lautet: Nein, aber mein Vater. [S. 67.] Der Gefragte möchte gewiß den Frechen niederschlagen, der es wagt, durch solche Anspielung dem Andenken der geliebten Mutter Schmach anzutun; aber dieser Freche ist Serenissimus, den man nicht niederschlagen, nicht einmal beleidigen darf, wenn man diese Rache nicht mit seiner ganzen Existenz erkaufen will. Es hieße also die Beleidigung schweigend herunterwürgen; aber zum Glück zeigt der Witz den Weg, sie ungefährdet zu vergelten, indem man mit dem technischen Mittel der Unifizierung die Anspielung aufnimmt und gegen den Angreifer wendet. Der Eindruck des Witzigen wird hier so sehr von der Tendenz bestimmt, daß wir angesichts der witzigen Entgegnung zu vergessen neigen, daß die Frage des Angreifers selbst durch Anspielung witzig ist.

Die Verhinderung der Schmähung oder beleidigenden Entgegnung durch äußere Umstände ist ein so häufiger Fall, daß der tendenziöse Witz mit ganz besonderer Vorliebe zur Ermöglichung der Aggression oder der Kritik gegen Höhergestellte, die Autorität in Anspruch nehmen, verwendet wird. Der Witz stellt dann eine Auflehnung gegen solche Autorität, eine Befreiung von dem Drucke derselben dar. In diesem Moment liegt ja auch der Reiz der Karikatur, über welche wir selbst dann lachen, wenn sie schlecht geraten ist, bloß weil wir ihr die Auflehnung gegen die Autorität als Verdienst anrechnen.

Wenn wir im Auge behalten, daß der tendenziöse Witz sich so sehr zum Angriff auf Großes, Würdiges und Mächtiges eignet, das durch innerliche Hemmungen oder äußerliche Umstände gegen direkte Herabsetzung geschützt ist, so werden wir zu einer besonderen Auffassung gewisser Gruppen von Witzen gedrängt, die sich mit minderwertigen und ohnmächtigen Personen abzugeben scheinen. Ich meine die Heiratsvermittlergeschichten, von denen wir einzelne bei der Untersuchung der mannigfaltigen Techniken des Gedankenwitzes kennengelernt haben. In einigen derselben, z. B. in den Beispielen »Taub ist sie auch« [S. 63] und »Wer borgt denn den Leuten was!« [loc. cit.] ist der Vermittler als ein unvorsichtiger und gedankenloser Mensch verlacht worden, der dadurch komisch wird, daß ihm die Wahrheit gleichsam automatisch entwischt. Aber reimt sich einerseits das, was wir von der Natur des tendenziösen Witzes erfahren haben, und anderseits die Größe unseres Wohlgefallens an diesen Geschichten mit der Armseligkeit der Personen zusammen, über die der Witz zu lachen scheint? Sind das des Witzes würdige Gegner? Geht es nicht vielmehr so zu, daß der Witz die Vermittler nur vorschiebt, um etwas Bedeutsameres zu treffen, daß er, wie das Sprichwort sagt, auf den Sack schlägt, während er den Esel meint? Diese Auffassung ist wirklich nicht abzuweisen.

Die obige Deutung der Vermittlergeschichten läßt eine Fortsetzung zu. Es ist wahr, daß ich auf dieselbe nicht einzugehen brauche, daß ich mich begnügen kann, in diesen Geschichten »Schwänke« zu sehen und ihnen den Charakter des Witzes abzusprechen. Eine solche subjektive Bedingtheit des Witzes besteht also auch; wir sind jetzt auf sie aufmerksam geworden und werden sie späterhin untersuchen müssen [Kapitel V]. Sie besagt, daß nur das ein Witz ist, was ich als einen Witz gelten lasse. Was für mich ein Witz ist, kann für einen anderen bloß eine komische Geschichte sein. Gestattet aber ein Witz diesen Zweifel, so kann es nur daher rühren, daß er eine Schauseite, eine – in unseren Fällen komische – Fassade hat, an welcher sich der Blick des einen ersättigt, während ein anderer versuchen kann, hinter dieselbe zu spähen. Der Verdacht darf auch rege werden, daß diese Fassade dazu bestimmt ist, den prüfenden Blick zu blenden, daß solche Geschichten also etwas zu verbergen haben.

Jedenfalls, wenn unsere Vermittlergeschichten Witze sind, so sind sie um so bessere Witze, weil sie dank ihrer Fassade imstande sind zu verbergen, nicht nur, was sie zu sagen haben, sondern auch, daß sie etwas – Verbotenes – zu sagen haben. Die Fortsetzung der Deutung aber, welche dies Verborgene aufdeckt und diese Geschichten mit komischer Fassade als tendenziöse Witze entlarvt, wäre folgende: Jeder, der sich die Wahrheit so in einem unbewachten Moment entschlüpfen läßt, ist eigentlich froh darüber, daß er der Verstellung ledig wird. Das ist eine richtige und tiefreichende psychologische Einsicht. Ohne solche innerliche Zustimmung läßt sich niemand von dem Automatismus, der hier die Wahrheit an den Tag bringt, übermannen[1]. Hiemit wandelt sich aber die lächerliche Person des Schadchen in eine bedauernswert sympathische. Wie selig muß der Mann sein, die Last der Verstellung endlich abwerfen zu können, wenn er sofort die erste Gelegenheit benützt, um das letzte Stück der Wahrheit herauszuschreien! Sowie er merkt, daß die Sache verloren ist, daß die Braut dem jungen Manne nicht gefällt, verrät er gern, daß sie noch einen versteckten Fehler hat, der jenem nicht aufgefallen ist, oder er bedient sich des Anlasses, ein für ein Detail entscheidendes Argument anzuführen, um dabei den Leuten, in deren Dienst er arbeitet, seine Verachtung auszudrücken: Ich bitt' Sie, wer borgt denn den Leuten was! Die ganze Lächerlichkeit fällt nun auf die in der Geschichte nur gestreiften Eltern, die solchen Schwindel für gestattet halten, um nur ihre Töchter an den Mann zu bringen, auf die Erbärmlichkeit der Mädchen, die sich unter solchen Veranstaltungen verheiraten lassen, auf die Unwürdigkeit der Ehen, die nach solchen Einleitungen geschlossen werden. Der Vermittler ist der richtige Mann, der solche Kritik zum Ausdruck bringen darf, denn er weiß am meisten von diesen Mißbräuchen, er darf sie aber nicht laut verkünden, denn er ist ein armer Mann, der gerade nur von deren Ausnützung leben kann. In einem ähnlichen Konflikt befindet sich aber auch der Volksgeist, der diese und ähnliche Geschichten geschaffen hat; denn er weiß, die Heiligkeit der geschlossenen Ehen leidet arg durch den Hinweis auf die Vorgänge bei der Eheschließung.

Erinnern wir uns auch der Bemerkung bei der Untersuchung der Witztechnik, daß Widersinn im Witz häufig Spott und Kritik in dem Gedanken hinter dem Witz ersetze [S. 58], worin es die Witzarbeit übrigens der Traumarbeit gleichtut; wir finden diesen Sachverhalt hier von neuem bestätigt. Daß Spott und Kritik nicht der Person des Vermittlers gelten, der in den vorigen Beispielen nur als der Prügelknabe des Witzes auftritt, wird durch eine andere Reihe von Witzen erwiesen, in denen der Vermittler ganz im Gegenteile als überlegene Person gezeichnet ist, deren Dialektik sich jeder Schwierigkeit gewachsen erweist. Es sind Geschichten mit logischer anstatt der komischen Fassade, sophisti-

---

[1] Es ist derselbe Mechanismus, der das »Versprechen« und andere Phänomene des Selbstverrats beherrscht. S. *Zur Psychopathologie des Alltagslebens* (1901 *b*) [z. B. Kapitel V].

sche Gedankenwitze. In einer derselben (S. 61 f.) weiß der Vermittler den Fehler der Braut, daß sie hinkt, hinwegzudisputieren. Es sei wenigstens eine »fertige Sache«, eine andere Frau mit geraden Gliedern sei hingegen in beständiger Gefahr, hinzufallen und sich ein Bein zu brechen, und dann kämen die Krankheit, die Schmerzen, die Behandlungskosten, die man sich bei der bereits Hinkenden erspare. Oder in einer anderen Geschichte [S. 60 f.] weiß er eine ganze Reihe von Ausstellungen des Bewerbers an der Braut, jede einzeln mit guten Argumenten, zurückzuweisen, um ihm dann bei der letzten, unbeschönbaren, entgegenzuhalten: Was wollen Sie, gar kein' Fehler soll sie haben?, als ob von den früheren Einwendungen nicht doch ein notwendiger Rest übriggeblieben wäre. Es ist nicht schwer, bei beiden Beispielen die schwache Stelle in der Argumentation nachzuweisen; wir haben dies auch bei der Untersuchung der Technik getan. Aber nun interessiert uns etwas anderes. Wenn der Rede des Vermittlers so starker logischer Schein geliehen wird, der sich bei sorgfältiger Prüfung als Schein zu erkennen gibt, so ist die Wahrheit dahinter, daß der Witz dem Vermittler recht gibt; der Gedanke getraut sich nicht, ihm ernsthaft recht zu geben, ersetzt diesen Ernst durch den Schein, den der Witz vorbringt, aber der Scherz verrät hier wie so häufig den Ernst. Wir werden nicht irregehen, wenn wir von all den Geschichten mit logischer Fassade annehmen, daß sie das wirklich meinen, was sie mit absichtlich fehlerhafter Begründung behaupten. Erst diese Verwendung des Sophismas zur versteckten Darstellung der Wahrheit verleiht ihm den Charakter des Witzes, der also hauptsächlich von der Tendenz abhängt. Was in beiden Geschichten angedeutet werden soll, ist nämlich, daß der Bewerber sich wirklich lächerlich macht, wenn er die einzelnen Vorzüge der Braut so sorgsam zusammensucht, die doch alle hinfällig sind, und wenn er dabei vergißt, daß er vorbereitet sein muß, ein Menschenkind mit unvermeidlichen Fehlern zu seinem Weibe zu machen, während doch die einzige Eigenschaft, welche die Ehe mit der mehr oder minder mangelhaften Persönlichkeit der Frau erträglich machen würde, die gegenseitige Zuneigung und Bereitwilligkeit zur liebevollen Anpassung wäre, von der bei dem ganzen Handel nicht die Rede ist.

Die in diesen Beispielen enthaltene Verspottung des Ehewerbers, bei welcher nun der Vermittler ganz passend die Rolle des Überlegenen spielt, wird in anderen Geschichten weit deutlicher zum Ausdruck gebracht. Je deutlicher diese Geschichten sind, desto weniger von Witztechnik enthalten sie; sie sind gleichsam nur Grenzfälle des Witzes, mit dessen Technik sie nur mehr die Fassadenbildung gemeinsam haben. Infolge der gleichen Tendenz und des Versteckens derselben hinter der Fassade kommt ihnen aber die volle Wirkung des Witzes zu. Die Armut an technischen Mitteln läßt außerdem verstehen, daß viele Witze dieser Art das komische Element des Jargons, das ähnlich der Witztechnik wirkt, nicht ohne starke Einbuße entbehren können.

Eine solche Geschichte, die bei aller Kraft des tendenziösen Witzes nichts mehr von dessen Technik erkennen läßt, ist die folgende: Der Vermittler fragt: »Was verlangen Sie von Ihrer Braut?« – Antwort: »Schön muß sie sein, reich muß sie sein und gebildet.« – »Gut«, sagt der Vermittler, »aber daraus mach' ich drei Partien.« Hier wird der Verweis dem Manne direkt erteilt, nicht mehr in der Einkleidung eines Witzes.

In den bisherigen Beispielen richtete sich die verhüllte Aggression noch gegen Personen, in den Vermittlerwitzen gegen alle Parteien, die an dem Handel der Eheschließung beteiligt sind: Braut, Bräutigam und deren Eltern. Die Angriffsobjekte des Witzes können aber ebensowohl Institutionen sein, Personen, insoferne sie Träger derselben sind, Satzungen der Moral oder der Religion, Lebensanschauungen, die ein solches Ansehen genießen, daß der Einspruch gegen sie nicht anders als in der Maske eines Witzes, und zwar eines durch seine Fassade gedeckten Witzes auftreten kann. Mögen der Themata wenige sein, auf die dieser tendenziöse Witz abzielt, seine Formen und Einkleidungen sind äußerst mannigfaltig. Ich glaube, wir tun recht, diese Gattung von tendenziösem Witz durch einen besonderen Namen auszuzeichnen. Welcher Name der geeignete ist, wird sich ergeben, nachdem wir einige Beispiele dieser Gattung gedeutet haben.

Ich erinnere an die beiden Geschichten vom verarmten Gourmand, der bei »Lachs mit Mayonnaise« betroffen wird [S. 50], und vom trunksüchtigen Lehrer [S. 52], die wir als sophistische Verschiebungswitze kennengelernt haben, und führe deren Deutung fort. Wir haben seitdem gehört, daß, wenn der Schein der Logik an die Fassade einer Geschichte geheftet ist, der Gedanke wohl im Ernst sagen möchte: Der Mann hat recht, des entgegenstehenden Widerspruches wegen aber sich nicht getraut, dem Manne anders recht zu geben als in einem Punkte, in dem sein Unrecht leicht nachzuweisen ist. Die gewählte »Pointe« ist das richtige Kompromiß zwischen seinem Recht und seinem Unrecht, was freilich keine Entscheidung ist, aber wohl dem Konflikt in uns selbst entspricht. Die beiden Geschichten sind einfach epikureisch, sie sagen: Ja, der Mann hat recht, es gibt nichts Höheres als den Genuß, und es ist ziemlich gleichgültig, auf welche Art man sich ihn verschafft. Das klingt furchbtar unmoralisch und ist wohl auch nicht viel besser, aber im Grunde ist es nichts anderes als das *»Carpe diem«* des Poeten, der sich auf die Unsicherheit des Lebens und auf die Unfruchtbarkeit der tugendhaften Entsagung beruft. Wenn die Idee, daß der Mann im Witz von »Lachs mit Mayonnaise« recht haben soll, auf uns so abstoßend wirkt, so rührt dies nur von der Illustration der Wahrheit an einem Genuß niedrigster Art, der uns sehr entbehrlich scheint, her. In Wirklichkeit hat jeder von uns Stunden und Zeiten gehabt, in denen er dieser Lebensphilosophie ihr Recht zugestanden und der Morallehre vorgehalten hat, daß sie nur zu fordern verstand, ohne zu entschädigen. Seitdem die Anweisung auf das Jenseits, in dem sich alle Entsagung durch Befriedigung lohnen soll, von uns nicht mehr geglaubt wird – es gibt übrigens sehr wenig Fromme, wenn man die Entsagung zum Kennzeichen des Glaubens macht –, seitdem wird das *»Carpe diem«* zur ernsten Mahnung. Ich will die Befriedigung gern aufschieben, aber weiß ich denn, ob ich morgen noch dasein werde?

»Di doman' non c'è certezza.« [1]

Ich will gern auf alle von der Gesellschaft verpönten Wege der Befriedigung verzichten, aber bin ich sicher, daß mir die Gesellschaft diese Entsagung lohnen wird, indem sie mir – wenn auch mit einem gewissen Aufschub – einen der erlaubten Wege öffnet? Es läßt sich laut sagen, was diese Witze flüstern, daß die Wünsche und Begierden des Menschen ein Recht haben, sich vernehmbar zu machen neben der anspruchsvollen und rücksichtslosen Moral, und es ist in unseren Tagen in nachdrücklichen und packenden Sätzen gesagt worden, daß diese Moral nur die eigennützige Vorschrift der wenigen Reichen und Mächtigen ist, welche jederzeit ohne Aufschub ihre Wünsche befriedigen können. Solange die Heilkunst es nicht weitergebracht hat, unser Leben zu sichern, und solange die sozialen Einrichtungen nicht mehr dazu tun, es erfreulicher zu gestalten, so lange kann die Stimme in uns, die sich gegen die Moralanforderungen auflehnt, nicht erstickt werden. Jeder ehrliche Mensch wird wenigstens bei sich dieses Zugeständnis endlich machen. Die Entscheidung in diesem Konflikt ist erst auf dem Umwege über eine neue Einsicht möglich. Man muß sein Leben so an das anderer knüpfen, sich so innig mit anderen identifizieren können, daß die Verkürzung der

---

[1] Lorenzo de' Medici. [(1449–1492). »Für morgen gibt es keine Sicherheit.« Aus *Il Trionfo di Bacco e di Arianna.*]

eigenen Lebensdauer überwindbar wird, und man darf die Forderungen der eigenen Bedürfnisse nicht unrechtmäßig erfüllen, sondern muß sie unerfüllt lassen, weil nur der Fortbestand so vieler unerfüllter Forderungen die Macht entwickeln kann, die gesellschaftliche Ordnung abzuändern. Aber nicht alle persönlichen Bedürfnisse lassen sich in solcher Art verschieben und auf andere übertragen, und eine allgemein- und endgültige Lösung des Konflikts gibt es nicht.

Wir wissen nun, wie wir Witze wie die letztgedeuteten zu benennen haben; es sind *zynische* Witze, was sie verhüllen, sind *Zynismen.*

Unter den Institutionen, die der zynische Witz anzugreifen pflegt, ist keine wichtiger, eindringlicher durch Moralvorschriften geschützt, aber dennoch zum Angriff einladender als das Institut der Ehe, dem also auch die meisten zynischen Witze gelten. Kein Anspruch ist ja persönlicher als der auf sexuelle Freiheit, und nirgends hat die Kultur eine stärkere Unterdrückung zu üben versucht als auf dem Gebiete der Sexualität. Für unsere Absichten mag ein einziges Beispiel genügen, die auf S. 76 erwähnte »Eintragung in das Stammbuch des Prinzen Karneval«: »Eine Frau ist wie ein Regenschirm – man nimmt sich dann doch einen Komfortabel.«

Die komplizierte Technik dieses Beispiels haben wir bereits erörtert: ein verblüffender, anscheinend unmöglicher Vergleich, der aber, wie wir jetzt sehen, an sich nicht witzig ist, ferner eine Anspielung (Komfortabel = öffentliches Fuhrwerk) und als stärkstes technisches Mittel eine die Unverständlichkeit erhöhende Auslassung. Die Vergleichung wäre in folgender Art auszuführen: Man heiratet, um sich gegen die Anfechtungen der Sinnlichkeit zu sichern, und dann stellt sich doch heraus, daß die Ehe keine Befriedigung eines etwas stärkeren Bedürfnisses gestattet, geradeso wie man einen Regenschirm mitnimmt, um sich gegen den Regen zu schützen, und dann im Regen doch naß wird. In beiden Fällen muß man sich um stärkeren Schutz umsehen, hier öffentliches Fuhrwerk, dort für Geld zugängliche Frauen nehmen. Jetzt ist der Witz fast völlig durch Zynismus ersetzt. Daß die Ehe nicht die Veranstaltung ist, die Sexualität des Mannes zu befriedigen, getraut man sich nicht laut und öffentlich zu sagen, wenn man nicht etwa von der Wahrheitsliebe und dem Reformeifer eines Christian v. Ehrenfels[1] dazu gedrängt wird.

[1] S. dessen Aufsätze in der *Politisch-anthropologischen Revue*, Bd. 2, 1903. [Eine spätere Arbeit dieses Autors gab Anlaß zu Freuds Schrift ›Die »kulturelle« Sexualmoral und die moderne Nervosität‹ (1908 *d*). Dort macht Freud selbst mehrere kritische Bemerkungen über die Institution der Ehe. S. *Studienausgabe*, Bd. 9, S. 24–27, S. 29–31.]

Die Stärke dieses Witzes liegt nun darin, daß er es doch – auf allerlei Umwegen – gesagt hat.
Ein für den tendenziösen Witz besonders günstiger Fall wird hergestellt, wenn die beabsichtigte Kritik der Auflehnung sich gegen die eigene Person richtet, vorsichtiger ausgedrückt, eine Person, an der die eigene Anteil hat, eine Sammelperson also, das eigene Volk zum Beispiel. Diese Bedingung der Selbstkritik mag uns erklären, daß gerade auf dem Boden des jüdischen Volkslebens eine Anzahl der trefflichsten Witze erwachsen sind, von denen wir ja hier reichliche Proben gegeben haben. Es sind Geschichten, die von Juden geschaffen und gegen jüdische Eigentümlichkeiten gerichtet sind. Die Witze, die von Fremden über Juden gemacht werden, sind zu allermeist brutale Schwänke, in denen der Witz durch die Tatsache erspart wird, daß der Jude den Fremden als komische Figur gilt. Auch die Judenwitze, die von Juden herrühren, geben dies zu, aber sie kennen ihre wirklichen Fehler wie deren Zusammenhang mit ihren Vorzügen, und der Anteil der eigenen Person an dem zu Tadelnden schafft die sonst schwierig herzustellende subjektive Bedingung der Witzarbeit. [Vgl. S. 132 ff.] Ich weiß übrigens nicht, ob es sonst noch häufig vorkommt, daß sich ein Volk in solchem Ausmaß über sein eigenes Wesen lustig macht.
Als Beispiel hiefür kann ich auf die S. 78 erwähnte Geschichte hinweisen, wie ein Jude in der Eisenbahn sofort alle Dezenz des Betragens aufgibt, nachdem er den Ankömmling im Coupé als Glaubensgenossen erkannt hat. Wir haben diesen Witz als Beleg für die Veranschaulichung durch ein Detail, Darstellung durch ein Kleinstes, kennengelernt; er soll die demokratische Denkungsart der Juden schildern, die keinen Unterschied von Herren und Knechten anerkennt, aber leider auch Disziplin und Zusammenwirken stört. Eine andere, besonders interessante Reihe von Witzen schildert die Beziehungen der armen und der reichen Juden zueinander; ihre Helden sind der »Schnorrer« und der mildtätige Hausherr oder der Baron. Der Schnorrer, der alle Sonntage in demselben Haus als Gast zugelassen wird, erscheint eines Tages in Begleitung eines unbekannten jungen Mannes, der Miene macht, sich mit zu Tische zu setzen. Wer ist das? fragt der Hausherr und erhält die Antwort: Das ist mein Schwiegersohn seit voriger Woche; ich hab' ihm die Kost versprochen das erste Jahr. Die Tendenz dieser Geschichten ist stets die nämliche; sie wird in folgender am deutlichsten hervortreten: Der Schnorrer bettelt beim Baron um das Geld für eine Badereise nach Ostende; der Arzt hat ihm wegen seiner Beschwerden ein Seebad empfoh-

len. Der Baron findet, Ostende sei ein besonders kostspieliger Aufenthalt; ein wohlfeilerer würde es auch tun. Aber der Schnorrer lehnt den Vorschlag mit den Worten ab: Herr Baron, für meine Gesundheit ist mir nichts zu teuer. Das ist ein prächtiger Verschiebungswitz, den wir als Muster für seine Gattung hätten nehmen können [1]. Der Baron will offenbar sein Geld ersparen, der Schnorrer antwortet aber, als sei das Geld des Barons sein eigenes, das er dann allerdings minder hochschätzen darf als seine Gesundheit. Man wird hier aufgefordert, über die Frechheit des Anspruchs zu lachen, aber diese Witze sind ausnahmsweise nicht mit einer das Verständnis irreführenden Fassade ausgestattet. Die Wahrheit dahinter ist, daß der Schnorrer, der das Geld des Reichen in Gedanken wie eigenes behandelt, nach den heiligen Vorschriften der Juden wirklich fast das Recht zu dieser Verwechslung hat. Natürlich richtet sich die Auflehnung, die diesen Witz geschaffen hat, gegen das selbst den Frommen schwer bedrückende Gesetz.

Eine andere Geschichte erzählt: Ein Schnorrer begegnet auf der Treppe des Reichen einem Genossen im Gewerbe, der ihm abrät, seinen Weg fortzusetzen. »Geh heute nicht hinauf, der Baron ist heute schlecht aufgelegt, er gibt niemand mehr als einen Gulden.« – »Ich werde doch hinaufgehen«, sagt der erste Schnorrer. »Warum soll ich ihm den einen Gulden schenken? Schenkt er mir 'was?«

Dieser Witz bedient sich der Technik des Widersinnes, indem er den Schnorrer in demselben Moment behaupten läßt, der Baron schenke ihm nichts, in dem er sich anschickt, um das Geschenk zu betteln. Aber der Widersinn ist nur ein scheinbarer; es ist beinahe richtig, daß ihm der Reiche nichts schenkt, da er durch das Gesetz verpflichtet ist, ihm Almosen zu geben, und ihm, strenge genommen, dankbar sein muß, daß er ihm die Gelegenheit zum Wohltun verschafft. Die gemeine, bürgerliche Auffassung des Almosens liegt hier mit der religiösen im Streit; sie revoltiert offen gegen die religiöse in der Geschichte vom Baron, der, durch die Leidenserzählung des Schnorrers tief ergriffen, seinen Dienern schellt: Werfts ihn hinaus; er bricht mir das Herz! Diese offene Darlegung der Tendenz stellt wieder einen Grenzfall des Witzes her. Von der nicht mehr witzigen Klage: »Es ist wirklich kein Vorzug, ein Reicher unter Juden zu sein. Das fremde Elend läßt einen nicht zum Genuß

---

[1] [Tatsächlich ist dieser Witz schon als Beispiel eines Verschiebungswitzes erschienen (s. S. 55). Freud hat ihn vielleicht nachträglich in das frühere Kapitel eingefügt und dann vergessen, den vorliegenden Satz entsprechend abzuändern.]

des eigenen Glückes kommen«, entfernen sich diese letzten Geschichten fast nur durch die Veranschaulichung in einer einzelnen Situation.
Von einem tief pessimistischen Zynismus zeugen andere Geschichten, die technisch wiederum Grenzfälle des Witzes darstellen, wie die nachstehende: Ein Schwerhöriger konsultiert den Arzt, der die richtige Diagnose macht, der Patient trinke wahrscheinlich zu viel Branntwein und sei darum taub. Er rät ihm davon ab, der Schwerhörige verspricht, den Rat zu beherzigen. Nach einer Weile trifft ihn der Arzt auf der Straße und fragt ihn laut, wie es ihm gehe. Ich danke, ist die Antwort. Sie brauchen nicht so zu schreien, Herr Doktor, ich habe das Trinken aufgegeben und hör' wieder gut. Nach einer weiteren Weile wiederholt sich die Begegnung. Der Doktor fragt mit gewöhnlicher Stimme nach seinem Befinden, merkt aber, daß er nicht verstanden wird. Wie? Was? – Mir scheint, Sie trinken wieder Branntwein, schreit ihm der Doktor ins Ohr, und darum hören Sie wieder nichts. Sie können recht haben, antwortet der Schwerhörige. Ich hab' wieder angefangen zu trinken Branntwein, aber ich will Ihnen sagen: warum. Solange ich nicht getrunken hab', hab' ich gehört; aber alles, was ich gehört, war nicht so gut wie der Branntwein. – Technisch ist dieser Witz nichts anderes als eine Veranschaulichung; der Jargon, die Künste der Erzählung müssen dazu dienen, das Lachen zu erwecken, aber dahinter lauert die traurige Frage: Hat der Mann mit seiner Wahl nicht recht?
Es ist das mannigfaltige hoffnungslose Elend des Juden, auf welches diese pessimistischen Geschichten anspielen, die ich dieses Zuammenhanges wegen dem tendenziösen Witz anreihen muß.
Andere in ähnlichem Sinne zynische Witze, und zwar nicht nur Judengeschichten, greifen religiöse Dogmen und den Gottesglauben selber an. Die Geschichte vom »Kück des Rabbi« [S. 62], deren Technik in dem Denkfehler der Gleichstellung von Phantasie und Wirklichkeit bestand (auch die Auffassung als Verschiebung wäre haltbar), ist ein solcher zynischer oder kritischer Witz, der sich gegen die Wundertäter und gewiß auch gegen den Wunderglauben richtet. Einen direkt blasphemischen Witz soll Heine in der Situation des Sterbenden gemacht haben. Als der freundliche Priester ihn auf Gottes Gnade verwies und ihm Hoffnung machte, daß er bei Gott Vergebung für seine Sünden finden werde, soll er geantwortet haben: *Bien sûr, qu'il me pardonnera; c'est son métier.* Das ist ein herabsetzender Vergleich, technisch etwa nur vom Werte einer Anspielung, denn ein *métier*, Geschäft oder Beruf, hat etwa ein Handwerker oder ein Arzt, und zwar hat er nur ein einziges

métier. Die Stärke des Witzes liegt aber in seiner Tendenz. Er soll nichts anderes sagen als: Gewiß wird er mir verzeihen, dazu ist er ja da, zu keinem anderen Zweck habe ich ihn mir angeschafft (wie man sich seinen Arzt, seinen Advokaten hält). Und so regt sich noch in dem machtlos daliegenden Sterbenden das Bewußtsein, daß er sich Gott erschaffen und ihn mit Macht ausgestattet hat, um sich seiner bei Gelegenheit zu bedienen. Das vermeintliche Geschöpf gibt sich noch kurz vor seiner Vernichtung als den Schöpfer zu erkennen.

[4]

Zu den bisher behandelten Gattungen des tendenziösen Witzes,
dem entblößenden oder obszönen,
dem aggressiven (feindseligen),
dem zynischen (kritischen, blasphemischen),
möchte ich als vierte und seltenste eine neue anreihen, deren Charakter durch ein gutes Beispiel erläutert werden soll.

Zwei Juden treffen sich im Eisenbahnwagen einer galizischen Station. »Wohin fahrst du?« fragt der eine. »Nach Krakau«, ist die Antwort. »Sieh' her, was du für Lügner bist«, braust der andere auf. »Wenn du sagst, du fahrst nach Krakau, willst du doch, daß ich glauben soll, du fahrst nach Lemberg. Nun weiß ich aber, daß du wirklich fahrst nach Krakau. Also warum lügst du?«

Diese kostbare Geschichte, die den Eindruck übergroßer Spitzfindigkeit macht, wirkt offenbar durch die Technik des Widersinnes. Der Zweite soll sich Lüge vorwerfen lassen, weil er mitgeteilt, er fahre nach Krakau, was in Wahrheit sein Reiseziel ist! Dieses starke technische Mittel – der Widersinn – ist aber hier mit einer anderen Technik gepaart, der Darstellung durch das Gegenteil, denn nach der unwidersprochenen Behauptung des Ersten lügt der andere, wenn er die Wahrheit sagt, und sagt die Wahrheit mit einer Lüge. Der ernstere Gehalt dieses Witzes ist aber die Frage nach den Bedingungen der Wahrheit; der Witz deutet wiederum auf ein Problem und nützt die Unsicherheit eines unserer gebräuchlichsten Begriffe aus. Ist es Wahrheit, wenn man die Dinge so beschreibt, wie sie sind, und sich nicht darum kümmert, wie der Hörer das Gesagte auffassen wird? Oder ist dies nur jesuitische Wahrheit, und besteht die echte Wahrhaftigkeit nicht viel mehr darin, auf den Zuhörer Rücksicht zu nehmen und ihm ein getreues Abbild seines eigenen Wissens zu vermitteln? Ich halte Witze dieser Art für genug verschieden von den anderen, um ihnen eine besondere Stellung anzuweisen. Was sie angreifen, ist nicht eine Person oder eine Institution, sondern die Sicherheit unserer Erkenntnis selbst, eines unserer spekulativen Güter. Der Name *»skeptische«* Witze würde also für sie der entsprechende sein.

[5]

Wir haben im Verlaufe unserer Erörterungen über die Tendenzen des Witzes vielleicht mancherlei Aufklärungen gewonnen und gewiß reichliche Anregungen zu weiteren Untersuchungen gefunden; aber die Ergebnisse dieses Abschnittes setzen sich mit denen des vorigen zu einem schwierigen Problem zusammen. Wenn es richtig ist, daß die Lust, die der Witz bringt, einerseits an der Technik, anderseits an der Tendenz haftet, unter welchem gemeinsamen Gesichtspunkt lassen sich etwa diese zwei so verschiedenen Lustquellen des Witzes vereinen?

B. Synthetischer Teil

IV
DER LUSTMECHANISMUS UND DIE PSYCHOGENESE DES WITZES

[1]

Aus welchen Quellen die eigentümliche Lust fließt, welche uns der Witz bereitet, das stellen wir nun als gesicherte Erkenntnis voran. Wir wissen, daß wir der Täuschung unterliegen können, unser Wohlgefallen am Gedankeninhalt des Satzes mit der eigentlichen Witzeslust zu verwechseln, daß aber diese selbst wesentlich zwei Quellen hat, die Technik und die Tendenzen des Witzes. Was wir nun erfahren möchten, ist, auf welche Weise sich die Lust aus diesen Quellen ergibt, der Mechanismus dieser Lustwirkung.

Es scheint uns, daß sich die gesuchte Aufklärung beim tendenziösen Witz viel leichter ergibt als beim harmlosen. Mit ersterem werden wir also beginnen.

Die Lust beim tendenziösen Witz ergibt sich daraus, daß eine Tendenz befriedigt wird, deren Befriedigung sonst unterblieben wäre. Daß solche Befriedigung eine Lustquelle ist, bedarf keiner weiteren Ausführung. Aber die Art, wie der Witz die Befriedigung herbeiführt, ist an besondere Bedingungen geknüpft, aus denen vielleicht weiterer Aufschluß zu gewinnen ist. Es sind hier zwei Fälle zu unterscheiden. Der einfachere Fall ist, daß der Befriedigung der Tendenz ein äußeres Hindernis im Wege steht, welches durch den Witz umgangen wird. So fanden wir es z. B. in der Antwort, die Serenissimus auf die Frage erhält, ob die Mutter des Angesprochenen je in der Residenz gelebt habe [S. 67], oder in der Äußerung des Kunstkenners, dem die zwei reichen Gauner ihre Porträts zeigen: *And where is the Saviour?* [S. 72.] Die Tendenz geht in dem einen Fall dahin, einen Schimpf mit Gleichem zu erwidern, im anderen, eine Beschimpfung an Stelle des geforderten Gutachtens von sich zu geben; was ihr entgegensteht, sind rein äußerliche Momente, die Machtverhältnisse der Personen, die von der Beschimpfung betroffen werden. Es mag uns immerhin auffallen, daß diese und analoge Witze tendenziöser Natur, so sehr sie uns auch befriedigen, doch nicht imstande sind, einen starken Lacheffekt hervorzubringen.

Anders, wenn nicht äußere Momente, sondern ein innerliches Hindernis der direkten Verwirklichung der Tendenz im Wege steht, wenn eine innere Regung sich der Tendenz entgegenstellt. Diese Bedingung wäre nach unserer Voraussetzung etwa in den aggressiven Witzen des Herrn N. verwirklicht, in dessen Person eine starke Neigung zur Invektive durch hochentwickelte ästhetische Kultur in Schach gehalten wird. Mit Hilfe des Witzes wird der innere Widerstand für diesen speziellen Fall überwunden, die Hemmung aufgehoben. Dadurch wird wie im Falle des äußeren Hindernisses die Befriedigung der Tendenz ermöglicht, eine Unterdrückung und die mit ihr verbundene »psychische Stauung« [1] vermieden; der Mechanismus der Lustentwicklung wäre insoweit für beide Fälle der nämliche.

Wir verspüren an dieser Stelle allerdings die Neigung, in die Unterschiede der psychologischen Situation für den Fall des äußeren und des inneren Hindernisses tiefer einzugehen, da uns die Möglichkeit vorschwebt, aus der Aufhebung des inneren Hindernisses könne sich ein ungleich höherer Beitrag zur Lust ergeben. Aber ich schlage vor, hier genügsam zu bleiben und uns vorläufig mit der einen Feststellung zu bescheiden, welche bei dem für uns Wesentlichen verbleibt. Die Fälle des äußerlichen und des inneren Hindernisses unterscheiden sich nur darin, daß hier eine bereits bestehende Hemmung aufgehoben, dort die Herstellung einer neuen vermieden wird. Wir nehmen dann die Spekulation nicht zu sehr in Anspruch, wenn wir behaupten, daß zur Herstellung wie zur Erhaltung einer psychischen Hemmung ein »psychischer Aufwand« [2] erfordert wird. Ergibt sich nun, daß in beiden Fällen der Verwendung des tendenziösen Witzes Lust erzielt wird, so liegt es nahe anzunehmen, *daß solcher Lustgewinn dem ersparten psychischen Aufwand entspreche.*

Somit wären wir wiederum auf das Prinzip der *Ersparung* gestoßen, dem wir zuerst bei der Technik des Wortwitzes begegnet sind [S. 43 ff.]. Während wir aber zunächst die Ersparung in dem Gebrauch von möglichst wenig oder möglichst den gleichen Worten zu finden glaubten, ahnt uns hier der weit umfassendere Sinn einer Ersparung an psychischem Aufwand überhaupt, und wir müssen es für möglich halten, durch

[1] [Der Satz stammt von Lipps (1898, 72, usw.). S. weiter unten, S. 145.]

[2] [D. i. ein Aufwand an psychischer Energie (vgl. S. 138 ff.).]

nähere Bestimmung des noch sehr unklaren Begriffes »psychischer Aufwand« dem Wesen des Witzes näherzukommen.

Eine gewisse Unklarheit, die wir bei der Behandlung des Lustmechanismus beim tendenziösen Witze nicht überwinden konnten, nehmen wir als billige Strafe dafür, daß wir versucht haben, das Kompliziertere vor dem Einfacheren, den tendenziösen Witz vor dem harmlosen aufzuklären. Wir merken uns, daß *»Ersparung an Hemmungs- oder Unterdrückungsaufwand«* das Geheimnis der Lustwirkung des tendenziösen Witzes zu sein schien, und wenden uns dem Mechanismus der Lust beim harmlosen Witze zu.

Aus geeigneten Beispielen harmlosen Witzes, bei denen keine Störung unseres Urteils durch Inhalt oder Tendenz zu befürchten stand, mußten wir den Schluß ziehen, daß die Techniken des Witzes selbst Lustquellen sind, und wollen nun prüfen, ob sich diese Lust etwa auf Ersparung an psychischem Aufwand zurückführen lasse. In einer Gruppe dieser Witze (den Wortspielen) bestand die Technik darin, unsere psychische Einstellung auf den Wortklang anstatt auf den Sinn des Wortes zu richten, die (akustische) Wortvorstellung selbst an Stelle ihrer durch Relationen zu den Dingvorstellungen gegebenen Bedeutung treten zu lassen[1]. Wir dürfen wirklich vermuten, daß damit eine große Erleichterung der psychischen Arbeit gegeben ist und daß wir uns bei der ernsthaften Verwendung der Worte durch eine gewisse Anstrengung von diesem bequemen Verfahren abhalten müssen. Wir können beobachten, daß krankhafte Zustände der Denktätigkeit, in denen die Möglichkeit, psychischen Aufwand auf eine Stelle zu konzentrieren, wahrscheinlich eingeschränkt ist, tatsächlich die Wortklangvorstellung solcher Art gegen die Wortbedeutung in den Vordergrund rücken lassen und daß solche Kranke in ihren Reden nach den »äußeren« anstatt nach den »inneren« Assoziationen der Wortvorstellung, wie die Formel lautet, fortschreiten. Auch beim Kinde, welches ja die Worte noch als Dinge zu behandeln gewohnt ist[2], bemerken wir die Neigung, hinter gleichem oder ähnlichem Wortlaut gleichen Sinn zu suchen, die zur Quelle vieler von

[1] [Erst zehn Jahre später setzte sich Freud in seinen metapsychologischen Schriften ausführlicher mit dem Problem auseinander: »Was wir die bewußte Objektvorstellung heißen durften, zerlegt sich uns jetzt in die *Wortvorstellung* und in die *Sachvorstellung*«, und verbreitete sich über die Wichtigkeit der Unterscheidung vom Gesichtspunkt der Psychopathologie her, was in der vorliegenden Passage angedeutet ist. S. insbesondere Abschnitt VII der Arbeit ›Das Unbewußte‹ (1915*e*), *Studienausgabe,* Bd. 3, S. 159–162.]

[2] [Ein Beispiel für dieses Phänomen findet sich in der Fallgeschichte des »kleinen Hans« (1909*b*), *Studienausgabe,* Bd. 8, S. 54, Anm. 3.]

den Erwachsenen belachter Irrtümer wird. Wenn es uns dann im Witz ein unverkennbares Vergnügen bereitet, durch den Gebrauch des nämlichen Wortes oder eines ihm ähnlichen aus dem einen Vorstellungskreis in einen anderen, entfernten zu gelangen (wie bei *Home-Roulard* [S. 90] aus dem der Küche in den der Politik), so ist dies Vergnügen wohl mit Recht auf die Ersparung an psychischem Aufwand zurückzuführen. Die Witzeslust aus solchem »Kurzschluß« scheint auch um so größer zu sein, je fremder die beiden durch das gleiche Wort in Verbindung gebrachten Vorstellungskreise einander sind, je weiter ab sie voneinander liegen, je größer also die Ersparung an Gedankenweg durch das technische Mittel des Witzes ausfällt. Merken wir übrigens an, daß sich der Witz hier eines Mittels der Verknüpfung bedient, welches vom ernsthaften Denken verworfen und sorgfältig vermieden wird[1].
Eine zweite Gruppe technischer Mittel des Witzes – Unifizierung, Gleichklang, mehrfache Verwendung, Modifikation bekannter Redensarten, Anspielung auf Zitate – läßt als gemeinsamen Charakter herausheben, daß jedesmal etwas Bekanntes wiedergefunden wird, wo man anstatt dessen etwas Neues hätte erwarten können. Dieses Wiederfinden des Bekannten ist lustvoll, und es kann uns wiederum nicht schwerfallen, solche Lust als Ersparungslust zu erkennen, auf die Ersparung an psychischem Aufwand zu beziehen.

---

[1] Wenn ich mir hier gestatten darf, der Darstellung im Texte vorzugreifen, so kann ich an dieser Stelle ein Licht auf die Bedingung werfen, welche für den Sprachgebrauch maßgebend scheint, um einen Witz einen »guten« oder einen »schlechten« zu heißen. Wenn ich mittels eines doppelsinnigen oder wenig modifizierten Wortes auf kurzem Wege aus einem Vorstellungskreis in einen anderen geraten bin, während sich zwischen den beiden Vorstellungskreisen nicht auch gleichzeitig eine sinnvolle Verknüpfung ergibt, dann habe ich einen »schlechten« Witz gemacht. In diesem schlechten Witz ist das eine Wort, die »Pointe«, die einzig vorhandene Verknüpfung zwischen den beiden disparaten Vorstellungen. Ein solcher Fall ist das oben verwendete Beispiel: *Home-Roulard*. Ein »guter Witz« kommt aber zustande, wenn die Kindererwartung [s. S. 113] recht behält und mit der Ähnlichkeit der Worte wirklich gleichzeitig eine andere wesentliche Ähnlichkeit des Sinnes angezeigt ist, wie im Beispiel: *Traduttore-Traditore* [S. 35]. Die beiden disparaten Vorstellungen, die hier durch eine äußerliche Assoziation verknüpft sind, stehen außerdem in einem sinnreichen Zusammenhang, welcher eine Wesensverwandtschaft von ihnen aussagt. Die äußerliche Assoziation ersetzt nur den innerlichen Zusammenhang; sie dient dazu, ihn anzuzeigen oder klarzustellen. Der »Übersetzer« heißt nicht nur ähnlich wie der »Verräter«; er ist auch eine Art von Verräter, er führt gleichsam mit Recht seinen Namen.
Der hier entwickelte Unterschied fällt mit der später einzuführenden Scheidung von »Scherz« und »Witz« zusammen [vgl. S. 122 ff.]. Es wäre aber unrecht, Beispiele wie *Home-Roulard* von der Erörterung über die Natur des Witzes auszuschließen. Sowie wir die eigentümliche Lust des Witzes in Betracht ziehen, finden wir, daß die »schlechten« Witze keineswegs als Witze schlecht, d. h. ungeeignet zur Erzeugung von Lust sind.

Daß das Wiederfinden des Bekannten, das »Wiedererkennen« lustvoll ist, scheint allgemein zugestanden zu werden. Groos[1] sagt (S. 153): »Das Wiedererkennen ist nun überall, wo es nicht allzusehr mechanisiert ist (wie etwa beim Ankleiden, wo ...), mit Lustgefühlen verbunden. Schon die bloße Qualität der Bekanntheit ist leicht von jenem sanften Behagen begleitet, das Faust erfüllt, wie er nach einer unheimlichen Begegnung wieder in sein Studierzimmer tritt[2] ...« »Wenn so der Akt des Wiedererkennens lusterregend ist, so werden wir erwarten dürfen, daß der Mensch darauf verfällt, diese Fähigkeit um ihrer selbst willen zu üben, also spielend mit ihr zu experimentieren. In der Tat hat Aristoteles in der Freude am Wiedererkennen die Grundlage des Kunstgenusses erblickt, und es läßt sich nicht leugnen, daß dieses Prinzip nicht übersehen werden darf, wenn es auch keine so weittragende Bedeutung hat, wie Aristoteles annimmt.«

Groos erörtert dann die Spiele, deren Charakter darin besteht, die Freude am Wiedererkennen dadurch zu steigern, daß man demselben Hindernisse in den Weg legt, also eine »psychische Stauung« herbeiführt, die mit dem Akt des Erkennens beseitigt ist. Sein Erklärungsversuch verläßt aber die Annahme, daß das Erkennen an sich lustvoll sei, indem er das Vergnügen am Erkennen mit Berufung auf diese Spiele auf die *Freude* an der *Macht,* an der Überwindung einer Schwierigkeit zurückführt. Ich halte dieses letztere Moment für sekundär und sehe keinen Anlaß, von der einfacheren Auffassung abzuweichen, daß das Erkennen an sich, d. h. durch Erleichterung des psychischen Aufwands, lustvoll ist und daß die auf diese Lust gegründeten Spiele sich eben nur des Stauungsmechanismus bedienen, um deren Betrag in die Höhe zu treiben.

Daß Reim, Alliteration, Refrain und andere Formen der Wiederholung ähnlicher Wortklänge in der Dichtung die nämliche Lustquelle, das Wiederfinden des Bekannten, ausnützen, ist gleichfalls allgemein anerkannt. Ein »Machtgefühl« spielt bei diesen Techniken, die mit der »mehrfachen Verwendung« beim Witze so große Übereinstimmung zeigen, keine ersichtliche Rolle.

Bei den nahen Beziehungen zwischen Erkennen und Erinnern ist die Annahme nicht mehr gewagt, daß es auch eine Erinnerungslust gebe, d. h. daß der Akt des Erinnerns an sich von einem Lustgefühl ähnlicher Herkunft begleitet sei. Groos scheint einer solchen Annahme nicht ab-

[1] *Die Spiele der Menschen,* 1899.
[2] [*Faust,* I. Teil, 3. Szene.]

geneigt zu sein, aber er leitet die Erinnerungslust wiederum vom »Machtgefühl« ab, in dem er den Hauptgrund des Genusses bei fast allen Spielen – wie ich meine, mit Unrecht – sucht.

Auf dem »Wiederfinden des Bekannten« beruht auch die Verwendung eines anderen technischen Hilfsmittels des Witzes, von dem bisher noch nicht die Rede war. Ich meine das Moment der *Aktualität*, das bei sehr vielen Witzen eine ausgiebige Lustquelle darstellt und einige Eigentümlichkeiten in der Lebensgeschichte der Witze erklärt. Es gibt Witze, die von dieser Bedingung vollkommen frei sind, und in einer Abhandlung über den Witz sind wir genötigt, uns fast ausschließlich solcher Beispiele zu bedienen. Wir können aber nicht vergessen, daß wir vielleicht noch stärker als über solche perennierende Witze über andere gelacht haben, deren Verwendung uns jetzt schwerfällt, weil sie lange Kommentare erfordern und auch mit deren Nachhilfe die einstige Wirkung nicht erreichen würden. Diese letzteren Witze enthielten nun Anspielungen auf Personen und Begebenheiten, die zur Zeit »aktuell« waren, das allgemeine Interesse wachgerufen hatten und noch in Spannung erhielten. Nach dem Erlöschen dieses Interesses, nach der Erledigung der betreffenden Affaire hatten auch diese Witze einen Teil ihrer Lustwirkung, und zwar einen recht beträchtlichen Teil, eingebüßt. So z. B. erscheint mir der Witz, den mein freundlicher Gastgeber machte, als er die herumgereichte Mehlspeise einen *»Home-Roulard«* nannte, heute lange nicht so gut wie damals, als *Home Rule* eine ständige Rubrik in den politischen Nachrichten unserer Zeitungen war. Versuche ich jetzt das Verdienst dieses Witzes durch die Beschreibung zu würdigen, daß uns das eine Wort mit Ersparung eines großen Denkumweges aus dem Vorstellungskreis der Küche in den so fernliegenden der Politik führe, so hätte ich diese Beschreibung damals abändern müssen, »daß uns dieses Wort aus dem Vorstellungskreis der Küche in den ihm selbst so fernliegenden Kreis der Politik führe, der aber unseres lebhaften Interesses sicher sei, weil er uns eigentlich unausgesetzt beschäftige«. Ein anderer Witz: »Dieses Mädchen erinnert mich an Dreyfus; die Armee glaubt nicht an ihre Unschuld« [S. 41] ist heute, trotzdem alle seine technischen Mittel unverändert geblieben sein müssen, gleichfalls verblaßt. Die Verblüffung durch den Vergleich und die Zweideutigkeit des Wortes »Unschuld« können es nicht wettmachen, daß die Anspielung, die damals an eine mit frischer Erregung besetzte Angelegenheit rührte, heute an ein erledigtes Interesse erinnert. Ein noch aktueller Witz wie z. B. folgender: Kronprinzessin Louise hatte sich an das Krematorium in

Gotha mit der Anfrage gewendet, was eine Verbrennung koste. Die Verwaltung gab ihr die Antwort: »Sonst 5000 Mark, ihr werde man aber nur 3000 Mark berechnen, da sie schon einmal durchgebrannt sei«; ein solcher Witz erscheint heute unwiderstehlich; in einiger Zeit wird er in unserer Schätzung sehr erheblich gesunken sein, und noch eine Weile später, wenn man ihn nicht erzählen kann, ohne in einem Kommentar hinzuzusetzen, wer die Prinzessin Louise war und wie ihr »Durchgebranntsein« gemeint ist, wird er trotz des guten Wortspiels wirkungslos bleiben [1].

Eine große Zahl der im Umlauf befindlichen Witze gelangt so zu einer gewissen Lebensdauer, eigentlich zu einem Lebenslauf, der sich aus einer Blütezeit und einer Verfallszeit zusammensetzt und in völliger Vergessenheit endigt. Das Bedürfnis der Menschen, Lust aus ihren Denkvorgängen zu gewinnen, schafft dann immer neue Witze unter Anlehnung an die neuen Interessen des Tages. Die Lebenskraft der aktuellen Witze ist keine ihnen eigene, sie wird auf dem Wege der Anspielung jenen anderen Interessen entlehnt, deren Ablauf auch das Schicksal des Witzes bestimmt. Das Moment der Aktualität, welches als eine vergängliche Lustquelle zwar, aber als besonders ergiebige zu den eigenen des Witzes hinzutritt, kann nicht einfach dem Wiederfinden des Bekannten gleichgesetzt werden. Es handelt sich vielmehr um eine besondere Qualifikation des Bekannten, dem die Eigenschaft des Frischen, Rezenten, nicht vom Vergessen Berührten zukommen muß. Auch bei der Traumbildung begegnet man einer besonderen Bevorzugung des Rezenten [2] und kann sich der Vermutung nicht erwehren, daß die Assoziation mit dem Rezenten durch eine eigenartige Lustprämie belohnt, also erleichtert wird.

Die Unifizierung, die ja nur die Wiederholung auf dem Gebiete des Gedankenzusammenhanges anstatt des Materials ist, hat bei G. Th. Fechner eine besondere Anerkennung als Lustquelle des Witzes gefunden. Fechner äußert (*Vorschule der Ästhetik* [1897], Bd. 1, XVII): »Meines Erachtens spielt in dem Felde, was wir hier vor Augen haben, das Prinzip der einheitlichen Verknüpfung des Mannigfaltigen die Hauptrolle, bedarf aber noch unterstützender Nebenbedingungen, um

---

[1] [Es sollte deshalb wohl erklärt werden, daß Louise, die Kronprinzessin von Sachsen, im Jahre 1903 ihren Mann verlassen hatte. Eine Darstellung der merkwürdigen Umstände findet sich in ihrer Autobiographie (1911).]

[2] [S. *Die Traumdeutung* (1900*a*), insbesondere die Diskussion über ›Das Rezente und das Indifferente im Traum‹ im V. Kapitel (*Studienausgabe*, Bd. 2, S. 192 ff.) sowie eine weitere Passage im VII. Kapitel (ibid., S. 536 ff.).]

das Vergnügen, was die hieher gehörigen Fälle gewähren können, mit seinem eigentümlichen Charakter über die Schwelle zu treiben.«[1]

In allen diesen Fällen von Wiederholung des nämlichen Zusammenhanges oder des nämlichen Materials von Worten, von Wiederfinden des Bekannten und Rezenten, die dabei verspürte Lust von der Ersparung an psychischem Aufwand abzuleiten, kann uns wohl nicht verwehrt werden, wenn dieser Gesichtspunkt sich fruchtbar zur Aufklärung von Einzelheiten und zur Gewinnung neuer Allgemeinheiten erweist. Wir wissen, daß wir noch die Art, wie die Ersparung zustande kommt, und den Sinn des Ausdrucks »psychischer Aufwand« deutlich zu machen haben.

Die dritte Gruppe der Techniken des Witzes – zumeist des Gedankenwitzes –, welche die Denkfehler, Verschiebungen, den Widersinn, die Darstellung durch das Gegenteil u. a. umfaßt, mag für den ersten Anschein ein besonderes Gepräge tragen und keine Verwandtschaft mit den Techniken des Wiederfindens des Bekannten oder des Ersatzes der Gegenstandsassoziationen durch die Wortassoziationen verraten; es ist nichtsdestoweniger gerade hier sehr leicht, den Gesichtspunkt der Ersparung oder Erleichterung des psychischen Aufwandes zur Geltung zu bringen.

Daß es leichter und bequemer ist, von einem eingeschlagenen Gedankenweg abzuweichen als ihn festzuhalten, Unterschiedenes zusammenzuwerfen als es in Gegensatz zu bringen, und gar besonders bequem, von der Logik verworfene Schlußweisen gelten zu lassen, endlich bei der Zusammenfügung von Worten oder Gedanken von der Bedingung abzusehen, daß sie auch einen Sinn ergeben sollen: dies ist allerdings nicht zweifelhaft, und gerade dies tun die in Rede stehenden Techniken des Witzes. Befremden wird aber die Aufstellung erregen, daß solches Tun der Witzarbeit eine Quelle der Lust eröffnet, da wir gegen alle derartigen Minderleistungen der Denktätigkeit außerhalb des Witzes nur unlustige Abwehrgefühle verspüren können.

Die »Lust am Unsinn«, wie wir abkürzend sagen können, ist im ernsthaften Leben allerdings bis zum Verschwinden verdeckt. Um sie nachzuweisen, müssen wir auf zwei Fälle eingehen, in denen sie noch sichtbar ist und wieder sichtbar wird, auf das Verhalten des lernenden Kindes und das des Erwachsenen in toxisch veränderter Stimmung. In der Zeit,

[1] Abschnitt XVII ist überschrieben: Von sinnreichen und witzigen Vergleichen, Wortspielen u. a. Fällen, welche den Charakter der Ergötzlichkeit, Lustigkeit, Lächerlichkeit tragen.

da das Kind den Wortschatz seiner Muttersprache handhaben lernt, bereitet es ihm ein offenbares Vergnügen, mit diesem Material »spielend zu experimentieren« (Groos), und es fügt die Worte, ohne sich an die Sinnbedingung zu binden, zusammen, um den Lusteffekt des Rhythmus oder des Reimes mit ihnen zu erzielen. Dieses Vergnügen wird ihm allmählich verwehrt, bis ihm nur die sinnreichen Wortverbindungen als gestattete erübrigen. Noch in spätere Jahre ragen dann die Bestrebungen, sich über die erlernten Einschränkungen im Gebrauche der Worte hinauszusetzen, indem man dieselben durch bestimmte Anhängsel verunstaltet, ihre Formen durch gewisse Veranstaltungen verändert (Reduplikationen, Zittersprache) oder sich sogar für den Gebrauch unter den Gespielen eine eigene Sprache zurechtmacht, Bemühungen, welche dann bei den Geisteskranken gewisser Kategorien wieder auftauchen.
Ich meine, welches immer das Motiv war, dem das Kind folgte, als es mit solchen Spielen begann, in weiterer Entwicklung gibt es sich ihnen mit dem Bewußtsein, daß sie unsinnig sind, hin und findet das Vergnügen in diesem Reiz des von der Vernunft Verbotenen. Es benützt nun das Spiel dazu, sich dem Drucke der kritischen Vernunft zu entziehen. Weit gewaltiger sind aber die Einschränkungen, die bei der Erziehung zum richtigen Denken und zur Sonderung des in der Realität Wahren vom Falschen Platz greifen müssen, und darum ist die Auflehnung gegen den Denk- und Realitätszwang eine tiefgreifende und lang anhaltende; selbst die Phänomene der Phantasiebetätigung fallen unter diesen Gesichtspunkt. Die Macht der Kritik ist in dem späteren Abschnitt der Kindheit und in der über die Pubertät hinausreichenden Periode des Lernens meist so sehr gewachsen, daß die Lust am »befreiten Unsinn« sich nur selten direkt zu äußern wagt. Man getraut sich nicht, Widersinn auszusprechen; aber die für den Buben charakteristische Neigung zu widersinnigem, zweckwidrigem Tun scheint mir ein direkter Abkömmling der Lust am Unsinn zu sein. In pathologischen Fällen sieht man leicht diese Neigung so weit gesteigert, daß sie wieder die Reden und Antworten des Schülers beherrscht; bei einigen in Neurose verfallenen Gymnasiasten konnte ich mich überzeugen, daß die unwußt wirkende Lust an dem von ihnen produzierten Unsinn an ihren Fehlleistungen nicht minderen Anteil hatte als ihre wirkliche Unwissenheit.
Der Student gibt es dann nicht auf, gegen den Denk- und Realitätszwang zu demonstrieren, dessen Herrschaft er doch immer unduldsamer und uneingeschränkter werden verspürt. Ein guter Teil des studen-

tischen Ulks gehört dieser Reaktion an. Der Mensch ist eben ein »unermüdlicher Lustsucher« – ich weiß nicht mehr, bei welchem Autor ich diesen glücklichen Ausdruck gefunden habe – und jeder Verzicht auf eine einmal genossene Lust wird ihm sehr schwer. Mit dem heiteren Unsinn des Bierschwefels versucht der Student, sich die Lust aus der Freiheit des Denkens zu retten, die ihm durch die Schulung des Kollegs immer mehr verlorengeht. Ja noch viel später, wenn er als gereifter Mann mit anderen auf dem wissenschaftlichen Kongresse zusammengetroffen ist und sich wieder als Lernender gefühlt hat, muß nach Schluß der Sitzung die Kneipzeitung, welche die neugewonnenen Einsichten ins Unsinnige verzerrt, ihm für die neuzugewachsene Denkhemmung Entschädigung bieten.

»Bierschwefel« und »Kneipzeitung« legen in ihrem Namen Zeugnis dafür ab, daß die Kritik, welche die Lust am Unsinn verdrängt hat, bereits so stark geworden ist, daß sie ohne toxische Hilfsmittel auch nicht zeitweilig beiseite geschoben werden kann. Die Veränderung der Stimmungslage ist das Wertvollste, was der Alkohol dem Menschen leistet, und weshalb dieses »Gift« nicht für jeden gleich entbehrlich ist. Die heitere Stimmung, ob nun endogen entstanden oder toxisch erzeugt, setzt die hemmenden Kräfte, die Kritik unter ihnen, herab und macht damit Lustquellen wieder zugänglich, auf denen die Unterdrückung lastete. Es ist überaus lehrreich zu sehen, wie die Anforderungen an den Witz mit einer Hebung der Stimmungslage sinken. Die Stimmung ersetzt eben den Witz, wie der Witz sich bemühen muß, die Stimmung zu ersetzen, in welcher sich sonst gehemmte Genußmöglichkeiten, unter ihnen die Lust am Unsinn, geltend machen.

»Mit wenig Witz und viel Behagen.« [1]

Unter dem Einfluß des Alkohols wird der Erwachsene wieder zum Kinde, dem die freie Verfügung über seinen Gedankenablauf ohne Einhaltung des logischen Zwanges Lust bereitet.

Wir hoffen nun auch dargetan zu haben, daß die Widersinnstechniken des Witzes einer Lustquelle entsprechen. Daß diese Lust aus Ersparung an psychischem Aufwand, Erleichterung vom Zwange der Kritik, hervorgeht, brauchen wir nur zu wiederholen.

Bei einem nochmaligen Rückblick auf die in drei Gruppen gesonderten Techniken des Witzes bemerken wir, daß die erste und dritte dieser

[1] [Mephisto in Auerbachs Keller, *Faust*, I. Teil, 5. Szene.]

Gruppen, die Ersetzung der Dingassoziationen durch die Wortassoziationen und die Verwendung des Widersinns als Wiederherstellungen alter Freiheiten und als Entlastungen von dem Zwang der intellektuellen Erziehung zusammengefaßt werden können; es sind psychische Erleichterungen, die man in einen gewissen Gegensatz zur Ersparung bringen kann, welche die Technik in der zweiten Gruppe ausmacht. Erleichterung des schon bestehenden und Ersparung an erst aufzubietendem psychischen Aufwand, auf diese beiden Prinzipien führt sich also alle Technik des Witzes und somit alle Lust aus diesen Techniken zurück. Die beiden Arten der Technik und der Lustgewinnung fallen übrigens – im großen und ganzen wenigstens – mit der Scheidung des Witzes in Wort- und Gedankenwitz zusammen.

[2]

Die vorstehenden Erörterungen haben uns unversehens zur Einsicht in eine Entwicklungsgeschichte oder Psychogenese des Witzes geführt, welcher wir nun nähertreten wollen. Wir haben Vorstufen des Witzes kennengelernt, deren Entwicklung bis zum tendenziösen Witz wahrscheinlich neue Beziehungen zwischen den verschiedenen Charakteren des Witzes aufdecken kann. Vor allem Witz gibt es etwas, was wir als *Spiel* oder *»Scherz«* bezeichnen können. Das Spiel – verbleiben wir bei diesem Namen – tritt beim Kinde auf, während es Worte verwenden und Gedanken aneinanderfügen lernt. Dieses Spiel folgt wahrscheinlich einem der Triebe, welche das Kind zur Übung seiner Fähigkeiten nötigen (Groos [1899]); es stößt dabei auf Lustwirkungen, die sich aus der Wiederholung des Ähnlichen, aus dem Wiederfinden des Bekannten, dem Gleichklang usw. ergeben und als unvermutete Ersparungen an psychischem Aufwand erklären[1]. Es ist nicht zu verwundern, daß diese Lusteffekte das Kind zur Pflege des Spieles antreiben und es veranlassen, dasselbe ohne Rücksicht auf die Bedeutung der Worte und den Zusammenhang der Sätze fortzusetzen. *Spiel* mit Worten und Gedanken, motiviert durch gewisse Lusteffekte der Ersparung, wäre also die erste Vorstufe des Witzes.

---

[1] [Die Lust des Kindes an der Wiederholung (auf die weiter unten, S. 210, noch einmal Bezug genommen wird) ist ein Thema, auf das Freud viel später, nämlich bei der Erörterung seiner Hypothese des »Wiederholungszwangs«, in *Jenseits des Lustprinzips* (1920*g*, *Studienausgabe*, Bd. 3, S. 245), zurückkommt. Es wird auch in ›Das Unheimliche‹ (1919*h*), S. 261 des vorliegenden Bandes, berührt.]

Diesem Spiel macht die Erstarkung eines Moments ein Ende, das als Kritik oder Vernünftigkeit bezeichnet zu werden verdient. Das Spiel wird nun als sinnlos oder direkt widersinnig verworfen; es wird infolge der Kritik unmöglich. Es ist nun auch ausgeschlossen, anders als zufallsweise aus jenen Quellen des Wiederfindens des Bekannten usw. Lust zu beziehen, es sei denn, daß den Heranwachsenden eine lustvolle Stimmung befalle, welche der Heiterkeit des Kindes ähnlich die kritische Hemmung aufhebt. In diesem Falle allein wird das alte Spiel der Lustgewinnung wieder ermöglicht, aber auf diesen Fall mag der Mensch nicht warten und auf die ihm vertraute Lust nicht verzichten. Er sucht also nach Mitteln, welche ihn von der lustvollen Stimmung unabhängig machen; die weitere Entwicklung zum Witze wird von den beiden Bestrebungen, die Kritik zu vermeiden und die Stimmung zu ersetzen, regiert.

Damit setzt die zweite Vorstufe des Witzes ein, der *Scherz*. Es gilt nun den Lustgewinn des Spieles durchzusetzen und dabei doch den Einspruch der Kritik, der das Lustgefühl nicht aufkommen ließe, zum Schweigen zu bringen. Zu diesem Ziele führt nur ein einziger Weg. Die sinnlose Zusammenstellung von Worten oder die widersinnige Anreihung von Gedanken muß doch einen Sinn haben. Die ganze Kunst der Witzarbeit wird aufgeboten, um solche Worte und solche Gedankenkonstellationen aufzufinden, bei denen diese Bedingung erfüllt ist. Alle technischen Mittel des Witzes finden hier bereits, beim Scherz, Verwendung, auch trifft der Sprachgebrauch zwischen Scherz und Witz keine konsequente Unterscheidung. Was den Scherz vom Witz unterscheidet, ist, daß der Sinn des der Kritik entzogenen Satzes kein wertvoller, kein neuer oder auch nur guter zu sein braucht; es muß sich eben nur so sagen lassen, wenngleich es ungebräuchlich, überflüssig, nutzlos ist, es so zu sagen. Beim Scherz steht die Befriedigung, das von der Kritik Verbotene ermöglicht zu haben, im Vordergrunde.

Ein bloßer Scherz ist es z. B., wenn Schleiermacher [s. S. 36] die Eifersucht definiert als die Leidenschaft, die mit Eifer sucht, was Leiden schafft. Ein Scherz ist es, wenn der Professor Kästner, der im 18. Jahrhundert in Göttingen Physik lehrte – und Witze machte –, einen Studenten namens *Kriegk* bei der Inskription nach seinem Alter fragte und auf die Antwort, er sei dreißig Jahre alt, meinte: Ei, so habe ich ja die Ehre, den 30jährigen Krieg zu sehen [1]. Mit einem Scherz antwortete

[1] Kleinpaul, 1890.

Meister Rokitansky[1] auf die Frage, welchen Berufen sich seine vier Söhne zugewendet hätten: »Zwei heilen und zwei heulen« (zwei Ärzte und zwei Sänger). Die Auskunft war richtig und darum nicht weiter angreifbar; aber sie fügte nichts hinzu, was nicht in dem in Klammern stehenden Ausdruck enthalten gewesen wäre. Es ist unverkennbar, daß die Antwort die andere Form nur wegen der Lust angenommen hat, welche sich aus der Unifizierung und aus dem Gleichklang der beiden Worte ableitet.

Ich meine, wir sehen nun endlich klar. Es hat uns in der Bewertung der Techniken des Witzes immer gestört, daß diese nicht dem Witz allein zu eigen sind, und doch schien das Wesen des Witzes an ihnen zu hängen, da mit ihrer Beseitigung durch die Reduktion Witzcharakter und Witzeslust verloren waren. Nun merken wir, was wir als die Techniken des Witzes beschrieben haben – und in gewissem Sinne fortfahren müssen so zu nennen –, das sind vielmehr die Quellen, aus denen der Witz die Lust bezieht, und wir finden es nicht befremdend, daß andere Verfahren zum nämlichen Zweck aus den gleichen Quellen schöpfen. Die dem Witze eigentümliche und ihm allein zukommende Technik besteht aber in seinem Verfahren, die Anwendung dieser lustbereitenden Mittel gegen den Einspruch der Kritik sicherzustellen, welcher die Lust aufheben würde. Wir können von diesem Verfahren wenig Allgemeines aussagen; die Witzarbeit äußert sich, wie schon erwähnt, in der Auswahl eines solchen Wortmaterials und solcher Denksituationen, welche es gestatten, daß das alte Spiel mit Worten und Gedanken die Prüfung der Kritik bestehe, und zu diesem Zwecke müssen alle Eigentümlichkeiten des Wortschatzes und alle Konstellationen des Gedankenzusammenhanges auf das geschickteste ausgenützt werden. Vielleicht werden wir späterhin noch in die Lage kommen, die Witzarbeit durch eine bestimmte Eigenschaft zu charakterisieren; vorläufig bleibt es unerklärt, wie die dem Witze ersprießliche Auswahl getroffen werden kann. Die Tendenz und Leistung des Witzes, die lustbereitenden Wort- und Gedankenverbindungen vor der Kritik zu schützen, stellt sich aber schon beim Scherz als sein wesentliches Merkmal heraus. Von Anfang an besteht seine Leistung darin, innere Hemmungen aufzuheben und durch sie unzugänglich gewordene Lustquellen ergiebig zu machen, und wir werden finden, daß er diesem Charakter durch seine ganze Entwicklung treu bleibt.

[1] [Carl Rokitansky (1804–1878), Begründer der Wiener Schule der pathologischen Anatomie.]

Wir sind nun auch in der Lage, dem Moment des »Sinnes im Unsinn« (vgl. Einleitung, S. 16), welchem von den Autoren eine so große Bedeutung zur Kennzeichnung des Witzes und zur Aufklärung der Lustwirkung beigemessen wird, seine richtige Stellung anzuweisen. Die zwei festen Punkte in der Bedingtheit des Witzes, seine Tendenz, das lustvolle Spiel durchzusetzen, und seine Bemühung, es vor der Kritik der Vernunft zu schützen, erklären ohne weiteres, warum der einzelne Witz, wenn er für die eine Ansicht unsinnig erscheint, für eine andere sinnvoll oder wenigstens zulässig erscheinen muß. Wie er dies macht, das bleibt die Sache der Witzarbeit; wo es ihm nicht gelungen ist, wird er eben als »Unsinn« verworfen. Wir haben es aber auch nicht nötig, die Lustwirkung des Witzes aus dem Widerstreit der Gefühle abzuleiten, die aus dem Sinn und gleichzeitigen Unsinn des Witzes, sei es direkt, sei es auf dem Wege der »Verblüffung und Erleuchtung« [S. 16 f.], hervorgehen. Ebensowenig besteht für uns eine Nötigung, der Frage näherzutreten, wieso Lust aus der Abwechslung des Für-sinnlos-Haltens und Für-sinnreich-Erkennens des Witzes hervorgehen könne. Die Psychogenese des Witzes hat uns belehrt, daß die Lust des Witzes aus dem Spiel mit Worten oder aus der Entfesselung des Unsinns stammt und daß der Sinn des Witzes nur dazu bestimmt ist, diese Lust gegen die Aufhebung durch die Kritik zu schützen.

Somit wäre das Problem des wesentlichen Charakters des Witzes bereits am Scherz erklärt. Wir dürfen uns der weiteren Entwicklung des Scherzes bis zu ihrer Höhe im tendenziösen Witz zuwenden. Der Scherz stellt noch die Tendenz voran, uns Vergnügen zu bereiten, und begnügt sich damit, daß seine Aussage nicht unsinnig oder völlig gehaltlos erscheine. Wenn diese Aussage selbst eine gehalt- und wertvolle ist, wandelt sich der Scherz zum *Witz*. Ein Gedanke, der unseres Interesses würdig gewesen wäre, auch in schlichtester Form ausgedrückt, ist nun in eine Form gekleidet, die an und für sich unser Wohlgefallen erregen muß [1]. Gewiß

[1] Als Beispiel, welches den Unterschied von Scherz und eigentlichem Witz erkennen läßt, diene das ausgezeichnete Witzwort, mit welchem ein Mitglied des »Bürgerministeriums« in Österreich die Frage nach der Solidarität des Kabinetts beantwortete: »Wie sollen wir füreinander *einstehen* können, wenn wir einander nicht *ausstehen* können?« Technik: Verwendung des nämlichen Materials mit geringer (gegensätzlicher) Modifikation; der korrekte und treffende Gedanke: es gibt keine Solidarität ohne persönliches Einvernehmen. Die Gegensätzlichkeit der Modifikation (*ein*stehen – *aus*stehen) entspricht der vom Gedanken behaupteten Unvereinbarkeit und dient ihr als Darstellung. [Das »Bürgerministerium« konstituierte sich nach Einführung der neuen Österreichischen Verfassung im Jahre 1867; infolge innerer Streitigkeiten blieb es nur zwei Jahre im Amt.]

ist eine solche Vergesellschaftung nicht ohne Absicht zustande gekommen, müssen wir denken und werden uns bemühen, die der Bildung des Witzes zugrundeliegende Absicht zu erraten. Eine bereits früher, wie beiläufig gemachte Beobachtung wird uns auf die Spur führen. Wir haben oben bemerkt, daß ein guter Witz uns sozusagen einen Gesamteindruck von Wohlgefallen macht, ohne daß wir imstande wären, unmittelbar zu unterscheiden, welcher Anteil der Lust von der witzigen Form, welcher von dem trefflichen Gedankeninhalt herrührt (S. 89). Wir täuschen uns beständig über diese Aufteilung, überschätzen das eine Mal die Güte des Witzes infolge unserer Bewunderung für den in ihm enthaltenen Gedanken, bald umgekehrt den Wert des Gedankens wegen des Vergnügens, das uns die witzige Einkleidung bereitet. Wir wissen nicht, was uns Vergnügen macht und worüber wir lachen. Diese als tatsächlich anzunehmende Unsicherheit unseres Urteils mag das Motiv für die Bildung des Witzes im eigentlichen Sinne abgegeben haben. Der Gedanke sucht die Witzverkleidung, weil er durch sie sich unserer Aufmerksamkeit empfiehlt, uns bedeutsamer, wertvoller erscheinen kann, vor allem aber, weil dieses Kleid unsere Kritik besticht und verwirrt. Wir haben die Neigung, dem Gedanken zugute zu schreiben, was uns an der witzigen Form gefallen hat, sind auch nicht mehr geneigt, etwas unrichtig zu finden, was uns Vergnügen bereitet hat, um uns so die Quelle einer Lust zu verschütten. Hat der Witz uns zum Lachen gebracht, so ist übrigens die für die Kritik ungünstigste Disposition in uns hergestellt, denn dann ist uns von einem Punkte aus jene Stimmung aufgezwungen worden, der bereits das Spiel genügt hat und die zu ersetzen der Witz mit allen Mitteln bemüht war. Wenngleich wir vorhin festgesetzt haben, daß solcher Witz als harmloser, noch nicht tendenziöser, zu bezeichnen sei, werden wir doch nicht verkennen dürfen, daß strenggenommen nur der Scherz tendenzlos ist, d. h. allein der Absicht, Lust zu erzeugen, dient. Der Witz – mag der in ihm enthaltene Gedanke auch tendenzlos sein, also bloß theoretischem Denkinteresse dienen – ist eigentlich nie tendenzlos; er verfolgt die zweite Absicht, den Gedanken durch Vergrößerung zu fördern und ihn gegen die Kritik zu sichern. Er äußert hier wiederum seine ursprüngliche Natur, indem er sich einer hemmenden und einschränkenden Macht, nun dem kritischen Urteil, entgegenstellt.

Diese erste, über die Lusterzeugung hinausgehende Verwendung des Witzes weist den weiteren den Weg. Der Witz ist nun als ein psychischer Machtfaktor erkannt, dessen Gewicht den Ausschlag geben kann, wenn es in diese oder jene Waagschale fällt. Die großen Tendenzen und Triebe des Seelenlebens nehmen ihn für ihre Zwecke in Dienst. Der ursprünglich tendenzlose Witz, der als ein Spiel begann, kommt *sekundär* in Beziehung zu Tendenzen, denen sich nichts, was im Seelenleben gebildet wird, auf die Dauer entziehen kann. Wir wissen bereits, was er im Dienste der entblößenden, feindseligen, zynischen, skeptischen Tendenz zu leisten vermag. Beim obszönen Witz, welcher aus der Zote hervorgegangen ist, macht er aus dem ursprünglich die sexuelle Situation störenden Dritten einen Bundesgenossen, vor dem das Weib sich schämen muß, indem er ihn durch Mitteilung seines Lustgewinns besticht. Bei der aggressiven Tendenz verwandelt er den anfänglich indifferenten Zuhörer durch das nämliche Mittel in einen Mithasser oder Mitverächter und schafft dem Feind ein Heer von Gegnern, wo erst nur ein einziger war. Im ersten Falle überwindet er die Hemmungen der Scham und der Wohlanständigkeit durch die Lustprämie, die er bietet; im zweiten aber wirft er wiederum das kritische Urteil um, welches sonst den Streitfall geprüft hätte. Im dritten und vierten Falle, im Dienste der zynischen und skeptischen Tendenz erschüttert er den Respekt vor Institutionen und Wahrheiten, an die der Hörer geglaubt hat, einerseits indem er das Argument verstärkt, anderseits aber, indem er eine neue Art des Angriffs pflegt. Wo das Argument die Kritik des Hörers auf seine Seite zu ziehen sucht, ist der Witz bestrebt, diese Kritik zur Seite zu drängen. Es ist kein Zweifel, daß der Witz den psychologisch wirksameren Weg gewählt hat.

Bei dieser Übersicht über die Leistungen des tendenziösen Witzes hat sich uns in den Vordergrund gedrängt, was leichter zu sehen ist, die Wirkung des Witzes auf den, der ihn hört. Für das Verständnis bedeutsamer sind die Leistungen, die der Witz im Seelenleben desjenigen vollbringt, der ihn macht, oder, wie man einzig richtig sagen sollte, dem er einfällt. Wir haben schon einmal [S. 95] den Vorsatz gefaßt – und finden hier Anlaß, ihn zu erneuern –, daß wir die psychischen Vorgänge des Witzes mit Rücksicht auf ihre Verteilung auf zwei Personen studieren wollen. Vorläufig wollen wir der Vermutung Ausdruck geben, daß der durch den Witz angeregte psychische Vorgang beim Hörer den beim Schöpfer des Witzes in den meisten Fällen nachbildet. Dem äußerlichen Hindernis, welches beim Hörer überwunden werden soll, entspricht eine innere Hemmung beim Witzigen. Zum mindesten ist beim letzteren die Erwartung des äußerlichen Hindernisses als hemmende Vorstellung vorhanden. In einzelnen Fällen ist das innerliche Hindernis, das durch den tendenziösen Witz überwunden wird, evident; von den Witzen des Herrn N. (S. 98 f.) dürfen wir z. B. annehmen, daß sie nicht nur den Hörern den Genuß der Aggression durch Injurien, sondern vor allem ihm die Produktion derselben ermöglichen. Unter den Arten der innerlichen Hemmung oder Unterdrückung wird eine unseres besonderen Interesses würdig sein, weil sie die weitestgehende ist; sie wird mit dem Namen der »Verdrängung« bezeichnet und an ihrer Leistung erkannt, daß sie die ihr verfallenen Regungen sowie deren Abkömmlinge vom Bewußtwerden ausschließt. Wir werden hören, daß der tendenziöse Witz selbst aus solchen der Verdrängung unterliegenden Quellen Lust zu entbinden vermag. Läßt sich in solcher Art, wie oben angedeutet wurde, die Überwindung äußerer Hindernisse auf die innerer Hemmungen und Verdrängungen zurückführen, so darf man sagen, daß der tendenziöse Witz den Hauptcharakter der Witzarbeit, Lust frei zu machen durch Beseitigung von Hemmungen, am deutlichsten von allen Entwicklungsstufen des Witzes erweist. Er verstärkt die Tendenzen, in deren Dienst er sich stellt, indem er ihnen Hilfen aus unterdrückt gehaltenen Regungen zuführt, oder er stellt sich überhaupt in den Dienst unterdrückter Tendenzen.

Man kann gern zugeben, daß dies die Leistungen des tendenziösen Witzes sind, und wird sich doch besinnen müssen, daß man nicht versteht, auf welche Weise ihm diese Leistungen gelingen können. Seine Macht besteht in dem Lustgewinn, den er aus den Quellen des Spielens mit Worten und des befreiten Unsinnes zieht, und wenn man nach den Eindrücken urteilen soll, die man von den tendenzlosen Scherzen empfangen hat, kann man den Betrag dieser Lust unmöglich für so groß halten, daß man ihr die Kraft zur Aufhebung eingewurzelter Hemmungen und Verdrängungen zutrauen könnte. Es liegt hier in der Tat keine einfache Kraftwirkung, sondern ein verwickelteres Auslösungsverhältnis vor. Anstatt den weiten Umweg darzulegen, auf dem ich zur Einsicht in dieses Verhältnis gelangt bin, werde ich es auf kurzem, synthetischem Wege darzustellen versuchen.

G. Th. Fechner hat in seiner *Vorschule der Ästhetik* (Bd. 1, Kapitel V) das »Prinzip der ästhetischen Hilfe oder Steigerung« aufgestellt, das er in folgenden Worten ausführt: *»Aus dem widerspruchslosen Zusammentreffen von Lustbedingungen, die für sich wenig leisten, geht ein größeres, oft viel größeres Lustresultat hervor, als dem Lustwerte der einzelnen Bedingungen für sich entspricht, ein größeres, als daß es als Summe der Einzelwirkungen erklärt werden könnte; ja es kann selbst durch ein*

Zusammentreffen dieser Art ein positives Lustergebnis erzielt, die Schwelle der Lust überstiegen werden, wo die einzelnen Faktoren zu schwach dazu sind; nur daß sie vergleichungsweise mit anderen einen Vorteil der Wohlgefälligkeit spürbar werden lassen müssen.« [1] Ich meine, das Thema des Witzes gibt uns nicht viel Gelegenheit, die Richtigkeit dieses Prinzips, der sich an vielen anderen künstlerischen Bildungen erweisen läßt, zu bestätigen. Am Witz haben wir etwas anderes gelernt, was wenigstens in die Nähe dieses Prinzips gehört, daß wir beim Zusammenwirken mehrerer lusterzeugender Faktoren nicht imstande sind, jedem derselben den ihm am Ergebnis wirklich zukommenden Anteil zuzuweisen (siehe S. 89). Man kann aber die in dem Prinzip der Hilfe angenommene Situation variieren und für diese neuen Bedingungen eine Reihe von Fragestellungen erzielen, die der Beantwortung würdig wären. Was geschieht allgemein, wenn in einer Konstellation Lustbedingungen mit Unlustbedingungen zusammentreffen? Wovon hängt dann das Ergebnis und das Vorzeichen desselben ab? Der Fall des tendenziösen Witzes ist ein spezieller unter diesen Möglichkeiten. Es ist eine Regung oder Strebung vorhanden, welche Lust aus einer bestimmten Quelle entbinden wollte und bei ungehindertem Gewähren auch entbinden würde, außerdem besteht eine andere Strebung, welche dieser Lustentwicklung entgegenwirkt, sie also hemmt oder unterdrückt. Die unterdrückende Strömung muß, wie der Erfolg zeigt, um ein Gewisses stärker sein als die unterdrückte, die darum doch nicht aufgehoben ist.

Nun trete eine zweite Strebung hinzu, die aus dem nämlichen Vorgang Lust entbinden würde, wenn auch von anderen Quellen her, die also der unterdrückten gleichsinnig wirkt. Welches kann in solchem Falle der Erfolg sein? Ein Beispiel wird uns besser orientieren, als diese Schematisierung es könnte. Es bestehe die Strebung, eine gewisse Person zu beschimpfen; dieser stehe aber das Anstandsgefühl, die ästhetische Kultur, so sehr im Wege, daß das Schimpfen unterbleiben muß; könnte es z. B. infolge einer veränderten Affektlage oder Stimmung durchbrechen, so würde dieser Durchbruch der schimpfenden Tendenz nachträglich mit Unlust empfunden werden. Das Schimpfen unterbleibt also. Es biete sich aber die Möglichkeit, aus dem Material der zur Beschimpfung dienenden Worte und Gedanken einen guten Witz zu ziehen, also Lust aus anderen Quellen zu entbinden, denen die nämliche Unterdrückung nicht im Wege steht. Doch müßte diese zweite Lustentwicklung unterbleiben,

[1] S. 51 der zweiten Auflage, Leipzig 1897. – Die Hervorhebung ist die Fechners.

wenn nicht das Schimpfen zugelassen würde; sowie letzteres aber zugelassen wird, ist mit ihm noch die neue Lustentbindung verbunden. Die Erfahrung am tendenziösen Witze zeigt, daß unter solchen Umständen die unterdrückte Tendenz durch die Hilfe der Witzeslust die Stärke bekommen kann, die sonst stärkere Hemmung zu überwinden. Es wird geschimpft, weil damit der Witz ermöglicht ist. Aber das erzielte Wohlgefallen ist nicht nur das vom Witz erzeugte; es ist unvergleichlich größer, um so viel größer als die Witzeslust, daß wir annehmen müssen, es sei der vorhin unterdrückten Tendenz gelungen, sich etwa ganz ohne Abzug durchzusetzen. Unter diesen Verhältnissen wird beim tendenziösen Witz am ausgiebigsten gelacht.

Vielleicht werden wir durch die Untersuchung der Bedingungen des Lachens dazu kommen, uns eine anschaulichere Vorstellung von dem Vorgang der Hilfe des Witzes gegen die Unterdrückung zu bilden. [Vgl. S. 137 ff.] Wir sehen aber auch jetzt, daß der Fall des tendenziösen Witzes ein Spezialfall des Prinzips der Hilfe ist. Eine Möglichkeit der Lustentwicklung tritt zu einer Situation hinzu, in welcher eine andere Lustmöglichkeit verhindert ist, so daß diese für sich allein keine Lust ergeben würde; das Ergebnis ist eine Lustentwicklung, die weit größer ist als die der hinzugetretenen Möglichkeit. Letztere hat gleichsam als *Verlokkungsprämie* gewirkt; mit Hilfe eines dargebotenen kleinen Betrages von Lust ist ein sehr großer, sonst schwer zu erreichender gewonnen worden. Ich habe guten Grund zu vermuten, daß dieses Prinzip einer Einrichtung entspricht, die sich auf vielen, fern voneinander gelegenen Gebieten des Seelenlebens bewährt, und halte es für zweckmäßig, die zur Auslösung der großen Lustentbindung dienende Lust als *Vorlust* und das Prinzip als *Vorlustprinzip* zu bezeichnen [1].

Wir können nun die Formel für die Wirkungsweise des tendenziösen Witzes aussprechen: Er stellt sich in den Dienst von Tendenzen, um vermittels der Witzeslust als Vorlust durch die Aufhebung von Unterdrükkungen und Verdrängungen neue Lust zu erzeugen. Wenn wir nun seine Entwicklung überschauen, dürfen wir sagen, daß der Witz seinem Wesen von Anfang an bis zu seiner Vollendung treu geblieben ist. Er beginnt als ein Spiel, um Lust aus der freien Verwendung von Worten und Ge-

[1] [Freud erörtert den Mechanismus der Vorlust im Geschlechtsakt ziemlich ausführlich im ersten Abschnitt der dritten seiner *Drei Abhandlungen zur Sexualtheorie* (1905 *d*), *Studienausgabe,* Bd. 5, S. 113. Er erwähnt die Rolle der Vorlust im künstlerischen Schaffensprozeß am Schluß seiner Arbeit ›Der Dichter und das Phantasieren‹ (1908 *e*), *Studienausgabe,* Bd. 10, S. 179, sowie in einer früheren, posthum veröffentlichten Studie über ›Psychopathische Personen auf der Bühne‹ (1942 *a* [1905–6]), ibid., S. 168.]

danken zu ziehen. Sowie das Erstarken der Vernunft ihm dieses Spiel mit Worten als sinnlos und mit Gedanken als unsinnig verwehrt, wandelt er sich zum Scherz, um diese Lustquellen festhalten und aus der Befreiung des Unsinns neue Lust gewinnen zu können. Als eigentlicher, noch tendenzloser, Witz leiht er dann Gedanken seine Hilfe und stärkt sie gegen die Anfechtung des kritischen Urteils, wobei ihm das Prinzip der Verwechslung der Lustquellen dienlich ist, und endlich tritt er großen, mit der Unterdrückung kämpfenden Tendenzen bei, um nach dem Prinzip der Vorlust innere Hemmungen aufzuheben. Die Vernunft – das kritische Urteil – die Unterdrückung, dies sind die Mächte, die er der Reihe nach bekämpft; die ursprünglichen Wortlustquellen hält er fest und eröffnet sich von der Stufe des Scherzes an neue Lustquellen durch die Aufhebung von Hemmungen. Die Lust, die er erzeugt, sei es nun Spiellust oder Aufhebungslust, können wir alle Male von Ersparung an psychischem Aufwand ableiten, falls solche Auffassung nicht dem Wesen der Lust widerspricht und sich noch anderweitig fruchtbar erweist[1].

---

[1] Eine kurze nachträchtliche Berücksichtigung verdienen noch die Unsinnswitze, die in der Darstellung nicht zu ihrem vollen Recht gelangt sind.
Bei der Bedeutung, die unsere Auffassung dem Moment »Sinn im Unsinn« zugesteht, könnte man versucht sein zu fordern, daß jeder Witz ein Unsinnswitz sein müßte. Dies ist aber nicht notwendig, weil nur das Spiel mit Gedanken unvermeidlich zum Unsinn führt, die andere Quelle der Witzeslust, das Spiel mit Worten, diesen Eindruck nur gelegentlich macht und die mit ihm verbundene Kritik nicht regelmäßig aufruft. Die zweifache Wurzel der Witzeslust – aus dem Spiel mit Worten und aus dem Spiel mit Gedanken, die der wichtigsten Einteilung in Wort- und Gedankenwitze entspricht – tritt einer knappen Formulierung allgemeiner Sätze über den Witz als fühlbare Erschwerung entgegen. Das Spielen mit Worten ergibt offenkundige Lust infolge der oben aufgezählten Momente des Erkennens usw. und ist der Unterdrückung infolgedessen nur in geringem Maße unterlegen. Das Spiel mit Gedanken kann durch solche Lust nicht motiviert werden; es ist einer sehr energischen Unterdrückung verfallen, und die Lust, die es liefern kann, ist nur die Lust der aufgehobenen Hemmung; die Witzeslust, kann man demnach sagen, zeige einen Kern von ursprünglicher Spiellust und eine Hülle von Aufhebungslust. – Wir nehmen es natürlich nicht wahr, daß die Lust beim Unsinnswitz daher rührt, daß es uns gelungen ist, einen Unsinn der Unterdrückung zum Trotz frei zu machen, während wir ohne weiteres merken, daß ein Spielen mit Worten uns Lust bereitet hat. – Der Unsinn, der im Gedankenwitz stehengeblieben ist, erwirbt sekundär die Funktion, unsere Aufmerksamkeit durch Verblüffung zu spannen, er dient als Verstärkungsmittel für die Wirkung des Witzes, aber nur dann, wenn er aufdringlich ist, so daß die Verblüffung dem Verständnis um ein deutliches Zeitteilchen voraneilen kann. Daß der Unsinn im Witze überdies zur Darstellung eines im Gedanken enthaltenen Urteils verwendet werden kann, ist an den Beispielen S. 55 ff. gezeigt worden. Auch dies ist aber nicht die primäre Bedeutung des Unsinns im Witze.
[*Zusatz 1912:*] An die Unsinnswitze kann man eine Reihe von witzähnlichen Produktionen anschließen, für die es an einem passenden Namen fehlt, die aber auf die Bezeichnung »witzig scheinender Blödsinn« Anspruch haben könnten. Es gibt deren ungezählt viele; ich will nur zwei als Proben herausheben: Ein Mann greift bei Tische,

als ihm der Fisch serviert wird, zweimal mit beiden Händen in die Mayonnaise und streicht sie sich dann durch die Haare. Vom Nachbar erstaunt angesehen, scheint er seinen Irrtum zu bemerken und entschuldigt sich: Pardon, ich glaubte, es wäre Spinat.
Oder: Das Leben ist eine Kettenbrück', sagt der eine. – Wieso? fragt der andere. – Weiß ich? lautet die Antwort.
Diese extremen Beispiele wirken dadurch, daß sie die Erwartung des Witzes erwecken, so daß man hinter dem Unsinn den verborgenen Sinn zu finden sich bemüht. Man findet aber keinen, sie sind wirklich Unsinn. Unter jener Vorspiegelung ist es für einen Augenblick ermöglicht geworden, die Lust am Unsinn frei zu machen. Diese Witze sind nicht ganz ohne Tendenz; es sind »Aufsitzer«, sie bereiten dem Erzähler eine gewisse Lust, indem sie den Hörer irreführen und ärgern. Letzterer dämpft dann diesen Ärger durch den Vorsatz, selbst zum Erzähler zu werden.

V
DIE MOTIVE DES WITZES
DER WITZ ALS SOZIALER VORGANG

Von Motiven des Witzes zu reden schiene überflüssig, da die Absicht, Lust zu gewinnen, als genügendes Motiv der Witzarbeit anerkannt werden muß. Es ist aber einerseits nicht ausgeschlossen, daß nicht noch andere Motive sich an der Produktion des Witzes beteiligen, und anderseits muß mit Hinblick auf gewisse bekannte Erfahrungen das Thema der subjektiven Bedingtheit des Witzes überhaupt aufgestellt werden.

Zwei Tatsachen fordern vor allem dazu auf. Obwohl die Witzarbeit ein vortrefflicher Weg ist, um aus den psychischen Vorgängen Lust zu gewinnen, so sieht man doch, daß nicht alle Menschen in gleicher Weise fähig sind, sich dieses Mittels zu bedienen. Die Witzarbeit steht nicht allen zu Gebote, und in ausgiebigem Maße überhaupt nur wenigen Personen, von denen man in auszeichnender Weise aussagt, sie haben Witz. »Witz« erscheint hier als eine besondere Fähigkeit etwa im Range der alten »Seelenvermögen«, und diese erweist sich in ihrem Auftreten als ziemlich unabhängig von den anderen: Intelligenz, Phantasie, Gedächtnis usw. Bei den witzigen Köpfen sind also besondere Anlagen oder psychische Bedingungen vorauszusetzen, welche die Witzarbeit gestatten oder begünstigen.

Ich fürchte, daß wir es in der Ergründung dieses Themas nicht besonders weit bringen werden. Es gelingt uns nur hie und da, von dem Verständnis eines einzelnen Witzes aus zur Kenntnis der subjektiven Bedingungen in der Seele dessen, der den Witz gemacht hat, vorzudringen. Ganz zufällig trifft es sich, daß gerade das Beispiel von Witz, an welchem wir unsere Untersuchungen über die Witztechnik begonnen haben, uns auch einen Einblick in die subjektive Bedingtheit des Witzes gestattet. Ich meine den Witz von Heine, der auch bei Heymans und Lipps Aufmerksamkeit gefunden hat [s. S. 20]:

»... Ich saß neben Salomon Rothschild, und er behandelte mich ganz wie seinesgleichen, ganz famillionär.« (›Bäder von Lucca‹.)

Dieses Wort hat Heine einer komischen Person in den Mund gelegt, dem Hirsch-Hyacinth, Kollekteur, Operateur und Taxator aus Hamburg, Kammerdiener bei dem vornehmen Baron Cristoforo Gumpelino (vormals Gumpel). Der Dichter empfindet offenbar großes Wohlgefallen an diesem seinem Geschöpf, denn er läßt Hirsch-Hyacinth das große Wort führen und ihn die amüsantesten und freimütigsten Äußerungen vorbringen; er leiht ihm geradezu die praktische Weisheit eines Sancho Pansa. Man muß bedauern, daß Heine, der dramatischer Gestaltung, wie es scheint, nicht zuneigte, die köstliche Figur so bald wieder fallenließ. An nicht wenigen Stellen will es uns scheinen, als spräche aus Hirsch-Hyacinth der Dichter selbst hinter einer dünnen Maske, und bald erlangen wir die Gewißheit, daß diese Person nur eine Selbstparodie des Dichters ist. Hirsch berichtet über die Gründe, weshalb er seinen früheren Namen abgelegt und sich jetzt Hyacinth heiße. »Dazu habe ich noch den Vorteil«, setzt er fort, »daß schon ein H. auf meinem Petschaft steht und ich mir kein neues stechen zu lassen brauche.« Dieselbe Ersparnis hatte aber Heine selbst, als er bei seiner Taufe[1] seinen Vornamen »Harry« gegen »Heinrich« eintauschte. Nun muß jeder, dem des Dichters Lebensgeschichte bekannt ist, sich erinnern, daß Heine in Hamburg, wohin auch die Person des Hirsch-Hyacinth weist, einen Onkel des gleichen Namens besaß, der als der reiche Mann in der Familie die größte Rolle in seinem Leben spielte. Der Onkel hieß auch – Salomon, ganz wie der alte Rothschild, der den armen Hirsch so famillionär aufgenommen. Was im Munde des Hirsch-Hyacinth ein bloßer Scherz schien, zeigt bald einen Hintergrund ernsthafter Bitterkeit, wenn wir es dem Neffen Harry-Heinrich zuschieben. Er gehörte doch zur Familie, ja wir wissen, es war sein heißer Wunsch, eine Tochter dieses Onkels zu heiraten, aber die Cousine wies ihn ab, und der Onkel behandelte ihn immer etwas »famillionär«, als armen Verwandten. Die reichen Vettern in Hamburg nahmen ihn nie als voll; ich erinnere mich der Erzählung einer eigenen alten Tante, die durch Heirat in die Familie Heine gekommen war, daß sie eines Tages als schöne junge Frau einen Sitznachbar an der Familientafel fand, der ihr unappetitlich schien und gegen den die anderen sich geringschätzig benahmen. Sie fühlte sich nicht veranlaßt, herablassender gegen ihn zu sein; erst viele Jahre später erkannte sie, daß der nachlässige und vernachlässigte Vetter der Dichter Heinrich Heine gewesen war. Wie sehr Heine unter dieser Ablehnung seiner reichen Verwandten in seiner Jugendzeit und später gelitten, dürfte aus manchen Zeugnissen bekannt sein. Auf dem Boden solcher subjektiven Ergriffenheit ist dann der Witz »famillionär« erwachsen. Auch bei manchen anderen Witzen des großen Spötters könnte man

[1] [Heine ließ sich als Siebenundzwanzigjähriger taufen.]

ähnliche subjektive Bedingungen vermuten, aber ich weiß kein Beispiel mehr, an dem man solche in ähnlich überzeugender Weise klarlegen könnte; und es ist darum mißlich, über die Natur dieser persönlichen Bedingungen etwas Genaueres aussagen zu wollen; auch wird man ja von vornherein nicht geneigt sein, für jeden Witz ähnlich komplizierte Entstehungsbedingungen in Anspruch zu nehmen. An den witzigen Produktionen anderer berühmter Männer wird uns die gesuchte Einsicht eben nicht leichter zugänglich; man bekommt etwa den Eindruck, daß die subjektiven Bedingungen der Witzarbeit denen der neurotischen Erkrankung oft nicht fernliegen, wenn man z. B. über Lichtenberg erfährt, daß er ein schwer hypochondrischer, mit allerlei Sonderbarkeiten behafteter Mensch war. Die größte Mehrzahl der Witze, besonders der immer neu bei den Anlässen des Tages produzierten, ist anonym in Umlauf; man könnte neugierig fragen, was für Leute es sind, auf die solche Produktion sich zurückführt. Hat man als Arzt die Gelegenheit, eine der Personen kennenzulernen, die, obwohl sonst nicht hervorragend, doch in ihrem Kreise als Witzbolde und Urheber vieler gangbarer Witze bekannt sind, so kann man von der Entdeckung überrascht werden, daß dieser witzige Kopf eine zwiespältige und zu nervösen Erkrankungen disponierte Persönlichkeit ist. Die Unzulänglichkeit der Dokumente wird uns aber sicherlich abhalten, eine solche psychoneurotische Konstitution als regelmäßige oder notwendige subjektive Bedingung der Witzbildung aufzustellen.

Einen durchsichtigeren Fall ergeben wiederum die Judenwitze, die, wie schon erwähnt, durchweg von Juden selbst gemacht worden sind, während die Judengeschichten anderer Herkunft sich fast nie über das Niveau des komischen Schwankes oder der brutalen Verhöhnung erheben (S. 106). Die Bedingung der Selbstbeteiligung scheint sich hier wie bei Heines Witz »famillionär« herauszustellen und deren Bedeutung darin zu liegen, daß der Person die Kritik oder Aggression direkt erschwert und nur auf Umwegen ermöglicht wird.

Andere subjektive Bedingungen oder Begünstigungen der Witzarbeit sind weniger in Dunkel gehüllt. Die Triebfeder der Produktion harmloser Witze ist nicht selten der ehrgeizige Drang, seinen Geist zu zeigen, sich darzustellen, ein der Exhibition auf sexuellem Gebiete gleichzusetzender Trieb. Das Vorhandensein zahlreicher gehemmter Triebe, deren Unterdrückung einen gewissen Grad von Labilität bewahrt hat, wird für die Produktion des tendenziösen Witzes die günstigste Disposition ergeben. So können insbesondere einzelne Komponenten der sexuellen

Konstitution eines Menschen als Motive der Witzbildung auftreten. Eine ganze Reihe von obszönen Witzen läßt den Schluß auf eine versteckte Exhibitionsneigung ihrer Urheber zu; die tendenziösen Witze der Aggression gelingen denen am besten, in deren Sexualität eine mächtige sadistische Komponente, im Leben mehr oder weniger gehemmt, nachweisbar ist.

Die zweite Tatsache, die zur Untersuchung der subjektiven Bedingtheit des Witzes auffordert [vgl. S. 132], ist die allgemein bekannte Erfahrung, daß niemand sich begnügen kann, einen Witz für sich allein gemacht zu haben. Mit der Witzarbeit ist der Drang zur Mitteilung des Witzes unabtrennbar verbunden; ja dieser Drang ist so stark, daß er sich oft genug mit Hinwegsetzung über wichtige Bedenken verwirklicht. Auch beim Komischen gewährt die Mitteilung an eine andere Person Genuß; aber sie ist nicht gebieterisch, man kann das Komische, wo man darauf stößt, allein genießen. Den Witz hingegen ist man mitzuteilen genötigt; der psychische Vorgang der Witzbildung scheint mit dem Einfallen des Witzes nicht abgeschlossen, es bleibt etwas übrig, das durch die Mitteilung des Einfalls den unbekannten Vorgang der Witzbildung zum Abschlusse bringen will.

Wir können zunächst nicht erraten, wodurch der Trieb zur Mitteilung des Witzes begründet sein mag. Aber wir bemerken am Witz eine andere Eigentümlichkeit, die ihn wiederum vom Komischen unterscheidet. Wenn mir das Komische begegnet, so kann ich selbst herzlich darüber lachen; es freut mich allerdings auch, wenn ich durch die Mitteilung desselben einen anderen zum Lachen bringe. Über den Witz, der mir eingefallen ist, den ich gemacht habe, kann ich nicht selbst lachen, trotz des unverkennbaren Wohlgefallens, das ich am Witz empfinde. Es ist möglich, daß mein Bedürfnis nach Mitteilung des Witzes an einen anderen mit diesem mir selbst versagten, beim anderen aber manifesten Lacheffekt des Witzes irgendwie zusammenhängt.

Warum lache ich nun nicht über meinen eigenen Witz? Und welches ist dabei die Rolle des anderen?

Wenden wir uns zuerst der letzteren Frage zu. Beim Komischen kommen im allgemeinen zwei Personen in Betracht, außer meinem Ich die Person, an der ich das Komische finde; wenn mir Gegenstände komisch erscheinen, geschieht dies durch eine in unserem Vorstellungsleben nicht seltene Art von Personifizierung. Mit diesen beiden Personen, dem Ich und der Objektperson, begnügt sich der komische Vorgang; eine dritte Person kann hinzukommen, wird aber nicht erfordert. Der Witz als ein

Spiel mit den eigenen Worten und Gedanken entbehrt zunächst einer Objektperson, aber schon auf der Vorstufe des Scherzes verlangt er, wenn es ihm gelungen ist, Spiel und Unsinn gegen die Einrede der Vernunft sicherzustellen, nach einer anderen Person, welcher er sein Ergebnis mitteilen kann. Diese zweite Person beim Witze entspricht aber nicht der Objektperson, sondern der dritten Person, dem anderen bei der Komik. Es scheint, daß beim Scherz der anderen Person die Entscheidung übertragen wird, ob die Witzarbeit ihre Aufgabe erfüllt hat, als ob das Ich sich seines Urteils darüber nicht sicher wüßte. Auch der harmlose, den Gedanken verstärkende Witz bedarf des anderen, um zu erproben, ob er seine Absicht erreicht hat. Begibt sich der Witz in den Dienst entblößender oder feindseliger Tendenzen, so kann er als psychischer Vorgang zwischen drei Personen beschrieben werden, welche die nämlichen sind wie bei der Komik, aber die Rolle der dritten Person ist eine andere dabei; der psychische Vorgang des Witzes vollendet sich zwischen der ersten, dem Ich, und der dritten, der fremden Person, nicht wie beim Komischen zwischen dem Ich und der Objektperson.
Auch bei der dritten Person des Witzes stößt der Witz auf subjektive Bedingungen, die das Ziel der Lusterregung unerreichbar machen können. Wie Shakespeare mahnt (*Love's Labour's Lost,* V. Akt, 2. Szene):

> *»A jest's prosperity lies in the ear*
> *of him that hears it, never in the tongue*
> *of him that makes it...«*

Wen eine an ernste Gedanken geknüpfte Stimmung beherrscht, der ist ungeeignet, dem Scherz zu bestätigen, daß es ihm geglückt ist, die Wortlust zu retten. Er muß selbst in heiterer oder wenigstens in indifferenter Stimmungslage sein, um für den Scherz die dritte Person abzugeben. Dasselbe Hindernis setzt sich für den harmlosen und für den tendenziösen Witz fort; bei letzterem tritt aber als neues Hindernis der Gegensatz zur Tendenz auf, welcher der Witz dienen will. Die Bereitschaft, über einen ausgezeichneten obszönen Witz zu lachen, kann sich nicht einstellen, wenn die Entblößung eine hochgehaltene Angehörige der dritten Person betrifft; in einer Versammlung von Pfarrern und Pastoren dürfte niemand wagen, die Heineschen Vergleiche katholischer und protestantischer Pfaffen mit Kleinhändlern und Angestellten einer Großhandlung vorzubringen [s. S. 84], und vor einem Parterre von ergebenen Freunden meines Gegners würden die witzigsten Invektiven, die ich gegen ihn vorbringen kann, nicht als Witze, sondern als Invektiven zur Geltung kommen, Entrüstung und nicht Lust bei den Hörern erzeugen. Ein Grad von Geneigtheit oder eine gewisse Indifferenz, die Abwesenheit aller Momente, welche starke, der Tendenz gegnerische Gefühle hervorrufen können, ist unerläßliche Bedingung, wenn die dritte Person zur Vollendung des Witzvorganges mitwirken soll.

Wo solche Hindernisse für die Wirkung des Witzes entfallen, da tritt das Phänomen auf, dem nun unsere Untersuchung gilt, daß die Lust, welche der Witz bereitet hat, sich an der dritten Person deutlicher erweist als an dem Urheber des Witzes. Wir müssen uns begnügen zu sagen: deutlicher, wo wir geneigt wären zu fragen, ob die Lust des Hörers nicht intensiver ist als die des Witzbildners, weil uns, wie begreiflich, die Mittel zur Abmessung und Vergleichung fehlen. Wir sehen aber, daß der Hörer seine Lust durch explosives Lachen bezeugt, nachdem die erste Person den Witz meist mit ernsthaft gespannter Miene vorgebracht hat. Wenn ich einen Witz weitererzähle, den ich selbst gehört habe, muß ich, um seine Wirkung nicht zu verderben, mich bei der Erzählung genauso benehmen wie jener, der ihn gemacht hat. Es ist nun die Frage, ob wir aus dieser Bedingtheit des Lachens über den Witz Rückschlüsse auf den psychischen Vorgang bei der Witzbildung ziehen können.

Es kann nun nicht unsere Absicht sein, hier alles in Betracht zu ziehen, was über die Natur des Lachens behauptet und veröffentlicht worden ist. Von solchem Vorhaben mag uns der Satz abschrecken, den Dugas, ein Schüler Ribots, an die Spitze seines Buches *La psychologie du rire* (1902, S. 1) gestellt hat. »*Il n'est pas de fait plus banal et plus étudié que le rire; il n'en est pas qui ait eu le don d'exciter davantage la curiosité du vulgaire et celle des philosophes; il n'en est pas sur lequel on ait recueilli plus d'observations et bâti plus de théories, et avec cela il n'en est pas qui demeure plus inexpliqué. On serait tenté de dire avec les sceptiques qu'il faut être content de rire et de ne pas chercher à savoir pourquoi on rit, d'autant que peut-être la réflexion tue le rire, et qu'il serait alors contradictoire qu'elle en découvrît les causes.*«

Hingegen werden wir es uns nicht entgehen lassen, eine Ansicht über den Mechanismus des Lachens für unsere Zwecke zu verwerten, die sich in unseren eigenen Gedankenkreis vortrefflich einfügt. Ich meine den Erklärungsversuch von H. Spencer in seinem Aufsatze ›The Physiology of Laughter‹[1].

[1] H. Spencer, ›The Physiology of Laughter‹ (first published in *Macmillans Magazine* for March 1860), *Essays*, 2. Bd., 1901.

Nach Spencer ist das Lachen ein Phänomen der Abfuhr seelischer Erregung und ein Beweis dafür, daß die psychische Verwendung dieser Erregung plötzlich auf ein Hindernis gestoßen ist. Die psychologische Situation, die in Lachen ausläuft, schildert er in den folgenden Worten: *»Laughter naturally results only when consciousness is unawares transferred from great things to small – only when there is what we may call a d e s c e n d i n g incongruity.«* [1]

In ganz ähnlichem Sinne bezeichnen französische Autoren (Dugas) das Lachen als eine *»détente«*, eine Erscheinung der Entspannung, und auch die Formel A. Bains [1865, 250]: *»Laughter a release from constraint«* [2] scheint mir von der Auffassung Spencers weit weniger abzustehen, als manche Autoren uns glauben machen wollen.

Wir empfinden allerdings das Bedürfnis, den Gedanken Spencers zu modifizieren und die in ihm enthaltenen Vorstellungen zum Teil bestimmter zu fassen, zum Teil abzuändern. Wir würden sagen, das Lachen entstehe, wenn ein früher zur Besetzung gewisser psychischer Wege verwendeter Betrag von psychischer Energie unverwendbar geworden ist, so daß er freie Abfuhr erfahren kann. Wir sind uns klar darüber, welchen »übeln Schein« wir bei solcher Aufstellung auf uns laden, aber wir wagen es, aus der Schrift von Lipps über *Komik und Humor*, aus welcher Aufklärung über mehr als nur über Komik und Humor zu holen ist, zu unserer Deckung den trefflichen Satz zu zitieren: »Schließlich führen psychologische Einzelprobleme immer ziemlich tief in die Psychologie hinein, so daß im Grunde kein psychologisches Problem isoliert sich behandeln läßt« (Lipps, 1898, S. 71). Die Begriffe

---

[1] Verschiedene Punkte dieser Bestimmung würden bei einer Untersuchung über die komische Lust eine eingehende Prüfung verlangen, die bereits von anderen Autoren vorgenommen worden ist und jedenfalls nicht auf unserem Wege liegt. – In der Erklärung, warum die Abfuhr gerade jene Wege findet, deren Erregung das somatische Bild des Lachens ergibt, scheint mir Spencer nicht glücklich gewesen zu sein. Zu dem vor und seit Darwin ausführlich behandelten, aber immer noch nicht endgültig erledigten Thema der physiologischen Aufklärung des Lachens, also der Ableitung oder Deutung der für das Lachen charakteristischen Muskelaktionen, möchte ich einen einzigen Beitrag liefern. Meines Wissens tritt die für das Lächeln bezeichnende Grimasse der Mundwinkelverziehung zuerst beim befriedigten und übersättigten Säugling auf, wenn er eingeschläfert die Brust fahren läßt. Sie ist dort eine richtige Ausdrucksbewegung, da sie dem Entschluß, keine Nahrung mehr aufzunehmen, entspricht, gleichsam ein »Genug« oder vielmehr »Übergenug« darstellt. Dieser ursprüngliche Sinn der lustvollen Übersättigung mag dem Lächeln, welches ja das Grundphänomen des Lachens bleibt, die spätere Beziehung zu den lustvollen Abfuhrvorgängen verschafft haben.

[2] [Dieser Ausspruch Bains ist in allen früheren Ausgaben von *Der Witz* fehlerhaft zitiert, nämlich *»... a relief from restraint«*. Der leichte Bedeutungsunterschied wirkt sich jedoch auf das, was Freud beweisen will, nicht aus.]

»psychische Energie«, »Abfuhr« und die Behandlung der psychischen Energie als einer Quantität sind mir zur Denkgewohnheit geworden, seitdem ich begonnen habe, mir die Tatsachen der Psychopathologie philosophisch zurechtzulegen, und bereits in meiner *Traumdeutung* (1900*a*) habe ich gleichsinnig mit Lipps die an sich unbewußten psychischen Vorgänge, und nicht die Bewußtseinsinhalte als das »eigentlich psychisch Wirkungsfähige« hinzustellen versucht[1]. Nur wenn ich von der »Besetzung psychischer Wege« rede, scheine ich mich von den bei Lipps gebräuchlichen Gleichnissen zu entfernen. Die Erfahrungen über die Verschiebbarkeit der psychischen Energie längs gewisser Assoziationsbahnen und über die fast unverwüstliche Erhaltung der Spuren psychischer Vorgänge haben es mir in der Tat nahegelegt, eine solche Verbildlichung für das Unbekannte zu versuchen. Um dem Mißverständnis auszuweichen, muß ich hinzufügen, daß ich keinen Versuch mache, Zellen und Fasern oder die heute ihre Stelle einnehmenden Neuronsysteme als diese psychischen Wege zu proklamieren, wenngleich solche Wege in noch nicht angebbarer Weise durch organische Elemente des Nervensystems darstellbar sein müßten.

Beim Lachen sind also nach unserer Annahme die Bedingungen dafür gegeben, daß eine bisher zur Besetzung verwendete Summe psychischer Energie der freien Abfuhr unterliege, und da zwar nicht jedes Lachen, aber doch gewiß das Lachen über den Witz ein Anzeichen von Lust ist, werden wir geneigt sein, diese Lust auf die Aufhebung der bisherigen Besetzung zu beziehen. Wenn wir sehen, daß der Hörer des Witzes lacht, der Schöpfer desselben nicht lachen kann, darf uns dies soviel besagen als, daß beim Hörer ein Besetzungsaufwand aufgehoben und abgeführt wird, während sich bei der Witzbildung entweder in der Aufhebung oder in der Abfuhrmöglichkeit Hemmnisse ergeben. Den psychischen Vorgang beim Hörer, bei der dritten Person des Witzes, kann

---

[1] Vgl. die Abschnitte in dem zitierten Buch von Lipps, Kapitel VIII. ›Über die psychische Kraft‹ usf. (Dazu *Traumdeutung*, VII.*) – »Es gilt also der allgemeine Satz: Die Faktoren des psychischen Lebens sind nicht die Bewußtseinsinhalte, sondern die an sich unbewußten psychischen Vorgänge. Die Aufgabe der Psychologie, falls sie nicht bloß Bewußtseinsinhalte beschreiben will, muß dann darin bestehen, aus der Beschaffenheit der Bewußtseinsinhalte und ihres zeitlichen Zusammenhanges die Natur dieser unbewußten Vorgänge zu erschließen. Die Psychologie muß sein eine Theorie dieser Vorgänge. Eine solche Psychologie wird aber sehr bald finden, daß es gar mancherlei Eigenschaften dieser Vorgänge gibt, die in den entsprechenden Bewußtseinsinhalten nicht repräsentiert sind.« (Lipps, loc. cit. S. 123[–4].)

* [Der in *G. W.* gegebene Hinweis auf *Traumdeutung* »VIII« ist offensichtlich ein Irrtum. Die Passage, an die Freud hier zweifellos gedacht hat, steht am Anfang von Abschnitt F des VII. Kapitels. S. *Studienausgabe*, Bd. 2, S. 579–82.]

man kaum treffender charakterisieren, als wenn man hervorhebt, daß er die Lust des Witzes mit sehr geringem eigenem Aufwand erkauft. Sie wird ihm sozusagen geschenkt. Die Worte des Witzes, die er hört, lassen in ihm notwendig jene Vorstellung oder Gedankenverbindung entstehen, deren Bildung auch bei ihm so große innere Hindernisse entgegenstanden. Er hätte eigene Bemühung anwenden müssen, um sie spontan als erste Person zustande zu bringen, mindestens so viel psychischen Aufwand daransetzen müssen, als der Stärke der Hemmung, Unterdrückung oder Verdrängung derselben entspricht. Diesen psychischen Aufwand hat er sich erspart; nach unseren früheren Erörterungen (vgl. S. 112) würden wir sagen, seine Lust entspreche dieser Ersparung. Nach unserer Einsicht in den Mechanismus des Lachens werden wir vielmehr sagen, die zur Hemmung verwendete Besetzungsenergie sei nun durch die Herstellung der verpönten Vorstellung auf dem Wege der Gehörswahrnehmung plötzlich überflüssig geworden, aufgehoben und darum zur Abfuhr durch das Lachen bereit. Im wesentlichen laufen beide Darstellungen auf das gleiche hinaus, denn der ersparte Aufwand entspricht genau der überflüssig gewordenen Hemmung. Anschaulicher ist aber die letztere Darstellung, denn sie gestattet uns zu sagen, der Hörer des Witzes lache mit dem Betrag von psychischer Energie, der durch die Aufhebung der Hemmungsbesetzung frei geworden ist; er lache diesen Betrag gleichsam ab.

Wenn die Person, bei der der Witz sich bildet, nicht lachen kann, so deute dies, sagten wir eben, auf eine Abweichung vom Vorgang bei der dritten Person, der entweder die Aufhebung der Hemmungsbesetzung oder die Abfuhrmöglichkeit derselben betrifft. Aber der erstere der beiden Fälle ist unzutreffend, wie wir sofort einsehen müssen. Die Hemmungsbesetzung muß auch bei der ersten Person aufgehoben worden sein, sonst wäre kein Witz geworden, dessen Bildung ja einen solchen Widerstand zu überwinden hatte. Auch wäre es unmöglich, daß die erste Person die Witzeslust empfände, die wir ja von der Aufhebung der Hemmung ableiten mußten. Es erübrigt also nur der andere Fall, daß die erste Person nicht lachen kann, obwohl sie Lust empfindet, weil die Abfuhrmöglichkeit gestört ist. Eine solche Störung in der Ermöglichung der Abfuhr, welche fürs Lachen Bedingung ist, kann sich daraus ergeben, daß die frei gewordene Besetzungsenergie sofort einer anderen endopsychischen Verwendung zugeführt wird. Es ist gut, daß wir auf diese Möglichkeit aufmerksam geworden sind; wir werden ihr alsbald weiteres Interesse zuwenden. Bei der ersten Person des Witzes kann aber eine andere Bedingung, die zum gleichen Ergebnis führt, verwirklicht sein. Es ist vielleicht überhaupt kein äußerungsfähiger Betrag von Energie frei geworden, trotz der erfolgten Aufhebung der Hemmungsbesetzung. Bei der ersten Person des Witzes geht ja die Witzarbeit vor sich, die einem gewissen Betrag von neuem psychischen Aufwand entsprechen muß. Die erste Person bringt also die Kraft selbst auf, welche die Hemmung aufhebt; daraus resultiert für sie sicherlich ein Lustgewinn, im Falle des tendenziösen Witzes sogar ein sehr erheblicher, da die durch die Witzarbeit gewonnene Vorlust selbst die weitere Hemmungsaufhebung übernimmt, aber der Aufwand der Witzarbeit zieht sich in jedem Falle von dem Gewinn bei der Aufhebung der Hemmung ab, der nämliche Aufwand, welcher beim Hörer des Witzes entfällt. Zur Unterstützung des Obenstehenden kann man noch anführen, daß der Witz auch bei der dritten Person seinen Lacheffekt einbüßt, sobald derselben ein Aufwand von Denkarbeit zugemutet wird. Die Anspielungen des Witzes müssen augenfällige sein, die Auslassungen sich leicht ergänzen; mit der Erweckung des bewußten Denkinteresses ist in der Regel die Wirkung des Witzes unmöglich gemacht. Hierin liegt ein wichtiger Unterschied von Witz und Rätsel. Vielleicht, daß die psychische Konstellation während der Witzarbeit der freien Abfuhr des Gewonnenen überhaupt nicht günstig ist. Wir sind hier wohl nicht in der Lage, tiefere Einsicht zu gewinnen; wir haben den einen Teil unseres Problems, warum die dritte Person lacht, besser aufklären können als dessen anderen Teil, warum die erste Person nicht lacht.

Immerhin sind wir nun, wenn wir diese Anschauungen über die Bedingungen des Lachens und über den psychischen Vorgang bei der dritten Person festhalten, in die Lage versetzt, uns eine ganze Reihe von Eigentümlichkeiten, die vom Witze bekannt, aber nicht verstanden worden sind, befriedigend aufzuklären. Wenn bei der dritten Person ein der Abfuhr fähiger Betrag von Besetzungsenergie frei gemacht werden soll, so sind mehrere Bedingungen zu erfüllen oder als Begünstigungen erwünscht. 1) Es muß gesichert sein, daß die dritte Person diesen Besetzungsaufwand wirklich macht. 2) Es muß verhütet werden, daß derselbe, wenn frei geworden, eine andere psychische Verwendung finde, anstatt sich zur motorischen Abfuhr zu bieten. 3) Es kann nur von Vorteil sein, wenn die frei zu machende Besetzung bei der dritten Person zuvor noch verstärkt, in die Höhe getrieben wird. Allen diesen Absichten dienen gewisse Mittel der Witzarbeit, die wir etwa als sekundäre oder Hilfstechniken zusammenfassen können.

[1] Die erste dieser Bedingungen legt eine der Eignungen der dritten Person als Hörer des Witzes fest. Sie muß durchaus so viel psychische Übereinstimmung mit der ersten Person besitzen, daß sie über die nämlichen inneren Hemmungen verfügt, welche die Witzarbeit bei der ersten überwunden hat. Wer auf Zoten eingestellt ist, der wird von geistreichen entblößenden Witzen keine Lust ableiten können; die Aggressionen des Herrn N. werden bei Ungebildeten, die gewohnt sind, ihrer Schimpflust freien Lauf zu lassen, kein Verständnis finden. Jeder Witz verlangt so sein eigenes Publikum, und über die gleichen Witze zu lachen ist ein Beweis weitgehender psychischer Übereinstimmung. Wir sind hier übrigens an einem Punkte angelangt, der uns gestattet, den Vorgang bei der dritten Person noch genauer zu erraten. Dieselbe muß die nämliche Hemmung, welche der Witz bei der ersten Person überwunden hat, gewohnheitsmäßig in sich herstellen können, so daß in ihr, sobald sie den Witz hört, die Bereitschaft zu dieser Hemmung zwangsartig oder automatisch erwacht. Diese Hemmungsbereitschaft, die ich als einen wirklichen Aufwand analog einer Mobilmachung im Armeewesen fassen muß, wird gleichzeitig als überflüssig oder als verspätet erkannt und somit *in statu nascendi* durch Lachen abgeführt[1].

[2] Die zweite Bedingung für die Herstellung der freien Abfuhr, daß eine andersartige Verwendung der frei gewordenen Energie hintangehalten werde, erscheint als die weitaus wichtigere. Sie gibt die theoretische Aufklärung für die Unsicherheit der Witzwirkung, wenn bei dem Hörer durch den im Witze ausgedrückten Gedanken stark erregende Vorstellungen wachgerufen werden, wobei es dann von der Übereinstimmung oder dem Widerspruch zwischen den Tendenzen des Witzes und der den Hörer beherrschenden Gedankenreihe abhängt, ob dem Witzvorgang die Aufmerksamkeit belassen oder entzogen wird. Von noch größerem theoretischen Interesse sind aber eine Reihe von Hilfstechniken des Witzes, welche offenbar der Absicht dienen, die Aufmerksamkeit des Hörers überhaupt vom Witzvorgang abzuziehen, den letzteren automatisch verlaufen zu lassen. Ich sage absichtlich: automatisch und nicht: unbewußt, weil letztere Bezeichnung irreführend wäre. Es handelt sich hier nur darum, die Mehrbesetzung der Aufmerksamkeit von dem psychischen Vorgang beim Anhören des Witzes fernzuhalten, und die Brauchbarkeit dieser Hilfstechniken läßt uns mit Recht vermuten, daß gerade die Aufmerksamkeitsbesetzung an der Überwachung

[1] Der Gesichtspunkt des *status nascendi* ist von Heymans (1896) in etwas anderem Zusammenhange geltend gemacht worden.

und Neuverwendung von frei gewordener Besetzungsenergie einen großen Anteil hat.

Es scheint überhaupt nicht leicht zu sein, die endopsychische Verwendung entbehrlich gewordener Besetzungen zu vermeiden, denn wir sind ja bei unseren Denkvorgängen beständig in der Übung, solche Besetzungen von einem Weg auf den anderen zu verschieben, ohne von deren Energie etwas durch Abfuhr zu verlieren. Der Witz bedient sich hiezu folgender Mittel. Erstens strebt er einen möglichst kurzen Ausdruck an, um der Aufmerksamkeit weniger Angriffspunkte zu bieten. Zweitens hält er die Bedingung der leichten Verständlichkeit ein (vgl. oben [S. 141]); sowie er Denkarbeit in Anspruch nehmen, eine Auswahl unter verschiedenen Gedankenwegen erfordern würde, müßte er die Wirkung nicht nur durch den unvermeidlichen Denkaufwand, sondern auch durch die Erweckung der Aufmerksamkeit gefährden. Außerdem aber bedient er sich des Kunstgriffs, die Aufmerksamkeit abzulenken, indem er ihr im Ausdruck des Witzes etwas darbietet, was sie fesselt, so daß sich unterdes die Befreiung der Hemmungsbesetzung und deren Abfuhr ungestört durch sie vollziehen kann. Bereits die Auslassungen im Wortlaut des Witzes erfüllen diese Absicht; sie regen zur Ausfüllung der Lücken an und bringen es auf diese Weise zustande, den Witzvorgang von der Aufmerksamkeit zu befreien. Hier wird gleichsam die Technik des Rätsels, welches die Aufmerksamkeit anzieht [S. 141], in den Dienst der Witzarbeit gestellt. Noch viel wirksamer sind die Fassadenbildungen, die wir zumal bei manchen Gruppen von tendenziösen Witzen gefunden haben (vgl. S. 100 ff.). Die syllogistischen Fassaden erfüllen den Zweck, die Aufmerksamkeit durch eine ihr gestellte Aufgabe festzuhalten, in ausgezeichneter Weise. Während wir nachzudenken beginnen, worin wohl diese Antwort gefehlt haben mag, lachen wir bereits; unsere Aufmerksamkeit ist überrumpelt worden, die Abfuhr der frei gewordenen Hemmungsbesetzung ist vollzogen. Das nämliche gilt für die Witze mit komischer Fassade, bei denen die Komik der Witztechnik Hilfsdienste leistet. Eine komische Fassade fördert die Wirkung des Witzes auf mehr als eine Weise, sie ermöglicht nicht nur den Automatismus des Witzvorganges durch die Fesselung der Aufmerksamkeit, sondern erleichtert auch die Abfuhr vom Witz her, indem sie eine Abfuhr vom Komischen her vorausschickt. Die Komik wirkt hier ganz wie eine bestechende Vorlust, und so mögen wir es verstehen, daß manche Witze auf die durch die sonstigen Mittel des Witzes hergestellte Vorlust ganz zu verzichten vermögen und sich nur des Komischen als Vorlust bedienen. Unter den eigentlichen Techniken des Witzes sind es insbesondere die Verschiebung und die Darstellung durch Absurdes, welche außer ihrer sonstigen Eignung auch die für den automatischen Ablauf des Witzvorganges wünschenswerte Ablenkung der Aufmerksamkeit entfalten[1].

Wir ahnen bereits und werden es späterhin noch besser einsehen können, daß wir mit der Bedingung der Ablenkung der Aufmerksamkeit keinen unwesentlichen Zug des psychischen Vorganges beim Hörer des Witzes aufgedeckt haben[2]. Im Zusammenhange mit diesem können wir noch anderes verstehen. Erstens, wie es kommt, daß wir beim Witz fast niemals wissen, worüber wir lachen, obwohl wir es durch eine analytische Untersuchung feststellen können. Dieses Lachen ist eben das Ergebnis eines automatischen Vorganges, der erst durch die Fernhaltung unserer bewußten Aufmerksamkeit ermöglicht wurde. Zweitens gewinnen wir das Verständnis für die Eigentümlichkeit des Witzes, seine volle

---

[1] An einem Beispiel von Verschiebungswitz möchte ich noch einen anderen interessanten Charakter der Witztechnik erörtern. Die geniale Schauspielerin Gallmeyer* soll einmal auf die unerwünschte Frage »Wie alt?« »im Gretchenton und mit verschämtem Augenniederschlag« geantwortet haben: »In Brünn.« Das ist nun das Muster einer Verschiebung; nach dem Alter gefragt, antwortet sie mit der Angabe ihres Geburtsortes, antizipiert also die nächste Frage und gibt zu verstehen: Diese eine Frage möchte ich übergangen wissen. Und doch fühlen wir, daß der Charakter des Witzes hier nicht ungetrübt zum Ausdruck kommt. Das Abspringen von der Frage ist zu klar, die Verschiebung allzu augenfällig. Unsere Aufmerksamkeit versteht sofort, daß es sich um eine beabsichtigte Verschiebung handelt. Bei den anderen Verschiebungswitzen ist die Verschiebung verhüllt, unsere Aufmerksamkeit wird durch das Bemühen, sie festzustellen, gefesselt. In einem der Verschiebungswitze (S. 54) »Was mache ich um ½7 Uhr in Preßburg?« als Antwort auf die Empfehlung des Reitpferdes ist die Verschiebung gleichfalls eine vordringliche, aber zum Ersatz dafür wirkt sie als unsinnig verwirrend auf die Aufmerksamkeit, während wir beim Verhör der Schauspielerin ihre Verschiebungsantwort sofort unterzubringen wissen. – [*Zusatz 1912:*] In anderer Richtung weichen vom Witz die sogenannten *»Scherzfragen«* ab, die sich sonst der besten Techniken bedienen mögen. Ein Beispiel einer Scherzfrage mit Verschiebungstechnik ist folgendes: Was ist ein Kannibale, der seinen Vater und seine Mutter aufgefressen hat? – Antwort: *Waise.* – Und wenn er alle seine anderen Verwandten mit dazu gefressen hat? – *Universalerbe.* – Und wo findet solch ein Scheusal noch Sympathie? – Im *Konversationslexikon unter S.* Die Scherzfragen sind darum keine vollen Witze, weil die geforderten witzigen Antworten nicht wie die Anspielungen, Auslassungen usw. des Witzes erraten werden können. * [Josefine Gallmeyer (1838–1884) war eine gefeierte Wiener Soubrette.]

[2] [Freud hat an anderer Stelle darauf hingewiesen, daß in der Tat manche Funktionen besser ausgeführt werden, wenn sie nicht mit bewußter Aufmerksamkeit geschehen. Vgl. z. B. die zweite der *Vorlesungen zur Einführung in die Psychoanalyse* (1916–17), *Studienausgabe,* Bd. 1, S. 54. Er erwähnte später auch die Ablenkung der Aufmerksamkeit als einen technischen Kunstgriff bei der hypnotischen Suggestion. Vgl. Kapitel X von *Massenpsychologie und Ich-Analyse* (1921 c), *Studienausgabe,* Bd. 9, S. 117 f.]

Wirkung auf den Hörer nur zu äußern, wenn er ihm neu ist, ihm als Überraschung entgegentritt. Diese Eigenschaft des Witzes, die seine Kurzlebigkeit bedingt und zur Produktion immer neuer Witze auffordert, leitet sich offenbar davon ab, daß es im Wesen einer Überraschung oder Überrumpelung liegt, kein zweites Mal zu gelingen. Bei einer Wiederholung des Witzes wird die Aufmerksamkeit durch die aufsteigende Erinnerung an das erste Mal geleitet. Von hier aus eröffnet sich dann das Verständnis für den Drang, den gehörten Witz anderen, die ihn noch nicht kennen, zu erzählen. Wahrscheinlich holt man sich ein Stück der infolge mangelnder Neuheit entfallenden Genußmöglichkeit aus dem Eindruck wieder, den der Witz auf den Neuling macht. Und ein analoges Motiv mag den Schöpfer des Witzes getrieben haben, ihn überhaupt dem anderen mitzuteilen.

[3] Als Begünstigungen, wenn auch nicht mehr als Bedingungen, des Witzvorganges führe ich zu dritt jene technischen Hilfsmittel der Witzarbeit an, welche dazu bestimmt sind, den zur Abfuhr gelangenden Betrag zu erhöhen, und die auf solche Art die Wirkung des Witzes steigern. Dieselben steigern zwar zumeist auch die dem Witz zugewandte Aufmerksamkeit, machen aber deren Einfluß wieder unschädlich, indem sie die Aufmerksamkeit gleichzeitig fesseln und in ihrer Beweglichkeit hemmen. Alles, was Interesse und Verblüffung hervorruft, wirkt nach diesen beiden Richtungen, also vor allem das Unsinnige, ebenso der Gegensatz, der »Vorstellungskontrast« [vgl. S. 15 f.], den manche Autoren zum wesentlichen Charakter des Witzes machen wollten, in dem ich aber nichts anderes als ein Verstärkungsmittel zur Wirkung desselben erblicken kann. Alles Verblüffende ruft beim Hörer jenen Zustand der Energieverteilung hervor, den Lipps als »psychische Stauung« bezeichnet hat [vgl. oben, S. 112], und er hat wohl auch recht anzunehmen, daß die »Entladung« um so stärker ausfällt, je höher die vorherige Stauung war. Die Darstellung von Lipps bezieht sich zwar nicht ausdrücklich auf den Witz, sondern auf das Komische überhaupt; aber es kann uns sehr wahrscheinlich vorkommen, daß die Abfuhr beim Witze, welche eine Hemmungsbesetzung entladet, in gleicher Weise durch die Stauung in die Höhe gebracht wird.

Es leuchtet uns nun ein, daß die Technik des Witzes überhaupt von zweierlei Tendenzen bestimmt wird, solchen, welche die Bildung des Witzes bei der ersten Person ermöglichen, und anderen, welche dem Witz eine möglichst große Lustwirkung bei der dritten Person gewährleisten sollen. Die janusartige Doppelgesichtigkeit des Witzes, welche dessen ursprünglichen Lustgewinn gegen die Anfechtung der kritischen Vernünftigkeit sicherstellt, und der Vorlustmechanismus gehören der ersteren Tendenz an; die weitere Komplikation der Technik durch die in diesem Abschnitt ausgeführten Bedingungen ergibt sich aus der Rücksicht auf die dritte Person des Witzes. Der Witz ist so ein an sich doppelzüngiger Schelm, der gleichzeitig zweien Herren dient. Alles, was auf Lustgewinnung abzielt, ist beim Witz auf die dritte Person berechnet, als ob innere, nicht zu überwindende Hindernisse bei der ersten Person einer solchen im Wege stünden. Man bekommt so den vollen Eindruck von der Unentbehrlichkeit dieser dritten Person für die Vollendung des Witzvorganges. Während wir aber ziemlich guten Einblick in die Natur dieses Vorganges bei der dritten Person gewinnen konnten, verspüren wir, daß der entsprechende Vorgang bei der ersten Person uns noch durch ein Dunkel verhüllt wird. Von den beiden Fragen [S. 135]: Warum können wir über den selbstgemachten Witz nicht lachen? und: Warum sind wir getrieben, den eigenen Witz dem anderen zu erzählen? hat sich die erste bisher unserer Beantwortung entzogen. Wir können nur vermuten, daß zwischen den beiden aufzuklärenden Tatsachen ein inniger Zusammenhang besteht, daß wir *darum* genötigt sind, unseren Witz dem anderen mitzuteilen, *weil* wir selbst über ihn nicht zu lachen vermögen. Aus unseren Einsichten in die Bedingungen der Lustgewinnung und -abfuhr bei der dritten Person können wir für die erste den Rückschluß ziehen, daß bei ihr die Bedingungen für die Abfuhr fehlen, die für die Lustgewinnung etwa erst unvollständig erfüllt sind. Es ist dann nicht abzuweisen, daß wir unsere Lust ergänzen, indem wir das uns unmögliche Lachen auf dem Umweg über den Eindruck der zum Lachen gebrachten Person erreichen. Wir lachen so gleichsam *»par ricochet«*, wie Dugas es ausdrückt. Das Lachen gehört zu den im hohen Grade ansteckenden Äußerungen psychischer Zustände; wenn ich den anderen durch die Mitteilung meines Witzes zum Lachen bringe, bediene ich mich seiner eigentlich, um mein eigenes Lachen zu erwecken, und man kann wirklich beobachten, daß, wer zuerst mit ernster Miene den Witz erzählt hat, dann in das Gelächter des anderen mit einer gemäßigten Lache einstimmt. Die Mitteilung meines Witzes an den anderen dürfte also mehreren Absichten dienen, erstens mir die objektive Gewißheit von dem Gelingen der Witzarbeit zu geben, zweitens meine eigene Lust durch die Rückwirkung von diesem anderen auf mich zu ergänzen, drittens – bei der Wiederholung eines nicht selbstproduzierten Witzes – der Lusteinbuße durch Wegfall der Neuheit abzuhelfen.

Am Ende dieser Erörterungen über die psychischen Vorgänge des Witzes, insofern sie sich zwischen zwei Personen abspielen, können wir einen Rückblick auf das Moment der Ersparung werfen, welches uns für bedeutsam für die psychologische Auffassung des Witzes seit der ersten Aufklärung über die Technik desselben vorschwebt. Von der nächstliegenden, aber auch einfältigsten Auffassung dieser Ersparung, es handle sich bei ihr um die Vermeidung von psychischem Aufwand überhaupt, wie ihn die möglichste Einschränkung im Gebrauche von Worten und in der Herstellung von Gedankenzusammenhängen mit sich brächte, sind wir längst abgekommen. Wir sagten uns schon damals [S. 45]: Knapp, lakonisch, ist noch nicht witzig. Die Kürze des Witzes ist eine besondere, eben die »witzige« Kürze. Der ursprüngliche Lustgewinn, den das Spiel mit Worten und Gedanken brachte, rührte allerdings von bloßer Ersparnis an Aufwand her, aber mit der Entwicklung des Spieles zum Witze mußte auch die Spartendenz ihre Ziele verlegen, denn gegen den riesigen Aufwand unserer Denktätigkeit käme, was durch Gebrauch der nämlichen Worte oder Vermeidung einer neuen Gedankenfügung erspart würde, sicherlich nicht in Betracht. Wir dürfen uns wohl den Vergleich der psychischen Ökonomie mit einem Geschäftsbetrieb gestatten. Solange in diesem der Umsatz sehr klein ist, kommt es allerdings darauf an, daß im ganzen wenig verbraucht, die Kosten der Regie aufs äußerste eingeschränkt werden. Die Sparsamkeit geht noch auf die absolute Höhe des Aufwandes. Späterhin, wenn sich der Betrieb vergrößert hat, tritt die Bedeutung der Regiekosten zurück; es liegt nichts mehr daran, zu welcher Höhe sich der Betrag des Aufwandes erhebt, wenn nur Umsatz und Ertrag groß genug gesteigert werden können. Zurückhaltung im Aufwande für den Geschäftsbetrieb wäre kleinlich, ja direkt verlustbringend. Dennoch wäre es unrichtig anzunehmen, bei dem absolut großen Aufwande gäbe es keinen Raum mehr für die Spartendenz. Der zur Ersparung neigende Sinn des Chefs wird sich nun der Sparsamkeit im einzelnen zuwenden und sich befriedigt fühlen, wenn dieselbe Veranstaltung nun mit geringeren Kosten besorgt werden kann, die vorher größere Kosten zu verursachen pflegte, so gering auch die Ersparnis im Verhältnis zur Höhe des Gesamtaufwandes erscheinen mag. In ganz analoger Weise bleibt auch in unserem komplizierten psychischen Betrieb die detaillierte Ersparung eine Quelle der Lust, wie alltägliche Vorkommnisse uns zeigen können. Wer früher in seinem Zimmer eine Gaslampe brennen hatte und sich nun auf elektrisches Licht eingerichtet hat, der wird eine ganze Zeitlang ein deutliches Lustgefühl verspüren, wenn er den elektrischen Hahn umlegt, so lange nämlich, als in jenem Moment die Erinnerung in ihm lebendig wird an die komplizierten Verrichtungen, die zur Entzündung der Gaslampe erforderlich waren. Ebenso werden die im Vergleich zum psychischen Gesamtaufwand geringfügigen Ersparungen an psychischem Hemmungsaufwand, die der Witz zustande bringt, eine Quelle der Lust für uns bleiben, weil durch sie ein einzelner Aufwand erspart wird, den wir zu machen gewohnt sind und den wir auch diesmal zu machen schon in Bereitschaft waren. Das Moment, daß der Aufwand ein erwarteter, vorbereiteter ist, tritt unverkennbar in den Vordergrund.

Eine lokalisierte Ersparung, wie die eben betrachtete, wird nicht verfehlen, uns momentane Lust zu bereiten, aber eine dauernde Erleichterung wird durch sie nicht herbeigeführt, solange das hier Ersparte an anderer Stelle zur Verwendung kommen kann. Erst wenn diese anderweitige Verfügung vermieden werden kann, wandelt sich die spezielle Ersparung wieder in eine allgemeine Erleichterung des psychischen Aufwandes um. So tritt für uns mit besserer Einsicht in die psychischen Vorgänge des Witzes das Moment der Erleichterung an die Stelle der Ersparung. Erstere ergibt offenbar das größere Lustgefühl. Der Vorgang bei der ersten Person des Witzes erzeugt Lust durch Aufhebung von Hemmung, Verringerung des lokalen Aufwandes; er scheint nun nicht eher zur Ruhe zu kommen, als bis er durch die Vermittlung der eingeschobenen dritten Person die allgemeine Erleichterung durch die Abfuhr erzielt hat.

C. Theoretischer Teil

VI
DIE BEZIEHUNG DES WITZES ZUM TRAUM UND ZUM UNBEWUSSTEN

Zu Ende des Abschnittes, der sich mit der Aufdeckung der Witztechnik beschäftigte, haben wir (S. 85) ausgesprochen, daß die Vorgänge der Verdichtung mit und ohne Ersatzbildung, der Verschiebung, der Darstellung durch Widersinn, durch das Gegenteil, der indirekten Darstellung u. a., welche wir an der Herstellung des Witzes beteiligt fanden, eine sehr weitgehende Übereinstimmung mit den Vorgängen der »Traumarbeit« zeigen, und haben uns vorbehalten, einerseits diese Ähnlichkeiten sorgfältiger zu studieren, anderseits das Gemeinsame von Witz und Traum, welches sich solcherart anzudeuten scheint, zu erforschen. Die Ausführung dieser Vergleichung wäre uns sehr erleichtert, wenn wir das eine der Verglichenen – die »Traumarbeit« – als bekannt annehmen dürften. Wir tun aber wahrscheinlich besser daran, diese Annahme nicht zu machen; ich habe den Eindruck empfangen, als ob meine im Jahre 1900 veröffentlichte *Traumdeutung* mehr »Verblüffung« als »Erleuchtung« bei den Fachgenossen hervorgerufen hätte, und weiß, daß weitere Leserkreise sich damit begnügt haben, den Inhalt des Buches auf ein Schlagwort (»Wunscherfüllung«) zu reduzieren, das sich leicht behalten und bequem mißbrauchen läßt.

In der fortgesetzten Beschäftigung mit den dort behandelten Problemen, zu der mir meine ärztliche Tätigkeit als Psychotherapeut reichlich Anlaß gibt, bin ich aber auf nichts gestoßen, was eine Veränderung oder Verbesserung meiner Gedankengänge von mir gefordert hätte, und kann darum in Ruhe abwarten, bis das Verständnis der Leser mir nachgekommen ist oder bis eine einsichtige Kritik mir die Grundirrtümer meiner Auffassung nachgewiesen hat. Zum Zwecke der Vergleichung mit dem Witze werde ich hier das Notwendigste über den Traum und die Traumarbeit in gedrängter Kürze wiederholen.

Wir kennen den Traum aus der uns meist fragmentarisch scheinenden

Erinnerung, die sich nach dem Erwachen an ihn einstellt. Er ist dann ein Gefüge von meist visuellen (aber auch andersartigen) Sinneseindrücken, die uns ein Erleben vorgetäuscht haben und unter welche Denkvorgänge (das »Wissen« im Traum) und Affektäußerungen gemengt sein mögen. Was wir so als Traum erinnern, das heiße ich den *»manifesten Trauminhalt«*. Derselbe ist häufig völlig absurd und verworren, andere Male nur das eine oder das andere; aber auch wenn er ganz kohärent ist wie in manchen Angstträumen, steht er unserem Seelenleben als etwas Fremdes gegenüber, von dessen Herkunft man sich keine Rechenschaft zu geben vermag. Die Aufklärung für diese Charaktere des Traumes wurde bisher in ihm selbst gesucht, indem man dieselben als Anzeichen einer unordentlichen, dissoziierten und sozusagen »verschlafenen« Tätigkeit der nervösen Elemente ansah.

Dagegen habe ich gezeigt, daß der so sonderbare »manifeste« Trauminhalt regelmäßig verständlich gemacht werden kann als die verstümmelte und abgeänderte Umschrift gewisser korrekter psychischer Bildungen, die den Namen *»latente Traumgedanken«* verdienen. Man verschafft sich die Kenntnis derselben, indem man den manifesten Trauminhalt ohne Rücksicht auf seinen etwaigen scheinbaren Sinn in seine Bestandteile zerlegt und dann die Assoziationsfäden verfolgt, die von jedem der nun isolierten Elemente ausgehen. Diese verflechten sich miteinander und leiten endlich zu einem Gefüge von Gedanken, welche nicht nur völlig korrekt sind, sondern auch leicht in den uns bekannten Zusammenhang unserer seelischen Vorgänge eingereiht werden. Auf dem Wege dieser »Analyse« hat der Trauminhalt all seine uns befremdenden Sonderbarkeiten abgestreift; wenn uns aber die Analyse gelingen soll, müssen wir während derselben die kritischen Einwendungen, die sich unausgesetzt gegen die Reproduktion der einzelnen vermittelnden Assoziationen erheben, standhaft zurückweisen.

Aus der Vergleichung des erinnerten manifesten Trauminhalts mit den so gefundenen latenten Traumgedanken ergibt sich der Begriff der »Traumarbeit«. Als Traumarbeit wird die ganze Summe der umwandelnden Vorgänge zu bezeichnen sein, welche die latenten Traumgedanken in den manifesten Traum überführt haben. An der Traumarbeit haftet nun das Befremden, welches vorhin der Traum in uns erregt hatte.

Die Leistung der Traumarbeit kann aber folgender Art beschrieben werden: Ein meist sehr kompliziertes Gefüge von Gedanken, welches während des Tages aufgebaut worden ist und nicht zur Erledigung geführt wurde – ein Tagesrest –, hält auch während der Nacht den von ihm in Anspruch genommenen Energiebetrag – das Interesse – fest und droht eine Störung des Schlafes. Dieser Tagesrest wird durch die Traumarbeit in einen Traum verwandelt und für den Schlaf unschädlich gemacht. Um der Traumarbeit einen Angriffspunkt zu bieten, muß der Tagesrest wunschbildungsfähig sein, eine nicht eben schwer zu erfüllende Bedingung. Der aus den Traumgedanken hervorgehende Wunsch bildet die Vorstufe und später den Kern des Traumes. Die aus den Analysen stammende Erfahrung – nicht die Theorie des Traumes – sagt uns, daß beim Kinde ein beliebiger vom Wachleben erübrigter Wunsch hinreicht, einen Traum hervorzurufen, der dann zusammenhängend und sinnreich, meist aber kurz ausfällt und leicht als »Wunscherfüllung« erkannt wird. Beim Erwachsenen scheint es allgemeingültige Bedingung für den traumschaffenden Wunsch, daß er dem bewußten Denken fremd, also ein verdrängter Wunsch sei, oder doch, daß er dem Bewußtsein unbekannte Verstärkungen haben könne. Ohne Annahme des Unbewußten in dem oben [S. 139] dargelegten Sinne wüßte ich die Theorie des Traumes nicht weiter zu entwickeln und das Erfahrungsmaterial der Traumanalysen nicht zu deuten. Die Einwirkung dieses unbewußten Wunsches auf das bewußtseinskorrekte Material der Traumgedanken ergibt nun den Traum. Letzteres wird dabei gleichsam ins Unbewußte herabgezogen, genauer gesagt, einer Behandlung ausgesetzt, wie sie auf der Stufe der unbewußten Denkvorgänge vorkömmlich und für diese Stufe charakteristisch ist. Wir kennen die Charaktere des unbewußten Denkens und dessen Unterschiede vom bewußtseinsfähigen »vorbewußten« bisher nur aus den Ergebnissen eben der »Traumarbeit«.

Eine neuartige, nicht einfache und den Denkgewohnheiten widersprechende Lehre kann bei gedrängter Darstellung an Klarheit kaum gewinnen. Ich kann mit diesen Auseinandersetzungen also nichts anderes bezwecken, als auf die ausführlichere Behandlung des Unbewußten in meiner *Traumdeutung* und auf die mir höchst bedeutungsvoll erscheinenden Arbeiten von Lipps zu verweisen. Ich weiß, daß wer im Banne einer guten philosophischen Schulbildung steht oder entfernt von einem sogenannten philosophischen System abhängt, der Annahme des »Unbewußt Psychischen« in Lipps' und meinem Sinne widerstrebt und dessen Unmöglichkeit am liebsten aus der Definition des Psychischen beweisen möchte. Aber Definitionen sind konventionell und lassen sich abändern. Ich habe häufig die Erfahrung gemacht, daß Personen, welche das Unbewußte als absurd oder unmöglich bestreiten, ihre Eindrücke nicht an den Quellen geholt hatten, aus denen wenigstens für mich die Nötigung zur Anerkennung desselben geflossen ist. Diese Gegner des Unbewußten hatten nie den Effekt einer posthypnotischen Suggestion mit angesehen, und was ich ihnen als Probe aus meinen Analysen bei nicht hypnotisierten Neurotikern mitteilte, versetzte sie in das größte Erstaunen. Sie hatten nie den Gedanken realisiert, daß das Unbewußte etwas ist, was man wirklich nicht weiß, während man durch zwingende Schlüsse genötigt wird, es zu ergänzen, sondern etwas Bewußtseinsfähiges darunter verstanden, an was man gerade nicht gedacht hatte, was nicht im »Blickpunkt der Aufmerksamkeit« stand. Sie hatten auch nie versucht, sich von der Existenz solcher unbewußter Gedanken in ihrem eigenen Seelenleben durch eine Analyse eines eigenen Traumes zu überzeugen, und wenn ich eine solche mit ihnen versuchte, konnten sie ihre eigenen Einfälle nur mit Verwunderung und Verwirrtheit aufnehmen. Ich habe auch den Eindruck bekommen, daß der Annahme des »Unbewußten« wesentlich Affektwiderstände im Wege stehen, darin begründet, daß niemand sein Unbewußtes kennenlernen will, wo es dann am bequemsten ist, dessen Möglichkeit überhaupt zu leugnen.

Die Traumarbeit also, zu der ich nach dieser Abschweifung zurückkehre, setzt das in den Optativ gebrachte Gedankenmaterial einer ganz eigentümlichen Bearbeitung aus. Zunächst macht sie den Schritt vom Optativ zum Präsens, ersetzt das: »O möchte doch« – durch ein: Es ist. Dies »Es ist« ist zur halluzinatorischen Darstellung bestimmt, was ich als die »Regression« der Traumarbeit bezeichnet habe; der Weg von den Gedanken zu den Wahrnehmungsbildern, oder wenn man mit Bezug auf die noch unbekannte – nicht anatomisch zu verstehende – Topik des seelischen Apparats sprechen will, von der Gegend der Denkbildungen zu der der sinnlichen Wahrnehmungen. Auf diesem Wege, welcher der Entwicklungsrichtung der seelischen Komplikationen entgegengesetzt ist, gewinnen die Traumgedanken Anschaulichkeit; es stellt sich schließlich eine plastische Situation heraus als Kern des manifesten »Traumbildes«. Um solche sinnliche Darstellbarkeit zu erreichen, haben die Traumgedanken eingreifende Umgestaltungen ihres Ausdrucks erfahren müssen. Aber während der Rückverwandlung der Gedanken in Sinnesbilder treten noch weitere Veränderungen an ihnen auf, die zum Teil als notwendige begreiflich, zum anderen Teil überraschend sind. Als notwendigen Nebenerfolg der Regression begreift man, daß fast alle Relationen innerhalb der Gedanken, welche dieselben gegliedert haben, für den manifesten Traum verlorengehen. Die Traumarbeit übernimmt sozusagen nur das Rohmaterial der Vorstellungen zur Darstellung, nicht auch die Denkbeziehungen, die sie gegeneinander einhielten, oder sie wahrt sich wenigstens die Freiheit, von diesen letzteren abzusehen. Hingegen können wir ein anderes Stück der Traumarbeit nicht von der Regression, der Rückverwandlung in Sinnesbilder, ableiten, gerade jenes, welches uns für die Analogie mit der Witzbildung bedeutsam ist. Das Material der Traumgedanken erfährt während der Traumarbeit eine ganz außerordentliche Zusammendrängung oder *Verdichtung.* Ausgangspunkte derselben sind die Gemeinsamkeiten, die sich zufällig oder dem Inhalt gemäß innerhalb der Traumgedanken vorfinden; da dieselben für eine ausgiebige Verdichtung in der Regel nicht hinreichen, werden in der Traumarbeit neue, künstliche und flüchtige, Gemeinsamkeiten geschaffen, und zu diesem Zwecke werden mit Vorliebe selbst Worte benützt, in deren Laut verschiedene Bedeutungen zusammentreffen. Die neugeschaffenen Verdichtungsgemeinsamen gehen wie Repräsentanten der Traumgedanken in den manifesten Trauminhalt ein, so daß ein Element des Traumes einem Knoten- und Kreuzungspunkt für die Traumgedanken entspricht und mit Rücksicht auf die letzteren ganz allgemein »überdeterminiert« genannt werden muß. Die Tatsache der Verdichtung ist dasjenige Stück der Traumarbeit, welches sich am leichtesten erkennen läßt; es genügt, den aufgeschriebenen Wortlaut eines Traumes mit der Niederschrift der durch Analyse gewonnenen Traumgedanken zu vergleichen, um sich von der Ausgiebigkeit der Traumverdichtung einen guten Eindruck zu holen.

Minder bequem ist es, sich von der zweiten großen Veränderung, welche durch die Traumarbeit an den Traumgedanken bewirkt wird, zu überzeugen, von jenem Vorgang, den ich die Traum*verschiebung* genannt habe. Dieselbe äußert sich darin, daß im manifesten Traum zentral steht und mit großer sinnlicher Intensität auftritt, was in den Traumgedanken peripherisch lag und nebensächlich war; und ebenso umgekehrt. Der Traum erscheint dadurch gegen die Traumgedanken verschoben, und gerade durch diese Verschiebung wird erreicht, daß er dem wachen Seelenleben fremd und unverständlich entgegentritt. Damit solche Verschiebung zustande kam, mußte es möglich sein, daß die Besetzungsenergie von den wichtigen Vorstellungen ungehemmt auf die unwichtigen übergehe, was im normalen bewußtseinsfähigen Denken nur den Eindruck eines »Denkfehlers« hervorrufen kann.

Umwandlung zur Darstellungsfähigkeit, Verdichtung und Verschiebung sind die drei großen Leistungen, die wir der Traumarbeit zuschreiben dürfen. Eine vierte, in der *Traumdeutung* vielleicht zu kurz gewürdigte, kommt für unsere Zwecke hier nicht in Betracht[1]. Bei einer konsequenten Ausführung der Ideen von der »Topik des seelischen Apparats« und der »Regression« – und nur eine solche würde diese Arbeitshypothesen wertvoll machen – müßte man zu bestimmen versuchen, an welchen Stationen der Regression die verschiedenen Umwandlungen der Traumgedanken vor sich gehen. Dieser Versuch ist noch nicht ernsthaft unternommen worden; es läßt sich aber wenigstens von der Verschiebung mit Sicherheit angeben, daß sie an dem Gedankenmaterial erfolgen muß, während es sich auf der Stufe der unbewußten Vorgänge befindet. Die Verdichtung wird man sich wahrscheinlich als einen über den ganzen Verlauf sich erstreckenden Vorgang bis zum Anlangen in der Wahrnehmungsregion vorzustellen haben, im allgemeinen aber sich mit der Annahme einer gleichzeitig erfolgenden Wirkung aller bei der Traumbildung beteiligten Kräfte begnügen. Bei der Zurückhaltung, die man verständigerweise in der Behandlung solcher Probleme bewahren muß, und mit Rücksicht auf die hier nicht zu erörternden prinzipiellen Bedenken solcher Fragestellung[2], möchte ich mich etwa der Aufstellung getrauen, daß der den Traum vorbereitende Vorgang der Traumarbeit in die Region des Unbewußten zu verlegen ist. Im ganzen wären also bei der Traumbildung, grob genommen, drei Stadien zu unterscheiden: erstens die Versetzung der vorbewußten Tagesreste ins Unbewußte, woran die Bedingungen des Schlafzustandes mitbeteiligt sein müßten, sodann die eigentliche Traumarbeit im Unbewußten, und drittens die Regression des so bearbeiteten Traummaterials auf die Wahrnehmung, als welche der Traum bewußt wird.

Als Kräfte, welche bei der Traumbildung beteiligt sind, lassen sich erkennen: Der Wunsch zu schlafen, die den Tagesresten nach der Erniedrigung durch den Schlafzustand noch verbliebene Energiebesetzung, die psychische Energie des traumbildenden unbewußten Wunsches und die widerstrebende Kraft der im Wachleben herrschenden, während des Schlafes nicht völlig aufgehobenen »Zensur«. Aufgabe der Traumbildung ist es vor allem, die Hemmung der Zensur zu überwinden, und gerade diese Aufgabe wird durch die Verschiebungen der psychischen Energie innerhalb des Materials der Traumgedanken gelöst.

---

[1] [Gemeint ist die »sekundäre Bearbeitung«, Thema von Abschnitt I des VI. Kapitels der *Traumdeutung* (1900*a*), *Studienausgabe*, Bd. 2, S. 470–87.]

[2] [Gründlich hat Freud diese Bedenken erst viel später erörtert, nämlich in der Arbeit ›Das Unbewußte‹ (1915*e*), in den Abschnitten II und VII.]

Nun erinnern wir uns, welchen Anlaß wir hatten, bei der Untersuchung des Witzes an den Traum zu denken. Wir fanden, daß Charakter und Wirkung des Witzes an gewisse Ausdrucksformen, technische Mittel, gebunden sind, unter denen die verschiedenen Arten der Verdichtung, Verschiebung und indirekten Darstellung am auffälligsten sind. Vorgänge, die zu den nämlichen Ergebnissen, Verdichtung, Verschiebung und indirekter Darstellung, führen, sind uns aber als Eigentümlichkeiten der Traumarbeit bekannt geworden. Wird uns durch diese Übereinstimmung nicht der Schluß nahegelegt, daß Witzarbeit und Traumarbeit in wenigstens einem wesentlichen Punkte identisch sein müssen? Die Traumarbeit liegt, wie ich meine, in ihren wichtigsten Charakteren entschleiert vor uns; von den psychischen Vorgängen beim Witze ist uns gerade jenes Stück verhüllt, welches wir der Traumarbeit vergleichen dürfen, der Vorgang der Witzbildung bei der ersten Person. Sollen wir nicht der Versuchung nachgeben, diesen Vorgang nach der Analogie der Traumbildung zu konstruieren? Einige der Züge des Traumes sind dem Witze so fremd, daß wir auch das ihnen entsprechende Stück der Traumarbeit nicht auf die Witzbildung übertragen dürfen. Die Regression des Gedankenganges zur Wahrnehmung fällt für den Witz sicherlich weg; die beiden anderen Stadien der Traumbildung aber, das Herabsinken eines vorbewußten Gedankens zum Unbewußten und die unbewußte Bearbeitung würden uns, wenn wir sie für die Witzbildung supponieren, gerade das Ergebnis liefern, das wir am Witze beobachten können. Entschließen wir uns also zur Annahme, daß dies der Hergang der Witzbildung bei der ersten Person ist. *Ein vorbewußter Gedanke wird für einen Moment der unbewußten Bearbeitung überlassen und deren Ergebnis alsbald von der bewußten Wahrnehmung erfaßt.*

Ehe wir aber diese Aufstellung im einzelnen prüfen, wollen wir eines Einwandes gedenken, welcher unserer Voraussetzung bedrohlich werden kann. Wir gehen von der Tatsache aus, daß die Techniken des Witzes auf dieselben Vorgänge hindeuten, welche uns als Eigentümlichkeiten der Traumarbeit bekannt sind. Nun ist es leicht dawider zu sagen, daß wir die Techniken des Witzes nicht als Verdichtung, Verschiebung usw. beschrieben hätten und nicht zu so weitgehenden Übereinstimmungen in den Darstellungsmitteln von Witz und Traum gelangt wären, wenn nicht die vorherige Kenntnis der Traumarbeit unsere Auffassung für die Witztechnik bestochen hätte, so daß wir im Grunde am Witz nur die Erwartungen bestätigt finden, mit denen wir vom Traum her an ihn herangetreten sind. Eine solche Genese der Übereinstimmung wäre keine sichere Gewähr für ihren Bestand außerhalb unseres Vorurteils. Die Gesichtspunkte der Verdichtung, Verschiebung, indirekten Darstellung sind auch wirklich von keinem anderen Autor für die Ausdrucksformen des Witzes geltend gemacht worden. Das wäre ein möglicher Einwand, aber darum noch kein berechtigter. Es kann ebensowohl sein, daß die Schärfung unserer Auffassung durch die Kenntnis der Traumarbeit unentbehrlich wäre, um die reale Übereinstimmung zu erkennen. Die Entscheidung wird doch nur davon abhängen, ob die prüfende Kritik solche Auffassung der Witztechnik an den einzelnen Beispielen als eine aufgezwungene nachweisen kann, zu deren Gunsten andere näherliegende und tiefer reichende Auffassungen unterdrückt worden sind, oder ob sie zugeben muß, daß die Erwartungen vom Traum her sich am Witz wirklich bestätigen lassen. Ich bin der Meinung, daß wir solche Kritik nicht zu fürchten haben und daß unser Reduktionsverfahren (s. S. 26) uns verläßlich angezeigt hat, in welchen Ausdrucksformen die Techniken des Witzes zu suchen waren. Daß wir diesen Techniken Namen gegeben hatten, welche das Ergebnis der Übereinstimmung von Witztechnik und Traumarbeit bereits antizipierten, dies war unser gutes Recht, eigentlich nichts anderes als eine leicht zu rechtfertigende Vereinfachung.

Ein anderer Einwand träfe unsere Sache nicht so schwer, wäre aber auch nicht so gründlich zu widerlegen. Man könnte meinen, daß die zu unseren Absichten so gut stimmenden Techniken des Witzes zwar Anerkennung verdienen, aber doch nicht alle möglichen oder in der Praxis verwendeten Techniken des Witzes wären. Wir hätten eben, von dem Vorbild der Traumarbeit beeinflußt, nur die zu ihr passenden Witztechniken herausgesucht, während andere, von uns übersehene, eine solche Übereinstimmung als nicht allgemein vorhanden erwiesen hätten. Ich getraue mich nun wirklich nicht der Behauptung, daß es mir gelungen ist, alle in Umlauf befindlichen Witze in bezug auf ihre Technik aufzuklären, und lasse darum die Möglichkeit offen, daß meine Aufzählung der Witztechniken manche Unvollständigkeit erkennen lassen wird, aber ich habe keine Art der Technik, die mir durchsichtig wurde, absichtlich von der Erörterung ausgeschlossen und kann die Behauptung vertreten, daß die häufigsten, wichtigsten, am meisten charakteristischen technischen Mittel des Witzes sich meiner Aufmerksamkeit nicht entzogen haben.

Der Witz besitzt noch einen anderen Charakter, welcher sich unserer vom Traum herstammenden Auffassung der Witzarbeit befriedigend fügt. Man sagt zwar, daß man den Witz »macht«, aber man verspürt, daß man sich dabei anders benimmt, als wenn man ein Urteil fällt, einen Einwand macht. Der Witz hat in ganz hervorragender Weise den Charakter eines ungewollten »Einfalls«. Man weiß nicht etwa einen Moment vorher, welchen Witz man machen wird, den man dann nur in Worte zu kleiden braucht. Man verspürt vielmehr etwas Undefinierbares, das ich am ehesten einer Absenz, einem plötzlichen Auslassen der intellektuellen Spannung vergleichen möchte, und dann ist der Witz mit einem Schlage da, meist gleichzeitig mit seiner Einkleidung. Manche der Mittel des Witzes finden auch außerhalb desselben im Gedankenausdruck Verwendung, z. B. das Gleichnis und die Anspielung. Ich kann eine Anspielung absichtlich machen wollen. Dabei habe ich zuerst den direkten Ausdruck meines Gedankens im Sinne (im inneren Hören), ich hemme mich in der Äußerung desselben durch ein der Situation entsprechendes Bedenken, nehme mir beinahe vor, den direkten Ausdruck durch eine Form des indirekten Ausdrucks zu ersetzen und bringe dann eine Anspielung hervor; aber die so entstandene, unter meiner fortlaufenden Kontrolle gebildete Anspielung ist niemals witzig, so brauchbar sie auch sonst sein mag; die witzige Anspielung hingegen erscheint, ohne daß ich diese vorbereitenden Stadien in meinem Denken verfolgen konnte. Ich will nicht zu viel Wert auf dies Verhalten legen; es ist kaum entscheidend, aber es stimmt doch gut zu unserer Annahme, daß man bei der Witzbildung einen Gedankengang für einen Moment fallenläßt, der dann plötzlich als Witz aus dem Unbewußten auftaucht.

Witze zeigen auch assoziativ ein besonderes Benehmen. Sie stehen unserem Gedächtnis häufig nicht zur Verfügung, wenn wir sie wollen, stellen sich dafür andere Male wie ungewollt ein, und zwar an Stellen unseres Gedankenganges, wo wir ihre Einflechtung nicht verstehen. Es sind dies wiederum nur kleine Züge, aber immerhin Hinweise auf ihre Abkunft aus dem Unbewußten.

Suchen wir nun die Charaktere des Witzes zusammen, die sich auf seine Bildung im Unbewußten beziehen lassen. Da ist vor allem die eigentümliche Kürze des Witzes, ein zwar nicht unerläßliches, aber ungemein bezeichnendes Merkmal desselben. Als wir ihr zuerst begegneten, waren wir geneigt, einen Ausdruck sparender Tendenzen in ihr zu sehen, entwerteten aber diese Auffassung selbst durch naheliegende Einwendungen [S. 44 f.]. Sie erscheint uns jetzt vielmehr als ein Zeichen der unbewußten Bearbeitung, welche der Witzgedanke erfahren hat. Das ihr beim Traum Entsprechende, die Verdichtung, können wir nämlich mit keinem anderen Moment als mit der Lokalisation im Unbewußten zusammenbringen und müssen annehmen, daß im unbewußten Denkvorgang die im Vorbewußten fehlenden Bedingungen für solche Verdichtungen gegeben sind[1]. Es steht zu erwarten, daß beim Verdichtungsvorgang einige der ihm unterworfenen Elemente verlorengehen, während andere, welche deren Besetzungsenergie übernehmen, durch die Verdichtung erstarken oder überstark aufgebaut werden. Die Kürze des Witzes wäre also wie die des Traumes eine notwendige Begleiterscheinung der in beiden vorkommenden Verdichtungen, beide Male ein Ergebnis des Verdichtungsvorganges. Dieser Herkunft verdankte auch die Kürze des Witzes ihren besonderen, nicht weiter angebbaren, aber der Empfindung auffälligen Charakter.

Wir haben vorhin (S. 118) das eine Ergebnis der Verdichtung, die mehrfache Verwendung desselben Materials, das Wortspiel, den Gleichklang, als lokalisierte Ersparung aufgefaßt und die Lust, die der (harmlose) Witz schafft, aus solcher Ersparung abgeleitet; späterhin [S. 121 f.] haben wir die ursprüngliche Absicht des Witzes darin gefunden, derartigen Lustgewinn an Worten zu machen, was ihm auf der Stufe des Spieles unverwehrt war, im Verlaufe der intellektuellen Entwicklung aber durch die vernünftige Kritik eingedämmt wurde. Nun haben wir uns zu der Annahme entschlossen, daß derartige Verdichtungen, wie sie der Technik des Witzes dienen, automatisch, ohne besondere Absicht, während des Denkvorganges im Unbewußten entstehen. Liegen da nicht zwei verschiedene Auffassungen derselben Tatsache vor, die miteinander unverträglich scheinen? Ich glaube nicht; es sind allerdings zwei verschiedene Auffassungen, und sie verlangen miteinander in Einklang gebracht zu werden, aber sie widersprechen einander nicht. Die eine ist bloß der anderen fremd, und wenn wir eine Beziehung zwischen ihnen hergestellt haben, werden wir wahrscheinlich um ein Stück Erkenntnis weitergekommen sein. Daß solche Verdichtungen Quellen von Lustgewinn sind, verträgt sich sehr wohl mit der Voraussetzung, daß sie im Unbewußten leicht die Bedingungen zu ihrer Entstehung finden; wir sehen im Gegenteile die Motivierung für das Eintauchen ins Unbewußte

---

[1] Die Verdichtung als regelmäßigen und bedeutungsvollen Vorgang habe ich außer bei der Traumarbeit und Witztechnik noch in einem anderen seelischen Geschehen nachweisen können, beim Mechanismus des normalen (nicht tendenziösen) *Vergessens.* Singuläre Eindrücke setzen dem Vergessen Schwierigkeiten entgegen; irgendwie analoge werden vergessen, indem sie von ihren Berührungspunkten aus verdichtet werden. Die Verwechslung analoger Eindrücke ist eine der Vorstufen des Vergessens.

in dem Umstande, daß dort die lustbringende Verdichtung, welcher der Witz bedarf, sich leicht ergibt. Auch zwei andere Momente, welche für die erste Betrachtung einander völlig fremd scheinen und wie durch einen unerwünschten Zufall zusammentreffen, werden sich bei tieferem Eingehen als innig verknüpft, ja wesenseinig erkennen lassen. Ich meine die beiden Aufstellungen, daß der Witz einerseits während seiner Entwicklung auf der Stufe des Spieles, also im Kindesalter der Vernunft, solche lustbringende Verdichtungen hervorbringen konnte und daß er anderseits auf höheren Stufen dieselbe Leistung durch das Eintauchen des Gedankens ins Unbewußte vollbringt. Das Infantile ist nämlich die Quelle des Unbewußten, die unbewußten Denkvorgänge sind keine anderen, als welche im frühen Kindesalter einzig und allein hergestellt werden. Der Gedanke, der zum Zwecke der Witzbildung ins Unbewußte eintaucht, sucht dort nur die alte Heimstätte des einstigen Spieles mit Worten auf. Das Denken wird für einen Moment auf die kindliche Stufe zurückversetzt, um so der kindlichen Lustquelle wieder habhaft zu werden. Wüßte man es nicht bereits aus der Erforschung der Neurosenpsychologie, so müßte man beim Witz auf die Ahnung geraten, daß die sonderbare unbewußte Bearbeitung nichts anderes als der infantile Typus der Denkarbeit ist. Es ist bloß nicht sehr leicht, dieses infantile Denken mit seinen im Unbewußten des Erwachsenen erhaltenen Eigentümlichkeiten beim Kinde zu erhaschen, weil es meist sozusagen *in statu nascendi* korrigiert wird. In einer Reihe von Fällen gelingt es aber doch, und dann lachen wir jedesmal über die »Kinderdummheit«. Jede Aufdeckung eines solchen Unbewußten wirkt auf uns überhaupt als »komisch«[1].

Leichter zu fassen sind die Charaktere dieser unbewußten Denkvorgänge in den Äußerungen der Kranken bei manchen psychischen Störungen. Es ist sehr wahrscheinlich, daß wir nach des alten Griesinger[2] Vermutung imstande wären, die Delirien der Geisteskranken zu verstehen und als Mitteilungen zu verwerten, wenn wir nicht die Anforderungen des bewußten Denkens an sie stellen, sondern sie mit unserer Deutungs-

---

[1] Viele meiner neurotischen, in psychoanalytischer Behandlung stehenden Patienten pflegen regelmäßig durch ein Lachen zu bezeugen, daß es gelungen ist, ihrer bewußten Wahrnehmung das verhüllte Unbewußte getreulich zu zeigen, und sie lachen auch dann, wenn der Inhalt des Enthüllten es keineswegs rechtfertigen würde. Bedingung dafür ist allerdings, daß sie diesem Unbewußten nahe genug gekommen sind, um es zu erfassen, wenn der Arzt es erraten und ihnen vorgeführt hat.

[2] [W. Griesinger hatte auf den wunscherfüllenden Charakter der Träume wie der Psychosen hingewiesen (1845).]

kunst behandeln würden wie etwa die Träume[1]. Auch für den Traum haben wir ja seinerzeit die »Rückkehr des Seelenlebens auf den embryonalen Standpunkt« zur Geltung gebracht[2].

Wir haben an den Verdichtungsvorgängen die Bedeutung der Analogie von Witz und Traum so eingehend erörtert, daß wir uns im folgenden kürzer fassen dürfen. Wir wissen, daß die Verschiebungen bei der Traumarbeit auf die Einwirkung der Zensur des bewußten Denkens hindeuten, und werden demgemäß, wenn wir der Verschiebung unter den Techniken des Witzes begegnen, geneigt sein anzunehmen, daß auch bei der Witzbildung eine hemmende Macht eine Rolle spielt. Wir wissen auch bereits, daß dies ganz allgemein der Fall ist; das Bestreben des Witzes, die alte Lust am Unsinn oder die alte Wortlust zu gewinnen, findet bei normaler Stimmung an dem Einspruch der kritischen Vernunft eine Hemmung, die für jeden Einzelfall überwunden werden muß. Aber in der Art und Weise, wie die Witzarbeit diese Aufgabe löst, zeigt sich ein durchgreifender Unterschied zwischen dem Witz und dem Traum. In der Traumarbeit geschieht die Lösung dieser Aufgabe regelmäßig durch Verschiebungen, durch die Auswahl von Vorstellungen, welche weit genug entfernt von den beanstandeten sind, um Durchlaß bei der Zensur zu finden, und doch Abkömmlinge dieser sind, deren psychische Besetzung sie durch volle Übertragung[3] auf sich übernommen haben. Die Verschiebungen fehlen darum bei keinem Traum und sind weit umfassender; nicht nur die Ablenkungen vom Gedankengang, sondern auch alle Arten der indirekten Darstellung sind zu den Verschiebungen zu rechnen, insbesondere der Ersatz eines bedeutsamen, aber anstößigen Elements durch ein indifferentes, aber der Zensur harmlos erscheinendes, welches wie eine entfernteste Anspielung an das erstere steht, der Ersatz durch eine Symbolik, ein Gleichnis, ein Kleines. Es ist nicht abzuweisen, daß Stücke dieser indirekten Darstellung bereits in den vorbewußten Gedanken des Traumes zustande kommen, so z. B. die symbolische und die Gleichnisdarstellung, weil sonst der Gedanke es überhaupt nicht zur Stufe des vorbewußten Ausdrucks gebracht hätte. Indirekte Darstellungen dieser Art und Anspielungen, deren Beziehung

---

[1] Dabei dürften wir nicht vergessen, der Entstellung infolge der auch in der Psychose noch wirksamen Zensur Rechnung zu tragen.

[2] *Traumdeutung*. [Kapitel VII, zu Beginn von Abschnitt E. Der Satz wird dort als Zitat angeführt, jedoch ohne Quellenangabe. S. *Studienausgabe*, Bd. 2, S. 561–2.]

[3] [»Übertragung« ist hier natürlich nicht in der Bedeutung des bekannten psychotherapeutischen Phänomens verwendet.]

zum Eigentlichen leicht auffindbar ist, sind ja zulässige und vielgebrauchte Ausdrucksmittel auch in unserem bewußten Denken. Die Traumarbeit übertreibt aber die Anwendung dieser Mittel der indirekten Darstellung ins Schrankenlose. Jede Art von Zusammenhang wird unter dem Drucke der Zensur zum Ersatz durch Anspielung gut genug, die Verschiebung von einem Element her ist auf jedes andere gestattet. Ganz besonders auffällig und für die Traumarbeit charakteristisch ist die Ersetzung der inneren Assoziationen (Ähnlichkeit, Kausalzusammenhang usw.) durch die sogenannten äußeren (Gleichzeitigkeit, Kontiguität im Raum, Gleichklang).

Alle diese Verschiebungsmittel kommen auch als Techniken des Witzes vor, aber wenn sie vorkommen, halten sie zumeist die Grenzen ein, die ihrer Anwendung im bewußten Denken gezogen sind, und sie können überhaupt fehlen, obwohl ja auch der Witz regelmäßig eine Hemmungsaufgabe zu erledigen hat. Man versteht dies Zurücktreten der Verschiebungen bei der Witzarbeit, wenn man sich erinnert, daß dem Witz ganz allgemein eine andere Technik zu Gebote steht, mit welcher er sich der Hemmung erwehrt, ja daß wir nichts gefunden haben, was charakteristischer für ihn wäre als gerade diese Technik. Der Witz schafft nämlich nicht Kompromisse wie der Traum, er weicht der Hemmung nicht aus, sondern er besteht darauf, das Spiel mit dem Wort oder dem Unsinn unverändert zu erhalten, beschränkt sich aber auf die Auswahl von Fällen, in denen dieses Spiel oder dieser Unsinn doch gleichzeitig zulässig (Scherz) oder sinnreich (Witz) erscheinen kann, dank der Vieldeutigkeit der Worte und der Mannigfaltigkeit der Denkrelationen. Nichts scheidet den Witz besser von allen anderen psychischen Bildungen als diese seine Doppelseitigkeit und Doppelzüngigkeit, und wenigstens von dieser Seite haben sich die Autoren durch die Betonung des »Sinnes im Unsinn« der Erkenntnis des Witzes am meisten genähert [S. 15 f.].

Bei der ausnahmslosen Vorherrschaft dieser dem Witz besonderen Technik zur Überwindung seiner Hemmungen könnte man es überflüssig finden, daß er sich überhaupt noch in einzelnen Fällen der Verschiebungstechnik bedient, allein einerseits bleiben gewisse Arten dieser Technik als Ziele und Lustquellen für den Witz wertvoll, wie z. B. die eigentliche Verschiebung (Gedankenablenkung), die ja die Natur des Unsinns teilt, anderseits darf man nicht vergessen, daß die höchste Stufe des Witzes, der tendenziöse Witz, häufig zweierlei Hemmungen zu überwinden hat, die ihm selbst und die seiner Tendenz entgegen-

stehenden (S. 96), und daß die Anspielungen und Verschiebungen ihm die letztere Aufgabe zu ermöglichen geeignet sind.
Die reichliche und zügellose Anwendung der indirekten Darstellung, der Verschiebungen und insbesondere Anspielungen in der Traumarbeit hat eine Folge, die ich nicht ihrer eigenen Bedeutung wegen erwähne, sondern weil sie der subjektive Anlaß für mich wurde, mich mit dem Problem des Witzes zu beschäftigen. Wenn man einem Unkundigen oder Ungewöhnten eine Traumanalyse mitteilt, in welcher also die sonderbaren, dem Wachdenken anstößigen Wege der Anspielungen und Verschiebungen dargelegt werden, deren sich die Traumarbeit bedient hat, so unterliegt der Leser einem ihm unbehaglichen Eindruck, erklärt diese Deutungen für »witzig«, erblickt aber in ihnen offenbar nicht gelungene Witze, sondern gezwungene und irgendwie gegen die Regeln des Witzes verstoßende[1]. Dieser Eindruck ist nun leicht aufzuklären: er rührt daher, daß die Traumarbeit mit denselben Mitteln arbeitet wie der Witz, aber in der Anwendung derselben die Grenzen überschreitet, welche der Witz einhält. Wir werden auch alsbald hören [S. 167 f.], daß der Witz infolge der Rolle der dritten Person an eine gewisse Bedingung gebunden ist, welche den Traum nicht berührt.

Ein gewisses Interesse nehmen unter den Techniken, die Witz und Traum gemeinsam sind, die Darstellung durch das Gegenteil und die Verwendung des Widersinnes in Anspruch. Die erstere gehört zu den kräftig wirkenden Mitteln des Witzes, wie wir unter anderen an den Beispielen von »Überbietungswitz« ersehen konnten (S. 70 f.). Die Darstellung durchs Gegenteil vermochte sich übrigens der bewußten Aufmerksamkeit nicht wie die meisten anderen Witztechniken zu entziehen; wer den Mechanismus der Witzarbeit bei sich möglichst absichtlich in Tätigkeit zu bringen sucht, der habituelle Witzling, pflegt bald herauszufinden, daß man auf eine Behauptung am leichtesten mit einem Witz erwidert, wenn man deren Gegenteil festhält und es dem Einfall überläßt, den gegen dies Gegenteil zu befürchtenden Einspruch durch eine Umdeutung zu beseitigen. Vielleicht verdankt die Darstellung durchs Gegenteil solche Bevorzugung dem Umstande, daß sie den Kern einer anderen lustbringenden Ausdrucksweise des Gedankens bildet, für deren Verständnis wir das Unbewußte nicht zu bemühen brauchen. Ich meine

[1] [Tatsächlich war es Fließ, der diese Frage im Zusammenhang mit der *Traumdeutung* zum erstenmal aufgeworfen hat. S. die ›Editorische Vorbemerkung‹, S. 10 oben.]

die *Ironie*, die sich dem Witze sehr annähert [vgl. S. 71] und zu den Unterarten der Komik gerechnet wird. Ihr Wesen besteht darin, das Gegenteil von dem, was man dem anderen mitzuteilen beabsichtigt, auszusagen, diesem aber den Widerspruch dadurch zu ersparen, daß man im Tonfall, in den begleitenden Gesten, in kleinen stilistischen Anzeichen – wenn es sich um schriftliche Darstellung handelt – zu verstehen gibt, man meine selbst das Gegenteil seiner Aussage. Die Ironie ist nur dort anwendbar, wo der andere das Gegenteil zu hören vorbereitet ist, so daß seine Neigung zum Widerspruch nicht ausbleiben kann. Infolge dieser Bedingtheit ist die Ironie der Gefahr, nicht verstanden zu werden, besonders leicht ausgesetzt. Sie bringt der sie anwendenden Person den Vorteil, daß sie die Schwierigkeiten direkter Äußerungen, z. B. bei Invektiven, leicht umgehen läßt; bei dem Hörer erzeugt sie komische Lust, wahrscheinlich, indem sie ihn zu einem Widerspruchsaufwand bewegt, der sofort als überflüssig erkannt wird. Ein solcher Vergleich des Witzes mit einer ihm nahestehenden Gattung des Komischen mag uns in der Annahme bestärken, daß die Beziehung zum Unbewußten das dem Witz Besondere ist, das ihn vielleicht auch von der Komik scheidet[1].

In der Traumarbeit fällt der Darstellung durchs Gegenteil eine noch weit größere Rolle zu als beim Witz. Der Traum liebt es nicht nur, zwei Gegensätze durch ein und dasselbe Mischgebilde darzustellen; er verwandelt auch so häufig ein Ding aus den Traumgedanken in sein Gegenteil, daß hieraus der Deutungsarbeit eine große Schwierigkeit erwächst. »Man weiß zunächst von keinem eines Gegenteils fähigen Elemente, ob es in den Traumgedanken positiv oder negativ enthalten ist.«[2]

Ich muß hervorheben, daß diese Tatsache noch keineswegs Verständnis gefunden hat. Sie scheint aber einen wichtigen Charakter des unbewußten Denkens anzudeuten, dem aller Wahrscheinlichkeit nach ein dem »Urteilen« vergleichbarer Vorgang abgeht. An Stelle der Urteilsverwerfung findet man im Unbewußten die »Verdrängung«. Die Verdrängung kann wohl richtig als die Zwischenstufe zwischen dem Abwehrreflex und der Verurteilung beschrieben werden[3].

---

[1] Auf der Scheidung von Aussage und begleitenden Gebärden (im weitesten Sinne) beruht auch der Charakter der Komik, der als ihre »Trockenheit« bezeichnet wird.

[2] *Traumdeutung* [Kapitel VI, *Studienausgabe*, Bd. 2, S. 316].

[3] Dies höchst merkwürdige und immer noch ungenügend erkannte Verhalten der Gegensatzrelation im Unbewußten ist wohl nicht ohne Wert für das Verständnis des »Negativismus« bei Neurotikern und Geisteskranken. (Vgl. die beiden letzten Arbeiten darüber: Bleuler, 1904, und

Der Unsinn, die Absurdität, die so häufig im Traum vorkommt und ihm soviel unverdiente Verachtung zugezogen hat, ist doch niemals zufällig durch die Zusammenwürfelung von Vorstellungselementen entstanden, sondern jedesmal als von der Traumarbeit absichtlich zugelassen nachzuweisen und zur Darstellung von erbitterter Kritik und verächtlichem Widerspruch innerhalb der Traumgedanken bestimmt. Die Absurdität des Trauminhalts ersetzt also das Urteil: Es ist ein Unsinn, in den Traumgedanken[1]. Ich habe in meiner *Traumdeutung* großen Nachdruck auf diesen Nachweis gelegt, weil ich den Irrtum, der Traum sei überhaupt kein psychisches Phänomen, der den Weg zur Erkenntnis des Unbewußten versperrt, auf diese Weise am eindringlichsten zu bekämpfen gedachte. Wir haben nun erfahren (bei der Auflösung gewisser tendenziöser Witze, S. 56 ff.), daß der Unsinn im Witze den gleichen Zwecken der Darstellung dienstbar gemacht wird. Wir wissen auch, daß eine unsinnige Fassade des Witzes ganz besonders geeignet ist, den psychischen Aufwand bei dem Hörer zu steigern und somit auch den zur Abfuhr durch Lachen frei werdenden Betrag zu erhöhen [S. 143]. Außerdem aber wollen wir nicht daran vergessen, daß der Unsinn im Witz Selbstzweck ist, da die Absicht, die alte Lust am Unsinn wiederzugewinnen, zu den Motiven der Witzarbeit gehört. Es gibt andere Wege, um den Unsinn wiederzugewinnen und Lust aus ihm zu ziehen; Karikatur, Übertreibung, Parodie und Travestie bedienen sich derselben und schaffen so den »komischen Unsinn«. Unterwerfen wir diese Ausdrucksformen einer ähnlichen Analyse, wie wir sie am Witz geübt haben, so werden wir finden, daß sich bei ihnen allen kein Anlaß ergibt, unbewußte Vorgänge in unserem Sinne zur Erklärung heranzuziehen. Wir verstehen nun auch, warum der Charakter des »Witzigen« zur Karikatur, Übertreibung, Parodie als Zutat hinzukommen kann; es ist die Verschiedenheit des »psychischen Schauplatzes«, die dies ermöglicht[2].

Ich meine, die Verlegung der Witzarbeit in das System des Unbewußten ist uns um ein ganzes Stück wertvoller geworden, seitdem sie uns das Verständnis für die Tatsache eröffnet hat, daß die Techniken, an denen

---

Otto Groß, 1904, [*Zusatz 1912:*] ferner mein Referat ›Über den Gegensinn der Urworte‹ [(1910*e*), im vorliegenden Band, S. 227]. [Die Feststellung, daß die Verdrängung eine frühere Form eines negativen Urteils ist, scheint hier zum erstenmal aufzutauchen. Sie wird später oft wiederholt, und die ganze Frage findet der Leser in der Arbeit ›Die Verneinung‹ (1925*h*) ausführlicher erörtert.]

[1] [Vgl. den ersten Teil von Abschnitt G in Kapitel VI der *Traumdeutung* (1900*a*), *Studienausgabe*, Bd. 2, besonders S. 420.]

[2] Ein für meine Auffassung bedeutsam gewordener Ausdruck von G. Th. Fechner [1889, Bd. 2, S. 520–21].

der Witz doch haftet, anderseits nicht sein ausschließliches Gut sind. Manche Zweifel, die wir während unserer anfänglichen Untersuchung dieser Techniken fürs nächste zurückstellen mußten [1], finden nun ihre bequeme Lösung. Um so mehr verdient unsere Würdigung ein Bedenken, welches uns sagen möchte, daß die unleugbar vorhandene Beziehung des Witzes zum Unbewußten nur für gewisse Kategorien des tendenziösen Witzes richtig ist, während wir bereit sind, dieselbe auf alle Arten und Entwicklungsstufen des Witzes auszudehnen. Wir dürfen uns der Prüfung dieses Einwandes nicht entziehen.

Der sichere Fall der Witzbildung im Unbewußten ist anzunehmen, wenn es sich um Witze im Dienste unbewußter oder durchs Unbewußte verstärkter Tendenzen handelt, also bei den meisten »zynischen« Witzen [S. 108 f.]. Dann zieht nämlich die unbewußte Tendenz den vorbewußten Gedanken zu sich herab ins Unbewußte, um ihn dort umzuformen, ein Vorgang, zu welchem das Studium der Neurosenpsychologie zahlreiche Analogien kennen gelehrt hat. Bei den tendenziösen Witzen anderer Art, beim harmlosen Witz und beim Scherz scheint aber diese herabziehende Kraft wegzufallen, steht also die Beziehung des Witzes zum Unbewußten in Frage.

Fassen wir aber nun den Fall des witzigen Ausdrucks eines an sich nicht wertlosen, im Zusammenhange der Denkvorgänge auftauchenden Gedankens ins Auge. Um diesen Gedanken zum Witz werden zu lassen, bedarf es offenbar einer Auswahl unter den möglichen Ausdrucksformen, damit gerade jene gefunden werde, welche den Wortlustgewinn mit sich bringt. Wir wissen aus unserer Selbstbeobachtung, daß nicht die bewußte Aufmerksamkeit diese Auswahl trifft; es wird derselben aber gewiß zugute kommen, wenn die Besetzung des vorbewußten Gedankens zur unbewußten erniedrigt wird, denn im Unbewußten werden die vom Wort ausgehenden Verbindungswege, wie wir aus der Traumarbeit erfahren haben, den Sachverbindungen gleichartig behandelt. Die unbewußte Besetzung bietet der Auswahl des Ausdrucks die weitaus günstigeren Bedingungen. Wir können übrigens ohne weiteres annehmen, daß die Ausdrucksmöglichkeit, welche den Wortlustgewinn enthält, in ähnlicher Weise herabziehend auf die noch schwankende Fassung des vorbewußten Gedankens wirkt wie im ersteren Falle die unbewußte Tendenz. Für den simpleren Fall des Scherzes dürfen wir uns vorstellen, daß eine allzeit lauernde Absicht, den Wortlustgewinn zu erreichen, sich

---

[1] [S. z. B. S. 60 und S. 79.]

des Anlasses, der gerade im Vorbewußten gegeben ist, bemächtigt, um wiederum nach dem bekannten Schema den Besetzungsvorgang ins Unbewußte zu ziehen.

Ich wünschte gern, daß es mir möglich wäre, diesen einen entscheidenden Punkt in meiner Auffassung des Witzes einerseits klarer darzulegen, anderseits mit zwingenden Argumenten zu verstärken. Aber es handelt sich hier in Wahrheit nicht um ein zweifaches, sondern um ein und das nämliche Mißlingen. Ich kann eine klarere Darstellung nicht geben, weil ich keine weiteren Beweise für meine Auffassung habe. Dieselbe ist mir aus dem Studium der Technik [des Witzes] und aus dem Vergleich mit der Traumarbeit erwachsen, und zwar nur von dieser einen Seite her; ich kann dann finden, daß sie den Eigentümlichkeiten des Witzes im ganzen vortrefflich angepaßt ist. Diese Auffassung ist nun eine erschlossene; gelangt man mit solchem Schluß nicht auf ein bekanntes, sondern vielmehr auf ein fremdes, dem Denken neuartiges Gebiet, so nennt man den Schluß eine »Hypothese« und läßt mit Recht die Beziehung der Hypothese zu dem Material, aus dem sie erschlossen ist, nicht als »Beweis« gelten. Als »bewiesen« gilt diese erst dann, wenn man auch auf anderem Wege zu ihr gelangen, sie als den Knotenpunkt auch anderer Zusammenhänge aufzeigen kann. Solcher Beweis ist aber bei unserer kaum erst beginnenden Kenntnis der unbewußten Vorgänge nicht zu haben. In der Erkenntnis, daß wir auf einem überhaupt noch nicht betretenen Boden stehen, begnügen wir uns also damit, von unserem Standpunkt der Beobachtung ein einziges, schmales und schwankes Brett ins Unergründete hinauszuschieben.

Wir werden nicht viel auf dieser Grundlage aufbauen. Bringen wir die verschiedenen Stufen des Witzes in Beziehung zu den für sie günstigen seelischen Dispositionen, so können wir etwa sagen: Der *Scherz* entspringt aus der heiteren Stimmung, der eine Neigung zur Herabminderung der seelischen Besetzungen eigentümlich scheint. Er bedient sich bereits aller charakteristischen Techniken des Witzes und erfüllt bereits die Grundbedingung desselben durch die Auswahl eines solchen Wortmaterials oder einer solchen Gedankenverknüpfung, wie sie sowohl den Anforderungen der Lustgewinnung als auch denen der verständigen Kritik genügen. Wir werden schließen, daß das Herabsinken der Gedankenbesetzung zur unbewußten Stufe, durch die heitere Stimmung erleichtert, schon beim Scherz zutreffe. Für den *harmlosen*, aber mit dem Ausdruck eines wertvollen Gedankens verknüpften *Witz* fällt diese Förderung durch die Stimmung weg; wir bedürfen hier der Annahme einer besonderen *persönlichen Eignung*, die in der Leichtigkeit zum Ausdruck kommt, mit welcher die vorbewußte Besetzung fallengelassen und für einen Moment mit der unbewußten vertauscht wird. Eine stets lauernde Tendenz, den ursprünglichen Lustgewinn des Witzes zu erneuern, wirkt hiebei herabziehend auf den noch schwankenden vorbewußten Ausdruck des Gedankens. In heiterer Stimmung sind wohl die meisten Menschen fähig, Scherze zu produzieren; die Eignung zum Witz ist nur bei wenigen Personen unabhängig von der Stimmung vorhanden. Endlich wirkt als kräftigste Anregung zur Witzarbeit das Vorhandensein starker, bis ins Unbewußte reichender Tendenzen, die eine besondere Eignung zur witzigen Produktion darstellen und uns erklären mögen, daß die subjektiven Bedingungen des Witzes so häufig bei neurotischen Personen erfüllt sind. Unter dem Einfluß starker Tendenzen kann auch der sonst Ungeeignete witzig werden.

Mit diesem letzten Beitrag, der wenn auch hypothetisch gebliebenen Aufklärung der Witzarbeit bei der ersten Person, ist aber unser Interesse am Witz strenggenommen erledigt. Es erübrigt uns etwa noch eine kurze Vergleichung des Witzes mit dem besser bekannten Traum, der wir die Erwartung vorausschicken werden, daß zwei so verschiedenartige seelische Leistungen neben der einen bereits gewürdigten Übereinstimmung nur noch Unterschiede erkennen lassen dürften. Der wichtigste Unterschied liegt in ihrem sozialen Verhalten. Der Traum ist ein vollkommen asoziales seelisches Produkt; er hat einem anderen nichts mitzuteilen; innerhalb einer Person als Kompromiß der in ihr ringenden seelischen Kräfte entstanden, bleibt er dieser Person selbst unverständlich und ist darum für eine andere völlig uninteressant. Nicht nur daß er keinen Wert auf Verständlichkeit zu legen braucht, er muß sich sogar hüten verstanden zu werden, da er sonst zerstört würde; er kann nur in der Vermummung bestehen. Er darf sich darum ungehindert des Mechanismus, der die unbewußten Denkvorgänge beherrscht, bis zu einer nicht mehr redressierbaren Entstellung bedienen. Der Witz dagegen ist die sozialste aller auf Lustgewinn zielenden seelischen Leistungen. Er benötigt oftmals dreier Personen und verlangt seine Vollendung durch die Teilnahme eines anderen an dem von ihm angeregten seelischen Vorgange. Er muß sich also an die Bedingung der Verständlichkeit binden, darf die im Unbewußten mögliche Entstellung durch Verdichtung und Verschiebung in keinem weiteren Ausmaße in Anspruch nehmen, als soweit dieselbe durch das Verständnis der dritten Person redressierbar ist. Im übrigen sind die beiden, Witz und Traum, auf ganz verschiedenen Gebieten des Seelenlebens erwachsen und an weit voneinander entlegenen Stellen des psychologischen Systems unterzubringen. Der Traum ist immer noch ein, wiewohl unkenntlich gemachter, Wunsch; der Witz ist ein entwickeltes Spiel. Der Traum behält trotz all seiner praktischen Nichtigkeit die Beziehung zu den großen Interessen des Lebens bei; er sucht die Bedürfnisse auf dem regressiven Umwege der Halluzination zu erfüllen, und er verdankt seine Zulassung dem einzig während des Nachtzustandes regen Bedürfnis zu schlafen. Der Witz hingegen sucht einen kleinen Lustgewinn aus der bloßen, bedürfnisfreien Tätigkeit unseres seelischen Apparats zu ziehen, später einen solchen als Nebengewinn während der Tätigkeit desselben zu erhaschen, und gelangt so *sekundär* zu nicht unwichtigen, der Außenwelt zugewendeten Funktionen. Der Traum dient vorwiegend der Unlustersparnis, der Witz dem Lusterwerb; in diesen beiden Zielen treffen aber alle unsere seelischen Tätigkeiten zusammen.

VII
DER WITZ UND DIE ARTEN DES KOMISCHEN

[1]

Wir haben uns den Problemen des Komischen auf eine ungewöhnliche Weise genähert. Es schien uns, daß der Witz, der sonst als eine Unterart der Komik betrachtet wird, genug der Eigentümlichkeiten biete, um direkt in Angriff genommen zu werden, und so sind wir seiner Beziehung zu der umfassenderen Kategorie des Komischen, solange es uns möglich war, ausgewichen, nicht ohne unterwegs einige fürs Komische verwertbare Hinweise aufzugreifen. Wir haben ohne Schwierigkeiten gefunden [S. 135 f.], daß das Komische sich sozial anders verhält als der Witz. Es kann sich mit nur zwei Personen begnügen, der einen, die das Komische findet, und der zweiten, an der es gefunden wird. Die dritte Person, der das Komische mitgeteilt wird, verstärkt den komischen Vorgang, fügt aber nichts Neues zu ihm hinzu. Beim Witz ist diese dritte Person zur Vollendung des lustbringenden Vorganges unentbehrlich; dagegen kann die zweite wegfallen, wo es sich nicht um tendenziösen, aggressiven Witz handelt. Der Witz wird gemacht, die Komik wird gefunden, und zwar zu allererst an Personen, erst in weiterer Übertragung auch an Objekten, Situationen u. dgl. Vom Witz wissen wir, daß nicht fremde Personen, sondern die eigenen Denkvorgänge die Quellen der zu fördernden Lust in sich bergen. Wir haben ferner gehört, daß der Witz gelegentlich unzugänglich gewordene Quellen der Komik wieder zu eröffnen weiß [S. 98] und daß das Komische häufig dem Witz als Fassade dient und ihm die sonst durch die bekannte Technik herzustellende Vorlust ersetzt (S. 143). Es deutet dies alles gerade nicht auf sehr einfache Beziehungen zwischen Witz und Komik hin. Anderseits haben sich die Probleme des Komischen als so komplizierte erwiesen, allen Lösungsbestrebungen der Philosophen bisher so erfolgreich getrotzt, daß wir die Erwartung nicht aufrechterhalten können, wir würden ihrer gleichsam durch einen Handstreich Meister werden, wenn wir von der Seite des Witzes her an sie herankommen. Auch brachten wir für die Erforschung des Witzes ein Instrument mit, welches anderen noch nicht gedient hatte, die Kenntnis der Traumarbeit; zur Erkenntnis des Komischen steht uns kein ähnlicher Vorteil zu Gebote, und wir dürfen daher gewärtig sein, daß wir vom Wesen der Komik nichts anderes erkennen werden, als was sich uns bereits im Witz gezeigt hat, insofern derselbe dem Komischen zugehört und gewisse Züge desselben unverändert oder modifiziert in seinem eigenen Wesen führt.

Diejenige Gattung des Komischen, welche dem Witze am nächsten steht, ist das *Naive.* Das Naive wird wie das Komische im allgemeinen gefunden, nicht wie der Witz gemacht, und zwar kann das Naive überhaupt nicht gemacht werden, während beim rein Komischen auch ein Komischmachen, ein Hervorrufen der Komik in Betracht kommt. Das Naive muß sich ohne unser Dazutun ergeben an den Reden und Handlungen anderer Personen, die an der Stelle der *zweiten* Person beim Komischen oder beim Witze stehen. Das Naive entsteht, wenn sich jemand über eine Hemmung voll hinaussetzt, weil eine solche bei ihm nicht vorhanden ist, wenn er sie also mühelos zu überwinden scheint. Bedingung für die Wirkung des Naiven ist, daß uns bekannt sei, er besitze diese Hemmung nicht, sonst heißen wir ihn nicht naiv, sondern frech, lachen nicht über ihn, sondern sind über ihn entrüstet. Die Wirkung des Naiven ist unwiderstehlich und scheint dem Verständnis einfach. Ein von uns gewohnheitsmäßig gemachter Hemmungsaufwand wird durch das Anhören der naiven Rede plötzlich unverwendbar und durch Lachen abgeführt; eine Ablenkung der Aufmerksamkeit [S. 143] braucht es dabei nicht, wahrscheinlich weil die Aufhebung der Hemmung direkt und nicht durch Vermittlung einer angeregten Operation erfolgt. Wir verhalten uns dabei analog der dritten Person des Witzes, welcher die Hemmungsersparung ohne eigene Bemühung geschenkt wird [S. 139 f.].
Nach den Einblicken in die Genese der Hemmungen, welche wir bei der Verfolgung der Entwicklung vom Spiel zum Witz gewonnen haben, wird es uns nicht wundern, daß das Naive zu allermeist am Kind gefunden wird, in weiterer Übertragung dann beim ungebildeten Erwachsenen, den wir als kindlich betreffs seiner intellektuellen Ausbildung auffassen können. Zum Vergleiche mit dem Witze bieten sich naive Reden natürlich besser als naive Handlungen, da Reden und nicht Handlungen die gewöhnlichen Äußerungsformen des Witzes sind. Es ist nun bezeichnend, daß man naive Reden wie die der Kinder ohne Zwang auch als »naive Witze« benennen kann. Die Übereinstimmung und die Begründung der Verschiedenheit zwischen Witz und Naivität wird uns an einigen Beispielen leicht ersichtlich werden.
Ein $3^1/_2$jähriges Mädchen warnt seinen Bruder: »Du, iß nicht soviel von

dieser Speise, sonst wirst du krank werden und mußt Bubizin nehmen.« »Bubizin?« fragt die Mutter, »was ist denn das?« »Wie ich krank war«, rechtfertigt sich das Kind, »habe ich ja auch Medizin nehmen müssen.« Das Kind ist der Meinung, daß das vom Arzt verschriebene Mittel Mädi-zin heißt, wenn es für das Mädi bestimmt ist, und schließt, daß es Bubi-zin heißen wird, wenn das Bubi es nehmen soll. Dies ist nun gemacht wie ein Wortwitz, der mit der Technik des Gleichklangs arbeitet, und könnte sich ja auch als wirklicher Witz zugetragen haben, in welchem Falle wir ihm halb widerwillig ein Lächeln geschenkt hätten. Als Beispiel einer Naivität scheint es uns ganz ausgezeichnet und macht uns laut lachen. Was stellt aber hier den Unterschied zwischen dem Witz und dem Naiven her? Offenbar nicht der Wortlaut oder die Technik, die für beide Möglichkeiten die gleichen sind, sondern ein für den ersten Anblick von beiden recht fernab liegendes Moment. Es handelt sich nur darum, ob wir annehmen, daß der Sprecher einen Witz beabsichtigt habe oder daß er – das Kind – im guten Glauben auf Grund seiner unkorrigierten Unwissenheit einen ernsthaften Schluß habe ziehen wollen. Nur der letztere Fall ist einer der Naivität. Auf ein solches Sichhineinversetzen der anderen Person in den psychischen Vorgang bei der produzierenden Person werden wir hier zuerst aufmerksam gemacht.

Die Untersuchung eines zweiten Beispieles wird diese Auffassung bestätigen. Ein Geschwisterpaar, ein 12jähriges Mädchen und ein 10jähriger Knabe, führen ein von ihnen selbst komponiertes Theaterstück vor einem Parterre von Onkeln und Tanten auf. Die Szene stellt eine Hütte am Meeresstrande dar. Im ersten Akt klagen die beiden Dichter-Schauspieler, ein armer Fischer und sein braves Weib, über die harten Zeiten und den schlechten Erwerb. Der Mann beschließt, auf seinem Boot über das weite Meer zu fahren, um anderswo den Reichtum zu suchen, und nach einem zärtlichen Abschied der beiden wird der Vorhang zugezogen. Der zweite Akt spielt einige Jahre später. Der Fischer ist als reicher Mann mit einem großen Geldbeutel zurückgekehrt und erzählt der Frau, die er vor der Hütte wartend antrifft, wie schön es ihm draußen geglückt ist. Die Frau unterbricht ihn stolz: Ich war aber auch nicht faul unterdessen, und öffnet seinen Blicken die Hütte, auf deren Boden man zwölf große Puppen als Kinder schlafen sieht... An dieser Stelle des Schauspieles wurden die Darsteller durch ein sturmartiges Lachen der Zuschauer unterbrochen, welches sie sich nicht erklären konnten. Sie starrten verdutzt auf die lieben Verwandten hin, die sich soweit anständig benommen und gespannt zugehört hatten. Die Voraussetzung, unter der dieses Lachen sich erklärt, ist die Annahme der Zuschauer, daß die jungen Dichter noch nichts von den Bedingungen der Entstehung der Kinder wissen und darum glauben können, eine Frau würde sich der in längerer Abwesenheit des Mannes geborenen Nachkommenschaft rühmen und ein Mann sich mit ihr freuen dürfen. Was die Dichter auf Grund solcher Unwissenheit produzierten, kann man aber als Unsinn, als Absurdität bezeichnen.

Ein drittes Beispiel wird uns eine noch andere Technik, die wir beim Witze kennengelernt haben, im Dienste des Naiven zeigen. Für ein kleines Mädchen wird eine »Französin« als Gouvernante aufgenommen, deren Person aber nicht ihren Beifall findet. Kaum daß die neu Engagierte sich entfernt hat, läßt die Kleine ihre Kritik verlauten: »Das soll eine Französin sein! Vielleicht heißt sie sich so, weil sie einmal bei einem Franzosen gelegen ist!« Dies könnte ein sogar erträglicher Witz sein – Doppelsinn mit Zweideutigkeit oder zweideutiger Anspielung, wenn das Kind von der Möglichkeit des Doppelsinnes eine Ahnung gehabt hätte. In Wirklichkeit hatte sie nur eine oft gehörte scherzhafte Behauptung der Unechtheit auf die ihr unsympathische Fremde übertragen. (»Das soll echtes Gold sein? Das ist vielleicht einmal bei Gold gelegen!«) Wegen dieser Unkenntnis des Kindes, die den psychischen Vorgang bei den verstehenden Zuhörern so gründlich abändert, wird seine Rede eine naive. Infolge dieser Bedingung gibt es aber auch ein mißverständlich Naives; man kann beim Kind eine Unwissenheit annehmen, die nicht mehr besteht, und Kinder pflegen sich häufig naiv zu stellen, um sich einer Freiheit zu bedienen, die ihnen sonst nicht zugestanden würde.

An diesen Beispielen kann man die Stellung des Naiven zwischen dem Witz und dem Komischen erläutern. Mit dem Witz stimmt das Naive (der Rede) im Wortlaut und im Inhalt überein, es bringt einen Wortmißbrauch, einen Unsinn oder eine Zote zustande. Aber der psychische Vorgang in der ersten produzierenden Person, der uns beim Witze so viel des Interessanten und Rätselhaften bot, entfällt hier völlig. Die naive Person vermeint sich ihrer Ausdrucksmittel und Denkwege in normaler und einfacher Weise bedient zu haben und weiß nichts von einer Nebenabsicht; sie zieht aus der Produktion des Naiven auch keinen Lustgewinn. Alle Charaktere des Naiven bestehen nur in der Auffassung der anhörenden Person, die mit der dritten Person des Witzes zusammenfällt. Die produzierende Person erzeugt ferner das Naive mühelos; die komplizierte Technik, die beim Witz dazu bestimmt ist, die Hemmung durch die verständige Kritik zu lähmen, entfällt bei ihr, weil sie diese Hemmung noch nicht besitzt, so daß sie Unsinn und Zote unmittelbar und ohne Kompromiß von sich geben kann. Insofern ist das Naive der Grenzfall des Witzes, der sich herausstellt, wenn man in der Formel der Witzbildung die Größe dieser Zensur auf Null heruntersetzt.

War es für die Wirksamkeit des Witzes Bedingung, daß beide Personen unter ungefähr gleichen Hemmungen oder inneren Widerständen stehen [S. 142], so läßt sich also als Bedingung des Naiven erkennen, daß die eine Person Hemmungen besitze, deren die andere entbehrt. Bei der mit Hemmungen versehenen Person liegt die Auffassung des Naiven, ausschließlich bei ihr kommt der Lustgewinn, den das Naive bringt, zustande, und wir sind nahe daran zu erraten, daß diese Lust durch Hemmungsaufhebung entsteht. Da die Lust des Witzes der nämlichen Herkunft ist – ein Kern von Wort- und Unsinnslust und eine Hülle von Aufhebungs- und Erleichterungslust [S. 130, Anm.] –, so begründet diese ähnliche Beziehung zur Hemmung die innere Verwandtschaft des Naiven mit dem Witze. Bei beiden entsteht die Lust durch Aufhebung von innerer Hemmung. Der psychische Vorgang bei der rezeptiven Person (mit der beim Naiven unser Ich regelmäßig zusammenfällt, während wir uns beim Witz auch an die Stelle der produktiven setzen können) ist aber im Falle des Naiven um soviel komplizierter, als der bei der produktiven Person im Vergleich mit dem Witze vereinfacht ist. Auf die rezeptive Person muß das gehörte Naive einerseits wirken wie ein Witz, wofür gerade unsere Beispiele Zeugnis ablegen können, denn ihr ist wie beim Witz die Aufhebung der Zensur durch die bloße Mühe des Anhörens ermöglicht worden. Aber nur ein Teil der Lust, die das Naive schafft, läßt diese Erklärung zu, ja selbst dieser wäre in anderen Fällen des Naiven, z. B. beim Anhören von naiven Zoten gefährdet. Man könnte auf eine naive Zote ohne weiteres mit der nämlichen Entrüstung reagieren, die sich etwa gegen die wirkliche Zote erhebt, wenn nicht ein anderes Moment uns diese Entrüstung ersparen und gleichzeitig den bedeutsameren Anteil der Lust am Naiven liefern würde.

Dieses andere Moment ist uns durch die vorhin [S. 170] erwähnte Bedingung gegeben, daß uns, um das Naive anzuerkennen, das Fehlen der inneren Hemmung bei der produzierenden Person bekannt sein müsse. Nur wenn dies gesichert ist, lachen wir, anstatt uns zu entrüsten. Wir ziehen also den psychischen Zustand der produzierenden Person in Betracht, versetzen uns in denselben, suchen ihn zu verstehen, indem wir ihn mit dem unserigen vergleichen. Aus solchem Sichhineinversetzen und Vergleichen resultiert eine Ersparung von Aufwand, die wir durch Lachen abführen.

Man könnte die einfachere Darstellung bevorzugen, durch die Überlegung, daß die Person keine Hemmung zu überwinden brauchte, werde unsere Entrüstung überflüssig; das Lachen geschehe also auf Kosten der ersparten Entrüstung. Um diese im allgemeinen irreführende Auffassung fernzuhalten, will ich zwei Fälle schärfer sondern, die ich in obiger Darstellung vereinigt hatte. Das Naive, das vor uns hintritt, kann entweder von der Natur des Witzes sein wie in unseren Beispielen, oder von der Natur der Zote, des Anstößigen überhaupt, was dann besonders zutreffen wird, wenn es sich nicht als Rede, sondern als Handlung äußert. Dieser letztere Fall ist wirklich irreführend; man könnte für ihn annehmen, die Lust entstehe aus der ersparten und umgewandelten Entrüstung. Aber der erstere Fall ist der aufklärende. Die naive Rede, z. B. vom Bubizin, kann an sich wirken wie ein geringer Witz und zur Entrüstung keinen Anlaß geben; es ist dies gewiß der seltenere, aber der reinere und bei weitem lehrreichere Fall. Soweit wir nun daran denken, daß das Kind die Silben »Medi« in »Medizin« ernsthaft und ohne Nebenabsicht für identisch mit seinem eigenen Namen »Mädi« gehalten hat, erfährt die Lust am Gehörten eine Steigerung, die nichts mehr mit der Witzeslust zu tun hat. Wir betrachten jetzt das Gesagte von zweierlei Standpunkten, einmal so, wie es sich beim Kind ergeben hat, und dann so, wie sich es für uns ergeben würde, finden bei diesem Vergleich, daß das Kind eine Identität gefunden, eine Schranke überwunden hat, die für uns besteht, und dann geht es etwa so weiter, als ob wir uns sagen würden: Wenn du das Gehörte verstehen willst, kannst du dir den Aufwand für die Einhaltung dieser Schranke ersparen. Der bei solchem Vergleich frei gewordene Aufwand ist die Quelle der Lust am Naiven und wird durch Lachen abgeführt; es ist allerdings der nämliche, den wir sonst in Entrüstung verwandelt hätten, wenn das Verständnis der produzierenden Person und hier auch die Natur des Gesagten eine solche nicht ausschlössen. Nehmen wir aber den Fall des naiven Witzes als vorbildlich für den anderen Fall des naiv Anstößigen, so sehen wir, daß auch hier die Ersparung an Hemmung direkt aus der Vergleichung hervorgehen kann, daß wir nicht notwendig haben, eine beginnende und dann erstickte Entrüstung anzunehmen, und daß die letztere nur einer anderweitigen Verwendung des frei gewordenen Aufwandes entspricht, gegen welche beim Witze komplizierte Schutzeinrichtungen erforderlich waren [S. 142 f.].

Dieser Vergleich, diese Ersparung an Aufwand beim Sichhineinversetzen in den seelischen Vorgang der produzierenden Person, können für das Naive nur dann eine Bedeutung beanspruchen, wenn sie nicht ihm allein zukommen. In der Tat entsteht bei uns die Vermutung, daß dieser dem Witz völlig fremde Mechanismus ein Stück, vielleicht das wesentliche Stück des psychischen Vorganges beim Komischen ist. Von dieser Seite – es ist gewiß die wichtigste Ansicht des Naiven – stellt sich das Naive also als eine Art des Komischen dar. Was bei unseren Beispielen von naiven Reden zur Witzeslust dazukommt, ist »komische« Lust. Von dieser wären wir geneigt ganz allgemein anzunehmen, daß sie durch ersparten Aufwand bei Vergleichung der Äußerungen eines anderen mit den unserigen entstehe. Da wir aber hier vor weit ausgreifenden Anschauungen stehen, wollen wir vorerst die Würdigung des Naiven abschließen. Das Naive wäre also eine Art des Komischen, insofern seine Lust aus der Aufwanddifferenz entspringt, die sich beim Verstehenwollen des anderen ergibt, und es näherte sich dem Witz durch die Bedingung, daß der bei der Vergleichung ersparte Aufwand ein Hemmungsaufwand sein muß [1].

Stellen wir noch rasch einige Übereinstimmungen und Unterscheidungen fest zwischen den Begriffen, zu denen wir zuletzt gelangt sind, und jenen, die seit langem in der Psychologie der Komik genannt werden. Das Sichhineinversetzen, Verstehenwollen ist offenbar nichts anderes als das »komische Leihen«, das seit Jean Paul in der Analyse des Komischen eine Rolle spielt; das »Vergleichen« des seelischen Vorganges beim anderen mit dem eigenen entspricht dem »psychologischen Kontrast«, für den wir hier endlich eine Stelle finden, nachdem wir beim Witze mit ihm nichts anzufangen wußten [S. 15 f.]. In der Erklärung der komischen Lust weichen wir aber von vielen Autoren ab, bei denen die Lust durch das Hin- und Herschwanken der Aufmerksamkeit zwischen den kontrastierenden Vorstellungen entstehen soll. Wir wüßten einen solchen Mechanismus der Lust nicht zu begreifen, wir weisen darauf hin, daß bei der Vergleichung der Kontraste sich eine Aufwanddifferenz herausstellt, welche, wenn sie keine andere Verwendung erfährt, abfuhrfähig und dadurch Lustquelle wird [2].

---

[1] Ich habe hier überall das Naive mit dem Naivkomischen identifiziert, was gewiß nicht allgemein zulässig ist. Aber es genügt unseren Absichten, die Charaktere des Naiven am »naiven Witz« und an der »naiven Zote« zu studieren. Ein weiteres Eingehen würde die Absicht voraussetzen, von hier aus das Wesen des Komischen zu ergründen.

[2] Auch Bergson (*Le rire*, 1900) weist (S. 99) eine solche Ableitung der komischen Lust,

An das Problem des Komischen selbst wagen wir uns nur mit Bangen heran. Es wäre vermessen zu erwarten, daß unsere Bemühungen etwas Entscheidendes zu dessen Lösung beitragen könnten, nachdem die Arbeiten einer großen Reihe von ausgezeichneten Denkern eine allseitig befriedigende Aufklärung nicht ergeben haben. Wir beabsichtigen wirklich nichts anderes als jene Gesichtspunkte, die sich uns als wertvoll für den Witz erwiesen haben, eine Strecke weit ins Gebiet des Komischen zu verfolgen.

Das Komische ergibt sich zunächst als ein unbeabsichtigter Fund aus den sozialen Beziehungen der Menschen. Es wird an Personen gefunden, und zwar an deren Bewegungen, Formen, Handlungen und Charakterzügen, wahrscheinlich ursprünglich nur an den körperlichen, später auch an den seelischen Eigenschaften derselben, beziehungsweise an deren Äußerungen. Durch eine sehr gebräuchliche Art von Personifizierung werden dann auch Tiere und unbelebte Objekte komisch. Das Komische ist indes der Ablösung von den Personen fähig, indem die Bedingung erkannt wird, unter welcher eine Person komisch erscheint. So entsteht das Komische der Situation, und mit solcher Erkenntnis ist die Möglichkeit vorhanden, eine Person nach Belieben komisch zu machen, indem man sie in Situationen versetzt, in denen ihrem Tun diese Bedingungen des Komischen anhängen. Die Entdeckung, daß man es in seiner Macht hat, einen anderen komisch zu machen, eröffnet den Zugang zu ungeahntem Gewinn an komischer Lust und gibt einer hochausgebildeten Technik den Ursprung. Man kann auch sich selbst ebensowohl komisch machen wie andere. Die Mittel, die zum Komischmachen dienen, sind: die Versetzung in komische Situationen, die Nachahmung, Verkleidung, Entlarvung, Karikatur, Parodie und Travestie u. a. Wie selbstverständlich, können diese Techniken in den Dienst feindseliger und aggressiver Tendenzen treten. Man kann eine Person komisch machen, um sie verächtlich werden zu lassen, um ihr den Anspruch auf Würde und Autorität zu benehmen. Aber selbst wenn solche Absicht dem Komischmachen regelmäßig zugrunde läge, brauchte dies nicht der Sinn des spontan Komischen zu sein.

Aus dieser ungeordneten Übersicht über das Vorkommen des Komischen ersehen wir bereits, daß ihm ein sehr ausgedehntes Ursprungsgebiet zu-

---

die unverkennbar durch das Bestreben beeinflußt worden ist, eine Analogie mit dem Lachen des Gekitzelten zu schaffen, mit guten Argumenten ab. – Auf einem ganz anderen Niveau steht die Erklärung der komischen Lust bei Lipps, die im Zusammenhange mit seiner Auffassung des Komischen als eines »unerwarteten Kleinen« darzustellen wäre.

gesprochen werden muß und daß so spezialisierte Bedingungen, wie z. B. beim Naiven, beim Komischen nicht zu erwarten sind. Um der für das Komische gültigen Bedingung auf die Spur zu kommen, ist die Wahl eines Ausgangsfalles das Bedeutsamste; wir wählen die Komik der Bewegungen, weil wir uns erinnern, daß die primitivste Bühnendarstellung, die der Pantomime, sich dieses Mittels bedient, um uns lachen zu machen. Die Antwort, warum wir über die Bewegungen der Clowns lachen, würde lauten, weil sie uns übermäßig und unzweckmäßig erscheinen. Wir lachen über einen allzu großen Aufwand. Suchen wir die Bedingung außerhalb der künstlich gemachten Komik, also dort, wo sie sich unabsichtlich finden läßt. Die Bewegungen des Kindes erscheinen uns nicht komisch, obwohl das Kind zappelt und springt. Komisch ist es dagegen, wenn das Kind beim Schreibenlernen die herausgestreckte Zunge die Bewegungen des Federstiels mitmachen läßt; wir sehen in diesen Mitbewegungen einen überflüssigen Bewegungsaufwand, den wir uns bei der gleichen Tätigkeit ersparen würden. In gleicher Weise sind uns andere Mitbewegungen oder auch bloß übermäßig gesteigerte Ausdrucksbewegungen komisch auch bei Erwachsenen. So sind ganz reine Fälle dieser Art von Komik die Bewegungen, die der Kegelschieber ausführt, nachdem er die Kugel entlassen hat, solange er ihren Lauf verfolgt, als könnte er diesen noch nachträglich regulieren; so sind alle Grimassen komisch, welche den normalen Ausdruck der Gemütsbewegungen übertreiben, auch dann, wenn sie unwillkürlich erfolgen wie bei an Veitstanz (Chorea St. Viti) leidenden Personen; so werden die leidenschaftlichen Bewegungen eines modernen Dirigenten jedem Unmusikalischen komisch erscheinen, der ihre Notwendigkeit nicht zu verstehen weiß. Ja, von dieser Komik der Bewegungen zweigt das Komische der Körperformen und Gesichtszüge ab, indem diese aufgefaßt werden, als seien sie das Ergebnis einer zu weit getriebenen und zwecklosen Bewegung. Aufgerissene Augen, eine hakenförmig zum Mund abgebogene Nase, abstehende Ohren, ein Buckel, all dergleichen wirkt wahrscheinlich nur komisch, insofern die Bewegungen vorgestellt werden, die zum Zustandekommen dieser Züge notwendig wären, wobei Nase, Ohren und andere Körperteile der Vorstellung beweglicher gelten, als sie es in Wirklichkeit sind. Es ist ohne Zweifel komisch, wenn jemand »mit den Ohren wackeln« kann, und es wäre ganz gewiß noch komischer, wenn er die Nase heben oder senken könnte. Ein gutes Stück der komischen Wirkung, welche die Tiere auf uns äußern, kommt von der Wahrnehmung solcher Bewegungen an ihnen, die wir nicht nachahmen können.

Auf welche Weise gelangen wir aber zum Lachen, wenn wir die Bewegungen eines anderen als übermäßig und unzweckmäßig erkannt haben? Auf dem Wege der Vergleichung, meine ich, zwischen der am anderen beobachteten Bewegung und jener, die ich selbst an ihrer Statt ausgeführt hätte. Die beiden Verglichenen müssen natürlich auf gleiches Maß gesetzt werden, und dieses Maß ist mein mit der Vorstellung der Bewegung in dem einen wie im anderen Falle verbundener Innervationsaufwand. Diese Behauptung bedarf der Erläuterung und weiterer Ausführung.

Was wir hier in Beziehung zueinander setzen, ist einerseits der psychische Aufwand bei einem gewissen Vorstellen und anderseits der Inhalt dieses Vorgestellten. Unsere Behauptung geht dahin, daß der erstere nicht allgemein und prinzipiell unabhängig sei vom letzteren, vom Vorstellungsinhalt, insbesondere daß die Vorstellung eines Großen einen Mehraufwand gegen die eines Kleinen erfordere. Solange es sich nur um die Vorstellung verschieden großer Bewegungen handelt, dürfte uns die theoretische Begründung unseres Satzes und sein Erweis durch die Beobachtung keine Schwierigkeiten bereiten. Es wird sich zeigen, daß in diesem Falle eine Eigenschaft der Vorstellung tatsächlich mit einer Eigenschaft des Vorgestellten zusammenfällt, obwohl die Psychologie uns sonst vor solcher Verwechslung warnt.

Die Vorstellung von einer bestimmt großen Bewegung habe ich erworben, indem ich diese Bewegung ausführte oder nachahmte, und bei dieser Aktion habe ich in meinen Innervationsempfindungen ein Maß für diese Bewegung kennengelernt [1].

Wenn ich nun eine ähnliche, mehr oder minder große Bewegung bei einem anderen wahrnehme, wird der sicherste Weg zum Verständnis – zur Apperzeption – derselben sein, daß ich sie nachahmend ausführe, und dann kann ich durch den Vergleich entscheiden, bei welcher Bewegung mein Aufwand größer war. Ein solcher Drang zur Nachahmung tritt gewiß beim Wahrnehmen von Bewegungen auf. In Wirklichkeit aber führe ich die Nachahmung nicht durch, so wenig wie ich noch buchstabiere, wenn ich durch das Buchstabieren das Lesen erlernt habe. An

[1] Die Erinnerung an diesen Innervationsaufwand wird das wesentliche Stück der Vorstellung von dieser Bewegung bleiben, und es wird immer Denkweisen in meinem Seelenleben geben, bei welchen die Vorstellung durch nichts anderes als diesen Aufwand repräsentiert wird. In anderen Zusammenhängen mag ja ein Ersatz dieses Elements durch andere, z. B. durch die visuellen Vorstellungen des Bewegungszieles, durch die Wortvorstellung, eintreten, und bei gewissen Arten des abstrakten Denkens wird ein Zeichen anstatt des vollen Inhalts der Vorstellung genügen.

Stelle der Nachahmung der Bewegung durch meine Muskeln setze ich das Vorstellen derselben vermittels meiner Erinnerungsspuren an die Aufwände bei ähnlichen Bewegungen. Das Vorstellen oder »Denken« unterscheidet sich vom Handeln oder Ausführen vor allem dadurch, daß es sehr viel geringere Besetzungsenergien in Verschiebung bringt und den Hauptaufwand vom Abfluß zurückhält[1]. Auf welche Weise wird aber das quantitative Moment – das mehr oder minder Große – der wahrgenommenen Bewegung in der Vorstellung zum Ausdruck gebracht? Und wenn eine Darstellung der Quantität in der aus Qualitäten zusammengesetzten Vorstellung wegfällt, wie kann ich dann die Vorstellungen verschieden großer Bewegungen unterscheiden, den Vergleich anstellen, auf den es hier ankommt?

Hier weist uns die Physiologie den Weg, indem sie uns lehrt, daß auch während des Vorstellens Innervationen zu den Muskeln ablaufen, die freilich nur einem bescheidenen Aufwand entsprechen. Es liegt aber jetzt sehr nahe anzunehmen, daß dieser das Vorstellen begleitende Innervationsaufwand zur Darstellung des quantitativen Faktors der Vorstellung verwendet wird, daß er größer ist, wenn eine große Bewegung vorgestellt wird, als wenn es sich um eine kleine handelt. Die Vorstellung der größeren Bewegung wäre also hier wirklich die größere, d. h. von größerem Aufwand begleitete Vorstellung.

Die Beobachtung zeigt nun unmittelbar, daß die Menschen gewöhnt sind, das Groß und Klein in ihren Vorstellungsinhalten durch mannigfachen Aufwand in einer Art von *Vorstellungsmimik* zum Ausdruck zu bringen.

Wenn ein Kind oder ein Mann aus dem Volke oder ein Angehöriger gewisser Rassen etwas mitteilt oder schildert, so kann man leicht sehen, daß er sich nicht damit begnügt, seine Vorstellung durch die Wahl klarer Worte dem Hörer deutlich zu machen, sondern daß er auch den Inhalt derselben in seinen Ausdrucksbewegungen darstellt; er verbindet die mimische mit der wörtlichen Darstellung. Er bezeichnet zumal die Quantitäten und Intensitäten. »Ein hoher Berg«, dabei hebt er die Hand über seinen Kopf; »ein kleiner Zwerg«, dabei hält er sie nahe an den Boden. Er mag es sich abgewöhnt haben, mit den Händen zu malen,

---

[1] [Dieses wichtige Prinzip ist von Freud schon in der *Traumdeutung* (1900*a*, *Studienausgabe*, Bd. 2, S. 569) dargestellt worden, wenn auch vielleicht nicht so klar wie hier. Sehr deutlich wird es in der Arbeit ›Formulierungen über die zwei Prinzipien des psychischen Geschehens‹ (1911*b*, *Studienausgabe*, Bd. 3, S. 20) herausgearbeitet und kommt auch in späteren Arbeiten oft vor, so in der 32. Vorlesung der *Neuen Folge der Vorlesungen zur Einführung in die Psychoanalyse* (1933*a*, *Studienausgabe*, Bd. 1, S. 524).]

so wird er es darum doch mit der Stimme tun, und wenn er sich auch darin beherrscht, so mag man wetten, daß er bei der Schilderung von etwas Großem die Augen aufreißt und bei der Darstellung von etwas Kleinem die Augen zusammendrückt. Es sind nicht seine Affekte, die er so äußert, sondern wirklich der Inhalt des von ihm Vorgestellten.

Soll man nun annehmen, daß dies Bedürfnis nach Mimik erst durch die Anforderung der Mitteilung geweckt wird, während doch ein gutes Stück dieser Darstellungsweise der Aufmerksamkeit des Hörers überhaupt entgeht? Ich glaube vielmehr, daß diese Mimik, wenn auch minder lebhaft, abgesehen von jeder Mitteilung besteht, daß sie auch zustande kommt, wenn die Person für sich allein vorstellt, etwas anschaulich denkt; daß diese Person dann das Groß und Klein an ihrem Körper ebenso wie während der Rede zum Ausdruck bringt, durch veränderte Innervation an ihren Gesichtszügen und Sinnesorganen wenigstens. Ja, ich kann mir denken, daß die dem Inhalt des Vorgestellten konsensuelle Körperinnervation der Beginn und Ursprung der Mimik zu Mitteilungszwecken war; sie brauchte ja nur gesteigert, dem anderen auffällig gemacht zu werden, um dieser Absicht dienen zu können. Wenn ich so die Ansicht vertrete, daß zu dem »Ausdruck der Gemütsbewegungen«, der als körperliche Nebenwirkung seelischer Vorgänge bekannt ist, dieser »Ausdruck des Vorstellungsinhalts« hinzugefügt werden sollte, so ist mir gewiß klar, daß meine auf die Kategorie des Großen und Kleinen bezüglichen Bemerkungen das Thema nicht erschöpfen. Ich wüßte selbst noch mancherlei dazuzutun, noch ehe man zu den Spannungsphänomenen gelangt, durch welche eine Person die Sammlung ihrer Aufmerksamkeit und das Niveau der Abstraktion, auf dem ihr Denken eben verweilt, körperlich anzeigt. Ich halte den Gegenstand für recht bedeutsam und glaube, daß die Verfolgung der Vorstellungsmimik auf anderen Gebieten der Ästhetik ähnlich nützlich sein dürfte wie hier für das Verständnis des Komischen.

Um nun zur Komik der Bewegung zurückzukehren, wiederhole ich, daß mit der Wahrnehmung einer bestimmten Bewegung der Impuls zu ihrer Vorstellung durch einen gewissen Aufwand gegeben sein wird. Ich mache also beim »Verstehenwollen«, bei der Apperzeption dieser Bewegung einen gewissen Aufwand, verhalte mich bei diesem Stück des seelischen Vorganges ganz so, als ob ich mich an die Stelle der beobachteten Person versetzte. Wahrscheinlich gleichzeitig fasse ich aber das Ziel dieser Bewegung ins Auge und kann durch frühere Erfahrung das Maß von Aufwand abschätzen, welches zur Erreichung dieses Zieles erforderlich ist.

Ich sehe dabei von der beobachteten Person ab und benehme mich so, als ob ich selbst das Ziel der Bewegung erreichen wollte. Diese beiden Vorstellungsmöglichkeiten kommen auf einen Vergleich der beobachteten mit meiner eigenen Bewegung hinaus. Bei einer übermäßigen und unzweckmäßigen Bewegung des anderen wird mein Mehraufwand fürs Verständnis *in statu nascendi*, gleichsam in der Mobilmachung gehemmt [vgl. S. 142], als überflüssig erklärt und ist für weitere Verwendung, eventuell für die Abfuhr durch Lachen frei. Dieser Art wäre, wenn andere günstige Bedingungen hinzutreten, die Entstehung der Lust an der komischen Bewegung, ein bei der Vergleichung mit der eigenen Bewegung als Überschuß unverwendbar gewordener Innervationsaufwand.

Wir merken nun, daß wir unsere Erörterungen nach zwei verschiedenen Richtungen fortzusetzen haben, erstens um die Bedingungen für die Abfuhr des Überschusses festzustellen, zweitens um zu prüfen, ob die anderen Fälle des Komischen sich ähnlich fassen lassen wie das Komische der Bewegung.

Wir wenden uns der letzteren Aufgabe zuerst zu und ziehen nach dem Komischen der Bewegung und Handlung das Komische in Betracht, das an den geistigen Leistungen und Charakterzügen des anderen gefunden wird.

Wir können den komischen Unsinn, wie er von unwissenden Kandidaten im Examen produziert wird, zum Muster der Gattung nehmen; schwieriger ist es wohl, von den Charakterzügen ein einfaches Beispiel zu geben. Es darf uns nicht irremachen, daß Unsinn und Dummheit, die so häufig komisch wirken, doch nicht in allen Fällen als komisch empfunden werden, ebenso wie die nämlichen Charaktere, über die wir das eine Mal als komisch lachen, andere Male uns als verächtlich oder hassenswert erscheinen können. Diese Tatsache, der Rechnung zu tragen wir nicht vergessen dürfen, deutet doch nur darauf hin, daß für die komische Wirkung noch andere Verhältnisse als die der uns bekannten Vergleichung in Betracht kommen, Bedingungen, denen wir in anderem Zusammenhange nachspüren können. [Vgl. S. 202 ff.]

Das Komische, das an geistigen und seelischen Eigenschaften eines anderen gefunden wird, ist offenbar wiederum Ergebnis einer Vergleichung zwischen ihm und meinem Ich, aber merkwürdigerweise einer Vergleichung, die zumeist das entgegengesetzte Resultat geliefert hat wie im Falle der komischen Bewegung oder Handlung. In diesem letzteren Falle war es komisch, wenn der andere sich mehr Aufwand auferlegt hatte, als ich zu gebrauchen glaubte; im Falle der seelischen Leistung wird es hingegen komisch, wenn der andere sich Aufwand erspart hat, den ich für unerläßlich halte, denn Unsinn und Dummheit sind ja Minderleistungen. Im ersteren Falle lache ich, weil er es sich zu schwer, im letzteren, weil er es sich zu leicht gemacht hat. Es kommt also scheinbar für die komische Wirkung nur auf die Differenz zwischen den beiden Besetzungsaufwänden – dem der »Einfühlung« und dem des Ichs – an und nicht darauf, zu wessen Gunsten diese Differenz aussagt. Diese unser Urteil zunächst verwirrende Sonderbarkeit schwindet aber, wenn man in Erwägung zieht, daß es in der Richtung unserer persönlichen Entwicklung zu einer höheren Kulturstufe liegt, unsere Muskelarbeit einzuschränken und unsere Gedankenarbeit zu steigern. Durch Erhöhung unseres Denkaufwandes erzielen wir eine Verringerung unseres Bewegungsaufwandes für die nämliche Leistung, von welchem Kulturerfolg ja unsere Maschinen Zeugnis ablegen [1].

Es fügt sich also einem einheitlichen Verständnis, wenn derjenige uns komisch erscheint, der für seine körperlichen Leistungen zu viel und für seine seelischen Leistungen zu wenig Aufwand im Vergleich mit uns treibt, und es ist nicht abzuweisen, daß unser Lachen in diesen beiden Fällen der Ausdruck der lustvoll empfundenen Überlegenheit ist, die wir uns ihm gegenüber zusprechen. Wenn das Verhältnis sich in beiden Fällen umkehrt, der somatische Aufwand des anderen geringer und sein seelischer größer gefunden wird als der unserige, dann lachen wir nicht mehr, dann staunen und bewundern wir [2].

Der hier erörterte Ursprung der komischen Lust aus der Vergleichung der anderen Person mit dem eigenen Ich – aus der Differenz zwischen dem Einfühlungsaufwand und dem eigenen – ist wahscheinlich der genetisch bedeutsamste. Sicher steht aber, daß er nicht der einzige geblieben ist. Wir haben irgend einmal gelernt, von solcher Vergleichung zwischen dem anderen und dem Ich abzusehen und die lustbringende Differenz uns von nur einer Seite her zu holen, sei es von der Einfühlung her, sei es aus den Vorgängen im eigenen Ich, womit der Beweis erbracht ist, daß das Gefühl der Überlegenheit keine wesentliche Beziehung zur komischen Lust hat. Eine Vergleichung ist für die Entstehung

---

[1] »Was man nicht im Kopfe hat«, sagt das Sprichwort, »muß man in den Beinen haben.«

[2] Diese durchgehende Gegensätzlichkeit in den Bedingungen des Komischen, daß bald ein Zuviel, bald ein Zuwenig als die Quelle der komischen Lust erscheint, hat zur Verwirrung des Problems nicht wenig beigetragen. Vgl. Lipps (1898, S. 47).

dieser Lust [trotzdem] unentbehrlich; wir finden, daß diese Vergleichung statthat zwischen zwei rasch aufeinanderfolgenden und auf dieselbe Leistung bezüglichen Besetzungsaufwänden, die wir entweder auf dem Wege der Einfühlung in den anderen bei uns herstellen oder ohne solche Beziehung in unseren eigenen seelischen Vorgängen finden. Der erste Fall, bei dem die andere Person also noch eine Rolle spielt, nur nicht ihr Vergleich mit unserem Ich, ergibt sich, wenn die lustbringende Differenz der Besetzungsaufwände hergestellt wird durch äußere Einflüsse, die wir als »Situation« zusammenfassen können, weshalb diese Art Komik auch *Situationskomik* genannt wird. Die Eigenschaften der Person, welche das Komische liefert, kommen dabei nicht hauptsächlich in Betracht; wir lachen, auch wenn wir uns sagen müssen, daß wir in derselben Situation das nämliche hätten tun müssen. Wir ziehen hier die Komik aus dem Verhältnis des Menschen zur oft übermächtigen Außenwelt, als welche sich für die seelischen Vorgänge im Menschen auch die Konventionen und Notwendigkeiten der Gesellschaft, ja selbst seine eigenen leiblichen Bedürfnisse darstellen. Ein typischer Fall der letzten Art ist es, wenn jemand in einer Tätigkeit, die seine seelischen Kräfte in Anspruch nimmt, plötzlich gestört wird durch einen Schmerz oder ein exkrementelles Bedürfnis. Der Gegensatz, welcher uns bei der Einfühlung die komische Differenz liefert, ist der zwischen dem hohen Interesse vor der Störung und dem minimalen, welches er nach Eintritt der Störung noch für seine seelische Tätigkeit übrig hat. Die Person, die uns diese Differenz liefert, wird uns wiederum als eine unterlegene komisch; sie ist aber nur unterlegen im Vergleiche mit ihrem früheren Ich und nicht im Vergleiche zu uns, da wir wissen, daß wir uns im gleichen Falle nicht anders benehmen könnten. Es ist aber bemerkenswert, daß wir dieses Unterliegen des Menschen nur im Falle der Einfühlung, also beim anderen komisch finden können, während wir selbst im Falle solcher und ähnlicher Verlegenheiten uns nur peinlicher Gefühle bewußt würden. Wahrscheinlich ermöglicht uns erst dieses Fernhalten des Peinlichen von unserer Person, die aus der Vergleichung der wechselnden Besetzungen sich ergebende Differenz als eine lustvolle zu genießen.

Die andere Quelle des Komischen, die wir in unseren eigenen Besetzungswandlungen finden, liegt in unseren Beziehungen zum Zukünftigen, welches wir gewohnt sind, durch unsere Erwartungsvorstellungen zu antizipieren. Ich nehme an, daß ein quantitativ bestimmter Aufwand unserer jedesmaligen Erwartungsvorstellung zugrunde liegt, der sich also im Falle der Enttäuschung um eine bestimmte Differenz vermin-

dert, und berufe mich hier wiederum auf die vorhin gemachten Bemerkungen über »Vorstellungsmimik«. Es scheint mir aber leichter, den wirklich mobil gemachten Besetzungsaufwand für die Fälle der Erwartung zu erweisen. Es ist für eine Reihe von Fällen ganz offenkundig, daß motorische Vorbereitungen den Ausdruck der Erwartung bilden, zunächst für alle Fälle, in denen das erwartete Ereignis Ansprüche an meine Motilität stellt, und diese Vorbereitungen sind ohne weiteres quantitativ bestimmbar. Wenn ich einen Ball aufzufangen erwarte, der mir zugeworfen wird, so versetze ich meinen Körper in Spannungen, die ihn befähigen sollen, dem Anprall des Balls standzuhalten, und die überschüssigen Bewegungen, die ich mache, wenn sich der aufgefangene Ball als zu leicht erweist, machen mich den Zuschauern komisch. Ich habe mich durch die Erwartung zu einem übermäßigen Bewegungsaufwand verführen lassen. Desgleichen, wenn ich z. B. eine für schwer gehaltene Frucht aus einem Korb hebe, die aber zu meiner Täuschung hohl, aus Wachs nachgeahmt ist. Meine Hand verrät durch ihr Emporschnellen, daß ich eine für den Zweck übergroße Innervation vorbereitet hatte, und ich werde dafür verlacht. Ja es gibt wenigstens einen Fall, in welchem der Erwartungsaufwand durch das physiologische Experiment am Tier unmittelbar meßbar aufgezeigt werden kann. In den Pawlowschen Versuchen über Speichelsekretionen werden Hunden, denen eine Speichelfistel angelegt worden ist, verschiedene Nahrungsmittel vorgezeigt, und die abgesonderten Mengen Speichel schwanken dann, je nachdem die Versuchsbedingungen die Erwartungen des Hundes, mit dem Vorgezeigten gefüttert zu werden, bestärkt oder getäuscht haben.
Auch wo das Erwartete bloß Ansprüche an meine Sinnesorgane und nicht an meine Motilität stellt, darf ich annehmen, daß die Erwartung sich in einer gewissen motorischen Verausgabung zur Spannung der Sinne, zur Abhaltung anderer nicht erwarteter Eindrücke äußert, und darf überhaupt die Einstellung der Aufmerksamkeit als eine motorische Leistung, die einem gewissen Aufwand gleichkommt, auffassen. Ich darf ferner voraussetzen, daß die vorbereitende Tätigkeit der Erwartung nicht unabhängig sein wird von der Größe des erwarteten Eindrucks, sondern daß ich das Groß oder Klein derselben mimisch durch einen größeren oder kleineren Vorbereitungsaufwand darstellen werde wie im Falle der Mitteilung und im Falle des Denkens ohne zu erwarten. Der Erwartungsaufwand wird sich allerdings aus mehreren Komponenten zusammensetzen, und auch für meine Enttäuschung wird verschiedenes in Betracht kommen, nicht nur ob das Eingetroffene sinnlich größer

oder kleiner ist als das Erwartete, sondern auch, ob es des großen Interesses würdig ist, welches ich für die Erwartung aufgeboten hatte. Ich werde auf diese Weise etwa dazu angeleitet, außer dem Aufwand für die Darstellung von Groß und Klein (der Vorstellungsmimik), den Aufwand für die Spannung der Aufmerksamkeit (Erwartungsaufwand) und bei anderen Fällen überdies den Abstraktionsaufwand in Betracht zu ziehen. Aber diese anderen Arten von Aufwand lassen sich leicht auf den für Groß und Klein zurückführen, da ja das Interessantere, das Erhabenere und selbst das Abstraktere nur besonders qualifizierte Spezialfälle des Größeren sind. Nehmen wir hinzu, daß nach Lipps u. a. der *quantitative* – und nicht der qualitative – Kontrast in erster Linie als Quelle der komischen Lust angesehen wird, so werden wir im ganzen damit zufrieden sein, daß wir das Komische der Bewegung zum Ausgangspunkt unserer Untersuchung gewählt haben.

In Ausführung des Kantschen Satzes, »das Komische sei eine in nichts zergangene Erwartung« [1], hat Lipps in seinem hier wiederholt zitierten Buche [1898, 50ff.] den Versuch gemacht, die komische Lust ganz allgemein aus der Erwartung abzuleiten. Trotz der vielen lehrreichen und wertvollen Ergebnisse, welche dieser Versuch zutage gefördert hat, möchte ich aber der von anderen Autoren geäußerten Kritik beipflichten, daß Lipps das Ursprungsgebiet des Komischen um vieles zu eng gefaßt hat und dessen Phänomene seiner Formel nicht ohne großen Zwang unterwerfen konnte.

[2]

Die Menschen haben sich nicht damit begnügt, das Komische zu genießen, wo sie im Erleben darauf stoßen, sondern danach gestrebt, es absichtlich herzustellen, und man erfährt mehr vom Wesen des Komischen, wenn man die Mittel studiert, welche zum Komischmachen dienen. Man kann vor allem das Komische an seiner eigenen Person zur Erheiterung anderer hervorrufen, z. B. indem man sich ungeschickt oder dumm stellt. Man erzeugt dann die Komik genauso, als ob man es wirklich wäre, indem man die Bedingung der Vergleichung, die zur Aufwanddifferenz führt, erfüllt; man macht sich selbst aber nicht lächerlich oder verächtlich dadurch, sondern kann unter Umständen sogar Bewunderung erzielen. Das Gefühl der Überlegenheit kommt beim anderen nicht zustande,

---

[1] [Vgl. die Anm. auf S. 16.]

wenn er weiß, daß man sich bloß verstellt hat, und dies gibt einen guten neuerlichen Beweis für die prinzipielle Unabhängigkeit der Komik vom Überlegenheitsgefühl [s. S. 182 und S. 208].

Als Mittel, einen anderen komisch zu machen, dient vor allem die Versetzung in Situationen, in denen man infolge der menschlichen Abhängigkeit von äußeren Verhältnissen, insbesondere sozialen Momenten, komisch wird, ohne Rücksicht auf die persönlichen Eigenschaften des Betroffenen, also die Ausnützung der Situationskomik. Diese Versetzung in eine komische Situation mag eine reale sein *(a practical joke)*, indem man jemandem ein Bein stellt, so daß er wie ein Ungeschickter hinfällt, ihn dumm erscheinen läßt, dadurch daß man seine Gläubigkeit ausnützt, ihm etwas Unsinniges einzureden sucht u. dgl., oder sie kann durch Rede oder Spiel fingiert werden. Es ist ein gutes Hilfsmittel der Aggression, in deren Dienst sich das Komischmachen zu stellen pflegt, daß die komische Lust unabhängig ist von der Realität der komischen Situation; so daß jeder eigentlich wehrlos dem Komischgemachtwerden ausgesetzt ist.

Es gibt aber noch andere Mittel zum Komischmachen, die eine besondere Würdigung verdienen und zum Teil auch neue Ursprünge der komischen Lust aufzeigen. Hieher gehört z. B. die *Nachahmung*, die dem Hörer eine ganz außerordentliche Lust gewährt und ihren Gegenstand komisch macht, auch wenn sie sich von der karikierenden Übertreibung noch fernhält. Es ist viel leichter, die komische Wirkung der *Karikatur* als die der bloßen Nachahmung zu ergründen. Karikatur, Parodie und Travestie, sowie deren praktisches Gegenstück: die Entlarvung, richten sich gegen Personen und Objekte, die Autorität und Respekt beanspruchen, in irgendeinem Sinne *erhaben* sind. Es sind Verfahren zur Herabsetzung, wie der glückliche Ausdruck der deutschen Sprache besagt[1]. Das Erhabene ist ein Großes im übertragenen, im psychischen Sinne, und ich möchte die Annahme machen oder vielmehr erneuern, daß dasselbe wie das somatisch Große durch einen Mehraufwand dargestellt wird. Es gehört wenig Beobachtung dazu, um festzustellen, daß ich, wenn ich vom Erhabenen rede, meine Stimme anders innerviere, andere Mienen mache und meine ganze Körperhaltung gleichsam in Einklang mit der Würde dessen zu bringen suche, was ich vorstelle. Ich lege mir einen feierlichen Zwang auf, nicht viel anders, als

[1] *Degradation.* A. Bain (1865) sagt: *The occasion of the ludicrous is the degradation of some person or interest, possessing dignity, in circumstances that excite no other strong emotion* (S. 248).

wenn ich mich in die Gegenwart einer erhabenen Persönlichkeit, eines Monarchen, eines Fürsten der Wissenschaft begeben soll. Ich werde kaum irregehen, wenn ich annehme, daß diese andere Innervation der Vorstellungsmimik einem Mehraufwand entspricht. Den dritten Fall[1] eines solchen Mehraufwandes finde ich wohl, wenn ich mich in abstrakten Gedankengängen anstatt in den gewohnten konkreten und plastischen Vorstellungen ergehe. Wenn nun die besprochenen Verfahren zur Herabsetzung des Erhabenen mich dieses wie ein Gewöhnliches vorstellen lassen, bei dem ich mich nicht zusammennehmen muß, in dessen idealer Gegenwart ich es mir »kommod« machen kann, wie die militärische Formel lautet, ersparen sie mir den Mehraufwand des feierlichen Zwanges, und der Vergleich dieser durch die Einfühlung angeregten Vorstellungsweise mit der bisher gewohnten, die sich gleichzeitig herzustellen sucht, schafft wiederum die Aufwanddifferenz, die durch Lachen abgeführt werden kann.

Die *Karikatur* stellt die Herabsetzung bekanntlich her, indem sie aus dem Gesamtausdrucke des erhabenen Objekts einen einzelnen an sich komischen Zug heraushebt, welcher übersehen werden mußte, solange er nur im Gesamtbilde wahrnehmbar war. Durch dessen Isolierung kann nun ein komischer Effekt erzielt werden, der sich auf das Ganze in unserer Erinnerung erstreckt. Bedingung ist dabei, daß nicht die Anwesenheit des Erhabenen selbst uns in der Disposition der Ehrerbietung festhalte. Wo ein solcher übersehener komischer Zug in Wirklichkeit fehlt, da schafft ihn die Karikatur unbedenklich durch die Übertreibung eines an sich nicht komischen. Es ist wiederum kennzeichnend für den Ursprung der komischen Lust, daß der Effekt der Karikatur durch solche Verfälschung der Wirklichkeit nicht wesentlich beeinträchtigt wird.

Parodie und *Travestie* erreichen die Herabsetzung des Erhabenen auf andere Weise, indem sie die Einheitlichkeit zwischen den uns bekannten Charakteren von Personen und deren Reden und Handlungen zerstören, entweder die erhabenen Personen oder deren Äußerungen durch niedrige ersetzen. Darin unterscheiden sie sich von der Karikatur, nicht aber durch den Mechanismus der Produktion von komischer Lust. Der nämliche Mechanismus gilt auch noch für die *Entlarvung*, die nur dort in Betracht kommt, wo jemand Würde und Autorität durch einen Trug an sich gerissen hat, die ihm in der Wirklichkeit abgenommen werden

[1] [Die beiden anderen Fälle sind wohl das somatisch Große und das Erhabene.]

müssen. Den komischen Effekt der Entlarvung haben wir durch einige Beispiele beim Witze kennengelernt, z. B. in jener Geschichte von der vornehmen Dame, die in den ersten Geburtswehen: *Ah, mon dieu* ruft, welcher der Arzt aber nicht eher Beistand leisten will, als bis sie: Ai, waih geschrien hat [S. 78]. Nachdem wir nun die Charaktere des Komischen kennengelernt haben, können wir nicht mehr bestreiten, daß diese Geschichte eigentlich ein Beispiel von komischer Entlarvung ist und keinen berechtigten Anspruch hat, ein Witz geheißen zu werden. An den Witz erinnert sie bloß durch die Inszenierung, durch das technische Mittel der »Darstellung durch ein Kleinstes« [loc. cit.], hier also den Schrei, der zur Indikationsstellung ausreichend gefunden wird. Es bleibt indes bestehen, daß unser Sprachgefühl, wenn wir es zur Entscheidung anrufen, sich nicht dagegen sträubt, eine solche Geschichte einen Witz zu heißen. Wir mögen die Erklärung hiefür in der Überlegung finden, daß der Sprachgebrauch nicht von der wissenschaftlichen Einsicht in das Wesen des Witzes ausgeht, welche wir uns in dieser mühseligen Untersuchung erworben haben. Da es zu den Leistungen des Witzes gehört, verdeckte Quellen der komischen Lust wieder zugänglich zu machen (S. 98), kann in lockerer Analogie jeder Kunstgriff, der nicht offenkundige Komik an den Tag bringt, ein Witz genannt werden. Dies letztere trifft aber vorzugsweise für die Entlarvung zu, wie auch sonst für andere Methoden des Komischmachens [1].

Zur *»Entlarvung«* kann man auch jene uns schon bekannten Verfahren zum Komischmachen rechnen, welche die Würde des einzelnen Menschen herabsetzen, indem sie auf seine allgemeinmenschliche Gebrechlichkeit, besonders aber auf die Abhängigkeit seiner seelischen Leistungen von körperlichen Bedürfnissen aufmerksam machen. Die Entlarvung wird dann gleichbedeutend mit der Mahnung: Dieser und jener gleich einem Halbgott Bewunderte ist doch auch nur ein Mensch wie ich und du. Ferner gehören alle Bemühungen hieher, hinter dem Reichtum und der scheinbaren Freiheit der psychischen Leistungen den monotonen psychischen Automatismus bloßzulegen. Wir haben Beispiele von solchen »Entlarvungen« bei den Heiratsvermittlerwitzen kennengelernt und wohl damals den Zweifel gefühlt, ob wir diese Geschichten mit Recht zu den Witzen rechnen [S. 64]. Wir können nun mit größerer Sicherheit entscheiden, daß die Anekdote von dem Echo [S. 63], wel-

[1] »So heißt überhaupt Witz jedes bewußte und geschickte Hervorrufen der Komik, sei es der Komik der Anschauung oder der Situation. Natürlich können wir auch diesen Begriff des Witzes hier nicht brauchen.« Lipps (1898, S. 78).

ches alle Behauptungen des Heiratsvermittlers bekräftigt und zuletzt auch dessen Zugeständnis, die Braut habe einen Höcker, mit dem Ausrufe verstärkt: Aber, was für einen Höcker! im wesentlichen eine komische Geschichte ist, ein Beispiel von Entlarvung des psychischen Automatismus. Die komische Geschichte dient aber hier doch nur als Fassade; für jedermann, der auf den verborgenen Sinn der Heiratsvermittleranekdoten achten will, bleibt das Ganze ein vortrefflich inszenierter Witz [S. 99 ff.]. Wer nicht soweit eindringt, bleibt bei der komischen Geschichte stehen. Ähnliches gilt für den anderen Witz vom Heiratsvermittler, der, um einen Einwand zu widerlegen, schließlich durch den Ausruf: »Aber ich bitte Sie, wer wird denn solchen Leuten etwas leihen!« die Wahrheit zugesteht [S. 63]; eine komische Entlarvung als Fassade für einen Witz. Doch ist der Charakter des Witzes hier weit unverkennbarer, denn die Rede des Vermittlers ist gleichzeitig eine Darstellung durchs Gegenteil. Indem er beweisen will, daß die Leute reich sind, beweist er zugleich, daß sie nicht reich, sondern sehr arm sind. Witz und Komik kombinieren sich hier und lehren uns, daß die nämliche Aussage zugleich witzig und komisch sein kann.

Wir ergreifen gern die Gelegenheit, von der Komik der Entlarvung auf den Witz zurückzugehen, da ja die Klärung des Verhältnisses zwischen Witz und Komik, nicht die Wesensbestimmung des Komischen unsere eigentliche Aufgabe ist. Wir reihen darum dem Falle der Aufdeckung des psychischen Automatismus, für den uns das Gefühl, ob etwas komisch oder witzig sei, im Stiche gelassen hat, einen anderen an, in dem gleichfalls Witz und Komik sich miteinander verwirren, den Fall der Unsinnswitze. Unsere Untersuchung wird uns aber schließlich zeigen, daß für diesen zweiten Fall das Zusammentreffen von Witz und Komik theoretisch ableitbar ist. [Vgl. S. 191 f.]

Wir haben bei der Erörterung der Witztechniken gefunden, daß das Gewährenlassen solcher Denkweisen, wie sie im Unbewußten üblich sind und die im Bewußten nur als »Denkfehler« beurteilt werden können, das technische Mittel sehr vieler Witze ist, an deren Witzcharakter wir dann doch wieder zweifeln konnten, so daß wir geneigt waren, sie einfach als komische Geschichten zu klassifizieren [S. 60]. Wir konnten zu keiner Entscheidung über unseren Zweifel gelangen, weil uns zunächst der wesentliche Charakter des Witzes nicht bekannt war. Später fanden wir diesen, durch die Analogie mit der Traumarbeit geleitet, in der Kompromißleistung der Witzarbeit zwischen den Anforderungen der vernünftigen Kritik und dem Trieb, auf die alte Wort- und Unsinnslust nicht zu verzichten [S. 129 f.]. Was so als Kompromiß zustande kam, wenn der vorbewußte Ansatz des Gedankens für einen Moment der unbewußten Bearbeitung überlassen wurde, genügte in allen Fällen beiderlei Ansprüchen, präsentierte sich aber der Kritik in verschiedenen Formen und mußte sich verschiedene Beurteilungen von ihr gefallen lassen. Es war dem Witz das eine Mal gelungen, sich die Form eines bedeutungslosen, aber immerhin zulässigen Satzes zu erschleichen, das andere Mal sich im Ausdruck eines wertvollen Gedankens einzuschmuggeln; im Grenzfalle der Kompromißleistung aber hatte er auf die Befriedigung der Kritik verzichtet und war, trotzend auf die Lustquellen, über die er verfügte, als barer Unsinn vor ihr erschienen, hatte sich nicht gescheut, ihren Widerspruch wachzurufen, weil er darauf rechnen konnte, daß der Hörer die Verunstaltung seines Ausdrucks durch die unbewußte Bearbeitung redressieren und ihm so seinen Sinn wiedergeben würde.

In welchem Falle wird nun der Witz vor der Kritik als Unsinn erscheinen? Besonders dann, wenn er sich jener Denkweisen bedient, die im Unbewußten üblich, im bewußten Denken verpönt sind, also der Denkfehler. Gewisse der Denkweisen des Unbewußten sind nämlich auch für das Bewußte erhalten geblieben, z. B. manche Arten der indirekten Darstellung, die Anspielung usw., wenngleich deren bewußter Gebrauch größeren Beschränkungen unterliegt. Mit diesen Techniken wird der Witz bei der Kritik keinen oder geringen Anstoß erregen; dieser Erfolg tritt erst ein, wenn er sich auch jener Mittel als Technik bedient, von denen das bewußte Denken nichts mehr wissen will. Der Witz kann den Anstoß immer noch vermeiden, wenn er den angewandten Denkfehler verhüllt, ihn mit einem Schein von Logik verkleidet wie in der Geschichte von Torte und Likör [S. 59], Lachs mit Mayonnaise [S. 50] und ähnlichen. Bringt er den Denkfehler aber unverhüllt, so ist der Einspruch der Kritik gewiß.

In diesem Falle kommt dem Witz nun etwas anderes zugute. Die Denkfehler, die er als Denkweisen des Unbewußten für seine Technik benützt, erscheinen der Kritik – wenn auch nicht regelmäßig so – als komisch. Das bewußte Gewährenlassen der unbewußten und als fehlerhaft verworfenen Denkweisen ist ein Mittel zur Erzeugung der komischen Lust, und dies ist leicht zu verstehen, denn zur Herstellung der vorbewußten Besetzung bedarf es gewiß eines größeren Aufwandes als zum Gewährenlassen der unbewußten. Indem wir beim Anhören des wie im Unbewußten gebildeten Gedankens diesen mit seiner Korrektur vergleichen, ergibt sich für uns die Aufwanddifferenz, aus welcher die komische Lust hervorgeht. Ein Witz, der sich solcher Denkfehler als Technik bedient und darum unsinnig erscheint, kann also gleichzeitig komisch wirken. Kommen wir dem Witze nicht auf die Spur, so erübrigt uns wiederum nur die komische Geschichte, der Schwank.

Die Geschichte vom geborgten Kessel, der bei der Zurückstellung ein Loch hatte, wobei sich der Entlehner verantwortete, erstens habe er überhaupt keinen Kessel geborgt, zweitens sei dieser schon bei der Entlehnung durchlöchert gewesen, und drittens habe er ihn unversehrt, ohne Loch, zurückgestellt (S. 61), ist ein vortreffliches Beispiel einer rein komischen Wirkung durch Gewährenlassen unbewußter Denkweise. Gerade dieses Einanderaufheben von mehreren Gedanken, von denen jeder für sich gut motiviert ist, fällt im Unbewußten weg. Der Traum, an dem ja die Denkweisen des Unbewußten manifest werden, kennt dementsprechend auch kein Entweder–Oder[1], nur ein gleichzeitiges Nebeneinander. In jenem Traumbeispiel meiner *Traumdeutung*, das ich trotz seiner Komplikation zum Muster für die Deutungsarbeit gewählt habe[2], suche ich mich von dem Vorwurf zu entlasten, daß ich die Schmerzen einer Patientin nicht durch psychische Kur zum Verschwinden gebracht habe. Meine Begründungen lauten: 1. sie sei selbst an ihrem Kranksein schuld, weil sie meine Lösung nicht annehmen wolle, 2. ihre Schmerzen seien organischer Herkunft, gehen mich also gar nichts an, 3. ihre Schmerzen hängen mit ihrer Witwenschaft zusammen, an der ich ja nicht schuld bin, 4. ihre Schmerzen rühren von einer Injektion mit verunreinigter Spritze her, die ihr ein anderer gegeben hat. Alle diese Gründe stehen nun so nebeneinander, als schlösse nicht der eine den anderen aus. Ich müßte für das »Und« des Traumes ein »Entweder–Oder« einsetzen, um dem Vorwurf des Unsinns zu entgehen.

Eine ähnliche komische Geschichte wäre die, daß sich in einem ungarischen Dorf der Schmied ein todwürdiges Verbrechen habe zuschulden kommen lassen, der Bürgermeister aber habe beschlossen, zur Sühne nicht den Schmied, sondern einen Schneider aufhängen zu lassen, denn es wären zwei Schneider im Dorfe ansässig, aber kein anderer Schmied, und Sühne müßte sein[3]. Eine solche Verschiebung von der Person des Schuldigen auf einen anderen widerspricht natürlich allen Gesetzen bewußter

[1] Dies wird höchstens vom Erzähler als Deutung eingesetzt.

[2] Vgl. *Die Traumdeutung* [(1900*a*), II. Kapitel, wo gleichfalls die Geschichte vom geborgten Kessel herangezogen wird. S. *Studienausgabe*, Bd. 2, S. 138 f.].

[3] [Diese Lieblingsanekdote Freuds findet sich außerdem in der 11. der *Vorlesungen zur Einführung in die Psychoanalyse* (1916–17), *Studienausgabe*, Bd. 1, S. 182, wie auch im IV. Kapitel von *Das Ich und das Es* (1923*b*), *Studienausgabe*, Bd. 3, S. 312.]

Logik, keineswegs aber der Denkweise des Unbewußten. Ich stehe nicht an, diese Geschichte komisch zu heißen, und doch habe ich die vom Kessel unter den Witzen angeführt. Ich gebe nun zu, daß auch letztere viel richtiger als »komisch« denn als witzig zu bezeichnen ist. Ich verstehe aber nun, wie es zugeht, daß mein sonst so sicheres Gefühl mich im Zweifel lassen kann, ob diese Geschichte komisch oder witzig ist. Es ist dies der Fall, in dem ich nach dem Gefühl die Entscheidung nicht treffen kann, wenn nämlich die Komik durch Aufdeckung der dem Unbewußten ausschließlich eigenen Denkweisen entsteht. Eine derartige Geschichte kann komisch und witzig zugleich sein; sie wird mir aber den Eindruck des Witzigen machen, auch wenn sie bloß komisch ist, weil die Verwendung der Denkfehler des Unbewußten mich an den Witz mahnt, ebenso wie vorhin (S. 188) die Veranstaltungen zur Aufdeckung verborgener Komik.

Ich muß Wert darauf legen, diesen heikelsten Punkt meiner Auseinandersetzungen, das Verhältnis des Witzes zur Komik, klarzustellen, und will darum das Gesagte durch einige negative Sätze ergänzen. Zunächst kann ich darauf aufmerksam machen, daß der hier behandelte Fall des Zusammentreffens von Witz und Komik mit dem vorigen (S. 188) nicht identisch ist. Es ist dies zwar eine feinere Unterscheidung, aber sie ist mit Sicherheit zu machen. Im vorigen Falle rührte die Komik von der Aufdeckung des psychischen Automatismus her. Dieser ist nun keineswegs dem Unbewußten allein eigentümlich und spielt auch keine auffällige Rolle unter den Techniken des Witzes. Die Entlarvung tritt nur zufällig zum Witze in Beziehung, indem sie einer anderen Technik des Witzes, z. B. der Darstellung durch das Gegenteil dient. Im Falle des Gewährenlassens unbewußter Denkweisen ist aber das Zusammentreffen von Witz und Komik ein notwendiges, weil dasselbe Mittel, das bei der ersten Person des Witzes zur Technik der Lustentbindung verwendet wird, seiner Natur nach bei der dritten Person komische Lust erzeugt.

Man könnte in die Versuchung geraten, diesen letzten Fall zu verallgemeinern, und die Beziehung des Witzes zur Komik darin suchen, daß die Wirkung des Witzes auf die dritte Person nach dem Mechanismus der komischen Lust erfolgt. Aber davon ist keine Rede, die Berührung mit dem Komischen trifft keineswegs für alle oder auch nur die meisten Witze zu; in den meisten Fällen sind Witz und Komik vielmehr reinlich zu scheiden. So oft es dem Witz gelingt, dem Anschein des Unsinnigen zu entgehen, also bei den meisten Doppelsinn- und Anspielungswitzen, ist von einer dem Komischen ähnlichen Wirkung beim Hörer nichts zu entdecken. Man mache die Probe an den früher mitgeteilten Beispielen oder an einigen neuen, die ich anführen kann.

Glückwunschtelegramm zum 70. Geburtstag eines Spielers: *»Trente et quarante.«* (Zerteilung [S. 33 und S. 43] mit Anspielung.)

Hevesi beschreibt einmal den Prozeß der Tabakfabrikation: »Die hellgelben Blätter... wurden da in eine *Beize getunkt* und in dieser *Tunke gebeizt.«* (Mehrfache Verwendung des nämlichen Materials.)

Madame de Maintenon wurde Mme. de *Maintenant* genannt. (Namensmodifikation.)

Prof. Kästner [vgl. S. 122] sagt zu einem Prinzen, der sich während einer Demonstration vor das Fernrohr gestellt: »Mein Prinz, ich weiß wohl, daß Sie durch*läuchtig* sind, aber Sie sind nicht durch*sichtig.«*

Graf Andrássy wurde der *Minister des schönen Äußeren* genannt[1].

Man könnte ferner glauben, daß wenigstens alle Witze mit Unsinnsfassade komisch erscheinen und so wirken müssen. Allein ich erinnere hier daran, daß solche Witze sehr oft eine andere Wirkung auf den Hörer haben, Verblüffung und Neigung zur Ablehnung hervorrufen (s. S. 130, Anm.). Es kommt also offenbar darauf an, ob der Unsinn des Witzes als komischer oder als gemeiner, barer Unsinn erscheint, wofür wir die Bedingung noch nicht erforscht haben. Wir verbleiben demnach bei dem Schlusse, daß der Witz seiner Natur nach vom Komischen zu sondern ist und nur einerseits in gewissen speziellen Fällen, anderseits in der Tendenz, Lust aus intellektuellen Quellen zu gewinnen, mit ihm zusammentrifft.

Während dieser Untersuchungen über die Beziehungen von Witz und Komik enthüllt sich uns nun jener Unterschied, den wir als den bedeutsamsten betonen müssen und der gleichzeitig auf einen psychologischen Hauptcharakter der Komik hinweist. Die Quelle der Lust des Witzes mußten wir in das Unbewußte verlegen; keine Veranlassung zur gleichen Lokalisation ist für das Komische erfindlich. Vielmehr deuten alle Analysen, die wir bisher angestellt haben, darauf hin, daß die Quelle der komischen Lust die Vergleichung zweier Aufwände ist, die wir beide dem Vorbewußten zuordnen müssen. Witz und Komik unterscheiden sich vor allem in der psychischen Lokalisation; *der Witz ist sozusagen der Beitrag zur Komik aus dem Bereich des Unbewußten.*

---

[1] [Graf Gyula Andrássy (1823–1890), langjähriger österreichisch-ungarischer Außenminister, galt als Dandy.]

[3]

Wir brauchen uns nicht zu beschuldigen, daß wir uns in eine Abschweifung eingelassen haben, da ja das Verhältnis des Witzes zur Komik der Anlaß ist, welcher uns zur Untersuchung des Komischen gedrängt hat. Es ist aber wohl an der Zeit, daß wir zu unserem dermaligen Thema zurückkehren, zur Behandlung der Mittel, welche dem Komischmachen dienen. Wir haben die Erörterung der Karikatur und der Entlarvung vorausgeschickt, weil wir aus ihnen beiden einige Anknüpfungen für die Analyse der Komik der *Nachahmung* entnehmen können. Die Nachahmung ist wohl zumeist mit Karikatur, Übertreibung einiger sonst nicht auffälliger Züge versetzt [S. 187] und trägt auch den Charakter der Herabsetzung an sich. Doch scheint ihr Wesen hiemit nicht erschöpft; es ist unleugbar, daß sie an sich eine außerordentlich ergiebige Quelle der komischen Lust darstellt, indem wir gerade über die Treue der Nachahmung besonders lachen. Es ist nicht leicht, hiefür eine befriedigende Aufklärung zu geben, wenn man sich nicht der Ansicht von Bergson (1900) anschließen will, durch welche die Komik der Nachahmung nahe an die durch Aufdeckung des psychischen Automatismus herangerückt wird. Bergson meint, daß alles dasjenige komisch wirkt, was bei einer lebenden Person an einen unbelebten Mechanismus denken läßt. Seine Formel hiefür lautet: *Mécanisation de la vie.* Er erklärt die Komik der Nachahmung, indem er an ein Problem anknüpft, welches Pascal in seinen *Pensées* aufgestellt, warum man bei der Vergleichung zweier ähnlicher Gesichter lache, von denen keines an sich komisch wirke. »Das Lebende soll sich nach unserer Erwartung niemals völlig ähnlich wiederholen. Wo wir solche Wiederholung finden, vermuten wir jedesmal einen Mechanismus, der hinter diesem Lebenden steckt.« [Bergson, ibid., S. 35.] Wenn man zwei Gesichter von zu weitgehender Ähnlichkeit sieht, denkt man an zwei Abdrücke aus derselben Form oder an ein ähnliches Verfahren der mechanischen Herstellung. Kurz, die Ursache des Lachens wäre in diesen Fällen die Abweichung des Lebenden gegen das Leblose hin; wir können sagen, die Degradierung des Lebenden zum Leblosen (loc. cit.). Wenn wir diese einschmeichelnden Ausführungen Bergsons gelten lassen, fällt es uns übrigens nicht schwer, seine Ansicht unserer eigenen Formel zu unterwerfen. Durch die Erfahrung belehrt, daß jedes Lebende ein anderes ist und eine Art von Aufwand von unserem Verständnis fordert, finden wir uns enttäuscht, wenn wir infolge vollkommener Übereinstimmung oder täuschender Nachahmung keines neuen Aufwandes bedürfen. Wir sind aber enttäuscht im Sinne der Erleichterung, und der überflüssig gewordene Erwartungsaufwand wird durch Lachen abgeführt. Die nämliche Formel würde auch alle bei Bergson gewürdigten Fälle der komischen Erstarrung *(raideur)*, der professionellen Gewohnheiten, fixen Ideen und bei jedem Anlaß wiederholten Redensarten decken. Alle diese Fälle würden auf den Vergleich des Erwartungsaufwandes mit dem zum Verständnis des sich gleich Gebliebenen erforderlichen ausgehen, wobei die größere Erwartung sich auf die Beobachtung der individuellen Mannigfaltigkeit und Plastizität des Lebenden stützt. Bei der Nachahmung wäre also nicht die Situations-, sondern die Erwartungskomik die Quelle der komischen Lust [S. 183 f.].

Da wir die komische Lust allgemein von einer Vergleichung ableiten, obliegt es uns, auch das Komische des Vergleichs selbst zu untersuchen, welcher ja gleichfalls als Mittel zum Komischmachen dient. Unser Interesse für diese Frage wird eine Steigerung erfahren, wenn wir uns erinnern, daß uns oft auch im Falle des Gleichnisses das »Gefühl«, ob etwas ein Witz oder bloß komisch zu nennen sei, im Stiche zu lassen pflegt (s. S. 78 f.).

Das Thema verdiente freilich mehr Sorgfalt, als wir ihm von unserem Interesse her zuteil werden lassen können. Die Haupteigenschaft, nach welcher wir beim Gleichnis fragen, ist, ob dasselbe treffend ist, d. h. ob es auf eine wirklich vorhandene Übereinstimmung zweier verschiedener Objekte aufmerksam macht. Die ursprüngliche Lust am Wiederfinden des Gleichen (Groos, 1899, S. 153 [s. auch oben S. 115 f.]) ist nicht das einzige Motiv, welches den Gebrauch der Vergleichung begünstigt; es kommt hinzu, daß das Gleichnis einer Verwendung fähig ist, welche eine Erleichterung der intellektuellen Arbeit mit sich bringt, wenn man nämlich, wie zumeist üblich, das Unbekanntere mit dem Bekannteren, das Abstrakte mit dem Konkreten vergleicht und durch diesen Vergleich das Fremdere und Schwierigere erläutert. Mit jeder solchen Vergleichung, speziell des Abstrakten mit dem Sachlichen, ist eine gewisse Herabsetzung und eine gewisse Ersparung an Abstraktionsaufwand (im Sinne einer Vorstellungsmimik) verbunden [S. 184 f.], doch reicht dieselbe natürlich nicht hin, um den Charakter des Komischen deutlich hervortreten zu lassen. Dieser taucht nicht plötzlich, sondern allmählich aus der Erleichterungslust der Vergleichung auf; es gibt reichlich Fälle, die bloß ans Komische streifen, bei denen man zweifeln könnte, ob sie den komischen Charakter zeigen. Unzweifelhaft komisch wird die Vergleichung, wenn der Niveauunterschied des Abstraktionsaufwandes zwischen beiden Verglichenen sich steigert, wenn etwas Ernstes und Fremdes, insbesondere intellektueller oder moralischer Natur, in den Vergleich mit etwas Banalem und Niedrigem gezogen wird. Die vorherige Erleichterungslust und der Beitrag aus den Bedingungen der Vorstellungsmimik mögen etwa den allmählichen, durch quantitative Verhältnisse bestimmten Übergang des allgemein Lustvollen in das Komische bei der Vergleichung erklären. Ich gehe wohl Mißverständnissen aus dem Wege, indem ich hervorhebe, daß ich die komische Lust beim Gleichnis nicht aus dem Kontrast der beiden Verglichenen, sondern aus der Differenz der beiden Abstraktionsaufwände ableite. Das schwer zu fassende Fremde, Abstrakte, eigentlich intellektuell Erhabene wird nun durch die behauptete Übereinstimmung mit einem vertrauten Niedrigen, bei dessen Vorstellung jeder Abstraktionsaufwand wegfällt, selbst als etwas ebenso Niedriges entlarvt. Die Komik der Vergleichung reduziert sich also auf einen Fall von Degradierung.

Der Vergleich kann nun, wie wir früher gesehen haben, witzig sein ohne die Spur von komischer Beimengung, dann nämlich, wenn er gerade der Herabsetzung ausweicht. So ist der Vergleich der Wahrheit mit einer Fackel, die man nicht durch ein Gedränge tragen kann, ohne jemandem den Bart zu versengen [S. 80], rein witzig, weil er eine erloschene Redensart (»Die Fackel der Wahrheit«) vollwertig nimmt, und gar nicht komisch, weil die Fackel als Objekt einer gewissen Vornehmheit, obwohl sie ein konkreter Gegenstand ist, nicht entbehrt. Ein Vergleich kann aber leicht ebensowohl witzig sein als auch komisch, und zwar das eine unabhängig vom anderen, indem die Vergleichung ein Behelf für gewisse Techniken des Witzes, z. B. die Unifizierung oder die Anspielung wird. So ist der Nestroysche Vergleich der Erinnerung mit einem »Magazin« (S. 82) gleichzeitig komisch und witzig, ersteres wegen der außerordentlichen Herabsetzung, die sich der psychologische Begriff im Vergleich mit einem »Magazin« gefallen lassen muß, das andere aber, weil der, welcher den Vergleich gebraucht, ein Kommis ist, in dieser Vergleichung also eine ganz unerwartete Unifizierung zwischen der Psychologie und seiner Berufstätigkeit herstellt. Die Heinesche Zeile »Bis mir endlich alle Knöpfe rissen an der Hose der Geduld« [S. 82] erscheint zunächst bloß als ein ausgezeichnetes Beispiel eines komisch erniedrigenden Vergleichs; bei näherer Überlegung muß man ihr aber auch den Charakter des Witzigen zugestehen, da der Vergleich als Mittel der Anspielung ins Bereich des Obszönen einschlägt und es so zustande bringt, die Lust am Obszönen frei zu machen. Aus dem nämlichen Material entsteht für uns durch ein freilich nicht ganz zufälliges Zusammentreffen gleichzeitig komischer und witziger Lustgewinn; mögen die Bedingungen des einen auch die Entstehung des anderen fördern, für das »Gefühl«, welches uns angeben soll, ob hier Witz oder Komik vorliegt, ist solche Vereinigung ein verwirrender Einfluß, und erst eine von der Lustdisposition unabhängig gewordene aufmerksame Untersuchung kann die Entscheidung bringen.

So verlockend es wäre, diesen intimeren Bedingtheiten des komischen Lustgewinnes nachzuspüren, so muß doch der Autor sich vorhalten, daß weder seine Vorbildung noch sein täglicher Beruf ihn berechtigen, seine Untersuchungen weit hinaus über die Sphäre des Witzes zu erstrecken, und darf eingestehen, daß gerade das Thema der komischen Vergleichung ihm seine Inkompetenz fühlbar macht.

Wir lassen uns also gern daran mahnen, daß viele Autoren die scharfe begriffliche und sachliche Scheidung zwischen Witz und Komik nicht anerkennen, zu der wir uns veranlaßt sahen, und daß diese den Witz einfach als das »Komische der Rede« oder »der Worte« hinstellen. Zur Prüfung dieser Ansicht wollen wir uns je ein Beispiel von absichtlicher und von unfreiwilliger Komik der Rede für den Vergleich mit dem Witze auswählen. Wir haben bereits an einer früheren Stelle bemerkt, daß wir uns sehr wohl imstande glauben, komische Rede von witziger Rede zu unterscheiden.

»Mit einer Gabel und mit Müh'
zog ihn die Mutter aus der Brüh'« [S. 67]

ist bloß komisch; Heines Satz von den vier Kasten der Bevölkerung Göttingens [S. 67]

Professoren, Studenten, Philister und Vieh

ist aber exquisit witzig.

Für die absichtliche Komik der Rede nehme ich Stettenheims »Wippchen« als Muster[1]. Man nennt Stettenheim witzig, weil er in besonderem Grade die Geschicklichkeit besitzt, das Komische hervorzurufen. Der Witz, den man »hat«, im Gegensatz zu dem, den man »macht«, ist in der Tat durch diese Fähigkeit zutreffend bestimmt. Es ist unleugbar, daß die Briefe des Bernauer Korrespondenten Wippchen auch wit-

[1] [Julius Stettenheim (1831–1916), Berliner Journalist.]

zig sind, insoferne sie reichlich Witze jeder Art, darunter ernsthaft gelungene (»festlich entkleidet« von einer Parade bei Wilden) eingestreut enthalten; was diesen Produktionen aber ihren eigentümlichen Charakter verleiht, sind nicht diese vereinzelten Witze, sondern das in ihnen fast überreichlich quellende Komische der Rede. »Wippchen« ist gewiß eine ursprünglich satirisch gemeinte Figur, eine Modifikation des G. Freytagschen Schmock [1], einer jener Ungebildeten, die mit dem Bildungsschatz der Nation Handel und Mißbrauch treiben, aber das Behagen an den bei ihrer Darstellung erzielten komischen Effekten hat beim Autor offenbar die satirische Tendenz allmählich in den Hintergrund gedrängt. Die Produktionen Wippchens sind zum großen Teil »komischer Unsinn«; der durch Häufung solcher Leistungen erzielten Luststimmung hat sich der Autor – übrigens mit Recht – bedient, um neben durchaus Zulässigem allerlei Abgeschmacktes vorzubringen, was für sich allein nicht zu vertragen wäre. Der Unsinn Wippchens erscheint nun als ein spezifischer infolge einer besonderen Technik. Faßt man diese »Witze« näher ins Auge, so fallen einige Gattungen besonders auf, die der ganzen Produktion ihr Gepräge geben. Wippchen bedient sich vorwiegend der Zusammensetzungen (Verschmelzungen), der Modifikationen bekannter Redensarten und Zitate und der Ersetzungen einzelner banaler Elemente in diesen durch meist anspruchsvollere, höherwertige Ausdrucksmittel. Das geht allerdings nahe an die Techniken des Witzes heran.

Verschmelzungen sind z. B. (aus der Vorrede und den ersten Seiten der ganzen Reihe ausgesucht):

»Die Türkei hat Geld wie Heu am Meere«; was aus den beiden Redensarten:

»Geld wie Heu«
»Geld wie Sand am Meere«

zusammengeflickt ist. Oder: »Ich bin nichts mehr als eine entlaubte Säule, die von entschwundener Pracht zeugt«, verdichtet aus »entlaubter Stamm« und »eine Säule, die usw.« Oder: »Wo ist der Ariadnefaden, der aus der Skylla dieses Augiasstalles herausleitet?«, wozu drei griechische Sagen je ein Element beigesteuert haben.

Die Modifikationen und Ersetzungen kann man ohne viel Zwang zusammenfassen; ihr Charakter ergibt sich aus nachstehenden, Wippchen

---

[1] [»Schmock« ist der skrupellose Journalist in Gustav Freytags Lustspiel *Die Journalisten.*]

eigentümlichen Beispielen, in denen regelmäßig ein anderer, geläufiger, meist banaler, zum Gemeinplatz herabgesunkener Wortlaut durchschimmert:

»Mir Papier und Tinte höher zu hängen.« Man sagt: einem den Brotkorb höher hängen bildlich für: einen unter erschwerende Bedingungen versetzen. Warum sollte man dieses Bild also nicht auf anderes Material erstrecken dürfen?

»Schlachten, in denen die Russen einmal den Kürzeren, einmal den Längeren ziehen.« Nur die erstere Redensart ist bekanntlich im Gebrauche; nach der Ableitung derselben wäre es sogar nicht unsinnig, auch die andere in Aufnahme zu bringen.

»Schon früh regte sich in mir der Pegasus.« Mit dem Rückersatz »der Dichter« ist dies eine durch häufigen Gebrauch bereits entwertete selbstbiographische Wendung. »Pegasus« eignet sich zwar nicht zum Ersatz für »Dichter«, steht aber in Gedankenrelation zu ihm und ist ein hochklingendes Wort.

»So durchlebte ich dornenvolle Kinderschuhe.« Durchaus ein Bildnis anstatt eines einfachen Wortes. »Die Kinderschuhe austreten« ist eines der Bilder, die mit dem Begriff Kindheit zusammenhängen.

Aus der Fülle anderer Produktionen Wippchens kann man manche als Beispiele reiner Komik hervorheben, z. B. als komische Enttäuschung: Stundenlang wogte das Gefecht, endlich blieb es unentschieden, oder als komische Entlarvung (der Unwissenheit): Klio, die Meduse der Geschichte; Zitate wie: *Habent sua fata morgana*[1]. Unser Interesse wecken aber eher die Verschmelzungen und Modifikationen, weil sie bekannte Techniken des Witzes wiederbringen. Man vergleiche z. B. zu den Modifikationen Witze wie: Er hat eine große Zukunft hinter sich [S. 29] – Er hat ein Ideal vor dem Kopf [S. 74] – die Lichtenbergschen Modifikationswitze: Neue Bäder heilen gut [S. 73] u. dgl. Sind die Produktionen Wippchens mit der gleichen Technik nun Witze zu heißen, oder wodurch unterscheiden sie sich von solchen?

Es ist gewiß nicht schwierig, darauf zu antworten. Erinnern wir uns daran, daß der Witz dem Hörer ein Doppelgesicht zeigt, ihn zu zwei verschiedenen Auffassungen zwingt. Bei den Unsinnswitzen, wie die letzterwähnten, lautet die eine Auffassung, die nur den Wortlaut be-

---

[1] [Der Ausspruch »*Habent sua fata libelli*« (»Bücher haben ihre Schicksale«) wird dem römischen Komödiendichter Terenz zugeschrieben. »*Fata Morgana*« ist bekanntlich die italienische Bezeichnung für eine besondere Art von Luftspiegelung in der Straße von Messina: von der Fee Morgane, der Schwester König Arthurs abgeleitet.]

rücksichtigt, er sei ein Unsinn; die andere, die den Andeutungen folgend beim Hörer den Weg durch das Unbewußte zurücklegt, findet den ausgezeichneten Sinn. Bei den witzähnlichen Produktionen Wippchens ist das eine der Angesichte des Witzes leer, wie verkümmert; ein Januskopf, aber nur ein Angesicht ausgebildet. Man gerät auf nichts, wenn man sich von der Technik ins Unbewußte verlocken läßt. Aus den Verschmelzungen wird man zu keinem Fall geführt, in dem die beiden Verschmolzenen wirklich einen neuen Sinn ergeben; diese fallen bei einem Versuch der Analyse gänzlich auseinander. Die Modifikationen und Ersetzungen führen wie beim Witz auf einen gebräuchlichen und bekannten Wortlaut, aber die Modifikation oder Ersetzung sagt selbst nichts anderes und in der Regel auch nichts Mögliches oder Brauchbares. Es bleibt also für diese »Witze« nur die eine Auffassung als Unsinn übrig. Man kann nun nach Belieben darüber entscheiden, ob man solche Produktionen, die sich von einem der wesentlichsten Charaktere des Witzes frei gemacht haben, »schlechte« Witze oder überhaupt nicht Witze heißen will.

Unzweifelhaft machen solche verkümmerte Witze einen komischen Effekt, den wir uns auf mehr als eine Weise zurechtlegen können. Entweder entsteht die Komik aus der Aufdeckung der Denkweisen des Unbewußten wie in früher betrachteten Fällen [s. z. B. S. 191 f.], oder es ist der Vergleich mit dem vollkommenen Witz, aus dem die Lust hervorgeht. Es hindert uns nichts anzunehmen, daß beiderlei Entstehungsweisen der komischen Lust hier zusammentreffen. Es ist nicht abzuweisen, daß gerade die unzulängliche Anlehnung an den Witz den Unsinn hier zu einem komischen Unsinn macht.

Es gibt nämlich andere leicht zu durchschauende Fälle, in denen solche Unzulänglichkeit durch den Vergleich mit dem zu Leistenden den Unsinn unwiderstehlich komisch werden läßt. Das Gegenstück des Witzes, das Rätsel [S. 66, Anm.], kann uns hiefür vielleicht bessere Beispiele als der Witz selbst geben. Eine Scherzfrage [S. 144, Anm. 1] lautet z. B.: Was ist das: Es hängt an der Wand und man kann sich an ihm die Hände abtrocknen? Es wäre ein dummes Rätsel, wenn die Antwort lauten würde: Ein Handtuch. Diese Antwort wird vielmehr zurückgewiesen. – Nein, ein Hering. – Aber um Gottes willen, heißt dann der entsetzte Einwand, ein Hering hängt doch nicht an der Wand. – Du kannst ihn ja hinhängen. – Aber wer wird sich denn an einem Hering die Hände abtrocknen? – Nun, sagt die beschwichtigende Antwort, du mußt ja nicht. – Diese durch zwei typische Verschiebungen gegebene

Aufklärung zeigt, wieviel dieser Frage zu einem wirklichen Rätsel fehlt, und wegen dieser absoluten Unzulänglichkeit erscheint sie anstatt bloß unsinnig dumm – unwiderstehlich komisch. Auf solche Weise, durch Nichteinhaltung wesentlicher Bedingungen können also Witz, Rätsel und anderes, die an sich komische Lust nicht ergeben, zu Quellen komischer Lust gemacht werden.

Noch geringere Schwierigkeiten bereitet dem Verständnis der Fall der unfreiwilligen Komik der Rede, den wir etwa in den Gedichten der Friederike Kempner (1891) in uns beliebender Häufigkeit verwirklicht finden können.

Gegen die Vivisektion.

Ein unbekanntes Band der Seelen kettet
Den Menschen an das arme Tier.
Das Tier hat einen Willen – ergo Seele –
Wenn auch 'ne kleinere als wir.

Oder ein Gespräch zwischen zärtlichen Ehegatten:

Der Kontrast.

»Wie glücklich bin ich«, ruft sie leise,
»Auch ich«, sagt lauter ihr Gemahl,
»Es macht mich deine Art und Weise
Sehr stolz auf meine gute Wahl!«

Hier ist nun nichts, was an den Witz erinnert. Ohne Zweifel ist es aber die Unzulänglichkeit dieser »Dichtungen«, die sie komisch macht, die ganz außerordentliche Plumpheit ihrer Ausdrucksweise, die an die alltäglichsten oder dem Zeitungsstil entnommenen Redensarten gebunden ist, die einfältige Beschränktheit ihrer Gedanken, das Fehlen jeder Spur von poetischer Denk- oder Redensweise. Bei alledem ist es nicht selbstverständlich, daß wir die Gedichte der Kempner komisch finden; viele ähnliche Produktionen finden wir bloß herzlich schlecht, belachen sie nicht, sondern ärgern uns über sie. Gerade die Größe des Abstandes von unseren Anforderungen an ein Gedicht drängt aber zur komischen Auffassung; wo diese Differenz geringer ausfiele, wären wir eher zur Kritik als zum Lachen geneigt. Ferner wird die komische Wirkung bei den Gedichten der Kempner durch andere Nebenumstände gesichert, durch die unverkennbare gute Absicht der Verfasserin und durch eine gewisse, unseren Spott oder unseren Ärger entwaffnende Gefühlsinnigkeit, die wir hinter ihren hilflosen Phrasen verspüren. Wir werden hier an ein Problem gemahnt, dessen Würdigung wir uns aufgeschoben haben. Die

Aufwanddifferenz ist gewiß die Grundbedingung der komischen Lust, aber die Beobachtung zeigt, daß aus solcher Differenz nicht jedesmal Lust hervorgeht. Welche Bedingungen müssen hinzukommen oder welche Störungen hintangehalten werden, damit die komische Lust sich aus der Aufwanddifferenz wirklich ergeben könne? Ehe wir uns aber der Beantwortung dieser Frage zuwenden, wollen wir als Abschluß der vorigen Erörterungen feststellen, daß das Komische der Rede nicht zusammenfällt mit dem Witz, der Witz also etwas anderes sein muß als das Komische der Rede. [Vgl. S. 197.]

[4]

Im Begriffe, nun an die Beantwortung der letztgestellten Frage, nach den Bedingungen der Entstehung komischer Lust aus der Aufwanddifferenz heranzutreten, dürfen wir uns eine Erleichterung gestatten, die uns selbst nicht anders als zur Lust gereichen kann. Die genaue Beantwortung dieser Frage wäre identisch mit einer erschöpfenden Darstellung der Natur des Komischen, zu der wir uns weder die Fähigkeit noch die Befugnis zusprechen können. Wir werden uns wiederum damit begnügen, das Problem des Komischen nur so weit zu beleuchten, bis es sich deutlich von dem des Witzes abhebt.

Allen Theorien des Komischen ist von ihren Kritikern der Einwurf gemacht worden, daß ihre Definition das für die Komik Wesentliche übersieht. Das Komische beruht auf einem Vorstellungskontrast; ja, insofern dieser Kontrast komisch und nicht anders wirkt. Das Gefühl der Komik rührt vom Zergehen einer Erwartung her; ja, wenn diese Enttäuschung nicht gerade peinlich ist. Die Einwürfe sind ohne Zweifel berechtigt, aber man überschätzt sie, wenn man aus ihnen schließt, daß das wesentliche Kennzeichen des Komischen bisher der Auffassung entschlüpft ist. Was die Allgemeingültigkeit jener Definitionen beeinträchtigt, sind Bedingungen, die für die Entstehung der komischen Lust unerläßlich sind, ohne daß man das Wesen der Komik in ihnen suchen müßte. Die Abweisung der Einwendungen und die Aufklärung der Widersprüche gegen die Definitionen des Komischen wird uns allerdings erst leicht, wenn wir die komische Lust aus der Vergleichsdifferenz zweier Aufwände hervorgehen lassen. Die komische Lust und der Effekt, an dem sie erkannt wird, das Lachen, können erst dann entstehen, wenn diese Differenz unverwendbar und abfuhrfähig wird. Wir gewinnen keinen Lusteffekt, sondern höchstens ein flüchtiges Lustgefühl, an dem der komische Charakter nicht hervortritt, wenn die Differenz, sobald sie erkannt wird, eine andere Verwendung erfährt. Wie beim Witz besondere Veranstaltungen getroffen sein müssen, um die anderweitige Verwendung des als überflüssig erkannten Aufwandes zu verhüten [S. 142 ff.], so kann auch die komische Lust nur unter Verhältnissen entstehen, welche diese letztere Bedingung erfüllen. Die Fälle, in denen in unserem Vorstellungsleben solche Aufwanddifferenzen entstehen, sind daher ungemein zahlreich; die Fälle, in denen das Komische aus ihnen hervorgeht, vergleichsweise recht selten.

Zwei Bemerkungen drängen sich dem Beobachter auf, der die Bedingungen für die Entstehung des Komischen aus der Aufwanddifferenz auch nur flüchtig überblickt, erstens daß es Fälle gibt, in denen sich die Komik regelmäßig und wie notwendig einstellt, und im Gegensatze zu ihnen andere, in denen dies durchaus von den Bedingungen des Falles und dem Standpunkt des Beobachters abhängig erscheint; zweitens aber, daß ungewöhnlich große Differenzen sehr häufig ungünstige Bedingungen durchbrechen, so daß das komische Gefühl diesen zum Trotz entsteht. Man könnte mit Bezug auf den ersten Punkt zwei Klassen aufstellen, die des unabweisbar Komischen und die des gelegentlich Komischen, obwohl man von vornherein darauf verzichten müßte, in der ersten Klasse die Unabweisbarkeit des Komischen frei von Ausnahmen zu finden. Es wäre verlockend, den für beide Klassen maßgebenden Bedingungen nachzugehen.

Wesentlich für die zweite Klasse gelten die Bedingungen, von denen man einen Teil als die »Isolierung« [1] des komischen Falles zusammengefaßt hat. Eine nähere Zerlegung macht etwa folgende Verhältnisse kenntlich:

a) Die günstigste Bedingung für die Entstehung der komischen Lust ergibt die allgemein heitere Stimmung, in welcher man »zum Lachen aufgelegt« ist. Bei toxischer Heiterstimmung erscheint fast alles komisch, wahrscheinlich durch Vergleich mit dem Aufwande in normaler Verfassung. Witz, Komik und alle ähnlichen Methoden des Lustgewinnes aus seelischer Tätigkeit sind ja weiter nichts als Wege, um diese heitere Stimmung – Euphorie –, wenn sie nicht als allgemeine Disposition der Psyche vorhanden ist, von einem einzelnen Punkte aus wiederzugewinnen.

b) Ähnlich begünstigend wirkt die Erwartung des Komischen, die Einstellung auf die komische Lust. Daher reichen bei der Absicht, komisch

---

[1] [Dies wird auf S. 209 etwas näher erläutert.]

zu machen, wenn sie vom anderen geteilt wird, Differenzen von so geringer Höhe aus, daß sie wahrscheinlich übersehen worden wären, wenn sie sich im absichtslosen Erleben ereignet hätten. Wer eine komische Lektüre vornimmt oder zu einer Posse ins Theater geht, dankt es dieser Absicht, daß er dann über Dinge lacht, die in seinem gewöhnlichen Leben kaum einen Fall des Komischen für ihn ergeben hätten. Er lacht zuletzt bei der Erinnerung gelacht zu haben, bei der Erwartung zu lachen, wenn er den komischen Darsteller erst auftreten sieht, ehe dieser den Versuch unternehmen konnte, ihn zum Lachen zu bringen. Man gesteht darum auch zu, daß man sich nachträglich schämt, worüber man im Theater lachen konnte.

c) Ungünstige Bedingungen für die Komik ergeben sich aus der Art der seelischen Tätigkeit, welche das Individuum im Moment beschäftigt. Vorstellungs- oder Denkarbeit, welche ernste Ziele verfolgt, stört die Abfuhrfähigkeit der Besetzungen, deren sie ja für ihre Verschiebungen bedarf, so daß nur unerwartet große Aufwanddifferenzen zur komischen Lust durchbrechen können. Der Komik ungünstig sind ganz besonders alle Weisen des Denkvorganges, die sich vom Anschaulichen weit genug entfernen, um die Vorstellungsmimik aufhören zu lassen; bei abstraktem Nachdenken ist für die Komik überhaupt kein Raum mehr, außer wenn diese Denkweise plötzlich unterbrochen wird.

d) Die Gelegenheit zur Entbindung komischer Lust schwindet auch, wenn die Aufmerksamkeit gerade auf die Vergleichung eingestellt ist, aus welcher die Komik hervorgehen kann. Unter solchen Umständen verliert seine komische Kraft, was sonst am sichersten komisch wirkt. Eine Bewegung oder eine geistige Leistung kann nicht komisch für den werden, dessen Interesse eben darauf gerichtet ist, sie mit einem ihm klar vorschwebenden Maße zu vergleichen. So findet der Prüfer den Unsinn nicht komisch, den der Examinierte in seiner Unwissenheit produziert; er ärgert sich über ihn, während die Kollegen des Geprüften, die sich weit mehr dafür interessieren, welches Geschick dieser haben wird, als wieviel er weiß, denselben Unsinn herzlich belachen. Der Turn- oder Tanzlehrer hat nur selten ein Auge für das Komische der Bewegungen bei seinen Schülern, und dem Prediger entgeht durchaus das Komische an den Charakterfehlern der Menschen, das der Lustspieldichter so wirksam herauszufinden weiß. Der komische Prozeß verträgt nicht die Überbesetzung durch die Aufmerksamkeit, er muß durchaus unbeachtet vor sich gehen können, übrigens darin dem Witze ganz ähnlich [S. 142 ff.]. Es widerspräche aber der Nomenklatur der »Bewußtseinsvorgänge«, deren ich mich in der *Traumdeutung* mit gutem Grunde bedient habe, wollte man ihn einen notwendigerweise unbewußten nennen. Er gehört vielmehr dem Vorbewußten an, und man kann für solche Vorgänge, die sich im Vorbewußten abspielen und der Aufmerksamkeitsbesetzung, mit welcher Bewußtsein verbunden ist, entbehren, passend den Namen »automatische« verwenden. Der Prozeß der Vergleichung der Aufwände muß automatisch bleiben, wenn er komische Lust erzeugen soll.

e) Es ist überaus störend für die Komik, wenn der Fall, aus dem sie entstehen soll, gleichzeitig zu starker Affektentbindung Anlaß gibt. Die Abfuhr der wirksamen Differenz ist dann in der Regel ausgeschlossen. Affekte, Disposition und Einstellung des Individuums im jeweiligen Falle lassen es verständlich werden, daß das Komische mit dem Standpunkt der einzelnen Person auftaucht oder schwindet, daß es ein absolut Komisches nur in Ausnahmsfällen gibt. Die Abhängigkeit oder Relativität des Komischen ist darum weit größer als die des Witzes, der sich niemals ergibt, der regelmäßig gemacht wird und bei dessen Herstellung bereits auf die Bedingungen, unter denen er Annahme findet, geachtet werden kann. Die Affektentwicklung ist aber die intensivste unter den die Komik störenden Bedingungen und wird in dieser Bedeutung von keiner Seite verkannt[1]. Man sagt darum, das komische Gefühl käme am ehesten in halbwegs indifferenten Fällen ohne stärkere Gefühls- oder Interessenbeteiligung zustande. Doch kann man gerade in Fällen mit Affektentbindung eine besonders starke Aufwanddifferenz den Automatismus der Abfuhr herstellen sehen. Wenn der Oberst Butler[2] die Mahnungen Octavios *»bitter lachend«* mit dem Ausruf beantwortet:

»Dank vom Haus Österreich!«,

so hat seine Erbitterung das Lachen nicht verhindert, welches der Erinnerung an die Enttäuschung gilt, die er erfahren zu haben glaubt, und anderseits kann die Größe dieser Enttäuschung vom Dichter nicht eindrucksvoller geschildert werden, als indem er sie fähig zeigt, mitten im Sturm der entfesselten Affekte ein Lachen zu erzwingen. Ich würde meinen, daß diese Erklärung für alle Fälle anwendbar ist, in denen das Lachen bei anderen als lustvollen Gelegenheiten und mit intensiven peinlichen oder gespannten Affekten gemeinsam vorkommt.

---

[1] »Du hast leicht lachen, dich geht es nicht weiter an.«

[2] [In *Wallensteins Tod* von Schiller, II. Akt, 6. Szene.]

f) Wenn wir noch hinzufügen, daß die Entwicklung der komischen Lust durch jede andere lustvolle Zutat zum Falle wie durch eine Art von Kontaktwirkung gefördert werden kann (nach Art des Vorlustprinzips beim tendenziösen Witze), so haben wir die Bedingungen der komischen Lust gewiß nicht vollständig, aber doch für unsere Absicht hinreichend erörtert. Wir sehen dann, daß diesen Bedingungen sowie der Inkonstanz und Abhängigkeit des komischen Effekts keine andere Annahme so leicht genügt wie die Ableitung der komischen Lust von der Abfuhr einer Differenz, welche unter den wechselndsten Verhältnissen einer anderen Verwendung als der Abfuhr unterliegen kann.

[5]

Eine eingehendere Würdigung verdiente noch das Komische des Sexuellen und Obszönen, das wir hier aber nur mit wenigen Bemerkungen streifen wollen. Den Ausgangspunkt würde auch hier die Entblößung bilden[1]. Eine zufällige Entblößung wirkt auf uns komisch, weil wir die Leichtigkeit, mit welcher wir den Anblick genießen, mit dem großen Aufwand vergleichen, der sonst zur Erreichung dieses Zieles erforderlich wäre. Der Fall nähert sich so dem des Naiv-Komischen, ist aber einfacher als dieser. Jede Entblößung, zu deren Zuschauer – oder Zuhörer im Falle der Zote – wir von Seite eines Dritten gemacht werden, gilt gleich einem Komischmachen der entblößten Person. Wir haben gehört, daß es Aufgabe des Witzes wird, die Zote zu ersetzen und so eine verlorengegangene Quelle komischer Lust wieder zu eröffnen. Hingegen ist das Belauschen einer Entblößung für den Lauschenden kein Fall von Komik, weil die eigene Anstrengung dabei die Bedingung der komischen Lust aufhebt; es bleibt hier nur die sexuelle Lust am Erschauten übrig. In der Erzählung des Lauschers an einen anderen wird die belauschte Person wiederum komisch, weil der Gesichtspunkt vorwiegt, daß sie den Aufwand unterlassen hat, der zur Verhüllung ihres Geheimen am Platze gewesen wäre. Sonst ergeben sich aus dem Bereiche des Sexuellen und Obszönen die reichlichsten Gelegenheiten zum Gewinne komischer Lust neben der lustvollen sexuellen Erregtheit, insofern der Mensch in seiner Abhängigkeit von körperlichen Bedürfnissen gezeigt (Herabsetzung) oder hinter dem Anspruch der seelischen Liebe die leibliche Anforderung aufgedeckt werden kann (Entlarvung).

---

1 [Wie bei obszönen Witzen, S. 92.]

[6]

Eine Aufforderung, auch das Verständnis des Komischen in seiner Psychogenese zu suchen, hat sich überraschenderweise aus dem schönen und lebensfrischen Buche von Bergson *(Le rire)* ergeben. Bergson, dessen Formeln zur Erfassung des komischen Charakters uns bereits bekanntgeworden sind [S. 194 oben] – *»mécanisation de la vie«*, *»substitution quelconque de l'artificiel au naturel«* – gerät durch naheliegende Gedankenverbindung vom Automatismus auf den Automaten und sucht eine Reihe von komischen Effekten auf die verblaßte Erinnerung an ein Kinderspielzeug zurückzuführen. In diesem Zusammenhange erhebt er sich einmal zu einem Standpunkt, den er allerdings bald wieder verläßt; er sucht das Komische von der Nachwirkung der Kinderfreuden abzuleiten. *»Peut-être même devrions-nous pousser la simplification plus loin encore, remonter à nos souvenirs les plus anciens, chercher dans les jeux qui amusèrent l'enfant la première ébauche des combinaisons qui font rire l'homme... Trop souvent surtout nous méconnaissons ce qu'il y a d'encore enfantin, pour ainsi dire, dans la plupart de nos émotions joyeuses«* (1900, S. 68 ff.). Da wir nun den Witz bis auf ein durch die verständige Kritik versagtes Kinderspiel mit Worten und Gedanken zurückverfolgt haben [s. oben S. 121 ff.], muß es uns verlocken, auch diesen von Bergson vermuteten infantilen Wurzeln des Komischen nachzuspüren.

Wirklich stoßen wir auf eine ganze Reihe von Beziehungen, die uns vielversprechend erscheinen, wenn wir das Verhältnis der Komik zum Kinde untersuchen. Das Kind selbst erscheint uns keineswegs komisch, obwohl sein Wesen alle die Bedingungen erfüllt, die beim Vergleiche mit dem unserigen eine komische Differenz ergeben: den übermäßigen Bewegungs- wie den geringen geistigen Aufwand, die Beherrschung der seelischen Leistungen durch die körperlichen Funktionen und andere Züge. Das Kind wirkt auf uns nur dann komisch, wenn es sich nicht als Kind, sondern als ernsthafter Erwachsener gebärdet, und dann in der gleichen Weise wie andere sich verkleidende Personen; solange es aber das Wesen des Kindes beibehält, bereitet uns seine Wahrnehmung eine reine, vielleicht ans Komische anklingende Lust. Wir heißen es naiv, insofern es uns seine Hemmungslosigkeit zeigt, und naiv-komisch jene seiner Äußerungen, die wir bei einem anderen als obszön oder als witzig beurteilt hätten.

Anderseits geht dem Kinde das Gefühl für Komik ab. Dieser Satz scheint nicht mehr zu besagen, als daß das komische Gefühl sich erst im Laufe der seelischen Entwicklung irgend einmal einstellt wie so manches andere, und das wäre nun keineswegs merkwürdig, zumal da man zugestehen muß, daß es in Jahren, die man dem Kindesalter zurechnen muß, bereits deutlich hervortritt. Aber es läßt sich doch zeigen, daß die Behauptung, dem Kinde fehle das Gefühl des Komischen, mehr enthält als eine Selbstverständlichkeit. Zunächst wird es leicht einzusehen, daß es nicht anders sein kann, wenn unsere Auffassung richtig ist, welche das komische Gefühl von einer beim Verstehen des anderen sich ergebenden Aufwanddifferenz ableitet. Wählen wir wiederum das Komische der Bewegung als Beipiel. Der Vergleich, der die Differenz liefert, lautet in bewußte Formeln gebracht: So macht es der, und: So würde ich es machen, so habe ich es gemacht. Dem Kinde fehlt aber der im zweiten Satze enthaltene Maßstab, es versteht einfach durch Nachahmung, es macht es ebenso. Die Erziehung des Kindes beschenkt dasselbe mit dem Standard: So sollst du es machen; bedient es sich desselben nun bei der Vergleichung, so liegt ihm der Schluß nahe: Der hat es nicht recht gemacht, und: Ich kann es besser. In diesem Falle lacht es den anderen aus, es verlacht ihn im Gefühle seiner Überlegenheit. Es steht nichts im Wege, auch dieses Lachen von der Aufwanddifferenz abzuleiten, aber nach der Analogie mit den bei uns sich ereignenden Fällen von Verlachen dürfen wir schließen, daß beim Überlegenheitslachen des Kindes das komische Gefühl nicht verspürt wird. Es ist ein Lachen reiner Lust. Wo bei uns das Urteil der eigenen Überlegenheit sich deutlich einstellt, da lächeln wir bloß anstatt zu lachen, oder wenn wir lachen, können wir dies Bewußtwerden unserer Überlegenheit doch vom Komischen, das uns lachen macht, deutlich unterscheiden [vgl. S. 182 und S. 185 f.].

Es ist wahrscheinlich richtig zu sagen, das Kind lache aus reiner Lust unter verschiedenen Umständen, die wir als »komisch« empfinden und nicht zu motivieren verstehen, während die Motive des Kindes klare und angebbare sind. Wenn z. B. jemand auf der Straße ausgleitet und hinfällt, so lachen wir, weil dieser Eindruck – unbekannt warum – komisch ist. Das Kind lacht im gleichen Falle aus Überlegenheitsgefühl oder aus Schadenfreude: Du bist gefallen, und ich nicht. Gewisse Lustmotive des Kindes scheinen uns Erwachsenen verlorenzugehen, dafür verspüren wir unter den gleichen Bedingungen das »komische« Gefühl als Ersatz für das Verlorene.

Dürfte man verallgemeinern, so erschiene es recht verlockend, den gesuchten spezifischen Charakter des Komischen in die Erweckung des

Infantilen zu verlegen, das Komische als das wiedergewonnene »verlorene Kinderlachen« zu erfassen. Man könnte dann sagen, ich lache jedesmal über eine Aufwanddifferenz zwischen dem anderen und mir, wenn ich in dem anderen das Kind wiederfinde. Oder genauer ausgedrückt, der vollständige Vergleich, der zum Komischen führt, würde lauten:

So macht es der – Ich mache es anders –

Der macht es so, wie ich es als Kind gemacht habe.

Dieses Lachen gälte also jedesmal dem Vergleich zwischen dem Ich des Erwachsenen und dem Ich als Kind. Selbst die Ungleichsinnigkeit der komischen Differenz, daß mir bald das Mehr, bald das Minder des Aufwandes komisch erscheint [vgl. S. 182, Anm. 2], würde mit der infantilen Bedingung stimmen; das Komische ist dabei tatsächlich stets auf der Seite des Infantilen.

Es widerspricht dem nicht, daß das Kind selbst als Objekt der Vergleichung mir keinen komischen, sondern einen rein lustvollen Eindruck macht; auch nicht, daß dieser Vergleich mit dem Infantilen nur dann komisch wirkt, wenn eine andere Verwendung der Differenz vermieden wird. Denn dabei kommen die Bedingungen der Abfuhr in Betracht. Alles was einen psychischen Vorgang in einen Zusammenhang einschließt, wirkt der Abfuhr der überschüssigen Besetzung entgegen und führt diese einer anderen Verwendung zu; was einen psychischen Akt isoliert, begünstigt die Abfuhr [vgl. S. 203]. Die bewußte Einstellung auf das Kind als Vergleichsperson macht daher die Abfuhr unmöglich, die zur komischen Lust erforderlich ist; nur bei vorbewußter Besetzung [S. 204 f.] ergibt sich eine ähnliche Annäherung an die Isolierung, wie wir sie übrigens auch den seelischen Vorgängen im Kinde zuschreiben dürfen. Der Zusatz zum Vergleiche: So hab' ich es als Kind auch gemacht, von dem die komische Wirkung ausginge, käme also für mittlere Differenzen erst dann in Betracht, wenn kein anderer Zusammenhang sich des frei gewordenen Überschusses bemächtigen könnte.

Verweilen wir noch bei dem Versuch, das Wesen des Komischen in der vorbewußten Anknüpfung an das Infantile zu finden, so müssen wir einen Schritt über Bergson hinaus tun und zugeben, daß der das Komische ergebende Vergleich nicht etwa alte Kinderlust und Kinderspiel erwecken müsse, sondern daß es hinreiche, wenn er an kindliches Wesen überhaupt, vielleicht selbst an Kinderleid rühre. Wir entfernen uns hierin von Bergson, bleiben aber im Einklang mit uns selbst, wenn wir die komische Lust nicht auf erinnerte Lust, sondern immer wieder auf einen

Vergleich beziehen. Vielleicht daß die Fälle der ersteren Art das regelmäßig und unwiderstehlich Komische einigermaßen decken [S. 203]. Ziehen wir hier das vorhin [S. 182 f.] angeführte Schema der komischen Möglichkeiten heran. Wir sagten, die komische Differenz würde gefunden entweder

a) durch einen Vergleich zwischen dem anderen und dem Ich,
oder *b)* durch einen Vergleich ganz innerhalb des anderen,
oder *c)* durch einen Vergleich ganz innerhalb des Ichs.

Im ersteren Falle erschiene der andere mir als Kind, im zweiten ließe er sich selbst zum Kind herab, im dritten fände ich das Kind in mir selbst. [*a*] Zum ersten Falle gehören das Komische der Bewegung und der Formen, der geistigen Leistung und des Charakters; das entsprechende Infantile wären der Bewegungsdrang und die geistige und sittliche Minderentwicklung des Kindes, so daß etwa der Dumme mir komisch würde, insofern er mich an ein faules, der Böse, insofern er an ein schlimmes Kind mahnt. Von einer dem Erwachsenen verlorengegangenen Kinderlust könnte man nur das eine Mal reden, wo die dem Kind eigene Bewegungsfreudigkeit in Betracht kommt.

[*b*] Der zweite Fall, bei welchem die Komik ganz auf »Einfühlung« beruht, umfaßt die zahlreichsten Möglichkeiten, die Komik der Situation, der Übertreibung (Karikatur), der Nachahmung, der Herabsetzung und der Entlarvung. Es ist derjenige Fall, dem die Einführung des infantilen Gesichtspunktes am meisten zustatten kommt. Denn die Situationskomik gründet sich zumeist auf Verlegenheiten, in denen wir die Hilflosigkeit des Kindes wiederfinden; die ärgste dieser Verlegenheiten, die Störung anderer Leistungen durch die gebieterischen Anforderungen der natürlichen Bedürfnisse, entspricht der dem Kinde noch mangelnden Beherrschung der leiblichen Funktionen. Wo die Situationskomik durch Wiederholungen wirkt, stützt sie sich auf die dem Kinde eigentümliche Lust an fortgesetzter Wiederholung (Fragen, Geschichten erzählen), durch die es dem Erwachsenen zur Plage wird. [Vgl. S. 121, Anm.] Die Übertreibung, welche auch dem Erwachsenen noch Lust bereitet, insofern sie eine Rechtfertigung vor dessen Kritik zu finden weiß, hängt mit der eigentümlichen Maßlosigkeit des Kindes, mit dessen Unkenntnis aller quantitativen Beziehungen zusammen, die es ja später kennenlernt als die qualitativen. Maßhalten, Ermäßigung auch der erlaubten Regungen ist eine späte Frucht der Erziehung und wird durch gegenseitige Hemmung der in einen Zusammenhang aufgenommenen seelischen Tätigkeiten gewonnen. Wo dieser Zusammenhang geschwächt

wird, im Unbewußten des Traumes, beim Monoideismus der Psychoneurosen, tritt die Unmäßigkeit des Kindes wieder hervor.
Die Komik der Nachahmung hatte unserem Verständnis relativ große Schwierigkeiten bereitet, solange wir das infantile Moment dabei außer acht ließen. Die Nachahmung ist aber die beste Kunst des Kindes und das treibende Motiv der meisten seiner Spiele. Der Ehrgeiz des Kindes zielt weit weniger auf die Auszeichnung unter seinesgleichen als auf die Nachahmung der Großen. Von dem Verhältnis des Kindes zu den Erwachsenen hängt auch die Komik der Herabsetzung ab, der die Herablassung des Erwachsenen im Kinderleben entspricht. Wenig anderes kann dem Kinde größere Lust bereiten, als wenn der Große sich zu ihm herabläßt, auf seine drückende Überlegenheit verzichtet und wie seinesgleichen mit ihm spielt. Die Erleichterung, die dem Kinde reine Lust schafft, wird beim Erwachsenen als Herabsetzung zu einem Mittel des Komischmachens und zu einer Quelle komischer Lust. Von der Entlarvung wissen wir, daß sie auf die Herabsetzung zurückgeht.
[*c*] Am meisten stößt auf Schwierigkeiten die infantile Begründung des dritten Falles, der Komik der Erwartung, was wohl erklärt, daß jene Autoren, welche diesen Fall in ihrer Auffassung des Komischen vorangestellt haben, keinen Anlaß fanden, das infantile Moment für die Komik in Betracht zu ziehen. Das Komische der Erwartung liegt dem Kinde wohl am fernsten, die Fähigkeit, dieses zu erfassen, tritt bei ihm am spätesten auf. Das Kind wird in den meisten derartigen Fällen, die dem Erwachsenen komisch dünken, wahrscheinlich nur Enttäuschung empfinden. Man könnte aber an die Erwartungsseligkeit und Leichtgläubigkeit des Kindes anknüpfen, um zu verstehen, daß man sich »als Kind« komisch vorkommt, wenn man der komischen Enttäuschung unterliegt.

Ergäbe sich nun auch aus dem Vorstehenden eine gewisse Wahrscheinlichkeit für eine Übersetzung des komischen Gefühls, die etwa lauten könnte: Komisch ist das, was sich für den Erwachsenen nicht schickt, so fühle ich mich doch, vermöge meiner ganzen Stellung zum komischen Problem, nicht kühn genug, diesen letzten Satz mit ähnlichem Ernst wie die vorhin aufgestellten zu verteidigen. Ich mag nicht entscheiden, ob die Herabsetzung zum Kinde nur ein Spezialfall der komischen Herabsetzung ist oder ob alle Komik im Grunde auf einer Herabsetzung zum Kinde beruht[1].

[1] Daß die komische Lust ihre Quelle im »quantitativen Kontrast« im Vergleich von

[7]

Eine Untersuchung, die das Komische noch so flüchtig behandelt, wäre in arger Weise unvollständig, wenn sie nicht wenigstens einige Bemerkungen für den *Humor* übrig hätte. Die Wesensverwandtschaft zwischen beiden ist so wenig zweifelhaft, daß ein Erklärungsversuch des Komischen mindestens eine Komponente zum Verständnis des Humors abgeben muß. Soviel des Treffenden und Erhebenden auch zur Wertschätzung des Humors vorgebracht worden ist, der, selbst eine der höchsten psychischen Leistungen, auch die besondere Gunst der Denker genießt, so können wir doch dem Versuche nicht ausweichen, sein Wesen durch eine Annäherung an die Formeln für den Witz und für das Komische auszudrücken.

Wir haben gehört [S. 205], daß die Entbindung peinlicher Affekte das stärkste Hindernis der komischen Wirkung ist. Sowie die zwecklose Bewegung Schaden stiftet, die Dummheit zum Unheil führt, die Enttäuschung Schmerz bereitet, ist es mit der Möglichkeit eines komischen Effekts zu Ende, für den wenigstens, der sich solcher Unlust nicht erwehren kann, selbst von ihr betroffen wird oder an ihr Anteil nehmen muß, während der Unbeteiligte durch sein Verhalten bezeugt, daß in der Situation des betreffenden Falles alles enthalten ist, was für eine komische Wirkung erfordert wird. Der Humor ist nun ein Mittel, um die Lust trotz der sie störenden peinlichen Affekte zu gewinnen; er tritt für diese Affektentwicklung ein, setzt sich an die Stelle derselben. Seine Bedingung ist gegeben, wenn eine Situation vorliegt, in welcher wir unseren Gewohnheiten gemäß versucht sind, peinlichen Affekt zu entbinden, und wenn nun Motive auf uns einwirken, um diesen Affekt *in statu nascendi* zu unterdrücken. In den eben angeführten Fällen könnte also die vom Schaden, Schmerz usw. betroffene Person humoristische Lust gewinnen, während die unbeteiligte aus komischer Lust lacht. Die Lust des Humors entsteht dann, wir können nicht anders sagen, auf Kosten dieser unterbliebenen Affektentbindung, sie geht aus *erspartem Affektaufwand* hervor.

Der Humor ist die genügsamste unter den Arten des Komischen; sein Vorgang vollendet sich bereits in einer einzigen Person, die Teilnahme einer anderen fügt nichts Neues zu ihm hinzu. Ich kann den Genuß der

---

Klein und Groß hat, welcher schließlich auch die wesentliche Relation des Kindes zum Erwachsenen ausdrückt, dies wäre in der Tat ein seltsames Zusammentreffen, wenn das Komische weiter nichts mit dem Infantilen zu tun hätte.

in mir entstandenen humoristischen Lust für mich behalten, ohne mich zur Mitteilung gedrängt zu fühlen. Es ist nicht leicht zu sagen, was bei der Erzeugung der humoristischen Lust in der einen Person vorgeht; man gewinnt aber eine gewisse Einsicht, wenn man die Fälle des mitgeteilten oder nachgefühlten Humors untersucht, in denen ich durch das Verständnis der humoristischen Person zur gleichen Lust wie sie gelange. Der gröbste Fall des Humors, der sogenannte Galgenhumor, mag uns darüber belehren. Der Spitzbube, der am Montag zur Exekution geführt wird, äußert: »Na, diese Woche fängt gut an.« [1] Das ist eigentlich ein Witz, denn die Bemerkung ist an sich ganz zutreffend, anderseits in ganz unsinniger Weise deplaciert, da es weitere Ereignisse in dieser Woche für ihn nicht geben wird. Es gehört aber Humor dazu, einen solchen Witz zu machen, d.h. über alles hinwegzusehen, was diesen Wochenbeginn vor anderen auszeichnet, den Unterschied zu leugnen, aus dem sich Motive zu ganz besonderen Gefühlsregungen ergeben könnten. Derselbe Fall, wenn er sich auf dem Wege zur Hinrichtung ein Halstuch für seinen bloßen Hals ausbittet, um sich nicht zu verkühlen, eine Vorsicht, die sonst ganz lobenswert wäre, bei dem nahe bevorstehenden Schicksal dieses Halses aber ungeheuer überflüssig und gleichgültig ist. Man muß sagen, es steckt etwas wie Seelengröße in dieser *blague*, in solchem Festhalten seines gewohnten Wesens und Abwenden von dem, was dieses Wesen umwerfen und zur Verzweiflung treiben sollte. Diese Art von Großartigkeit des Humors tritt dann unverkennbar in Fällen hervor, in denen unsere Bewunderung keine Hemmung an den Umständen der humoristischen Person findet.

In Victor Hugos *Hernani* ist der Bandit, der sich in eine Verschwörung gegen seinen König, Karl I. von Spanien und Karl V. als deutscher Kaiser, eingelassen hat, in die Hände dieses seines großmächtigen Feindes gefallen; er sieht sein Schicksal als überführter Hochverräter voraus, sein Kopf wird fallen. Aber diese Voraussicht hält ihn nicht ab, sich als erbberechtigten Grande von Spanien zu erkennen zu geben und zu erklären, daß er auf kein Vorrecht eines solchen zu verzichten gedenke. Ein Grande von Spanien durfte in Gegenwart seines königlichen Herrn sein Haupt bedecken. Nun gut:

> *»Nos têtes ont le droit*
> *De tomber couvertes devant de toi.«*

---

[1] [Diese Anekdote wird von Freud in seiner späten Arbeit ›Der Humor‹ (1927*d*), S. 277 im vorliegenden Band, noch einmal erörtert.]

Dies ist großartiger Humor, und wenn wir als Hörer dabei nicht lachen, so geschieht es, weil unsere Bewunderung die humoristische Lust deckt. Im Falle des Spitzbuben, der sich auf dem Wege zum Galgen nicht verkühlen will, lachen wir aus vollem Halse. Die Situation, die den Delinquenten zur Verzweiflung treiben sollte, könnte bei uns intensives Mitleid erregen; aber dies Mitleid wird gehemmt, weil wir verstehen, daß er, der näher Betroffene, sich aus der Situation nichts macht. Infolge dieses Verständnisses wird der Aufwand zum Mitleid, der schon in uns bereit war, unverwendbar, und wir lachen ihn ab. Die Gleichgültigkeit des Spitzbuben, von der wir aber merken, daß sie ihn einen großen Aufwand von psychischer Arbeit gekostet hat, steckt uns gleichsam an. Erspartes Mitleid ist eine der häufigsten Quellen der humoristischen Lust. Der Humor Mark Twains arbeitet gewöhnlich mit diesem Mechanismus. Wenn er uns aus dem Leben seines Bruders erzählt, wie dieser als Angestellter einer großen Wegbauunternehmung durch die vorzeitige Explosion einer Mine in die Luft zu fliegen kam, um weit entfernt von seinem Arbeitsorte wieder zur Erde zu kommen, so werden unvermeidlich Regungen des Mitgefühls für den Verunglückten in uns wach; wir möchten fragen, ob ihm bei seinem Unfall kein Schaden geschehen ist; aber die Fortsetzung der Geschichte, daß dem Bruder ein halber Tag Arbeitslohn abgezogen wurde »wegen Entfernung vom Arbeitsorte«, lenkt uns vollständig vom Mitleid ab und macht uns beinahe ebenso hartherzig wie jene Unternehmer, ebenso gleichgültig gegen die etwaige Gesundheitsschädigung des Bruders. Ein andermal legt uns Mark Twain seinen Stammbaum vor, den er etwa bis auf einen Gefährten des Kolumbus zurückführt. Nachdem uns aber der Charakter dieses Ahnen geschildert wurde, dessen ganzes Gepäck aus mehreren Wäschestücken besteht, von denen jedes eine andere Marke trägt, können wir nicht anders als auf Kosten der ersparten Pietät lachen, in welche wir uns zu Beginn dieser Familiengeschichte zu versetzen gedachten. Der Mechanismus der humoristischen Lust wird dabei nicht durch unser Wissen gestört, daß diese Ahnengeschichte eine fingierte ist und daß diese Fiktion der satirischen Tendenz dient, die Schönfärberei, die sich in solchen Mitteilungen anderer kundgibt, bloßzustellen; er ist ebenso unabhängig von der Realitätsbedingung wie im Falle des Komischmachens [vgl. S. 186 f.]. Eine andere Geschichte von Mark Twain, die berichtet, wie sein Bruder sich ein unterirdisches Quartier herstellte, in das er Bett, Tisch und Lampe brachte und das als Dach ein großes, in der Mitte durchlöchertes Stück Segeltuch bekam, wie aber in der Nacht, nachdem die Stube fertig geworden, eine heimgetriebene Kuh durch die Öffnung der Decke auf den Tisch herabfiel und die Lampe auslöschte, wie der Bruder geduldig mithalf, das Tier hinaufzubefördern und die Einrichtung wiederherzustellen, wie er das gleiche tat, als sich die gleiche Störung in der nächsten Nacht wiederholte und dann jede weitere Nacht; eine solche Geschichte wird durch ihre Wiederholung komisch. Mark Twain beschließt sie aber mit der Mitteilung, der Bruder habe endlich in der 46. Nacht, als wiederum die Kuh herabfiel, bemerkt: Die Sache fange an, monoton zu werden, und da können wir unsere humoristische Lust nicht zurückhalten, denn wir hätten längst zu hören erwartet, wie sich der Bruder über dies hartnäckige Malheur – geärgert. Den kleinen Humor, den wir etwa selbst in unserem Leben aufbringen, produzieren wir in der Regel auf Kosten des Ärgers, anstatt uns zu ärgern [1].

Die Arten des Humors sind außerordentlich mannigfach je nach der Natur der Gefühlserregung, die zugunsten des Humors erspart wird:

---

[1] Die großartige humoristische Wirkung einer Figur wie des dicken Ritters Sir John Falstaff beruht auf ersparter Verachtung und Entrüstung. Wir erkennen zwar in ihm den unwürdigen Schlemmer und Hochstapler, aber unsere Verurteilung wird durch eine ganze Reihe von Momenten entwaffnet. Wir verstehen, daß er sich genau so kennt, wie wir ihn beurteilen; er imponiert uns durch seinen Witz, und außerdem übt seine körperliche Mißgestalt eine Kontaktwirkung zugunsten einer komischen Auffassung seiner Person anstatt einer ernsthaften aus, als ob unsere Anforderungen von Moral und Ehre von einem so dicken Bauch abprallen müßten. Sein Treiben ist im ganzen harmlos und wird durch die komische Niedrigkeit der von ihm Betrogenen fast entschuldigt. Wir geben zu, daß der Arme bemüht sein darf zu leben und zu genießen wie ein anderer, und bemitleiden ihn fast, weil wir ihn in den Hauptsituationen als Spielzeug in den Händen eines ihm weit Überlegenen finden. Darum können wir ihm nicht gram werden und schlagen alles, was wir bei ihm an Entrüstung ersparen, zur komischen Lust, die er sonst bereitet, hinzu. Sir Johns eigener Humor geht eigentlich aus der Überlegenheit eines Ichs hervor, dem weder seine leiblichen noch seine moralischen Defekte die Heiterkeit und Sicherheit rauben können. [Falstaff tritt sowohl in Shakespeares *Heinrich IV*, 1. und 2. Teil, als auch in den *Lustigen Weibern von Windsor* auf.]

Der geistreiche Ritter Don Quijote de la Mancha ist hingegen eine Gestalt, die selbst keinen Humor besitzt und uns in ihrem Ernst eine Lust bereitet, die man eine humoristische nennen könnte, obwohl deren Mechanismus eine wichtige Abweichung von dem des Humors erkennen läßt. Don Quijote ist ursprünglich eine rein komische Figur, ein großes Kind, dem die Phantasien seiner Ritterbücher zu Kopfe gestiegen sind. Es ist bekannt, daß der Dichter anfangs nichts anderes mit ihm wollte und daß das Geschöpf allmählich weit über die ersten Absichten des Schöpfers hinauswuchs. Nachdem aber der Dichter diese lächerliche Person mit der tiefsten Weisheit und den edelsten Absichten ausgestattet und sie zum symbolischen Vertreter eines Idealismus gemacht hat, der an die Verwirklichung seiner Ziele glaubt, Pflichten ernst und Versprechen wörtlich nimmt, hört diese Person auf, komisch zu wirken. Ähnlich wie sonst die humoristische Lust durch Verhinderung einer Gefühlserregung entsteht sie hier durch Störung der komischen Lust. Doch entfernen wir uns mit diesen Beispielen bereits merklich von den einfachen Fällen des Humors.

Mitleid, Ärger, Schmerz, Rührung usw. Die Reihe derselben erscheint auch unabgeschlossen, weil das Reich des Humors immer weitere Ausdehnung erfährt, wenn es dem Künstler oder Schriftsteller gelingt, bisher noch unbezwungene Gefühlsregungen humoristisch zu bändigen, sie durch ähnliche Kunstgriffe wie in den vorigen Beispielen zur Quelle humoristischer Lust zu machen. Die Künstler des *Simplizissimus* z. B. haben Erstaunliches darin geleistet, den Humor auf Kosten von Grausen und Ekel zu gewinnen. Die Erscheinungsformen des Humors werden übrigens durch zwei Eigentümlichkeiten bestimmt, die mit den Bedingungen seiner Entstehung zusammenhängen. Der Humor kann erstens mit dem Witz oder einer anderen Art des Komischen verschmolzen auftreten, wobei ihm die Aufgabe zufällt, eine in der Situation enthaltene Möglichkeit von Affektentwicklung, die ein Hindernis für die Lustwirkung wäre, zu beseitigen. Er kann zweitens diese Affektentwicklung gänzlich aufheben oder bloß partiell, was sogar der häufigere Fall ist, weil die leichtere Leistung, und die verschiedenen Formen des »gebrochenen« [1] Humors, den Humor, der unter Tränen lächelt, ergibt. Er entzieht dem Affekt einen Teil seiner Energie und gibt ihm dafür den humoristischen Beiklang.

Die durch Nachfühlen gewonnene humoristische Lust entspringt, wie man an obigen Beispielen merken konnte, einer besonderen, der Verschiebung vergleichbaren Technik, durch welche die bereitgehaltene Affektentbindung enttäuscht und die Besetzung auf anderes, nicht selten Nebensächliches gelenkt wird. Für das Verständnis des Vorganges, durch welchen in der humoristischen Person selbst die Verschiebung von der Affektentwicklung weg vor sich geht, ist aber hiemit nichts gewonnen. Wir sehen, daß der Empfänger den Schöpfer des Humors in seinen seelischen Vorgängen nachahmt, erfahren dabei aber nichts über die Kräfte, welche diesen Vorgang bei letzterem ermöglichen.

Man kann nur sagen, wenn es jemandem gelingt, sich z. B. über einen schmerzlichen Affekt hinwegzusetzen, indem er sich die Größe der Weltinteressen als Gegensatz zur eigenen Kleinheit vorhält, so sehen wir darin keine Leistung des Humors, sondern des philosophischen Denkens und haben auch keinen Lustgewinn, wenn wir uns in seinen Gedankengang hineinversetzen. Die humoristische Verschiebung ist also in der Beleuchtung der bewußten Aufmerksamkeit ebenso unmöglich wie

---

[1] Ein Terminus, der in der Ästhetik von F. Th. Vischer in ganz anderem Sinne verwendet wird.

die komische Vergleichung [S. 204 f.]; sie ist wie diese an die Bedingung, vorbewußt oder automatisch zu bleiben, gebunden.

Zu einigem Aufschluß über die humoristische Verschiebung gelangt man, wenn man sie im Lichte eines Abwehrvorganges betrachtet. Die Abwehrvorgänge sind die psychischen Korrelate des Fluchtreflexes und verfolgen die Aufgabe, die Entstehung von Unlust aus inneren Quellen zu verhüten; in der Erfüllung dieser Aufgabe dienen sie dem seelischen Geschehen als eine automatische Regulierung, die sich schließlich allerdings als schädlich herausstellt und darum der Beherrschung durch das bewußte Denken unterworfen werden muß. Eine bestimmte Art dieser Abwehr, die mißglückte Verdrängung, habe ich als den wirkenden Mechanismus für die Entstehung der Psychoneurosen nachgewiesen. Der Humor kann nun als die höchststehende dieser Abwehrleistungen aufgefaßt werden. Er verschmäht es, den mit dem peinlichen Affekt verknüpften Vorstellungsinhalt der bewußten Aufmerksamkeit zu entziehen, wie es die Verdrängung tut, und überwindet somit den Abwehrautomatismus; er bringt dies zustande, indem er die Mittel findet, der bereitgehaltenen Unlustentbindung ihre Energie zu entziehen und diese durch Abfuhr in Lust zu verwandeln. Es ist selbst denkbar, daß wiederum der Zusammenhang mit dem Infantilen ihm die Mittel zu dieser Leistung zur Verfügung stellt. Im Kinderleben allein hat es intensive peinliche Affekte gegeben, über welche der Erwachsene heute lächeln würde, wie er als Humorist über seine gegenwärtigen peinlichen Affekte lacht. Die Erhebung seines Ichs, von welcher die humoristische Verschiebung Zeugnis ablegt – deren Übersetzung doch lauten würde: Ich bin zu groß(artig), als daß diese Anlässe mich peinlich berühren sollten–, könnte er wohl aus der Vergleichung seines gegenwärtigen Ichs mit seinem kindlichen entnehmen. Einigermaßen unterstützt wird diese Auffassung durch die Rolle, die dem Infantilen bei den neurotischen Verdrängungsvorgängen zufällt.

Im ganzen steht der Humor dem Komischen näher als dem Witz. Er hat mit jenem auch die psychische Lokalisation im Vorbewußten gemeinsam, während der Witz, wie wir annehmen mußten, als Kompromiß zwischen Unbewußtem und Vorbewußtem gebildet wird. Dafür hat er keinen Anteil an einem eigentümlichen Charakter, in welchem Witz und Komik sich treffen, den wir vielleicht bisher nicht scharf genug hervorgehoben haben. Es ist Bedingung für die Entstehung des Komischen, daß wir veranlaßt werden, *gleichzeitig oder in rascher Aufeinanderfolge* für die nämliche Vorstellungsleistung zweierlei verschiedene Vorstellungsweisen anzuwenden, zwischen denen dann die »Vergleichung« statthat und die komische Differenz sich ergibt [S. 182 f.]. Solche Aufwanddifferenzen entstehen zwischen dem Fremden und dem Eigenen, dem Gewohnten und dem Veränderten, dem Erwarteten und dem Eingetroffenen[1].

Beim Witz kommt die Differenz zwischen zwei sich gleichzeitig ergebenden Auffassungsweisen, die mit verschiedenem Aufwand arbeiten, für den Vorgang beim Witzhörer in Betracht. Die eine dieser beiden Auffassungen macht, den im Witze enthaltenen Andeutungen folgend, den Weg des Gedankens durch das Unbewußte nach, die andere verbleibt an der Oberfläche und stellt den Witz wie einen sonstigen aus dem Vorbewußten bewußt gewordenen Wortlaut vor [S. 199 f.]. Es wäre vielleicht keine unberechtigte Darstellung, wenn man die Lust des angehörten Witzes aus der Differenz dieser beiden Vorstellungsweisen ableiten würde[2].

Wir sagen hier vom Witze das nämliche aus, was wir als seine Janusköpfigkeit beschrieben haben [S. 200], solange uns die Beziehung zwischen Witz und Komik noch unerledigt erschien[3].

Beim Humor verwischt sich der hier in den Vordergrund gerückte Charakter. Wir verspüren zwar die humoristische Lust, wo eine Gefühlsregung vermieden wird, die wir als eine der Situation gewohnheitsmäßig zugeordnete erwartet hätten, und insofern fällt auch der Humor unter den erweiterten Begriff der Erwartungskomik. Aber es handelt

---

[1] Wenn man sich nicht scheut, dem Begriff Erwartung einigen Zwang anzutun, kann man nach dem Vorgange von Lipps ein sehr großes Gebiet des Komischen der Erwartungskomik zurechnen, aber gerade die wahrscheinlich ursprünglichsten Fälle der Komik, die aus der Vergleichung eines fremden Aufwandes mit dem eigenen hervorgehen, würden sich dieser Zusammenfassung am wenigsten fügen.

[2] Man kann an dieser Formel ohne weiteres festhalten, denn sie läuft auf nichts heraus, was im Widerspruch zu früheren Erörterungen stünde. Die Differenz zwischen den beiden Aufwänden muß sich im wesentlichen auf den ersparten Hemmungsaufwand reduzieren. Das Fehlen dieser Hemmungsersparung beim Komischen und der Wegfall des quantitativen Kontrastes beim Witze würden, bei aller Übereinstimmung im Charakter der zweierlei Vorstellungsarbeit für die nämliche Auffassung, den Unterschied des komischen Gefühls vom Eindruck des Witzes bedingen.

[3] Die Eigentümlichkeit der *»double face«* ist den Autoren natürlich nicht entgangen. Mélinand, dem ich obigen Ausdruck entnahm (›Pourquoi rit-on?‹ 1895), faßt die Bedingung für das Lachen in folgende Formel: *Ce qui fait rire, c'est ce qui est à la fois, d'un côté, absurde et de l'autre, familier.* Die Formel paßt auf den Witz besser als aufs Komische, deckt aber auch den ersteren nicht ganz. – Bergson (1900, S. 98) definiert die komische Situation durch die *»interférence des séries«: »Une situation est toujours comique quand elle appartient en même temps à deux séries d'événements absolument indépendantes, et qu'elle peut s'interpréter à la fois dans deux sens tout différents.«* – Für Lipps ist die Komik »die Größe und Kleinheit desselben«.

sich beim Humor nicht mehr um zwei verschiedene Vorstellungsweisen desselben Inhalts; daß die Situation durch die zu vermeidende Gefühlserregung mit Unlustcharakter beherrscht wird, macht der Vergleichbarkeit mit dem Charakter beim Komischen und beim Witze ein Ende. Die humoristische Verschiebung ist eigentlich ein Fall jener andersartigen Verwendung eines frei gewordenen Aufwandes, der sich als so gefährlich für die komische Wirkung herausgestellt hat [S. 202 f.][1].

[8]

Wir stehen nun am Ende unserer Aufgabe, nachdem wir den Mechanismus der humoristischen Lust auf eine analoge Formel zurückgeführt haben wie für die komische Lust und den Witz. Die Lust des Witzes schien uns aus *erspartem Hemmungsaufwand* hervorzugehen, die der Komik aus *erspartem Vorstellungs*(Besetzungs)*aufwand* und die des Humors aus *erspartem Gefühlsaufwand.* In allen drei Arbeitsweisen unseres seelischen Apparats stammt die Lust von einer Ersparung; alle drei kommen darin überein, daß sie Methoden darstellen, um aus der seelischen Tätigkeit eine Lust wiederzugewinnen, welche eigentlich erst durch die Entwicklung dieser Tätigkeit verlorengegangen ist. Denn die Euphorie, welche wir auf diesen Wegen zu erreichen streben, ist nichts anderes als die Stimmung einer Lebenszeit, in welcher wir unsere psychische Arbeit überhaupt mit geringem Aufwand zu bestreiten pflegten, die Stimmung unserer Kindheit, in der wir das Komische nicht kannten, des Witzes nicht fähig waren und den Humor nicht brauchten, um uns im Leben glücklich zu fühlen.

[1] [Nach über zwanzig Jahren kehrte Freud in der kurzen, im vorliegenden Band auf S. 275 ff. abgedruckten Arbeit (1927 *d*) noch einmal zum Thema des Humors zurück. Diese Schrift spiegelt seine neuen Einsichten in die Struktur der Seele wider.]

Der Familienroman der Neurotiker

(1909 [1908])

EDITORISCHE VORBEMERKUNG

Deutsche Ausgaben:

(1908 Vermutliches Datum der Niederschrift)
1909 In O. Rank, *Der Mythus von der Geburt des Helden*, 64–8. Leipzig und Wien; Deuticke. (2. Aufl. 1922, 82–6.)
1931 *Neurosenlehre und Technik*, 300–4.
1934 *G. S.*, Bd. 12, 367–71.
1934 *Psychoan. Päd.*, Bd. 8, 281–5.
1941 *G. W.*, Bd. 7, 227–31.

Bei ihrer ersten Veröffentlichung innerhalb des Rankschen Buches hatten diese Ausführungen überhaupt keinen Titel und bildeten im Buch auch keinen besonders abgehobenen Teil. Rank hatte sie einfach mit einigen, auf Freud als Autor hinweisenden Worten in seine Darlegung einbezogen. Erst als die Arbeit erneut veröffentlicht wurde, erhielt sie einen Titel. Da das Vorwort des Rankschen Buches mit »Weihnachten 1908« datiert ist, ist vermutlich auch Freuds Beitrag in diesem Jahr geschrieben worden. Die Idee des »Familienromans« hatte Freud jedoch schon länger beschäftigt, denn er erwähnte sie 1897 und 1898 in seinen Briefen an Fließ (Freud, 1950*a*).

Die Ablösung des heranwachsenden Individuums von der Autorität der Eltern ist eine der notwendigsten, aber auch schmerzlichsten Leistungen der Entwicklung. Es ist durchaus notwendig, daß sie sich vollziehe, und man darf annehmen, jeder normal gewordene Mensch habe sie in einem gewissen Maß zustande gebracht. Ja, der Fortschritt der Gesellschaft beruht überhaupt auf dieser Gegensätzlichkeit der beiden Generationen. Anderseits gibt es eine Klasse von Neurotikern, in deren Zustand man die Bedingtheit erkennt, daß sie an dieser Aufgabe gescheitert sind.

Für das kleine Kind sind die Eltern zunächst die einzige Autorität und die Quelle alles Glaubens. Ihnen, das heißt dem gleichgeschlechtlichen Teile, gleich zu werden, groß zu werden wie Vater und Mutter, ist der intensivste, folgenschwerste Wunsch dieser Kinderjahre. Mit der zunehmenden intellektuellen Entwicklung kann es aber nicht ausbleiben, daß das Kind allmählich die Kategorien kennenlernt, in die seine Eltern gehören. Es lernt andere Eltern kennen, vergleicht sie mit den seinigen und bekommt so ein Recht, an der ihnen zugeschriebenen Unvergleichlichkeit und Einzigkeit zu zweifeln. Kleine Ereignisse im Leben des Kindes, die eine unzufriedene Stimmung bei ihm hervorrufen, geben ihm den Anlaß, mit der Kritik der Eltern einzusetzen und die gewonnene Kenntnis, daß andere Eltern in mancher Hinsicht vorzuziehen seien, zu dieser Stellungnahme gegen seine Eltern zu verwerten. Aus der Neurosenpsychologie wissen wir, daß dabei unter anderen die intensivsten Regungen sexueller Rivalität mitwirken. Der Gegenstand dieser Anlässe ist offenbar das Gefühl der Zurücksetzung. Nur zu oft ergeben sich Gelegenheiten, bei denen das Kind zurückgesetzt wird oder sich wenigstens zurückgesetzt fühlt, wo es die volle Liebe der Eltern vermißt, besonders aber bedauert, sie mit anderen Geschwistern teilen zu müssen. Die Empfindung, daß die eigenen Neigungen nicht voll erwidert werden, macht sich dann in der aus frühen Kinderjahren oft bewußt erinnerten Idee Luft, man sei ein Stiefkind oder ein angenommenes Kind. Viele nicht neurotisch gewordene Menschen entsinnen sich sehr häufig an solche Gelegenheiten, wo sie – meist durch Lektüre beeinflußt – das feindselige Benehmen der Eltern in dieser Weise auffaßten und erwiderten. Es zeigt sich aber hier bereits der Einfluß des Geschlechts, indem der Knabe bei weitem mehr Neigung zu feindseligen Regungen gegen seinen Vater als gegen seine Mutter zeigt und eine viel intensivere Neigung, sich von jenem als von dieser frei zu machen. Die Phantasietätigkeit der Mädchen mag sich in diesem Punkte viel schwächer erweisen. In diesen bewußt erinnerten Seelenregungen der Kinderjahre finden wir das Moment, welches uns das Verständnis des Mythus ermöglicht.

Selten bewußt erinnert, aber fast immer durch die Psychoanalyse nachzuweisen ist dann die weitere Entwicklungsstufe dieser beginnenden Entfremdung von den Eltern, die man mit dem Namen: *Familienromane der Neurotiker* bezeichnen kann. Es gehört nämlich durchaus zum Wesen der Neurose und auch jeder höheren Begabung eine ganz besondere Tätigkeit der Phantasie, die sich zunächst in den kindlichen Spielen offenbart und die nun, ungefähr von der Zeit der Vorpubertät angefangen, sich des Themas der Familienbeziehungen bemächtigt. Ein charakteristisches Beispiel dieser besonderen Phantasietätigkeit ist das bekannte *Tagträumen*[1], das weit über die Pubertät hinaus fortgesetzt wird. Eine genaue Beobachtung dieser Tagträume lehrt, daß sie der Erfüllung von Wünschen, der Korrektur des Lebens dienen und vornehmlich zwei Ziele kennen: das erotische und das ehrgeizige (hinter dem aber meist auch das erotische steckt). Um die angegebene Zeit beschäftigt sich nun die Phantasie des Kindes mit der Aufgabe, die geringgeschätzten Eltern loszuwerden und durch in der Regel sozial höher stehende zu ersetzen. Dabei wird das zufällige Zusammentreffen mit wirklichen Erlebnissen (die Bekanntschaft des Schloßherrn oder Gutsbesitzers auf dem Lande, der Fürstlichkeit in der Stadt) ausgenützt. Solche zufällige Erlebnisse erwecken den Neid des Kindes, der dann den Ausdruck in einer Phantasie findet, welche beide Eltern durch vornehmere ersetzt. In der Technik der Ausführung solcher Phantasien, die natürlich um diese Zeit bewußt sind, kommt es auf die Geschicklichkeit und das Material an, das dem Kinde zur Verfügung steht. Auch handelt es sich darum, ob die Phantasien mit einem großen oder geringen Bemühen, die Wahrscheinlichkeit zu erreichen, ausgearbeitet sind. Dieses Stadium wird zu

[1] Vgl. darüber Freud, ›Hysterische Phantasien und ihre Beziehung zur Bisexualität‹ [1908*a*], wo auch auf die Literatur zu diesem Thema verwiesen ist. [*Studienausgabe*, Bd. 6, S. 189 und Anm. 1 und 2.]

einer Zeit erreicht, wo dem Kinde die Kenntnis der sexuellen Bedingungen der Herkunft noch fehlt.

Kommt dann die Kenntnis der verschiedenartigen sexuellen Beziehungen von Vater und Mutter dazu, begreift das Kind, daß *pater semper incertus est*, während die Mutter *certissima* ist [1], so erfährt der Familienroman eine eigentümliche Einschränkung: er begnügt sich nämlich damit, den Vater zu erhöhen, die Abkunft von der Mutter aber als etwas Unabänderliches nicht weiter in Zweifel zu ziehen. Dieses zweite (sexuelle) Stadium des Familienromans wird auch von einem zweiten Motiv getragen, das dem ersten (asexuellen) Stadium fehlte. Mit der Kenntnis der geschlechtlichen Vorgänge entsteht die Neigung, sich erotische Situationen und Beziehungen auszumalen, wozu als Triebkraft die Lust tritt, die Mutter, die Gegenstand der höchsten sexuellen Neugierde ist, in die Situation von geheimer Untreue und geheimen Liebesverhältnissen zu bringen [2]. In dieser Weise werden jene ersten gleichsam asexuellen Phantasien auf die Höhe der jetzigen Erkenntnis gebracht.

Übrigens zeigt sich das Motiv der Rache und Vergeltung, das früher im Vordergrunde stand, auch hier. Diese neurotischen Kinder sind es ja auch meist, die bei der Abgewöhnung sexueller Unarten von den Eltern bestraft wurden und die sich nun durch solche Phantasien an ihren Eltern rächen.

Ganz besonders sind es später geborene Kinder, die vor allem ihre Vordermänner durch derartige Dichtungen (ganz wie in historischen Intrigen) ihres Vorzuges berauben, ja die sich oft nicht scheuen, der Mutter ebensoviele Liebesverhältnisse anzudichten, als Konkurrenten vorhanden sind. Eine interessante Variante dieses Familienromans ist es dann, wenn der dichtende Held für sich selbst zur Legitimität zurückkehrt, während er die anderen Geschwister auf diese Art als illegitim beseitigt. Dabei kann noch ein besonderes Interesse den Familienroman dirigieren, der mit seiner Vielseitigkeit und mannigfachen Verwendbarkeit allerlei Bestrebungen entgegenkommt. So beseitigt der kleine Phantast zum Beispiel auf diese Weise die verwandtschaftliche Beziehung zu einer Schwester, die ihn etwa sexuell angezogen hat.

Wer sich von dieser Verderbtheit des kindlichen Gemütes mit Schaudern

---

[1] [Eine bekannte juristische Redensart: »Die Vaterschaft ist immer ungewiß, die Mutterschaft stets ganz sicher.«]

[2] [Darauf kommt Freud noch einmal in der ersten seiner Arbeiten zur Psychologie des Liebeslebens, ›Über einen besonderen Typus der Objektwahl beim Manne‹ (1910 *h*), zurück; s. *Studienausgabe*, Bd. 5, S. 193.]

abwendete, ja selbst die Möglichkeit solcher Dinge bestreiten wollte, dem sei bemerkt, daß alle diese anscheinend so feindseligen Dichtungen eigentlich nicht so böse gemeint sind und unter leichter Verkleidung die erhalten gebliebene ursprüngliche Zärtlichkeit des Kindes für seine Eltern bewahren. Es ist nur scheinbare Treulosigkeit und Undankbarkeit; denn wenn man die häufigste dieser Romanphantasien, den Ersatz beider Eltern oder nur des Vaters durch großartigere Personen, im Detail durchgeht, so macht man die Entdeckung, daß diese neuen und vornehmen Eltern durchwegs mit Zügen ausgestattet sind, die von realen Erinnerungen an die wirklichen niederen Eltern herrühren, so daß das Kind den Vater eigentlich nicht beseitigt, sondern erhöht. Ja, das ganze Bestreben, den wirklichen Vater durch einen vornehmeren zu ersetzen, ist nur der Ausdruck der Sehnsucht des Kindes nach der verlorenen glücklichen Zeit, in der ihm sein Vater als der vornehmste und stärkste Mann, seine Mutter als die liebste und schönste Frau erschienen ist. Er wendet sich vom Vater, den er jetzt erkennt, zurück zu dem, an den er in früheren Kinderjahren geglaubt hat, und die Phantasie ist eigentlich nur der Ausdruck des Bedauerns, daß diese glückliche Zeit entschwunden ist. Die Überschätzung der frühesten Kindheitsjahre tritt also in diesen Phantasien wieder in ihr volles Recht. Ein interessanter Beitrag zu diesem Thema ergibt sich aus dem Studium der Träume. Die Traumdeutung lehrt nämlich, daß auch noch in späteren Jahren in Träumen vom Kaiser oder von der Kaiserin diese erlauchten Persönlichkeiten Vater und Mutter bedeuten[1]. Die kindliche Überschätzung der Eltern ist also auch im Traum des normalen Erwachsenen erhalten.

[1] *Die Traumdeutung*, 8. Aufl., S. 242 [1900*a*, VI. Kapitel, *Studienausgabe*, Bd. 2, S. 348].

Über den Gegensinn der Urworte

(1910)

EDITORISCHE VORBEMERKUNG

Deutsche Ausgaben:

1910 *Jb. psychoanalyt. u. psychopath. Forsch.*, Bd. 2 (1), 179–84.
1913 *S. K. S. N.*, Bd. 3, 280–87. (2. Aufl. 1921.)
1924 *G. S.*, Bd. 10, 221–28.
1943 *G. W.*, Bd. 8, 214–21.

In den vor 1924 erschienenen Ausgaben ist der Titel in Anführungszeichen gesetzt; ferner hat die Arbeit folgenden Untertitel: »Referat über die gleichnamige Broschüre von Karl Abel, 1884«.
Nach den zahlreichen Erwähnungen der Abelschen Broschüre in Freuds Werken zu urteilen, hatte Freud für diese Arbeit ein ganz besonderes Interesse. So fügte er 1911 der *Traumdeutung* (1900*a*) in Kapitel VI (C) eine Fußnote darüber bei und referierte sie ziemlich ausführlich in zwei Passagen über die primitiven Züge der Traumarbeit in der 11. und 15. seiner *Vorlesungen zur Einführung in die Psychoanalyse* (1916–17). Der Leser möge sich jedoch vor Augen halten, daß Abels Broschüre schon 1884 erschien, so daß es nicht verwunderlich ist, daß einige seiner Funde von späteren Philologen nicht bestätigt worden sind. Dies gilt besonders für die ägyptologischen Kommentare. – Die aus der Abelschen Arbeit zitierten Beispiele sind hier in der ursprünglichen Schreibweise wiedergegeben.

In meiner *Traumdeutung* habe ich als unverstandenes Ergebnis der analytischen Bemühung eine Behauptung aufgestellt, die ich nun zu Eingang dieses Referates wiederholen werde[1]:
»Höchst auffällig ist das Verhalten des Traumes gegen die Kategorie von Gegensatz und Widerspruch. Dieser wird schlechtweg vernachlässigt. Das ›Nein‹ scheint für den Traum nicht zu existieren. Gegensätze werden mit besonderer Vorliebe zu einer Einheit zusammengezogen oder in einem dargestellt. Der Traum nimmt sich ja auch die Freiheit, ein beliebiges Element durch seinen Wunschgegensatz darzustellen, so daß man zunächst von keinem eines Gegenteils fähigen Elemente weiß, ob es in den Traumgedanken positiv oder negativ enthalten ist.«
Die Traumdeuter des Altertums scheinen von der Voraussetzung, daß ein Ding im Traume sein Gegenteil bedeuten könne, den ausgiebigsten Gebrauch gemacht zu haben. Gelegentlich ist diese Möglichkeit auch von modernen Traumforschern, insofern sie dem Traume überhaupt Sinn und Deutbarkeit zugestanden haben, erkannt[2]. Ich glaube auch keinen Widerspruch hervorzurufen, wenn ich annehme, daß alle diejenigen die oben zitierte Behauptung bestätigt gefunden haben, welche mir auf den Weg einer wissenschaftlichen Traumdeutung gefolgt sind.
Zum Verständnisse der sonderbaren Neigung der Traumarbeit, von der Verneinung abzusehen und durch dasselbe Darstellungsmittel Gegensätzliches zum Ausdrucke zu bringen, bin ich erst durch die zufällige Lektüre einer Arbeit des Sprachforschers K. Abel gelangt, welche, 1884 als selbständige Broschüre veröffentlicht, im nächsten Jahre auch unter die *Sprachwissenschaftlichen Abhandlungen* des Verfassers aufgenommen worden ist. Das Interesse des Gegenstandes wird es rechtfertigen, wenn ich die entscheidenden Stellen der Abelschen Abhandlung nach ihrem vollen Wortlaute (wenn auch mit Weglassung der meisten Beispiele) hier anführe. Wir erhalten nämlich die erstaunliche Aufklärung,

[1] *Die Traumdeutung* [1900*a*], Kapitel VI: ›Die Traumarbeit‹ [*Studienausgabe*, Bd. 2, S. 316].
[2] S. z. B. G. H. v. Schubert, *Die Symbolik des Traumes* [1814], 4. Aufl. 1862, II. Kapitel: ›Die Sprache des Traumes‹.

daß die angegebene Praxis der Traumarbeit sich mit einer Eigentümlichkeit der ältesten uns bekannten Sprachen deckt.

Nachdem Abel das Alter der ägyptischen Sprache hervorgehoben, die lange Zeiten vor den ersten hieroglyphischen Inschriften entwickelt worden sein muß, fährt er fort (S. 4):

»In der ägyptischen Sprache nun, dieser einzigen Reliquie einer primitiven Welt, findet sich eine ziemliche Anzahl von Worten mit zwei Bedeutungen, deren eine das gerade Gegenteil der andern besagt. Man denke sich, wenn man solch augenscheinlichen Unsinn zu denken vermag, daß das Wort ›stark‹ in der deutschen Sprache sowohl ›stark‹ als ›schwach‹ bedeute; daß das Nomen ›Licht‹ in Berlin gebraucht werde, um sowohl ›Licht‹ als ›Dunkelheit‹ zu bezeichnen; daß ein Münchener Bürger das Bier ›Bier‹ nennte, während ein anderer dasselbe Wort anwendete, wenn er vom Wasser spräche, und man hat die erstaunliche Praxis, welcher sich die alten Ägypter in ihrer Sprache gewohnheitsmäßig hinzugeben pflegten. Wem kann man es verargen, wenn er dazu ungläubig den Kopf schüttelt? ...« (Beispiele.)

(Ibid., S. 7): »Angesichts dieser und vieler ähnlicher Fälle antithetischer Bedeutung (siehe Anhang) kann es keinem Zweifel unterliegen, daß es in *einer* Sprache wenigstens eine Fülle von Worten gegeben hat, welche ein Ding und das Gegenteil dieses Dinges gleichzeitig bezeichneten. Wie erstaunlich es sei, wir stehen vor der Tatsache und haben damit zu rechnen.«

Der Autor weist nun die Erklärung dieses Sachverhaltes durch zufälligen Gleichlaut ab und verwahrt sich mit gleicher Entschiedenheit gegen die Zurückführung desselben auf den Tiefstand der ägyptischen Geistesentwicklung:

(Ibid., S. 9): »Nun war aber Ägypten nichts weniger als eine Heimat des Unsinnes. Es war im Gegenteil eine der frühesten Entwicklungsstätten der menschlichen Vernunft... Es kannte eine reine und würdevolle Moral und hatte einen großen Teil der zehn Gebote formuliert, als diejenigen Völker, welchen die heutige Zivilisation gehört, blutdürstigen Idolen Menschenopfer zu schlachten pflegten. Ein Volk, welches die Fackel der Gerechtigkeit und Kultur in so dunklen Zeiten entzündete, kann doch in seinem alltäglichen Reden und Denken nicht geradezu stupid gewesen sein... Wer Glas zu machen und ungeheure Blöcke maschinenmäßig zu heben und zu bewegen vermochte, muß doch mindestens Vernunft genug gehabt haben, um ein Ding nicht für sich selbst und gleichzeitig für sein Gegenteil anzusehen. Wie vereinen wir es nun damit, daß die Ägypter sich eine so sonderbare kontradiktorische Sprache gestatteten? ... daß sie überhaupt den feindlichsten Gedanken ein und denselben lautlichen Träger zu geben und das, was sich gegenseitig am stärksten opponierte, in einer Art unlöslicher Union zu verbinden pflegten?«

Vor jedem Versuche einer Erklärung muß noch einer Steigerung dieses unbegreiflichen Verfahrens der ägyptischen Sprache gedacht werden. »Von allen Exzentrizitäten des ägyptischen Lexikons ist es vielleicht die außerordentlichste, daß es, außer den Worten, die entgegengesetzte Bedeutungen in sich vereinen, andere zusammengesetzte Worte besitzt, in denen zwei Vokabeln von entgegengesetzter Bedeutung zu einem Kompositum vereint werden, welches die Bedeutung nur eines von seinen beiden konstituierenden Gliedern besitzt. Es gibt also in dieser außerordentlichen Sprache nicht allein Worte, die sowohl ›stark‹ als ›schwach‹ oder sowohl ›befehlen‹ als ›gehorchen‹ besagen; es gibt auch Komposita wie ›altjung‹, ›fernnah‹, ›bindentrennen‹, ›außeninnen‹ ..., die trotz ihrer das Verschiedenste einschließenden Zusammensetzung das erste nur ›jung‹, das zweite nur ›nah‹, das dritte nur ›verbinden‹, das vierte nur ›innen‹ bedeuten ... Man hat also bei diesen zusammengesetzten Worten begriffliche Widersprüche geradezu absichtlich vereint, nicht um einen dritten Begriff zu schaffen, wie im Chinesischen mitunter geschieht, sondern nur, um durch das Kompositum die Bedeutung eines seiner kontradiktorischen Glieder, das allein dasselbe bedeutet haben würde, auszudrücken ...«

Indes ist das Rätsel leichter gelöst, als es scheinen will. Unsere Begriffe entstehen durch Vergleichung. »Wäre es immer hell, so würden wir zwischen hell und dunkel nicht unterscheiden und demgemäß weder den Begriff noch das Wort der Helligkeit haben können ...« »Es ist offenbar, alles auf diesem Planeten ist relativ und hat unabhängige Existenz, nur insofern es in seinen Beziehungen zu und von anderen Dingen unterschieden wird ...« »Da jeder Begriff somit der Zwilling seines Gegensatzes ist, wie konnte er zuerst gedacht, wie konnte er anderen, die ihn zu denken versuchten, mitgeteilt werden, wenn nicht durch die Messung an seinem Gegensatz? ...« (Ibid., S. 15): »Da man den Begriff der Stärke nicht konzipieren konnte, außer im Gegensatze zur Schwäche, so enthielt das Wort, welches ›stark‹ besagte, eine gleichzeitige Erinnerung an ›schwach‹, als durch welche es erst zum Dasein gelangte. Dieses Wort bezeichnete in Wahrheit weder ›stark‹ noch ›schwach‹, sondern das Verhältnis zwischen beiden und den Unterschied beider, welcher beide gleichmäßig erschuf...« »Der Mensch hat eben seine ältesten und einfachsten Begriffe nicht anders erringen können als im Gegensatze zu ihrem Gegensatz und erst allmählich die beiden Seiten der Antithese sondern und die eine ohne bewußte Messung an der andern denken gelernt.«

Da die Sprache nicht nur zum Ausdruck der eigenen Gedanken, sondern wesentlich zur Mitteilung derselben an andere dient, kann man die Frage aufwerfen, auf welche Weise hat der »Urägypter« dem Nebenmenschen zu erkennen gegeben, »welche Seite des Zwitterbegriffes er jedesmal meinte«? In der Schrift geschah dies mit Hilfe der sogenannten »determinativen« Bilder, welche, hinter die Buchstabenzeichen gesetzt, den Sinn derselben angeben und selbst nicht zur Aussprache bestimmt sind. (Ibid., S. 18): »Wenn das ägyptische Wort *ken* ›stark‹ bedeuten soll, steht hinter seinem alphabetisch geschriebenen Laut das Bild eines aufrechten, bewaffneten Mannes; wenn dasselbe Wort ›schwach‹ auszudrücken hat, folgt den Buchstaben, die den Laut darstellen, das Bild eines hockenden, lässigen Menschen. In ähnlicher Weise werden die meisten anderen zweideutigen Worte von erklärenden Bildern begleitet." In der Sprache diente nach Abels Meinung die Geste dazu, dem gesprochenen Worte das gewünschte Vorzeichen zu geben.

Die »ältesten Wurzeln« sind es, nach Abel, an denen die Erscheinung des antithetischen Doppelsinnes beobachtet wird. Im weiteren Verlaufe der Sprachentwicklung schwand nun diese Zweideutigkeit, und im Altägyptischen wenigstens lassen sich alle Übergänge bis zur Eindeutigkeit des modernen Sprachschatzes verfolgen. »Die ursprünglich doppelsinnigen Worte legen sich in der späteren Sprache in je zwei einsinnige auseinander, indem jeder der beiden entgegengesetzten Sinne je eine lautliche ›Ermäßigung‹ (Modifikation) derselben Wurzel für sich allein okkupiert.« So z. B. spaltet sich schon im Hieroglyphischen selbst *ken* »starkschwach« in *ken* »stark« und *kan* »schwach«. »Mit anderen Worten, die Begriffe, die nur antithetisch gefunden werden konnten, werden dem menschlichen Geiste im Laufe der Zeit genügend angeübt, um jedem ihrer beiden Teile eine selbständige Existenz zu ermöglichen und jedem somit seinen separaten lautlichen Vertreter zu verschaffen.«

Der fürs Ägyptische leicht zu führende Nachweis kontradiktorischer Urbedeutungen läßt sich nach Abel auch auf die semitischen und indoeuropäischen Sprachen ausdehnen. »Wie weit dieses in anderen Sprachfamilien geschehen kann, bleibt abzuwarten; denn obschon der Gegensinn ursprünglich den Denkenden jeder Rasse gegenwärtig gewesen sein muß, so braucht derselbe nicht überall in den Bedeutungen erkennbar geworden oder erhalten zu sein.«

Abel hebt ferner hervor, daß der Philosoph Bain diesen Doppelsinn der Worte, wie es scheint, ohne Kenntnis der tatsächlichen Phänomene aus rein theoretischen Gründen als eine logische Notwendigkeit gefordert hat. Die betreffende Stelle (*Logic* [1870], Bd. 1, 54) beginnt mit den Sätzen:

»The essential relativity of all knowledge, thought or consciousness cannot but show itself in language. If everything that we can know is viewed as a transition from something else, every experience must have two sides; and either every name must have a double meaning, or else for every meaning there must be two names.«

Aus dem »Anhang von Beispielen des ägyptischen, indogermanischen und arabischen Gegensinnes« hebe ich einige Fälle hervor, die auch uns Sprachunkundigen Eindruck machen können: Im Lateinischen heißt *altus* hoch und tief, *sacer* heilig und verflucht, wo also noch der volle Gegensinn ohne Modifikation des Wortlautes besteht. Die phonetische Abänderung zur Sonderung der Gegensätze wird belegt durch Beispiele wie *clamare* schreien – *clam* leise, still; *siccus* trocken – *succus* Saft. Im Deutschen bedeutet *Boden* heute noch das Oberste wie das Unterste im Haus. Unserem *bös* (schlecht) entspricht ein *bass* (gut), im Altsächsischen *bat* (gut) gegen englisch *bad* (schlecht); im Englischen *to lock* (schließen) gegen deutsch *Lücke, Loch*. Deutsch *kleben* – englisch *to cleave* (spalten); deutsch *Stumm* – *Stimme* usw. So käme vielleicht noch die vielbelachte Ableitung *lucus a non lucendo* [1] zu einem guten Sinn.

In seiner Abhandlung über den ›Ursprung der Sprache‹ (1885, S. 305) macht Abel noch auf andere Spuren alter Denkmühen aufmerksam. Der Engländer sagt noch heute, um »ohne« auszudrücken, *without*, also »mitohne« und ebenso der Ostpreuße. *With* selbst, das heute unserem »mit« entspricht, hat ursprünglich sowohl »mit« als auch »ohne« geheißen, wie noch aus *withdraw* (fortgehen), *withhold* (entziehen) zu erkennen ist. Dieselbe Wandlung erkennen wir im deutschen *wider* (gegen) und *wieder* (zusammen mit).

Für den Vergleich mit der Traumarbeit hat noch eine andere, höchst sonderbare Eigentümlichkeit der altägyptischen Sprache Bedeutung.

---

[1] [Quintilian (um 35–95) fragt (*De institutione oratoria* 1, 6): »Dürfen wir einräumen, daß einige Worte von ihren Gegenteilen abstammen, wie z. B. *›lucus‹*, Wald, weil er, durch Schatten verdunkelt, wenig leuchtet (*luceat*)?« Daher rührt: *»Lucus a non lucendo«*; Wald wird *»lucus«* genannt, weil es darin dunkel ist (*non lucet*).]

»Im Ägyptischen können die Worte – wir wollen zunächst sagen, scheinbar – *sowohl Laut wie Sinn umdrehen.* Angenommen, das deutsche Wort *gut* wäre ägyptisch, so könnte es neben gut auch schlecht bedeuten, neben *gut* auch *tug* lauten. Von solchen Lautumdrehungen, die zu zahlreich sind, um durch Zufälligkeit erklärt zu werden, kann man auch reichliche Beispiele aus den arischen und semitischen Sprachen beibringen. Wenn man sich zunächst aufs Germanische beschränkt, merke man: *Topf – pot; boat – tub; wait – täuwen; hurry – Ruhe; care – reck; Balken – Klobe, club.* Zieht man die anderen indogermanischen Sprachen mit in Betracht, so wächst die Zahl der dazugehörigen Fälle entsprechend, z. B.: *capere – packen; ren – Niere; the leaf* (Blatt) – *folium;* [russisch] *dum-a* [Denken], θυμός – sanskrit *mêdh, mûdha* [Seele], *Mut; Rauchen* – russisch *Kur-ít; kreischen – to shriek* usw.«

Das Phänomen der *Lautumdrehung* sucht Abel aus einer Doppelung, Reduplikation der Wurzel zu erklären. Hier würden wir eine Schwierigkeit empfinden, dem Sprachforscher zu folgen. Wir erinnern uns daran, wie gerne die Kinder mit der Umkehrung des Wortlautes spielen und wie häufig sich die Traumarbeit der Umkehrung ihres Darstellungsmaterials zu verschiedenen Zwecken bedient. (Hier sind es nicht mehr Buchstaben, sondern Bilder, deren Reihenfolge verkehrt wird.) Wir würden also eher geneigt sein, die Lautumdrehung auf ein tiefer greifendes Moment zurückzuführen [1].

In der Übereinstimmung zwischen der eingangs hervorgehobenen Eigentümlichkeit der Traumarbeit und der von dem Sprachforscher aufgedeckten Praxis der ältesten Sprachen dürfen wir eine Bestätigung unserer Auffassung vom regressiven, archaischen Charakter des Gedankenausdruckes im Traume erblicken. Und als unabweisbare Vermutung drängt sich uns Psychiatern auf, daß wir die Sprache des Traumes besser verstehen und leichter übersetzen würden, wenn wir von der Entwicklung der Sprache mehr wüßten [2].

---

[1] Über das Phänomen der Lautumdrehung (Metathesis), welches zur Traumarbeit vielleicht noch innigere Beziehungen hat als der Gegensinn (Antithese), vgl. noch W. Meyer-Rinteln, in: *Kölnische Zeitung* vom 7. März 1909.

[2] Es liegt auch nahe anzunehmen, daß der ursprüngliche Gegensinn der Worte den vorgebildeten Mechanismus darstellt, der von dem Versprechen zum Gegenteile im Dienste mannigfacher Tendenzen ausgenützt wird.

Zur Psychologie des Gymnasiasten

(1914)

EDITORISCHE VORBEMERKUNG

Deutsche Ausgaben:

1914 In der *Festschrift* anläßlich des 50jährigen Bestehens des K.k. Erzherzog Rainer-Realgymnasiums in Wien (Oktober).
1926 *Almanach 1927*, 43–6.
1928 *G. S.*, Bd. 11, 287–90.
1935 *Z. psychoanal. Päd.*, Bd. 9, 307–10.
1946 *G. W.*, Bd. 10, 204–7.

Vom 10. bis zum 18. Lebensjahr (1865–1873) besuchte Freud das Wiener »Leopoldstädter Kommunalreal- und Obergymnasium«, das wegen seiner Lage in der Sperlgasse volkstümlich »Sperlgymnasium« genannt wurde. Es wurde später in »K.k. Erzherzog Rainer-Realgymnasium« umgetauft. Der Aufsatz wurde für einen Sammelband zur Feier des 50jährigen Bestehens der Schule geschrieben. In einem Brief an seinen Schulfreund Emil Fluß vom 16. Juni 1873 (1941 *i*) beschreibt Freud seine Maturitätsprüfung an dieser Schule und erwähnt dort besonders auch den Aufsatz, auf den in der vorliegenden Schrift (S. 237) angespielt wird und für den Freud die Note »Ausgezeichnet« erhielt; der Aufsatz hatte die künftige Berufswahl zum Thema.

Man hat ein sonderbares Gefühl, wenn man in so vorgerückten Jahren noch einmal den Auftrag erhält, einen »deutschen Aufsatz« für das Gymnasium zu schreiben. Man gehorcht aber automatisch wie jener ausgediente Soldat, der auf das Kommando »Habt acht!« die Hände an die Hosennaht anlegen und seine Päckchen zu Boden fallen lassen muß. Es ist merkwürdig, wie bereitwillig man zugesagt hat, als ob sich in dem letzten Halbjahrhundert nichts Besonderes geändert hätte. Man ist doch alt geworden seither, steht knapp vor dem sechzigsten Lebensjahr, und Körpergefühl wie Spiegel zeigen unzweideutig an, wieviel man von seinem Lebenslicht bereits heruntergebrannt hat.
Noch vor zehn Jahren etwa konnte man Momente haben, in denen man sich plötzlich wieder ganz jung fühlte. Wenn man, bereits graubärtig und mit allen Lasten einer bürgerlichen Existenz beladen, durch die Straßen der Heimatstadt ging, begegnete man unversehens dem einen oder anderen wohlerhaltenen älteren Herrn, den man fast demütig begrüßte, weil man einen seiner Gymnasiallehrer in ihm erkannt hatte. Dann aber blieb man stehen und sah ihm versonnen nach: Ist er das wirklich oder nur jemand, der ihm so täuschend ähnlich ist? Wie jugendlich sieht er doch aus, und du bist selbst so alt geworden! Wie alt mag er heute wohl sein? Ist es möglich, daß diese Männer, die uns damals die Erwachsenen repräsentierten, um so weniges älter waren als wir?
Die Gegenwart war dann wie verdunkelt und die Lebensjahre von zehn bis achtzehn stiegen aus den Winkeln des Gedächtnisses empor mit ihren Ahnungen und Irrungen, ihren schmerzhaften Umbildungen und beseligenden Erfolgen, die ersten Einblicke in eine untergegangene Kulturwelt, die wenigstens mir später ein unübertroffener Trost in den Kämpfen des Lebens werden sollte, die ersten Berührungen mit den Wissenschaften, unter denen man glaubte wählen zu können, welcher man seine – sicherlich unschätzbaren – Dienste weihen würde. Und ich glaubte mich zu erinnern, daß die ganze Zeit von der Ahnung einer Aufgabe durchzogen war, die sich zuerst nur leise andeutete, bis ich sie in dem Maturitätsaufsatze in die lauten Worte kleiden konnte, ich wollte in meinem Leben zu unserem menschlichen Wissen einen Beitrag leisten.

Ich bin dann Arzt geworden, aber eigentlich doch eher Psychologe, und konnte eine neue psychologische Disziplin schaffen, die sogenannte »Psychoanalyse«, welche gegenwärtig Ärzte und Forscher in nahen wie in fernen fremdsprachigen Ländern in Atem hält und zu Lob und Tadel aufregt, die des eigenen Vaterlandes natürlich am geringsten.

Als Psychoanalytiker muß ich mich mehr für affektive als für intellektuelle Vorgänge, mehr für das unbewußte als für das bewußte Seelenleben interessieren. Meine Ergriffenheit bei der Begegnung mit meinem früheren Gymnasialprofessor mahnt mich, ein erstes Bekenntnis abzulegen: Ich weiß nicht, was uns stärker in Anspruch nahm und bedeutsamer für uns wurde, die Beschäftigung mit den uns vorgetragenen Wissenschaften oder die mit den Persönlichkeiten unserer Lehrer. Jedenfalls galt den letzteren bei uns allen eine niemals aussetzende Unterströmung, und bei vielen führte der Weg zu den Wissenschaften nur über die Personen der Lehrer; manche blieben auf diesem Weg stecken, und einigen ward er auf solche Weise – warum sollen wir es nicht eingestehen? – dauernd verlegt.

Wir warben um sie oder wandten uns von ihnen ab, imaginierten bei ihnen Sympathien oder Antipathien, die wahrscheinlich nicht bestanden, studierten ihre Charaktere und bildeten oder verbildeten an ihnen unsere eigenen. Sie riefen unsere stärksten Auflehnungen hervor und zwangen uns zur vollständigen Unterwerfung; wir spähten nach ihren kleinen Schwächen und waren stolz auf ihre großen Vorzüge, ihr Wissen und ihre Gerechtigkeit. Im Grunde liebten wir sie sehr, wenn sie uns irgendeine Begründung dazu gaben; ich weiß nicht, ob alle unsere Lehrer dies bemerkt haben. Aber es ist nicht zu leugnen, wir waren in einer ganz besonderen Weise gegen sie eingestellt, in einer Weise, die ihre Unbequemlichkeiten für die Betroffenen haben mochte. Wir waren von vornherein gleich geneigt zur Liebe wie zum Haß, zur Kritik wie zur Verehrung gegen sie. Die Psychoanalyse nennt eine solche Bereitschaft zu gegensätzlichem Verhalten eine ambivalente; sie ist auch nicht verlegen, die Quelle einer solchen Gefühlsambivalenz nachzuweisen.

Sie hat uns nämlich gelehrt, daß die für das spätere Verhalten des Individuums so überaus wichtigen Affekteinstellungen gegen andere Personen in ungeahnt früher Zeit fertig gemacht werden. Schon in den ersten sechs Jahren der Kindheit hat der kleine Mensch die Art und den Affektton seiner Beziehungen zu Personen des nämlichen und des anderen Geschlechts festgelegt, er kann sie von da an entwickeln und nach bestimmten Richtungen umwandeln, aber nicht mehr aufheben. Die Personen, an welche er sich in solcher Weise fixiert, sind seine Eltern und Geschwister. Alle Menschen, die er später kennenlernt, werden ihm zu Ersatzpersonen dieser ersten Gefühlsobjekte (etwa noch der Pflegepersonen neben den Eltern) und ordnen sich für ihn in Reihen an, die von den »Imagines«, wie wir sagen, des Vaters, der Mutter, der Geschwister usw. ausgehen. Diese späteren Bekanntschaften haben also eine Art von Gefühlserbschaft zu übernehmen, sie stoßen auf Sympathien und Antipathien, zu deren Erwerbung sie selbst nur wenig beigetragen haben; alle spätere Freundschafts- und Liebeswahl erfolgt auf Grund von Erinnerungsspuren, welche jene ersten Vorbilder hinterlassen haben.

Von den Imagines einer gewöhnlich nicht mehr im Gedächtnis bewahrten Kindheit ist aber keine für den Jüngling und Mann bedeutungsvoller als die seines Vaters. Organische Notwendigkeit hat in dies Verhältnis eine Gefühlsambivalenz eingeführt, als deren ergreifendsten Ausdruck wir den griechischen Mythus vom König Ödipus erfassen können. Der kleine Knabe muß seinen Vater lieben und bewundern, er scheint ihm das stärkste, gütigste und weiseste aller Geschöpfe; ist doch Gott selbst nur eine Erhöhung dieses Vaterbildes, wie es sich dem frühkindlichen Seelenleben darstellt. Aber sehr bald tritt die andere Seite dieser Gefühlsrelation hervor. Der Vater wird auch als der übermächtige Störer des eigenen Trieblebens erkannt, er wird zum Vorbild, das man nicht nur nachahmen, sondern auch beseitigen will, um seine Stelle selbst einzunehmen. Die zärtliche und die feindselige Regung gegen den Vater bestehen nun nebeneinander fort, oft durch das ganze Leben hindurch, ohne daß die eine die andere aufheben könnte. In einem solchen Nebeneinander der Gegensätze liegt der Charakter dessen, was wir eine Gefühlsambivalenz heißen.

In der zweiten Hälfte der Kindheit bereitet sich eine Veränderung dieses Verhältnisses zum Vater vor, deren Bedeutung man sich nicht großartig genug vorstellen kann. Der Knabe beginnt aus seiner Kinderstube in die reale Welt draußen zu schauen, und nun muß er die Entdeckungen machen, welche seine ursprüngliche Hochschätzung des Vaters untergraben und seine Ablösung von diesem ersten Ideal befördern. Er findet, daß der Vater nicht mehr der Mächtigste, Weiseste, Reichste ist, er wird mit ihm unzufrieden, lernt ihn kritisieren und sozial einordnen und läßt ihn dann gewöhnlich schwer für die Enttäuschung büßen, die jener ihm bereitet hat. Alles Hoffnungsvolle, aber auch alles Anstößige, was die neue Generation auszeichnet, hat diese Ablösung vom Vater zur Bedingung.

In diese Phase der Entwicklung des jungen Menschen fällt sein Zusammentreffen mit den Lehrern. Wir verstehen jetzt unser Verhältnis zu unseren Gymnasialprofessoren. Diese Männer, die nicht einmal alle selbst Väter waren, wurden uns zum Vaterersatz. Darum kamen sie uns, auch wenn sie noch sehr jung waren, so gereift, so unerreichbar erwachsen vor. Wir übertrugen auf sie den Respekt und die Erwartungen von dem allwissenden Vater unserer Kindheitsjahre, und dann begannen wir, sie zu behandeln wie unsere Väter zu Hause. Wir brachten ihnen die Ambivalenz entgegen, die wir in der Familie erworben hatten, und mit Hilfe dieser Einstellung rangen wir mit ihnen, wie wir mit unseren leiblichen Vätern zu ringen gewohnt waren. Ohne Rücksicht auf die Kinderstube und das Familienhaus wäre unser Benehmen gegen unsere Lehrer nicht zu verstehen, aber auch nicht zu entschuldigen.
Noch andere und kaum weniger wichtige Erlebnisse hatten wir als Gymnasiasten mit den Nachfahren unserer Geschwister, mit unseren Kameraden, aber diese sollen auf einem anderen Blatt beschrieben werden. Das Jubiläum der Schule hält unsere Gedanken bei den Lehrern fest.

Das Unheimliche

(1919)

EDITORISCHE VORBEMERKUNG

Deutsche Ausgaben:

1919 *Imago*, Bd. 5 (5–6), 297–324.
1922 *S. K. S. N.*, Bd. 5, 229–73.
1924 *G. S.*, Bd. 10, 369–408.
1924 *Dichtung und Kunst*, 99–138.
1947 *G. W.*, Bd. 12, 229–68.

Diese Arbeit, die im Herbst 1919 erschien, hat Freud in einem Brief an Ferenczi vom 12. Mai desselben Jahres erwähnt; er sagt dort, er habe eine alte Arbeit aus einer Schublade ausgegraben und schreibe sie neu. Man weiß nicht, wann sie ursprünglich geschrieben und wieviel daran geändert worden ist, aber die Anmerkung auf S. 263, in der aus *Totem und Tabu* zitiert wird, zeigt, daß ihn das Thema schon 1913 beschäftigte. Die vom »Wiederholungszwang« handelnden Passagen (S. 257 ff.) gehören zweifellos zu den revidierten Stücken. Sie enthalten eine Zusammenfassung großer Teile von *Jenseits des Lustprinzips* (1920*g*), welche Schrift Freud als schon »bereitliegend« (S. 261) erwähnt.

Man könnte mit vollem Recht die vorliegende Arbeit zu Freuds Schriften über bildende Kunst und Literatur zählen – der Autor selbst hat sie in seinen kleinen Sammelband *Dichtung und Kunst* aufgenommen –, und man sollte sie natürlich im Zusammenhang mit den anderen Schriften über Literatur lesen, zu denen sie (insbesondere mit Bezug auf E. T. A. Hoffmann) einen wichtigen Beitrag leistet. Zugleich handelt diese Arbeit jedoch auch vom Unheimlichen als einem psychischen Phänomen des wirklichen Lebens, und Freuds Untersuchungen zur Definition des Wortes sowie über Ursprünge und Vorkommen des Phänomens selbst führen in Bereiche jenseits der Literatur.

I

Der Psychoanalytiker verspürt nur selten den Antrieb zu ästhetischen Untersuchungen, auch dann nicht, wenn man die Ästhetik nicht auf die Lehre vom Schönen einengt, sondern sie als Lehre von den Qualitäten unseres Fühlens beschreibt. Er arbeitet in anderen Schichten des Seelenlebens und hat mit den zielgehemmten, gedämpften, von so vielen begleitenden Konstellationen abhängigen Gefühlsregungen, die zumeist der Stoff der Ästhetik sind, wenig zu tun. Hie und da trifft es sich doch, daß er sich für ein bestimmtes Gebiet der Ästhetik interessieren muß, und dann ist dies gewöhnlich ein abseits liegendes, von der ästhetischen Fachliteratur vernachlässigtes.

Ein solches ist das »Unheimliche«. Kein Zweifel, daß es zum Schreckhaften, Angst- und Grauenerregenden gehört, und ebenso sicher ist es, daß dies Wort nicht immer in einem scharf zu bestimmenden Sinne gebraucht wird, so daß es eben meist mit dem Angsterregenden überhaupt zusammenfällt. Aber man darf doch erwarten, daß ein besonderer Kern vorhanden ist, der die Verwendung eines besonderen Begriffswortes rechtfertigt. Man möchte wissen, was dieser gemeinsame Kern ist, der etwa gestattet, innerhalb des Ängstlichen ein »Unheimliches« zu unterscheiden.

Darüber findet man nun so viel wie nichts in den ausführlichen Darstellungen der Ästhetik, die sich überhaupt lieber mit den schönen, großartigen, anziehenden, also mit den positiven Gefühlsarten, ihren Bedingungen und den Gegenständen, die sie hervorrufen, als mit den gegensätzlichen, abstoßenden, peinlichen beschäftigen. Von seiten der ärztlich-psychologischen Literatur kenne ich nur die eine, inhaltsreiche, aber nicht erschöpfende Abhandlung von E. Jentsch [1]. Allerdings muß ich gestehen, daß aus leicht zu erratenden, in der Zeit liegenden Gründen [2] die Literatur zu diesem kleinen Beitrag, insbesondere die fremdsprachige, nicht gründlich herausgesucht wurde, weshalb er denn auch ohne jeden Anspruch auf Priorität vor den Leser tritt.

Als Schwierigkeit beim Studium des Unheimlichen betont Jentsch mit

[1] ›Zur Psychologie des Unheimlichen‹ (1906).

[2] [Eine Anspielung auf den eben erst beendeten Ersten Weltkrieg.]

vollem Recht, daß die Empfindlichkeit für diese Gefühlsqualität bei verschiedenen Menschen so sehr verschieden angetroffen wird. Ja, der Autor dieser neuen Unternehmung muß sich einer besonderen Stumpfheit in dieser Sache anklagen, wo große Feinfühligkeit eher am Platze wäre. Er hat schon lange nichts erlebt oder kennengelernt, was ihm den Eindruck des Unheimlichen gemacht hätte, muß sich erst in das Gefühl hineinversetzen, die Möglichkeit desselben in sich wachrufen. Indes sind Schwierigkeiten dieser Art auch auf vielen anderen Gebieten der Ästhetik mächtig; man braucht darum die Erwartung nicht aufzugeben, daß sich die Fälle werden herausheben lassen, in denen der fragliche Charakter von den meisten widerspruchslos anerkannt wird.

Man kann nun zwei Wege einschlagen: nachsuchen, welche Bedeutung die Sprachentwicklung in dem Worte »unheimlich« niedergelegt hat, oder zusammentragen, was an Personen und Dingen, Sinneseindrücken, Erlebnissen und Situationen das Gefühl des Unheimlichen in uns wachruft, und den verhüllten Charakter des Unheimlichen aus einem allen Fällen Gemeinsamen erschließen. Ich will gleich verraten, daß beide Wege zum nämlichen Ergebnis führen, das Unheimliche sei jene Art des Schreckhaften, welche auf das Altbekannte, Längstvertraute zurückgeht. Wie das möglich ist, unter welchen Bedingungen das Vertraute unheimlich, schreckhaft werden kann, das wird aus dem Weiteren ersichtlich werden. Ich bemerke noch, daß diese Untersuchung in Wirklichkeit den Weg über eine Sammlung von Einzelfällen genommen und erst später die Bestätigung durch die Aussage des Sprachgebrauches gefunden hat. In dieser Darstellung werde ich aber den umgekehrten Weg gehen.

Das deutsche Wort »unheimlich« ist offenbar der Gegensatz zu heimlich, heimisch, vertraut, und der Schluß liegt nahe, es sei etwas eben darum schreckhaft, weil es *nicht* bekannt und vertraut ist. Natürlich ist aber nicht alles schreckhaft, was neu und nicht vertraut ist; die Beziehung ist *nicht* umkehrbar. Man kann nur sagen, was neuartig ist, wird leicht schreckhaft und unheimlich; einiges Neuartige ist schreckhaft, durchaus nicht alles. Zum Neuen und Nichtvertrauten muß erst etwas hinzukommen, was es zum Unheimlichen macht.

Jentsch ist im ganzen bei dieser Beziehung des Unheimlichen zum Neuartigen, Nichtvertrauten, stehengeblieben. Er findet die wesentliche Bedingung für das Zustandekommen des unheimlichen Gefühls in der intellektuellen Unsicherheit. Das Unheimliche wäre eigentlich immer etwas, worin man sich sozusagen nicht auskennt. Je besser ein Mensch in der

Umwelt orientiert ist, desto weniger leicht wird er von den Dingen oder Vorfällen in ihr den Eindruck der Unheimlichkeit empfangen.

Wir haben es leicht zu urteilen, daß diese Kennzeichnung nicht erschöpfend ist, und versuchen darum, über die Gleichung unheimlich = nicht vertraut hinauszugehen. Wir wenden uns zunächst an andere Sprachen. Aber die Wörterbücher, in denen wir nachschlagen, sagen uns nichts Neues, vielleicht nur darum nicht, weil wir selbst Fremdsprachige sind. Ja, wir gewinnen den Eindruck, daß vielen Sprachen ein Wort für diese besondere Nuance des Schreckhaften abgeht[1].

LATEINISCH (nach K. E. Georges, *Kl. Deutschlatein. Wörterbuch* 1898): ein unheimlicher Ort – *locus suspectus;* in unheimlicher Nachtzeit – *intempesta nocte.*

GRIECHISCH (Wörterbücher von Rost und von Schenkl): ξένος – also fremd, fremdartig.

ENGLISCH (aus den Wörterbüchern von Lucas, Bellows, Flügel, Muret-Sanders): *uncomfortable, uneasy, gloomy, dismal, uncanny, ghastly,* von einem Hause: *haunted,* von einem Menschen: *a repulsive fellow.*

FRANZÖSISCH (Sachs-Villatte): *inquiétant, sinistre, lugubre, mal à son aise.*

SPANISCH (Tollhausen 1889): *sospechoso, de mal aguëro, lúgubre, siniestro.*

Das Italienische und Portugiesische scheinen sich mit Worten zu begnügen, die wir als Umschreibungen bezeichnen würden. Im Arabischen und Hebräischen fällt unheimlich mit dämonisch, schaurig zusammen.

Kehren wir darum zur deutschen Sprache zurück.

In Daniel Sanders' *Wörterbuch der Deutschen Sprache* 1860 finden sich folgende Angaben zum Worte *heimlich,* die ich hier ungekürzt abschreiben und aus denen ich die eine und die andere Stelle durch Unterstreichung hervorheben will (Bd. 1, S. 729)[2]:

Heimlich, a. (-keit, f. -en): 1. auch Heimelich, heimelig, zum Hause gehörig, nicht fremd, vertraut, zahm, traut und traulich, anheimelnd etc. (*a*) (veralt.) zum Haus, zur Familie gehörig oder: wie dazu gehörig betrachtet, vgl. lat. familiaris, vertraut: Die Heimlichen, die Hausgenossen; Der heimliche Rath. 1. Mos. 41, 45; 2. Sam. 23, 23. 1 Chr. 12, 25. Weish. 8, 4., wofür jetzt: Geheimer (s. *d* 1.) Rath üblich ist, s. Heim-

---

[1] Für die nachstehenden Auszüge bin ich Herrn Dr. Th. Reik zu Dank verpflichtet.

[2] [In dem folgenden Auszug sind einige unwesentliche Druckfehler, die in den bisherigen deutschen Ausgaben der Freudschen Arbeit enthalten waren, korrigiert worden.]

licher – (*b*) von Thieren zahm, sich den Menschen traulich anschließend. Ggstz. wild, z. B.: Thier, die weder wild noch heimlich sind, etc. Eppendorf. 88; Wilde Thier ... so man sie h. und gewohnsam um die Leute aufzeucht. 92. So diese Thierle von Jugend bei den Menschen erzogen, werden sie ganz h., freundlich etc., Stumpf 608 a etc. – So noch: So h. ist's (das Lamm) und frißt aus meiner Hand. Hölty; Ein schöner, heimelicher (s. *c*) Vogel bleibt der Storch immerhin. Linck, Schl. 146. s. Häuslich 1. etc. – (*c*) traut, traulich anheimelnd; das Wohlgefühl stiller Befriedigung etc., behaglicher Ruhe u. sichern Schutzes, wie das umschlossne, wohnliche Haus erregend (vgl. Geheuer): Ist dir's h. noch im Lande, wo die Fremden deine Wälder roden? Alexis H. 1, 1, 289; Es war ihr nicht allzu h. bei ihm. Brentano Wehm. 92; Auf einem hohen h–en Schattenpfade ..., längs dem rieselnden rauschenden und plätschernden Waldbach. Forster B. 1, 417. Die H–keit der Heimath zerstören. Gervinus Lit. 5, 375. So vertraulich und h. habe ich nicht leicht ein Plätzchen gefunden. G[oethe], 14, 14; Wir dachten es uns so bequem, so artig, so gemüthlich und h. 15, 9; In stiller H–keit, umzielt von engen Schranken. Haller; Einer sorglichen Hausfrau, die mit dem Wenigsten eine vergnügliche H–keit (Häuslichkeit) zu schaffen versteht. Hartmann Unst. 1, 188; Desto h–er kam ihm jetzt der ihm erst kurz noch so fremde Mann vor. Kerner 540; Die protestantischen Besitzer fühlen sich ... nicht h. unter ihren katholischen Unterthanen. Kohl. Irl. 1, 172; Wenns h. wird und leise / die Abendstille nur an deiner Zelle lauscht. Tiedge 2, 39; Still und lieb und h., als sie sich / zum Ruhen einen Platz nur wünschen möchten. W[ieland], 11, 144; Es war ihm garnicht h. dabei 27. 170, etc. – Auch: Der Platz war so still, so einsam, so schatten-h. Scherr Pilg. 1, 170; Die ab- und zuströmenden Fluthwellen, träumend und wiegenlied-h. Körner, Sch. 3, 320, etc. – Vgl. namentl. Un-h. – Namentl. bei schwäb., schwzr. Schriftst. oft dreisilbig: Wie 'heimelich' war es dann Ivo Abends wieder, als er zu Hause lag. Auerbach, D. 1, 249; In dem Haus ist mir's so heimelig gewesen. 4. 307; Die warme Stube, der heimelige Nachmittag. Gotthelf, Sch. 127, 148; Das ist das wahre Heimelig, wenn der Mensch so von Herzen fühlt, wie wenig er ist, wie groß der Herr ist. 147; Wurde man nach und nach recht gemüthlich und heimelig mit einander. U. 1, 297; Die trauliche Heimeligkeit. 380, 2, 86; Heimelicher wird es mir wohl nirgends werden als hier. 327; Pestalozzi 4, 240; Was von ferne herkommt ... lebt gw. nicht ganz heimelig (heimatlich, freundnachbarlich) mit den Leuten. 325; Die Hütte, wo / er sonst so heimelig, so froh / ... im Kreis der Seinen oft gesessen. Reithard 20; Da klingt das Horn des Wächters so heimelig vom Thurm / da ladet seine Stimme so gastlich. 49; Es schläft sich da so lind und warm / so wunderheim'lig ein. 23, etc. – Diese Weise verdiente allgemein zu werden, um das gute Wort vor dem Veralten wegen nahe liegender Verwechslung mit **2** zu bewahren. vgl.: 'Die Zecks sind alle h. (**2**)' H.?.. Was verstehen sie unter h.?.. – 'Nun ... es kommt mir mit ihnen vor, wie mit einem zugegrabenen Brunnen oder einem ausgetrockneten Teich. Man kann nicht darüber gehen, ohne daß es Einem immer ist, als könnte da wieder einmal Wasser zum Vorschein kommen.' Wir nennen das un-h.; Sie nennen's h. Worin finden Sie denn, daß diese Familie etwas Verstecktes und Unzuverlässiges hat? etc. Gutzkow R. 2, 61[1]. – (*d*) (s. *c*) namentl. schles.: fröhlich, heiter, auch vom Wetter, s. Adelung und Weinhold.

2. versteckt, verborgen gehalten, so daß man Andre nicht davon oder darum wissen lassen, es ihnen verbergen will, vgl. Geheim (**2.**), von welchem erst nhd. Ew. es doch zumal in der älteren Sprache, z. B. in der Bibel, wie Hiob 11, 6; 15, 8; Weish. 2, 22; 1. Kor. 2, 7 etc., und so auch H–keit statt Geheimnis. Matth. 13, 35 etc., nicht immer genau geschieden wird: H. (hinter Jemandes Rücken) Etwas thun, treiben; Sich h. davon schleichen; H–e Zusammenkünfte, Verabredungen; Mit h–er Schadenfreude zusehen; H. seufzen, weinen; H. thun, als ob man etwas zu verbergen hätte; H–e Liebschaft, Liebe, Sünde; H–e Orte (die der Wohlstand zu verhüllen gebietet). 1. Sam. 5, 6; Das h–e Gemach (Abtritt). 2. Kön. 10, 27; W[ieland], 5, 256 etc., auch: Der h–e Stuhl. Zinkgräf 1, 249; In Graben, in H–keiten werfen. 3, 75; Rollenhagen Fr. 83 etc. – Führte h. vor Laomedon / die Stuten vor. B[ürger], 161 b etc. – Ebenso versteckt, h., hinterlistig und boshaft gegen grausame Herren ... wie offen, frei, theilnehmend und dienstwillig gegen den leidenden Freund. Burmeister gB 2, 157; Du sollst mein h. Heiligstes noch wissen. Chamisso 4, 56; Die h–e Kunst (der Zauberei). 3, 224; Wo die öffentliche Ventilation aufhören muß, fängt die h–e Machination an. Forster, Br. 2, 135; Freiheit ist die leise Parole h. Verschworener, das laute Feldgeschrei der öffentlich Umwälzenden. G[oethe], 4, 222; Ein heilig, h. Wirken. 15; Ich habe Wurzeln / die sind gar h., / im tiefen Boden / bin ich gegründet. 2, 109; Meine h–e Tücke (vgl. Heimtücke). 30, 344; Empfängt er es nicht offenbar und gewissenhaft, so mag er es h.

[1] Sperrdruck (auch im folgenden) vom Referenten.

und gewissenlos ergreifen. 39, 33; Ließ h. und geheimnisvoll achromatische Fernröhre zusammensetzen. 375; Von nun an, will ich, sei nichts H–es / mehr unter uns. Sch[iller], 369 b. – Jemandes H–keiten entdekken, offenbaren, verrathen; H–keiten hinter meinem Rücken zu brauen. Alexis. H. 2, 3, 168; Zu meiner Zeit / befliß man sich der H–keit. Hagedorn 3, 92; Die H–keit und das Gepuschele unter der Hand. Immermann, M. 3, 289; Der H–keit (des verborgnen Golds) unmächtigen Bann / kann nur die Hand der Einsicht lösen. Novalis. 1, 69; / Sag' an, wo du sie ... verbirgst, in welches Ortes verschwiegener H. Sch[iller], 495 b; Ihr Bienen, die ihr knetet / der H–keiten Schloß (Wachs zum Siegeln). Tieck, Cymb. 3, 2; Erfahren in seltnen H–keiten (Zauberkünsten). Schlegel Sh. 6, 102 etc., vgl. Geheimnis L[essing], 10: 291 ff.
Zsstzg. s. 1 *c*, so auch nam. der Ggstz.: Un-: unbehagliches, banges Grauen erregend: Der schier ihm un-h., gespenstisch erschien. Chamisso 3, 238; Der Nacht un-h., bange Stunden. 4, 148; Mir war schon lang' un-h., ja graulich zu Muthe. 242; Nun fängts mir an, un-h. zu werden. G[oethe], 6, 330; ... Empfindet ein u–es Grauen. Heine, Verm. 1, 51; Un-h. und starr wie ein Steinbild. Reis, 1, 10; Den u–en Nebel, Haarrauch geheißen. Immermann M., 3, 299; Diese blassen Jungen sind un-h. und brauen Gott weiß was Schlimmes. Laube, Band. 1, 119; Un-h. nennt man Alles, was im Geheimnis, im Verborgnen... bleiben sollte und hervorgetreten ist. Schelling, 2, 2, 649 etc. – Das Göttliche zu verhüllen, mit einer gewissen U–keit zu umgeben 658, etc. – Unüblich als Ggstz. von (2), wie es Campe ohne Beleg anführt.

Aus diesem langen Zitat ist für uns am interessantesten, daß das Wörtchen heimlich unter den mehrfachen Nuancen seiner Bedeutung auch eine zeigt, in der es mit seinem Gegensatz unheimlich zusammenfällt. Das Heimliche wird dann zum Unheimlichen; vgl. das Beispiel von Gutzkow: »Wir nennen das unheimlich, Sie nennen's heimlich.« Wir werden überhaupt daran gemahnt, daß dies Wort heimlich nicht eindeutig ist, sondern zwei Vorstellungskreisen zugehört, die, ohne gegensätzlich zu sein, einander doch recht fremd sind, dem des Vertrauten, Behaglichen und dem des Versteckten, Verborgengehaltenen. Unheimlich sei nur als Gegensatz zur ersten Bedeutung, nicht auch zur zweiten gebräuchlich. Wir erfahren bei Sanders nichts darüber, ob nicht doch eine genetische Beziehung zwischen diesen zwei Bedeutungen anzunehmen ist. Hingegen werden wir auf eine Bemerkung von Schelling auf-

merksam, die vom Inhalt des Begriffes Unheimlich etwas ganz Neues aussagt, auf das unsere Erwartung gewiß nicht eingestellt war. Unheimlich sei alles, was ein Geheimnis, im Verborgenen bleiben sollte und hervorgetreten ist.
Ein Teil der so angeregten Zweifel wird durch die Angaben in Jacob und Wilhelm Grimm: *Deutsches Wörterbuch*, Leipzig 1877 (Bd. 4, 2. Teil, 873 ff.) geklärt:

Heimlich; adj. und adv. *vernaculus, occultus;* mhd. heimelîch, heimlîch.
S. 874: In etwas anderem sinne: es ist mir heimlich, wohl, frei von furcht...
[3] *b*) heimlich ist auch der von gespensterhaften freie ort...
S. 875: *β*) vertraut; freundlich, zutraulich.
4. aus dem heimatlichen, häuslichen entwickelt sich weiter der begriff des fremden augen entzogenen, verborgenen, geheimen, eben auch in mehrfacher beziehung ausgebildet...
S. 876: »links am see
liegt eine matte heimlich im gehölz.«
Schiller, *Tell* I, 4.
... frei und für den modernen sprachgebrauch ungewöhnlich ... heimlich ist zu einem verbum des verbergens gestellt: er verbirgt mich heimlich in seinem gezelt. ps. 27, 5. (... heimliche orte am menschlichen Körper, pudenda ... welche leute nicht stürben, die wurden geschlagen an heimlichen örten. 1 Samuel 5, 12...)
c) beamtete, die wichtige und geheim zu haltende ratschläge in staatssachen ertheilen, heiszen heimliche räthe, das adjektiv nach heutigem sprachgebrauch durch geheim (s. d.) ersetzt: ... (Pharao) nennet ihn (Joseph) den heimlichen rath. 1. Mos. 41, 45;
S. 878: 6. heimlich für die erkenntnis, mystisch, allegorisch: heimliche bedeutung, *mysticus, divinus, occultus, figuratus.*
S. 878: anders ist heimlich im folgenden, der erkenntnis entzogen, unbewuszt: ...
dann aber ist heimlich auch verschlossen, undurchdringlich in bezug auf erforschung: ...
»merkst du wohl? sie trauen uns nicht,
fürchten des Friedländers heimlich gesicht.«
Wallensteins lager, 2. aufz. [Szene]

9. die bedeutung des versteckten, gefährlichen, die in der vorigen nummer hervortritt, entwickelt sich noch weiter, so dasz heimlich den sinn empfängt, den sonst unheimlich (gebildet nach heimlich, 3*b*, sp. 874) hat: »mir ist zu zeiten wie dem menschen der in nacht wandelt und an gespenster glaubt, jeder winkel ist ihm heimlich und schauerhaft.« Klinger, *theater*, 3, 298.

Also heimlich ist ein Wort, das seine Bedeutung nach einer Ambivalenz hin entwickelt, bis es endlich mit seinem Gegensatz unheimlich zusammenfällt. Unheimlich ist irgendwie eine Art von heimlich. Halten wir dies noch nicht recht geklärte Ergebnis mit der Definition des Unheimlichen von Schelling zusammen. Die Einzeluntersuchung der Fälle des Unheimlichen wird uns diese Andeutungen verständlich machen.

II

Wenn wir jetzt an die Musterung der Personen und Dinge, Eindrücke, Vorgänge und Situationen herangehen, die das Gefühl des Unheimlichen in besonderer Stärke und Deutlichkeit in uns zu erwecken vermögen, so ist die Wahl eines glücklichen ersten Beispiels offenbar das nächste Erfordernis. E. Jentsch hat als ausgezeichneten Fall den »Zweifel an der Beseelung eines anscheinend lebendigen Wesens und umgekehrt darüber, ob ein lebloser Gegenstand nicht etwa beseelt sei« hervorgehoben und sich dabei auf den Eindruck von Wachsfiguren, kunstvollen Puppen und Automaten berufen. Er reiht dem das Unheimliche des epileptischen Anfalls und der Äußerungen des Wahnsinnes an, weil durch sie in dem Zuschauer Ahnungen von automatischen – mechanischen – Prozessen geweckt werden, die hinter dem gewohnten Bilde der Beseelung verborgen sein mögen. Ohne nun von dieser Ausführung des Autors voll überzeugt zu sein, wollen wir unsere eigene Untersuchung an ihn anknüpfen, weil er uns im weiteren an einen Dichter mahnt, dem die Erzeugung unheimlicher Wirkungen so gut wie keinem anderen gelungen ist.

»Einer der sichersten Kunstgriffe, leicht unheimliche Wirkungen durch Erzählungen hervorzurufen«, schreibt Jentsch, »beruht nun darauf, daß man den Leser im Ungewissen darüber läßt, ob er in einer bestimmten Figur eine Person oder etwa einen Automaten vor sich habe, und zwar so, daß diese Unsicherheit nicht direkt in den Brennpunkt seiner Aufmerksamkeit tritt, damit er nicht veranlaßt werde, die Sache sofort zu untersuchen und klarzustellen, da hiedurch, wie gesagt, die besondere Gefühlswirkung leicht schwindet. E. T. A. Hoffmann hat in seinen Phantasiestücken dieses psychologische Manöver wiederholt mit Erfolg zur Geltung gebracht.«

Diese gewiß richtige Bemerkung zielt vor allem auf die Erzählung ›Der Sandmann‹ in den *Nachtstücken* (dritter Band der Grisebachschen Ausgabe von Hoffmanns sämtlichen Werken), aus welcher die Figur der Puppe Olimpia in den ersten Akt der Offenbachschen Oper *Hoffmanns Erzählungen* gelangt ist. Ich muß aber sagen – und ich hoffe, die meisten Leser der Geschichte werden mir beistimmen, – daß das Motiv der belebt scheinenden Puppe Olimpia keineswegs das einzige ist, welches für die unvergleichlich unheimliche Wirkung der Erzählung verantwortlich gemacht werden muß, ja nicht einmal dasjenige, dem diese Wirkung in erster Linie zuzuschreiben wäre. Es kommt dieser Wirkung auch nicht zustatten, daß die Olimpia-Episode vom Dichter selbst eine leise Wendung ins Satirische erfährt und von ihm zum Spott auf die Liebesüberschätzung von seiten des jungen Mannes gebraucht wird. Im Mittelpunkt der Erzählung steht vielmehr ein anderes Moment, nach dem sie auch den Namen trägt und das an den entscheidenden Stellen immer wieder hervorgekehrt wird: das Motiv des *Sandmannes*, der den Kindern die Augen ausreißt.

Der Student Nathaniel, mit dessen Kindheitserinnerungen die phantastische Erzählung anhebt, kann trotz seines Glückes in der Gegenwart die Erinnerungen nicht bannen, die sich ihm an den rätselhaft erschreckenden Tod des geliebten Vaters knüpfen. An gewissen Abenden pflegte die Mutter die Kinder mit der Mahnung zeitig zu Bette zu schicken: Der Sandmann kommt, und wirklich hört das Kind dann jedesmal den schweren Schritt eines Besuchers, der den Vater für diesen Abend in Anspruch nimmt. Die Mutter, nach dem Sandmann befragt, leugnet dann zwar, daß ein solcher anders denn als Redensart existiert, aber eine Kinderfrau weiß greifbarere Auskunft zu geben: »Das ist ein böser Mann, der kommt zu den Kindern, wenn sie nicht zu Bette gehen wollen, und wirft ihnen Hände voll Sand in die Augen, daß sie blutig zum Kopfe herausspringen, die wirft er dann in den Sack und trägt sie in den Halbmond zur Atzung für seine Kinderchen, die sitzen dort im Nest und haben krumme Schnäbel wie die Eulen, damit picken sie der unartigen Menschenkindlein Augen auf.«

Obwohl der kleine Nathaniel alt und verständig genug war, um so schauerliche Zutaten zur Figur des Sandmannes abzuweisen, so setzte sich doch die Angst vor diesem selbst in ihm fest. Er beschloß zu erkunden, wie der Sandmann aussehe, und verbarg sich eines Abends, als er wieder erwartet wurde, im Arbeitszimmer des Vaters. In dem Besucher erkennt er dann den Advokaten Coppelius, eine abstoßende Persönlichkeit, vor der sich die Kinder zu scheuen pflegten, wenn er gelegentlich als Mittagsgast erschien, und identifiziert nun diesen Coppelius mit dem gefürchteten Sandmann. Für den weiteren Fortgang dieser Szene macht es der Dichter bereits zweifelhaft, ob wir es mit einem ersten Delirium des angstbesessenen Knaben oder mit einem Bericht zu tun haben, der als real in der Darstellungswelt der Erzählung aufzufassen ist. Vater und Gast machen sich an einem Herd mit flammender Glut zu schaffen. Der kleine Lauscher hört Coppelius rufen: »Augen her, Augen her«, verrät sich durch seinen Aufschrei und wird von Coppelius gepackt, der ihm glutrote Körner aus der Flamme in die Augen streuen will, um sie dann auf den Herd zu werfen. Der Vater bittet die Augen des Kindes frei. Eine tiefe Ohnmacht und lange Krankheit beenden das Erlebnis. Wer sich für die rationalistische Deutung des Sandmannes entscheidet, wird in dieser Phantasie des Kindes den fortwirkenden Einfluß jener Erzählung der Kinderfrau nicht verkennen. Anstatt der Sandkörner sind es glutrote Flammenkörner, die dem Kinde in die Augen gestreut werden sollen, in beiden Fällen, damit die Augen herausspringen. Bei einem weiteren Besuche des Sandmannes ein Jahr später wird der Vater durch eine Explosion im Arbeitszimmer getötet; der Advokat Coppelius verschwindet vom Orte, ohne eine Spur zu hinterlassen.

Diese Schreckgestalt seiner Kinderjahre glaubt nun der Student Nathaniel in einem herumziehenden italienischen Optiker Giuseppe Coppola zu erkennen, der ihm in der Universitätsstadt Wettergläser zum Kauf anbietet und nach seiner Ablehnung hinzusetzt: »Ei, nix Wetterglas, nix Wetterglas! – hab auch sköne Oke – sköne Oke.« Das Entsetzen des Studenten wird beschwichtigt, da sich die angebotenen Augen als harmlose Brillen herausstellen; er kauft dem Coppola ein Taschenperspektiv ab und späht mit dessen Hilfe in die gegenüberliegende Wohnung des Professors Spalanzani, wo er dessen schöne, aber rätselhaft wortkarge und unbewegte Tochter Olimpia erblickt. In diese verliebt er sich bald so heftig, daß er seine kluge und nüchterne Braut über sie vergißt. Aber Olimpia ist ein Automat, an dem Spalanzani das Räderwerk gemacht und dem Coppola – der Sandmann – die Augen eingesetzt hat. Der Student kommt hinzu, wie die beiden Meister sich um ihr Werk streiten; Der Optiker hat die hölzerne, augenlose Puppe davongetragen, und der Mechaniker, Spalanzani, wirft Nathaniel die auf dem Boden liegenden blutigen Augen Olimpias an die Brust, von denen er sagt, daß Coppola sie dem Nathaniel gestohlen. Dieser wird von einem neuerlichen Wahnsinnsanfall ergriffen, in dessen Delirium sich die Reminiszenz an den Tod des Vaters mit dem frischen Eindruck verbindet: »Hui – hui – hui! – Feuerkreis – Feuerkreis! Dreh' dich, Feuerkreis – lustig – lustig! Holzpüppchen hui, schön Holzpüppchen dreh' dich –.« Damit wirft er sich auf den Professor, den angeblichen Vater Olimpias, und will ihn erwürgen.

Aus langer, schwerer Krankheit erwacht, scheint Nathaniel endlich genesen. Er gedenkt, seine wiedergefundene Braut zu heiraten. Sie ziehen beide eines Tages durch die Stadt, auf deren Markt der hohe Ratsturm seinen Riesenschatten wirft. Das Mädchen schlägt ihrem Bräutigam vor, auf den Turm zu steigen, während der das Paar begleitende Bruder der Braut unten verbleibt. Oben zieht eine merkwürdige Erscheinung von etwas, was sich auf der Straße heranbewegt, die Aufmerksamkeit Claras auf sich. Nathaniel betrachtet dasselbe Ding durch Coppolas Perspektiv, das er in seiner Tasche findet, wird neuerlich vom Wahnsinn ergriffen, und mit den Worten: Holzpüppchen, dreh' dich, will er das Mädchen in die Tiefe schleudern. Der durch ihr Geschrei herbeigeholte Bruder rettet sie und eilt mit ihr herab. Oben läuft der Rasende mit dem Ausruf herum: Feuerkreis, dreh' dich, dessen Herkunft wir ja verstehen. Unter den Menschen, die sich unten ansammeln, ragt der Advokat Coppelius hervor, der plötzlich wieder erschienen ist. Wir dürfen annehmen, daß es der Anblick seiner Annäherung war, der den Wahnsinn bei Nathaniel zum Ausbruch brachte. Man will hinauf, um sich des Rasenden zu bemächtigen, aber Coppelius lacht: »Wartet nur, der kommt schon herunter von selbst.« Nathaniel bleibt plötzlich stehen, wird den Coppelius gewahr und wirft sich mit dem gellenden Schrei: »Ja! Sköne Oke – Sköne Oke« über das Geländer herab. Sowie er mit zerschmettertem Kopf auf dem Straßenpflaster liegt, ist der Sandmann im Gewühl verschwunden.

Diese kurze Nacherzählung wird wohl keinen Zweifel darüber bestehen lassen, daß das Gefühl des Unheimlichen direkt an der Gestalt des Sandmannes, also an der Vorstellung, der Augen beraubt zu werden, haftet und daß eine intellektuelle Unsicherheit im Sinne von Jentsch mit dieser Wirkung nichts zu tun hat. Der Zweifel an der Beseeltheit, den wir bei der Puppe Olimpia gelten lassen mußten, kommt bei diesem stärkeren Beispiel des Unheimlichen überhaupt nicht in Betracht. Der Dichter erzeugt zwar in uns anfänglich eine Art von Unsicherheit, indem er uns, gewiß nicht ohne Absicht, zunächst nicht erraten läßt, ob er uns in die reale Welt oder in eine ihm beliebige phantastische Welt einführen wird. Er hat ja bekanntlich das Recht, das eine oder das andere zu tun, und wenn er z. B. eine Welt, in der Geister, Dämonen und Gespenster agieren, zum Schauplatz seiner Darstellungen gewählt hat, wie Shakespeare im *Hamlet, Macbeth* und in anderem Sinne im *Sturm* und im *Sommernachtstraum,* so müssen wir ihm darin nachgeben und diese Welt seiner Voraussetzung für die Dauer unserer Hingegebenheit wie eine Realität behandeln. Aber im Verlaufe der Hoffmannschen Erzählung schwindet dieser Zweifel, wir merken, daß der Dichter uns selbst durch die Brille oder das Perspektiv des dämonischen Optikers schauen lassen will, ja daß er vielleicht in höchsteigener Person durch solch ein Instrument geguckt hat. Der Schluß der Erzählung macht es ja klar, daß der Optiker Coppola wirklich der Advokat Coppelius[1] und also auch der Sandmann ist.

Eine »intellektuelle Unsicherheit« kommt hier nicht mehr in Frage: wir wissen jetzt, daß uns nicht die Phantasiegebilde eines Wahnsinnigen vorgeführt werden sollen, hinter denen wir in rationalistischer Überlegenheit den nüchternen Sachverhalt erkennen mögen, und – der Eindruck des Unheimlichen hat sich durch diese Aufklärung nicht im mindesten verringert. Eine intellektuelle Unsicherheit leistet uns also nichts für das Verständnis dieser unheimlichen Wirkung.

Hingegen mahnt uns die psychoanalytische Erfahrung daran, daß es eine schreckliche Kinderangst ist, die Augen zu beschädigen oder zu verlieren. Vielen Erwachsenen ist diese Ängstlichkeit verblieben, und sie fürchten keine andere Organverletzung so sehr wie die des Auges. Ist man doch auch gewohnt zu sagen, daß man etwas behüten werde wie seinen Augapfel. Das Studium der Träume, der Phantasien und Mythen hat uns dann gelehrt, daß die Angst um die Augen, die Angst zu erblinden, häufig genug ein Ersatz für die Kastrationsangst ist. Auch die Selbstblendung des mythischen Verbrechers Ödipus ist nur eine Er-

---

[1] Zur Ableitung des Namens: *Coppella* = Probiertiegel (die chemischen Operationen, bei denen der Vater verunglückt); *coppo* = Augenhöhle (nach einer Bemerkung von Frau Dr. Rank). [In allen Ausgaben außer der ersten (1919) war diese Anm. offenbar irrtümlicherweise der zweiten Erwähnung des Namens Coppelius im vorangegangenen Absatz beigegeben.]

mäßigung für die Strafe der Kastration, die ihm nach der Regel der Talion allein angemessen wäre. Man mag es versuchen, in rationalistischer Denkweise die Zurückführung der Augenangst auf die Kastrationsangst abzulehnen; man findet es begreiflich, daß ein so kostbares Organ wie das Auge von einer entsprechend großen Angst bewacht wird, ja man kann weitergehend behaupten, daß kein tieferes Geheimnis und keine andere Bedeutung sich hinter der Kastrationsangst verberge. Aber man wird damit doch nicht der Ersatzbeziehung gerecht, die sich in Traum, Phantasie und Mythus zwischen Auge und männlichem Glied kundgibt, und kann dem Eindruck nicht widersprechen, daß ein besonders starkes und dunkles Gefühl sich gerade gegen die Drohung, das Geschlechtsglied einzubüßen erhebt, und daß dieses Gefühl erst der Vorstellung vom Verlust anderer Organe den Nachhall verleiht. Jeder weitere Zweifel schwindet dann, wenn man aus den Analysen an Neurotikern die Details des »Kastrationskomplexes« erfahren und dessen großartige Rolle in ihrem Seelenleben zur Kenntnis genommen hat.

Auch würde ich keinem Gegner der psychoanalytischen Auffassung raten, sich für die Behauptung, die Augenangst sei etwas vom Kastrationskomplex Unabhängiges, gerade auf die Hoffmannsche Erzählung vom ›Sandmann‹ zu berufen. Denn warum ist die Augenangst hier mit dem Tode des Vaters in innigste Beziehung gebracht? Warum tritt der Sandmann jedesmal als Störer der Liebe auf? Er entzweit den unglücklichen Studenten mit seiner Braut und ihrem Bruder, der sein bester Freund ist, er vernichtet sein zweites Liebesobjekt, die schöne Puppe Olimpia, und zwingt ihn selbst zum Selbstmord, wie er unmittelbar vor der beglückenden Vereinigung mit seiner wiedergewonnenen Clara steht. Diese sowie viele andere Züge der Erzählung erscheinen willkürlich und bedeutungslos, wenn man die Beziehung der Augenangst zur Kastration ablehnt, und werden sinnreich, sowie man für den Sandmann den gefürchteten Vater einsetzt, von dem man die Kastration erwartet[1].

[1] In der Tat hat die Phantasiebearbeitung des Dichters die Elemente des Stoffes nicht so wild herumgewirbelt, daß man ihre ursprüngliche Anordnung nicht wiederherstellen könnte. In der Kindergeschichte stellen der Vater und Coppelius die durch Ambivalenz in zwei Gegensätze zerlegte Vater-Imago dar; der eine droht mit der Blendung (Kastration), der andere, der gute Vater, bittet die Augen des Kindes frei. Das von der Verdrängung am stärksten betroffene Stück des Komplexes, der Todeswunsch gegen den bösen Vater, findet seine Darstellung in dem Tod des guten Vaters, der dem Coppelius zur Last gelegt wird. Diesem Väterpaar entsprechen in der späteren Lebensgeschichte des Studenten der Professor Spalanzani und der Optiker Coppola, der Professor an

Wir würden es also wagen, das Unheimliche des Sandmannes auf die Angst des kindlichen Kastrationskomplexes zurückzuführen. Sowie aber die Idee auftaucht, ein solches infantiles Moment für die Entstehung des unheimlichen Gefühls in Anspruch zu nehmen, werden wir auch zum Versuch getrieben, dieselbe Ableitung für andere Beispiele des Unheimlichen in Betracht zu ziehen. Im Sandmann findet sich noch das Motiv der belebt scheinenden Puppe, das Jentsch hervorgehoben hat. Nach diesem Autor ist es eine besonders günstige Bedingung für die Erzeugung unheimlicher Gefühle, wenn eine intellektuelle Unsicherheit geweckt wird, ob etwas belebt oder leblos sei, und wenn das Leblose die Ähnlichkeit mit dem Lebenden zu weit treibt. Natürlich sind wir aber gerade mit den Puppen vom Kindlichen nicht weit entfernt. Wir erinnern uns, daß das Kind im frühen Alter des Spielens überhaupt nicht scharf zwischen Belebtem und Leblosem unterscheidet und daß es besonders gern seine Puppe wie ein lebendes Wesen behandelt. Ja, man hört gelegentlich von einer Patientin erzählen, sie habe noch im Alter

---

sich eine Figur der Vaterreihe, Coppola als identisch mit dem Advokaten Coppelius erkannt. Wie sie damals zusammen am geheimnisvollen Herd arbeiteten, so haben sie nun gemeinsam die Puppe Olimpia verfertigt; der Professor heißt auch der Vater Olimpias. Durch diese zweimalige Gemeinsamkeit verraten sie sich als Spaltungen der Vater-Imago, d. h. sowohl der Mechaniker als auch der Optiker sind der Vater der Olimpia wie des Nathaniel. In der Schreckensszene der Kinderzeit hatte Coppelius, nachdem er auf die Blendung des Kleinen verzichtet, ihm probeweise Arme und Beine abgeschraubt, also wie ein Mechaniker an einer Puppe an ihm gearbeitet. Dieser sonderbare Zug, der ganz aus dem Rahmen der Sandmannvorstellung heraustritt, bringt ein neues Äquivalent der Kastration ins Spiel; er weist aber auch auf die innere Identität des Coppelius mit seinem späteren Widerpart, dem Mechaniker Spalanzani, hin und bereitet uns für die Deutung der Olimpia vor. Diese automatische Puppe kann nichts anderes sein als die Materialisation von Nathaniels femininer Einstellung zu seinem Vater in früher Kindheit. Ihre Väter – Spalanzani und Coppola – sind ja nur neue Auflagen, Reinkarnationen von Nathaniels Väterpaar; die sonst unverständliche Angabe des Spalanzani, daß der Optiker dem Nathaniel die Augen gestohlen (s. oben [S. 253]), um sie der Puppe einzusetzen, gewinnt so als Beweis für die Identität von Olimpia und Nathaniel ihre Bedeutung. Olimpia ist sozusagen ein von Nathaniel losgelöster Komplex, der ihm als Person entgegentritt; die Beherrschung durch diesen Komplex findet in der unsinnig zwanghaften Liebe zur Olimpia ihren Ausdruck. Wir haben das Recht, diese Liebe eine narzißtische zu heißen, und verstehen, daß der ihr Verfallene sich dem realen Liebesobjekt entfremdet. Wie psychologisch richtig es aber ist, daß der durch den Kastrationskomplex an den Vater fixierte Jüngling der Liebe zum Weibe unfähig wird, zeigen zahlreiche Krankenanalysen, deren Inhalt zwar weniger phantastisch, aber kaum minder traurig ist als die Geschichte des Studenten Nathaniel.

E. T. A. Hoffmann war das Kind einer unglücklichen Ehe. Als er drei Jahre war, trennte sich der Vater von seiner kleinen Familie und lebte nie wieder mit ihr vereint. Nach den Belegen, die E. Grisebach in der biographischen Einleitung zu Hoffmanns Werken beibringt, war die Beziehung zum Vater immer eine der wundesten Stellen in des Dichters Gefühlsleben.

von acht Jahren die Überzeugung gehabt, wenn sie ihre Puppen auf eine gewisse Art, möglichst eindringlich, anschauen würde, müßten diese lebendig werden. Das infantile Moment ist also auch hier leicht nachzuweisen; aber merkwürdig, im Falle des Sandmannes handelte es sich um die Erweckung einer alten Kinderangst, bei der lebenden Puppe ist von Angst keine Rede, das Kind hat sich vor dem Beleben seiner Puppen nicht gefürchtet, vielleicht es sogar gewünscht. Die Quelle des unheimlichen Gefühls wäre also hier nicht eine Kinderangst, sondern ein Kinderwunsch oder auch nur ein Kinderglaube. Das scheint ein Widerspruch; möglicherweise ist es nur eine Mannigfaltigkeit, die späterhin unserem Verständnis förderlich werden kann.

E. T. A. Hoffmann ist der unerreichte Meister des Unheimlichen in der Dichtung. Sein Roman *Die Elixiere des Teufels* weist ein ganzes Bündel von Motiven auf, denen man die unheimliche Wirkung der Geschichte zuschreiben möchte. Der Inhalt des Romans ist zu reichhaltig und verschlungen, als daß man einen Auszug daraus wagen könnte. Zu Ende des Buches, wenn die dem Leser bisher vorenthaltenen Voraussetzungen der Handlung nachgetragen werden, ist das Ergebnis nicht die Aufklärung des Lesers, sondern eine volle Verwirrung desselben. Der Dichter hat zu viel Gleichartiges gehäuft; der Eindruck des Ganzen leidet nicht darunter, wohl aber das Verständnis. Man muß sich damit begnügen, die hervorstechendsten unter jenen unheimlich wirkenden Motiven herauszuheben, um zu untersuchen, ob auch für sie eine Ableitung aus infantilen Quellen zulässig ist. Es sind dies das Doppelgängertum in all seinen Abstufungen und Ausbildungen, also das Auftreten von Personen, die wegen ihrer gleichen Erscheinung für identisch gehalten werden müssen, die Steigerung dieses Verhältnisses durch Überspringen seelischer Vorgänge von einer dieser Personen auf die andere – was wir Telepathie heißen würden –, so daß der eine das Wissen, Fühlen und Erleben des anderen mitbesitzt, die Identifizierung mit einer anderen Person, so daß man an seinem Ich irre wird oder das fremde Ich an die Stelle des eigenen versetzt, also Ich-Verdopplung, Ich-Teilung, Ich-Vertauschung – und endlich die beständige Wiederkehr des Gleichen [1], die Wiederholung der nämlichen Gesichtszüge, Charaktere, Schicksale, verbrecherischen Taten, ja der Namen durch mehrere aufeinanderfolgende Generationen.

---

[1] [Dieser Ausdruck klingt an Nietzsche an (z. B. an den letzten Teil von *Also sprach Zarathustra*.)]

Das Motiv des Doppelgängers hat in einer gleichnamigen Arbeit von O. Rank eine eingehende Würdigung gefunden[1]. Dort werden die Beziehungen des Doppelgängers zum Spiegel- und Schattenbild, zum Schutzgeist, zur Seelenlehre und zur Todesfurcht untersucht, es fällt aber auch helles Licht auf die überraschende Entwicklungsgeschichte des Motivs. Denn der Doppelgänger war ursprünglich eine Versicherung gegen den Untergang des Ichs, eine »energische Dementierung der Macht des Todes« (O. Rank), und wahrscheinlich war die »unsterbliche« Seele der erste Doppelgänger des Leibes. Die Schöpfung einer solchen Verdopplung zur Abwehr gegen die Vernichtung hat ihr Gegenstück in einer Darstellung der Traumsprache, welche die Kastration durch Verdopplung oder Vervielfältigung des Genitalsymbols auszudrücken liebt; sie wird in der Kultur der alten Ägypter ein Antrieb für die Kunst, das Bild des Verstorbenen in dauerhaftem Stoff zu formen. Aber diese Vorstellungen sind auf dem Boden der uneingeschränkten Selbstliebe entstanden, des primären Narzißmus, welcher das Seelenleben des Kindes wie des Primitiven beherrscht, und mit der Überwindung dieser Phase ändert sich das Vorzeichen des Doppelgängers, aus einer Versicherung des Fortlebens wird er zum unheimlichen Vorboten des Todes.

Die Vorstellung des Doppelgängers braucht nicht mit diesem uranfänglichen Narzißmus unterzugehen; denn sie kann aus den späteren Entwicklungsstufen des Ichs neuen Inhalt gewinnen. Im Ich bildet sich langsam eine besondere Instanz heraus, welche sich dem übrigen Ich entgegenstellen kann, die der Selbstbeobachtung und Selbstkritik dient, die Arbeit der psychischen Zensur leistet und unserem Bewußtsein als »Gewissen« bekannt wird. Im pathologischen Falle des Beachtungswahnes wird sie isoliert, vom Ich abgespalten, dem Arzte bemerkbar. Die Tatsache, daß eine solche Instanz vorhanden ist, welche das übrige Ich wie ein Objekt behandeln kann, also daß der Mensch der Selbstbeobachtung fähig ist, macht es möglich, die alte Doppelgängervorstellung mit neuem Inhalt zu erfüllen und ihr mancherlei zuzuweisen, vor allem all das, was der Selbstkritik als zugehörig zum alten überwundenen Narzißmus der Urzeit erscheint[2].

---

[1] O. Rank, ›Der Doppelgänger‹ (1914).

[2] Ich glaube, wenn die Dichter klagen, daß zwei Seelen in des Menschen Brust wohnen, und wenn die Populärpsychologen von der Spaltung des Ichs im Menschen reden, so schwebt ihnen diese Entzweiung, der Ich-Psychologie angehörig, zwischen der kritischen Instanz und dem Ich-Rest vor und nicht die von der Psychoanalyse aufgedeckte Gegensätzlichkeit zwischen dem Ich und dem unbewußten Verdrängten. Der Unterschied wird allerdings dadurch verwischt, daß sich unter dem von der Ich-Kritik Ver-

Aber nicht nur dieser der Ich-Kritik anstößige Inhalt kann dem Doppelgänger einverleibt werden, sondern ebenso alle unterbliebenen Möglichkeiten der Geschicksgestaltung, an denen die Phantasie noch festhalten will, und alle Ich-Strebungen, die sich infolge äußerer Ungunst nicht durchsetzen konnten, sowie alle die unterdrückten Willensentscheidungen, die die Illusion des freien Willens ergeben haben [1].

Nachdem wir aber so die manifeste Motivierung der Doppelgängergestalt betrachtet haben, müssen wir uns sagen: Nichts von alledem macht uns den außerordentlich hohen Grad von Unheimlichkeit, der ihr anhaftet, verständlich, und aus unserer Kenntnis der pathologischen Seelenvorgänge dürfen wir hinzusetzen, nichts von diesem Inhalt könnte das Abwehrbestreben erklären, das ihn als etwas Fremdes aus dem Ich hinausprojiziert. Der Charakter des Unheimlichen kann doch nur daher rühren, daß der Doppelgänger eine den überwundenen seelischen Urzeiten angehörige Bildung ist, die damals allerdings einen freundlicheren Sinn hatte. Der Doppelgänger ist zum Schreckbild geworden, wie die Götter nach dem Sturz ihrer Religion zu Dämonen werden (Heine, *Die Götter im Exil*).

Die anderen bei Hoffmann verwendeten Ich-Störungen sind nach dem Muster des Doppelgängermotivs leicht zu beurteilen. Es handelt sich bei ihnen um ein Rückgreifen auf einzelne Phasen in der Entwicklungsgeschichte des Ich-Gefühls, um eine Regression in Zeiten, da das Ich sich noch nicht scharf von der Außenwelt und vom anderen abgegrenzt hatte. Ich glaube, daß diese Motive den Eindruck des Unheimlichen mitverschulden, wenngleich es nicht leicht ist, ihren Anteil an diesem Eindruck isoliert herauszugreifen.

Das Moment der Wiederholung des Gleichartigen wird als Quelle des unheimlichen Gefühls vielleicht nicht bei jedermann Anerkennung finden. Nach meinen Beobachtungen ruft es unter gewissen Bedingungen und in Kombination mit bestimmten Umständen unzweifelhaft ein solches Gefühl hervor, das überdies an die Hilflosigkeit mancher Traumzustände mahnt. Als ich einst an einem heißen Sommernachmittag die

---

worfenen zunächst die Abkömmlinge des Verdrängten befinden. [Freud hatte diese kritische Instanz schon ausführlich in Abschnitt III seiner Arbeit über den Narzißmus (1914 *c*) erörtert; später erweiterte er diesen Begriff, und zwar zunächst im XI. Kapitel seiner *Massenpsychologie* (1921 *c*) zum »Ich-Ideal« und dann im III. Kapitel von *Das Ich und das Es* (1923 *b*) zum »Über-Ich«.]

[1] In der H. H. Ewersschen Dichtung *Der Student von Prag*, von welcher die Ranksche Studie über den Doppelgänger ausgegangen ist, hat der Held der Geliebten versprochen, seinen Duellgegner nicht zu töten. Auf dem Wege zum Duellplatz begegnet ihm aber der Doppelgänger, welcher den Nebenbuhler bereits erledigt hat.

mir unbekannten, menschenleeren Straßen einer italienischen Kleinstadt durchstreifte, geriet ich in eine Gegend, über deren Charakter ich nicht lange in Zweifel bleiben konnte. Es waren nur geschminkte Frauen an den Fenstern der kleinen Häuser zu sehen, und ich beeilte mich, die enge Straße durch die nächste Einbiegung zu verlassen. Aber nachdem ich eine Weile führerlos herumgewandert war, fand ich mich plötzlich in derselben Straße wieder, in der ich nun Aufsehen zu erregen begann, und meine eilige Entfernung hatte nur die Folge, daß ich auf einem neuen Umwege zum drittenmal dahingeriet. Dann aber erfaßte mich ein Gefühl, das ich nur als unheimlich bezeichnen kann, und ich war froh, als ich unter Verzicht auf weitere Entdeckungsreisen auf die kürzlich von mir verlassene Piazza zurückfand. Andere Situationen, die die unbeabsichtigte Wiederkehr mit der eben beschriebenen gemein haben und sich in den anderen Punkten gründlich von ihr unterscheiden, haben doch dasselbe Gefühl von Hilflosigkeit und Unheimlichkeit zur Folge. Zum Beispiel, wenn man sich im Hochwald, etwa vom Nebel überrascht, verirrt hat und nun trotz aller Bemühungen, einen markierten oder bekannten Weg zu finden, wiederholt zu der einen, durch eine bestimmte Formation gekennzeichneten Stelle zurückkommt. Oder wenn man im unbekannten, dunkeln Zimmer wandert, um die Tür oder den Lichtschalter aufzusuchen und dabei zum xtenmal mit demselben Möbelstück zusammenstößt, eine Situation, die Mark Twain allerdings durch groteske Übertreibung in eine unwiderstehlich komische umgewandelt hat [1].

An einer anderen Reihe von Erfahrungen erkennen wir auch mühelos, daß es nur das Moment der unbeabsichtigten Wiederholung ist, welches das sonst Harmlose unheimlich macht und uns die Idee des Verhängnisvollen, Unentrinnbaren aufdrängt, wo wir sonst nur von »Zufall« gesprochen hätten. So ist es z. B. gewiß ein gleichgültiges Erlebnis, wenn man für seine in einer Garderobe abgegebenen Kleider einen Schein mit einer gewissen Zahl – sagen wir: 62 – erhält oder wenn man findet, daß die zugewiesene Schiffskabine diese Nummer trägt. Aber dieser Eindruck ändert sich, wenn beide an sich indifferenten Begebenheiten nahe aneinanderrücken, so daß einem die Zahl 62 mehrmals an demselben Tage entgegentritt, und wenn man dann etwa gar die Beobachtung machen sollte, daß alles, was eine Zahlenbezeichnung trägt, Adressen, Hotelzimmer, Eisenbahnwagen u. dgl. immer wieder die nämliche Zahl,

---

[1] [Mark Twain, *A Tramp Abroad.*]

wenigstens als Bestandteil, wiederbringt. Man findet das »unheimlich«, und wer nicht stich- und hiebfest gegen die Versuchungen des Aberglaubens ist, wird sich geneigt finden, dieser hartnäckigen Wiederkehr der einen Zahl eine geheime Bedeutung zuzuschreiben, etwa einen Hinweis auf das ihm bestimmte Lebensalter darin zu sehen[1]. Oder wenn man eben mit dem Studium der Schriften des großen Physiologen E. Hering beschäftigt ist und nun wenige Tage auseinander Briefe von zwei Personen dieses Namens aus verschiedenen Ländern empfängt, während man bis dahin niemals mit Leuten, die so heißen, in Beziehung getreten war. Ein geistvoller Naturforscher hat vor kurzem den Versuch unternommen, Vorkommnisse solcher Art gewissen Gesetzen unterzuordnen, wodurch der Eindruck des Unheimlichen aufgehoben werden müßte. Ich getraue mich nicht zu entscheiden, ob es ihm gelungen ist[2].
Wie das Unheimliche der gleichartigen Wiederkehr aus dem infantilen Seelenleben abzuleiten ist, kann ich hier nur andeuten und muß dafür auf eine bereitliegende ausführliche Darstellung in anderem Zusammenhange verweisen[3]. Im seelisch Unbewußten läßt sich nämlich die Herrschaft eines von den Triebregungen ausgehenden *Wiederholungszwanges* erkennen, der wahrscheinlich von der innersten Natur der Triebe selbst abhängt, stark genug ist, sich über das Lustprinzip hinauszusetzen, gewissen Seiten des Seelenlebens den dämonischen Charakter verleiht, sich in den Strebungen des kleinen Kindes noch sehr deutlich äußert und ein Stück vom Ablauf der Psychoanalyse des Neurotikers beherrscht. Wir sind durch alle vorstehenden Erörterungen darauf vorbereitet, daß dasjenige als unheimlich verspürt werden wird, was an diesen inneren Wiederholungszwang mahnen kann.

Nun, denke ich aber, ist es Zeit, uns von diesen immerhin schwierig zu beurteilenden Verhältnissen abzuwenden und unzweifelhafte Fälle des Unheimlichen aufzusuchen, von deren Analyse wir die endgültige Entscheidung über die Geltung unserer Annahme erwarten dürfen.
Im ›Ring des Polykrates‹[4] wendet sich der Gast mit Grausen, weil er merkt, daß jeder Wunsch des Freundes sofort in Erfüllung geht, jede seiner Sorgen vom Schicksal unverzüglich aufgehoben wird. Der Gast-

[1] [Freud selbst war ein Jahr zuvor, 1918, 62 Jahre alt geworden.]
[2] P. Kammerer, *Das Gesetz der Serie* (1919).
[3] [Diese Darstellung, *Jenseits des Lustprinzips* (1920g), erschien ein Jahr später. Die oben genannten verschiedenen Manifestationen des »Wiederholungszwangs« sind in den Kapiteln II und III dieses Werkes detailliert geschildert.]
[4] [Schiller entnahm den Stoff zu dieser Dichtung der Geschichte Herodots.]

freund ist ihm »unheimlich« geworden. Die Auskunft, die er selbst gibt, daß der allzu Glückliche den Neid der Götter zu fürchten habe, erscheint uns noch undurchsichtig, ihr Sinn ist mythologisch verschleiert. Greifen wir darum ein anderes Beispiel aus weit schlichteren Verhältnissen heraus: In der Krankengeschichte eines Zwangsneurotikers[1] habe ich erzählt, daß dieser Kranke einst einen Aufenthalt in einer Wasserheilanstalt genommen hatte, aus dem er sich eine große Besserung holte. Er war aber so klug, diesen Erfolg nicht der Heilkraft des Wassers, sondern der Lage seines Zimmers zuzuschreiben, welches der Kammer einer liebenswürdigen Pflegerin unmittelbar benachbart war. Als er dann zum zweitenmal in diese Anstalt kam, verlangte er dasselbe Zimmer wieder, mußte aber hören, daß es bereits von einem alten Herrn besetzt sei, und gab seinem Unmut darüber in den Worten Ausdruck: Dafür soll ihn aber der Schlag treffen. Vierzehn Tage später erlitt der alte Herr wirklich einen Schlaganfall. Für meinen Patienten war dies ein »unheimliches« Erlebnis. Der Eindruck des Unheimlichen wäre noch stärker gewesen, wenn eine viel kürzere Zeit zwischen jener Äußerung und dem Unfall gelegen wäre oder wenn der Patient über zahlreiche ganz ähnliche Erlebnisse hätte berichten können. In der Tat war er um solche Bestätigungen nicht verlegen, aber nicht er allein, alle Zwangsneurotiker, die ich studiert habe, wußten Analoges von sich zu erzählen. Sie waren gar nicht überrascht, regelmäßig der Person zu begegnen, an die sie eben – vielleicht nach langer Pause – gedacht hatten; sie pflegten regelmäßig am Morgen einen Brief von einem Freund zu bekommen, wenn sie am Abend vorher geäußert hatten: Von dem hat man aber jetzt lange nichts gehört, und besonders Unglücks- oder Todesfälle ereigneten sich nur selten, ohne eine Weile vorher durch ihre Gedanken gehuscht zu sein. Sie pflegten diesem Sachverhalt in der bescheidensten Weise Ausdruck zu geben, indem sie behaupteten, »Ahnungen« zu haben, die »meistens« eintreffen.

Eine der unheimlichsten und verbreitetsten Formen des Aberglaubens ist die Angst vor dem »bösen Blick«, welcher bei dem Hamburger Augenarzt S. Seligmann[2] eine gründliche Behandlung gefunden hat. Die Quelle, aus welcher diese Angst schöpft, scheint niemals verkannt worden zu sein. Wer etwas Kostbares und doch Hinfälliges besitzt, fürchtet sich vor dem Neid der anderen, indem er jenen Neid auf sie projiziert, den er im umgekehrten Falle empfunden hätte. Solche Re-

---

[1] ›Bemerkungen über einen Fall von Zwangsneurose‹ [1909 *d*, *Studienausgabe*, Bd. 7, S. 92].
[2] *Der böse Blick und Verwandtes* (1910 u. 1911).

gungen verrät man durch den Blick, auch wenn man ihnen den Ausdruck in Worten versagt, und wenn jemand durch auffällige Kennzeichen, besonders unerwünschter Art, vor den anderen hervorsticht, traut man ihm zu, daß sein Neid eine besondere Stärke erreichen und dann auch diese Stärke in Wirkung umsetzen wird. Man fürchtet also eine geheime Absicht zu schaden, und auf gewisse Anzeichen hin nimmt man an, daß dieser Absicht auch die Kraft zu Gebote steht.

Die letzterwähnten Beispiele des Unheimlichen hängen von dem Prinzip ab, das ich, der Anregung eines Patienten[1] folgend, die »Allmacht der Gedanken« benannt habe. Wir können nun nicht mehr verkennen, auf welchem Boden wir uns befinden. Die Analyse der Fälle des Unheimlichen hat uns zur alten Weltauffassung des *Animismus* zurückgeführt, die ausgezeichnet war durch die Erfüllung der Welt mit Menschengeistern, durch die narzißtische Überschätzung der eigenen seelischen Vorgänge, die Allmacht der Gedanken und die darauf aufgebaute Technik der Magie, die Zuteilung von sorgfältig abgestuften Zauberkräften an fremde Personen und Dinge *(Mana)*, sowie durch alle die Schöpfungen, mit denen sich der uneingeschränkte Narzißmus jener Entwicklungsperiode gegen den unverkennbaren Einspruch der Realität zur Wehr setzte. Es scheint, daß wir alle in unserer individuellen Entwicklung eine diesem Animismus der Primitiven entsprechende Phase durchgemacht haben, daß sie bei keinem von uns abgelaufen ist, ohne noch äußerungsfähige Reste und Spuren zu hinterlassen, und daß alles, was uns heute als »unheimlich« erscheint, die Bedingung erfüllt, daß es an diese Reste animistischer Seelentätigkeit rührt und sie zur Äußerung anregt[2].

Hier ist nun der Platz für zwei Bemerkungen, in denen ich den wesentlichen Inhalt dieser kleinen Untersuchung niederlegen möchte. Erstens, wenn die psychoanalytische Theorie in der Behauptung recht hat, daß jeder Affekt einer Gefühlsregung, gleichgültig von welcher Art, durch die Verdrängung in Angst verwandelt wird, so muß es unter den Fällen des Ängstlichen eine Gruppe geben, in der sich zeigen läßt, daß dies Ängstliche etwas wiederkehrendes Verdrängtes ist. Diese Art des Ängst-

---

[1] [Des eben erwähnten Zwangsneurotikers (»Rattenmann«) (1909 *d*, loc. cit.).]

[2] Vgl. hiezu den Abschnitt III ›Animismus, Magie und Allmacht der Gedanken‹ in des Verf. Buch *Totem und Tabu* (1912–13). Dort auch die Bemerkung: »Es scheint, daß wir den Charakter des ›Unheimlichen‹ solchen Eindrücken verleihen, welche die Allmacht der Gedanken und die animistische Denkweise überhaupt bestätigen wollen, während wir uns bereits im Urteil von ihr abgewendet haben.« [S. *Studienausgabe*, Bd. 9, S. 374, Anm. 3.]

lichen wäre eben das Unheimliche, und dabei muß es gleichgültig sein, ob es ursprünglich selbst ängstlich war oder von einem anderen Affekt getragen. Zweitens, wenn dies wirklich die geheime Natur des Unheimlichen ist, so verstehen wir, daß der Sprachgebrauch das Heimliche in seinen Gegensatz, das Unheimliche übergehen läßt (S. 250 f.), denn dies Unheimliche ist wirklich nichts Neues oder Fremdes, sondern etwas dem Seelenleben von alters her Vertrautes, das ihm nur durch den Prozeß der Verdrängung entfremdet worden ist. Die Beziehung auf die Verdrängung erhellt uns jetzt auch die Schellingsche Definition [S. 248], das Unheimliche sei etwas, was im Verborgenen hätte bleiben sollen und hervorgetreten ist.

Es erübrigt uns nur noch, die Einsicht, die wir gewonnen haben, an der Erklärung einiger anderer Fälle des Unheimlichen zu erproben.

Im allerhöchsten Grade unheimlich erscheint vielen Menschen, was mit dem Tod, mit Leichen und mit der Wiederkehr der Toten, mit Geistern und Gespenstern, zusammenhängt. Wir haben ja gehört [S. 245], daß manche moderne Sprachen unseren Ausdruck: ein unheimliches Haus gar nicht anders wiedergeben können als durch die Umschreibung: ein Haus, in dem es spukt. Wir hätten eigentlich unsere Untersuchung mit diesem, vielleicht stärksten Beispiel von Unheimlichkeit beginnen können, aber wir taten es nicht, weil hier das Unheimliche zu sehr mit dem Grauenhaften vermengt und zum Teil von ihm gedeckt ist. Aber auf kaum einem anderen Gebiete hat sich unser Denken und Fühlen seit den Urzeiten so wenig verändert, ist das Alte unter dünner Decke so gut erhalten geblieben, wie in unserer Beziehung zum Tode. Zwei Momente geben für diesen Stillstand gute Auskunft: Die Stärke unserer ursprünglichen Gefühlsreaktionen und die Unsicherheit unserer wissenschaftlichen Erkenntnis. Unsere Biologie hat es noch nicht entscheiden können, ob der Tod das notwendige Schicksal jedes Lebewesens oder nur ein regelmäßiger, vielleicht aber vermeidlicher Zufall innerhalb des Lebens ist[1]. Der Satz: alle Menschen müssen sterben, paradiert zwar in den Lehrbüchern der Logik als Vorbild einer allgemeinen Behauptung, aber keinem Menschen leuchtet er ein, und unser Unbewußtes hat jetzt sowenig Raum wie vormals für die Vorstellung der eigenen Sterblichkeit[2]. Die Religionen bestreiten noch immer der unableugbaren Tat-

[1] [Dies ist ein Hauptproblem der Schrift *Jenseits des Lustprinzips* (1920 g), an der Freud gleichzeitig mit der vorliegenden arbeitete. S. *Studienausgabe*, Bd. 3, S. 253–59.]

[2] [Ausführlicher diskutiert Freud die Einstellung des Menschen zum Tod im zweiten Teil seiner Arbeit ›Zeitgemäßes über Krieg und Tod‹ (1915 *b*), *Studienausgabe*, Bd. 9, S. 49 ff.]

sache des individuellen Todes ihre Bedeutung und setzen die Existenz über das Lebensende hinaus fort; die staatlichen Gewalten meinen die moralische Ordnung unter den Lebenden nicht aufrechterhalten zu können, wenn man auf die Korrektur des Erdenlebens durch ein besseres Jenseits verzichten soll; auf den Anschlagsäulen unserer Großstädte werden Vorträge angekündigt, welche Belehrungen spenden wollen, wie man sich mit den Seelen der Verstorbenen in Verbindung setzen kann, und es ist unleugbar, daß mehrere der feinsten Köpfe und schärfsten Denker unter den Männern der Wissenschaft, zumal gegen das Ende ihrer eigenen Lebenszeit, geurteilt haben, daß es an Möglichkeiten für solchen Verkehr nicht fehle. Da fast alle von uns in diesem Punkt noch so denken wie die Wilden, ist es auch nicht zu verwundern, daß die primitive Angst vor dem Toten bei uns noch so mächtig ist und bereitliegt, sich zu äußern, sowie irgend etwas ihr entgegenkommt. Wahrscheinlich hat sie auch noch den alten Sinn, der Tote sei zum Feind des Überlebenden geworden und beabsichtige, ihn mit sich zu nehmen, als Genossen seiner neuen Existenz. Eher könnte man bei dieser Unveränderlichkeit der Einstellung zum Tode fragen, wo die Bedingung der Verdrängung bleibt, die erfordert wird, damit das Primitive als etwas Unheimliches wiederkehren könne. Aber die besteht doch auch; offiziell glauben die sogenannten Gebildeten nicht mehr an das Sichtbarwerden der Verstorbenen als Seelen, haben deren Erscheinung an entlegene und selten verwirklichte Bedingungen geknüpft, und die ursprünglich höchst zweideutige, ambivalente Gefühlseinstellung zum Toten ist für die höheren Schichten des Seelenlebens zur eindeutigen der Pietät abgeschwächt worden [1].

Es bedarf jetzt nur noch weniger Ergänzungen, denn mit dem Animismus, der Magie und Zauberei, der Allmacht der Gedanken, der Beziehung zum Tode, der unbeabsichtigten Wiederholung und dem Kastrationskomplex haben wir den Umfang der Momente, die das Ängstliche zum Unheimlichen machen, so ziemlich erschöpft.

Wir heißen auch einen lebenden Menschen unheimlich, und zwar dann, wenn wir ihm böse Absichten zutrauen. Aber das reicht nicht hin, wir müssen noch hinzutun, daß diese seine Absichten, uns zu schaden, sich mit Hilfe besonderer Kräfte verwirklichen werden. Der *»Gettatore«* [2] ist ein gutes Beispiel hiefür, diese unheimliche Gestalt des romanischen

---

[1] Vgl.: ›Das Tabu und die Ambivalenz‹, in *Totem und Tabu* [(1912–13), ibid., Bd. 9, S. 356].

[2] [Wörtlich: der »Werfer« (des bösen Blicks, gleichbedeutend mit Unheil). – Schaeffers Roman erschien 1918.]

Aberglaubens, die Albrecht Schaeffer in dem Buche *Josef Montfort* mit poetischer Intuition und tiefem psychoanalytischen Verständnis zu einer sympathischen Figur umgeschaffen hat. Aber mit diesen geheimen Kräften stehen wir bereits wieder auf dem Boden des Animismus. Die Ahnung solcher Geheimkräfte ist es, die dem frommen Gretchen den Mephisto so unheimlich werden läßt:

> Sie fühlt, daß ich ganz sicher ein Genie,
> Vielleicht wohl gar der Teufel bin [1].

Das Unheimliche der Fallsucht, des Wahnsinns, hat denselben Ursprung. Der Laie sieht hier die Äußerung von Kräften vor sich, die er im Nebenmenschen nicht vermutet hat, deren Regung er aber in entlegenen Winkeln der eigenen Persönlichkeit dunkel zu spüren vermag. Das Mittelalter hatte konsequenterweise und psychologisch beinahe korrekt alle diese Krankheitsäußerungen der Wirkung von Dämonen zugeschrieben. Ja, ich würde mich nicht verwundern zu hören, daß die Psychoanalyse, die sich mit der Aufdeckung dieser geheimen Kräfte beschäftigt, vielen Menschen darum selbst unheimlich geworden ist. In einem Falle, als mir die Herstellung eines seit vielen Jahren siechen Mädchens – wenn auch nicht sehr rasch – gelungen war, habe ich's von der Mutter der für lange Zeit Geheilten selbst gehört.

Abgetrennte Glieder, ein abgehauener Kopf, eine vom Arm gelöste Hand wie in einem Märchen von Hauff [2], Füße, die für sich allein tanzen wie in dem erwähnten Buche von A. Schaeffer, haben etwas ungemein Unheimliches an sich, besonders wenn ihnen wie im letzten Beispiel noch eine selbständige Tätigkeit zugestanden wird. Wir wissen schon, daß diese Unheimlichkeit von der Annäherung an den Kastrationskomplex herrührt. Manche Menschen würden die Krone der Unheimlichkeit der Vorstellung zuweisen, scheintot begraben zu werden. Allein die Psychoanalyse hat uns gelehrt, daß diese schreckende Phantasie nur die Umwandlung einer anderen ist, die ursprünglich nichts Schreckhaftes war, sondern von einer gewissen Lüsternheit getragen wurde, nämlich der Phantasie vom Leben im Mutterleib.

Tragen wir noch etwas Allgemeines nach, was strenggenommen bereits in unseren bisherigen Behauptungen über den Animismus und die überwundenen Arbeitsweisen des seelischen Apparats enthalten ist, aber

[1] [*Faust*, I. Teil, 16. Szene.]
[2] [›Die Geschichte von der abgehauenen Hand‹.]

doch einer besonderen Hervorhebung würdig scheint, daß es nämlich oft und leicht unheimlich wirkt, wenn die Grenze zwischen Phantasie und Wirklichkeit verwischt wird, wenn etwas real vor uns hintritt, was wir bisher für phantastisch gehalten haben, wenn ein Symbol die volle Leistung und Bedeutung des Symbolisierten übernimmt und dergleichen mehr. Hierauf beruht auch ein gutes Stück der Unheimlichkeit, die den magischen Praktiken anhaftet. Das Infantile daran, was auch das Seelenleben der Neurotiker beherrscht, ist die Überbetonung der psychischen Realität im Vergleich zur materiellen, ein Zug, welcher sich der Allmacht der Gedanken anschließt. Mitten in der Absperrung des Weltkrieges kam eine Nummer des englischen Magazins *Strand* in meine Hände, in der ich unter anderen ziemlich überflüssigen Produktionen eine Erzählung las, wie ein junges Paar eine möblierte Wohnung bezieht, in der sich ein seltsam geformter Tisch mit holzgeschnitzten Krokodilen befindet. Gegen Abend pflegt sich dann ein unerträglicher, charakteristischer Gestank in der Wohnung zu verbreiten, man stolpert im Dunkeln über irgend etwas, man glaubt zu sehen, wie etwas Undefinierbares über die Treppe huscht, kurz, man soll erraten, daß infolge der Anwesenheit dieses Tisches gespenstische Krokodile im Hause spuken oder daß die hölzernen Scheusale im Dunkeln Leben bekommen oder etwas Ähnliches. Es war eine recht einfältige Geschichte, aber ihre unheimliche Wirkung verspürte man als ganz hervorragend.

Zum Schlusse dieser gewiß noch unvollständigen Beispielsammlung soll eine Erfahrung aus der psychoanalytischen Arbeit erwähnt werden, die, wenn sie nicht auf einem zufälligen Zusammentreffen beruht, die schönste Bekräftigung unserer Auffassung des Unheimlichen mit sich bringt. Es kommt oft vor, daß neurotische Männer erklären, das weibliche Genitale sei ihnen etwas Unheimliches. Dieses Unheimliche ist aber der Eingang zur alten Heimat des Menschenkindes, zur Örtlichkeit, in der jeder einmal und zuerst geweilt hat. »Liebe ist Heimweh«, behauptet ein Scherzwort, und wenn der Träumer von einer Örtlichkeit oder Landschaft noch im Traume denkt: Das ist mir bekannt, da war ich schon einmal, so darf die Deutung dafür das Genitale oder den Leib der Mutter einsetzen. Das Unheimliche ist also auch in diesem Falle das ehemals Heimische, Altvertraute. Die Vorsilbe *»un«* an diesem Worte ist aber die Marke der Verdrängung[1].

---

[1] [S. Freuds Arbeit ›Die Verneinung‹ (1925 *h*).]

III

Schon während der Lektüre der vorstehenden Erörterungen werden sich beim Leser Zweifel geregt haben, denen jetzt gestattet werden soll, sich zu sammeln und laut zu werden.

Es mag zutreffen, daß das Unheimliche das Heimliche-Heimische ist, das eine Verdrängung erfahren hat und aus ihr wiedergekehrt ist, und daß alles Unheimliche diese Bedingung erfüllt. Aber mit dieser Stoffwahl scheint das Rätsel des Unheimlichen nicht gelöst. Unser Satz verträgt offenbar keine Umkehrung. Nicht alles, was an verdrängte Wunschregungen und überwundene Denkweisen der individuellen Vorzeit und der Völkerurzeit mahnt, ist darum auch unheimlich.

Auch wollen wir es nicht verschweigen, daß sich fast zu jedem Beispiel, welches unseren Satz erweisen sollte, ein analoges finden läßt, das ihm widerspricht. Die abgehauene Hand z. B. im Hauffschen Märchen ›Die Geschichte von der abgehauenen Hand‹ wirkt gewiß unheimlich, was wir auf den Kastrationskomplex zurückgeführt haben. Aber in der Erzählung des Herodot vom Schatz des Rhampsenit läßt der Meisterdieb, den die Prinzessin bei der Hand festhalten will, ihr die abgehauene Hand seines Bruders zurück, und andere werden wahrscheinlich ebenso wie ich urteilen, daß dieser Zug keine unheimliche Wirkung hervorruft. Die prompte Wunscherfüllung im ›Ring des Polykrates‹ wirkt auf uns sicherlich ebenso unheimlich wie auf den König von Ägypten selbst. Aber in unseren Märchen wimmelt es von sofortigen Wunscherfüllungen, und das Unheimliche bleibt dabei aus. Im Märchen von den drei Wünschen läßt sich die Frau durch den Wohlgeruch einer Bratwurst verleiten zu sagen, daß sie auch so ein Würstchen haben möchte. Sofort liegt es vor ihr auf dem Teller. Der Mann wünscht im Ärger, daß es der Vorwitzigen an der Nase hängen möge. Flugs baumelt es an ihrer Nase. Das ist sehr eindrucksvoll, aber nicht im geringsten unheimlich. Das Märchen stellt sich überhaupt ganz offen auf den animistischen Standpunkt der Allmacht von Gedanken und Wünschen, und ich wüßte doch kein echtes Märchen zu nennen, in dem irgendetwas Unheimliches vorkäme. Wir haben gehört, daß es in hohem Grade unheimlich wirkt, wenn leblose Dinge, Bilder, Puppen, sich beleben, aber in den Andersenschen Märchen leben die Hausgeräte, die Möbel, der Zinnsoldat, und nichts ist vielleicht vom Unheimlichen entfernter. Auch die Belebung der schönen Statue des Pygmalion wird man kaum als unheimlich empfinden.

Scheintod und Wiederbelebung von Toten haben wir als sehr unheimliche Vorstellungen kennengelernt. Dergleichen ist aber wiederum im Märchen sehr gewöhnlich; wer wagte es unheimlich zu nennen, wenn z. B. Schneewittchen die Augen wieder aufschlägt? Auch die Erweckung von Toten in den Wundergeschichten, z. B. des Neuen Testaments, ruft Gefühle hervor, die nichts mit dem Unheimlichen zu tun haben. Die unbeabsichtigte Wiederkehr des Gleichen, die uns so unzweifelhafte unheimliche Wirkungen ergeben hat, dient doch in einer Reihe von Fällen anderen, und zwar sehr verschiedenen Wirkungen. Wir haben schon einen Fall kennengelernt, in dem sie als Mittel zur Hervorrufung des komischen Gefühls gebraucht wird [S. 260], und können Beispiele dieser Art häufen. Andere Male wirkt sie als Verstärkung u. dgl., ferner: woher rührt die Unheimlichkeit der Stille, des Alleinseins, der Dunkelheit? Deuten diese Momente nicht auf die Rolle der Gefahr bei der Entstehung des Unheimlichen, wenngleich es dieselben Bedingungen sind, unter denen wir die Kinder am häufigsten Angst äußern sehen? Und können wir wirklich das Moment der intellektuellen Unsicherheit ganz vernachlässigen, da wir doch seine Bedeutung für das Unheimliche des Todes zugegeben haben [S. 264 f.]?

So müssen wir wohl bereit sein anzunehmen, daß für das Auftreten des unheimlichen Gefühls noch andere als die von uns vorangestellten stofflichen Bedingungen maßgebend sind. Man könnte zwar sagen, mit jener ersten Feststellung sei das psychoanalytische Interesse am Problem des Unheimlichen erledigt, der Rest erfordere wahrscheinlich eine ästhetische Untersuchung. Aber damit würden wir dem Zweifel das Tor öffnen, welchen Wert unsere Einsicht in die Herkunft des Unheimlichen vom verdrängten Heimischen eigentlich beanspruchen darf.

Eine Beobachtung kann uns den Weg zur Lösung dieser Unsicherheiten weisen. Fast alle Beispiele, die unseren Erwartungen widersprechen, sind dem Bereich der Fiktion, der Dichtung, entnommen. Wir erhalten so einen Wink, einen Unterschied zu machen zwischen dem Unheimlichen, das man erlebt, und dem Unheimlichen, das man sich bloß vorstellt oder von dem man liest.

Das Unheimliche des Erlebens hat weit einfachere Bedingungen, umfaßt aber weniger zahlreiche Fälle. Ich glaube, es fügt sich ausnahmslos unserem Lösungsversuch, läßt jedesmal die Zurückführung auf altvertrautes Verdrängtes zu. Doch ist auch hier eine wichtige und psychologisch bedeutsame Scheidung des Materials vorzunehmen, die wir am besten an geeigneten Beispielen erkennen werden.

Greifen wir das Unheimliche der Allmacht der Gedanken, der prompten Wunscherfüllung, der geheimen schädigenden Kräfte, der Wiederkehr der Toten heraus. Die Bedingung, unter der hier das Gefühl des Unheimlichen entsteht, ist nicht zu verkennen. Wir – oder unsere primitiven Urahnen – haben dereinst diese Möglichkeiten für Wirklichkeit gehalten, waren von der Realität dieser Vorgänge überzeugt. Heute glauben wir nicht mehr daran, wir haben diese Denkweisen *überwunden,* aber wir fühlen uns dieser neuen Überzeugungen nicht ganz sicher, die alten leben noch in uns fort und lauern auf Bestätigung. Sowie sich nun etwas in unserem Leben *ereignet,* was diesen alten abgelegten Überzeugungen eine Bestätigung zuzuführen scheint, haben wir das Gefühl des Unheimlichen, zu dem man das Urteil ergänzen kann: Also ist es doch wahr, daß man einen anderen durch den bloßen Wunsch töten kann, daß die Toten weiterleben und an der Stätte ihrer früheren Tätigkeit sichtbar werden u. dgl.! Wer im Gegenteil diese animistischen Überzeugungen bei sich gründlich und endgültig erledigt hat, für den entfällt das Unheimliche dieser Art. Das merkwürdigste Zusammentreffen von Wunsch und Erfüllung, die rätselhafteste Wiederholung ähnlicher Erlebnisse an demselben Ort oder zum gleichen Datum, die täuschendsten Gesichtswahrnehmungen und verdächtigsten Geräusche werden ihn nicht irremachen, keine Angst in ihm erwecken, die man als Angst vor dem »Unheimlichen« bezeichnen kann. Es handelt sich hier also rein um eine Angelegenheit der Realitätsprüfung, um eine Frage der materiellen Realität[1].

---

[1] Da auch das Unheimliche des Doppelgängers von dieser Gattung ist, wird es interessant, die Wirkung zu erfahren, wenn uns einmal das Bild der eigenen Persönlichkeit ungerufen und unvermutet entgegentritt. E. Mach berichtet zwei solcher Beobachtungen in der *Analyse der Empfindungen* (1900, 3). Er erschrak das eine Mal nicht wenig, als er erkannte, daß das gesehene Gesicht das eigene sei, das andere Mal fällte er ein sehr ungünstiges Urteil über den anscheinend Fremden, der in seinen Omnibus einstieg, »Was steigt doch da für ein herabgekommener Schulmeister ein.« – Ich kann ein ähnliches Abenteuer erzählen: Ich saß allein im Abteil des Schlafwagens, als bei einem heftigeren Ruck der Fahrtbewegung die zur anstoßenden Toilette führende Tür aufging und ein älterer Herr im Schlafrock, die Reisemütze auf dem Kopfe, bei mir eintrat. Ich nahm an, daß er sich beim Verlassen des zwischen zwei Abteilen befindlichen Kabinetts in der Richtung geirrt hatte und fälschlich in mein Abteil gekommen war, sprang auf, um ihn aufzuklären, erkannte aber bald verdutzt, daß der Eindringling mein eigenes, vom Spiegel in der Verbindungstür entworfenes Bild war. Ich weiß noch, daß mir die Erscheinung gründlich mißfallen hatte. Anstatt also über den Doppelgänger zu erschrecken, hatten beide – Mach wie ich – ihn einfach nicht agnosziert. Ob aber das Mißfallen dabei nicht doch ein Rest jener archaischen Reaktion war, die den Doppelgänger als unheimlich empfindet?

Anders verhält es sich mit dem Unheimlichen, das von verdrängten infantilen Komplexen ausgeht, vom Kastrationskomplex, der Mutterleibsphantasie usw., nur daß reale Erlebnisse, welche diese Art von Unheimlichem erwecken, nicht sehr häufig sein können. Das Unheimliche des Erlebens gehört zumeist der früheren Gruppe an [von der wir im vorigen Absatz sprachen], für die Theorie ist aber die Unterscheidung der beiden sehr bedeutsam. Beim Unheimlichen aus infantilen Komplexen kommt die Frage der materiellen Realität gar nicht in Betracht, die psychische Realität tritt an deren Stelle. Es handelt sich um wirkliche Verdrängung eines Inhalts und um die Wiederkehr des Verdrängten, nicht um die Aufhebung des *Glaubens an die Realität* dieses Inhalts. Man könnte sagen, in dem einen Falle sei ein gewisser Vorstellungsinhalt, im anderen der Glaube an seine (materielle) Realität verdrängt. Aber die letztere Ausdrucksweise dehnt wahrscheinlich den Gebrauch des Terminus »Verdrängung« über seine rechtmäßigen Grenzen aus. Es ist korrekter, wenn wir einer hier spürbaren psychologischen Differenz Rechnung tragen und den Zustand, in dem sich die animistischen Überzeugungen des Kulturmenschen befinden, als ein – mehr oder weniger vollkommenes – *Überwundensein* bezeichnen. Unser Ergebnis lautete dann: Das Unheimliche des Erlebens kommt zustande, wenn *verdrängte* infantile Komplexe durch einen Eindruck wieder belebt werden oder wenn *überwundene* primitive Überzeugungen wieder bestätigt scheinen. Endlich darf man sich durch die Vorliebe für glatte Erledigung und durchsichtige Darstellung nicht vom Bekenntnis abhalten lassen, daß die beiden hier aufgestellten Arten des Unheimlichen im Erleben nicht immer scharf zu sondern sind. Wenn man bedenkt, daß die primitiven Überzeugungen auf das innigste mit den infantilen Komplexen zusammenhängen und eigentlich in ihnen wurzeln, wird man sich über diese Verwischung der Abgrenzungen nicht viel verwundern.

Das Unheimliche der Fiktion – der Phantasie, der Dichtung – verdient in der Tat eine gesonderte Betrachtung. Es ist vor allem weit reichhaltiger als das Unheimliche des Erlebens, es umfaßt dieses in seiner Gänze und dann noch anderes, was unter den Bedingungen des Erlebens nicht vorkommt. Der Gegensatz zwischen Verdrängtem und Überwundenem kann nicht ohne tiefgreifende Modifikation auf das Unheimliche der Dichtung übertragen werden, denn das Reich der Phantasie hat ja zur Voraussetzung seiner Geltung, daß sein Inhalt von der Realitätsprüfung enthoben ist. Das paradox klingende Ergebnis ist, *daß in der Dichtung vieles nicht unheimlich ist, was unheimlich wäre, wenn es sich im*

Leben ereignete, und daß in der Dichtung viele Möglichkeiten bestehen, unheimliche Wirkungen zu erzielen, die fürs Leben wegfallen.

Zu den vielen Freiheiten des Dichters gehört auch die, seine Darstellungswelt nach Belieben so zu wählen, daß sie mit der uns vertrauten Realität zusammenfällt oder sich irgendwie von ihr entfernt. Wir folgen ihm in jedem Falle. Die Welt des Märchens z. B. hat den Boden der Realität von vornherein verlassen und sich offen zur Annahme der animistischen Überzeugungen bekannt. Wunscherfüllungen, geheime Kräfte, Allmacht der Gedanken, Belebung des Leblosen, die im Märchen ganz gewöhnlich sind, können hier keine unheimliche Wirkung äußern, denn für die Entstehung des unheimlichen Gefühls ist, wie wir gehört haben, der Urteilsstreit erforderlich, ob das überwundene Unglaubwürdige nicht doch real möglich ist, eine Frage, die durch die Voraussetzungen der Märchenwelt überhaupt aus dem Wege geräumt ist. So verwirklicht das Märchen, das uns die meisten Beispiele von Widerspruch gegen unsere Lösung des Unheimlichen geliefert hat, den zuerst erwähnten Fall, daß im Reiche der Fiktion vieles nicht unheimlich ist, was unheimlich wirken müßte, wenn es sich im Leben ereignete. Dazu kommen fürs Märchen noch andere Momente, die später kurz berührt werden sollen.

Der Dichter kann sich auch eine Welt erschaffen haben, die, minder phantastisch als die Märchenwelt, sich von der realen doch durch die Aufnahme von höheren geistigen Wesen, Dämonen oder Geistern Verstorbener scheidet. Alles Unheimliche, was diesen Gestalten anhaften könnte, entfällt dann, soweit die Voraussetzungen dieser poetischen Realität reichen. Die Seelen der Danteschen *Hölle* oder die Geistererscheinungen in Shakespeares *Hamlet, Macbeth, Julius Caesar* mögen düster und schreckhaft genug sein, aber unheimlich sind sie im Grunde ebensowenig wie etwa die heitere Götterwelt Homers. Wir passen unser Urteil den Bedingungen dieser vom Dichter fingierten Realität an und behandeln Seelen, Geister und Gespenster, als wären sie vollberechtigte Existenzen, wie wir es selbst in der materiellen Realität sind. Auch dies ist ein Fall, in dem Unheimlichkeit erspart wird.

Anders nun, wenn der Dichter sich dem Anscheine nach auf den Boden der gemeinen Realität gestellt hat. Dann übernimmt er auch alle Bedingungen, die im Erleben für die Entstehung des unheimlichen Gefühls gelten, und alles was im Leben unheimlich wirkt, wirkt auch so in der Dichtung. Aber in diesem Falle kann der Dichter auch das Unheimliche weit über das im Erleben mögliche Maß hinaus steigern und vervielfältigen, indem er solche Ereignisse vorfallen läßt, die in der Wirklichkeit nicht oder nur sehr selten zur Erfahrung gekommen wären. Er verrät uns dann gewissermaßen an unseren für überwunden gehaltenen Aberglauben, er betrügt uns, indem er uns die gemeine Wirklichkeit verspricht und dann doch über diese hinausgeht. Wir reagieren auf seine Fiktionen so, wie wir auf eigene Erlebnisse reagiert hätten; wenn wir den Betrug merken, ist es zu spät, der Dichter hat seine Absicht bereits erreicht, aber ich muß behaupten, er hat keine reine Wirkung erzielt. Bei uns bleibt ein Gefühl von Unbefriedigung, eine Art von Groll über die versuchte Täuschung, wie ich es besonders deutlich nach der Lektüre von Schnitzlers Erzählung *Die Weissagung* und ähnlichen mit dem Wunderbaren liebäugelnden Produktionen verspürt habe. Der Dichter hat dann noch ein Mittel zur Verfügung, durch welches er sich dieser unserer Auflehnung entziehen und gleichzeitig die Bedingungen für das Erreichen seiner Absichten verbessern kann. Es besteht darin, daß er uns lange Zeit über nicht erraten läßt, welche Voraussetzungen er eigentlich für die von ihm angenommene Welt gewählt hat, oder daß er kunstvoll und arglistig einer solchen entscheidenden Aufklärung bis zum Ende ausweicht. Im ganzen wird aber hier der vorhin angekündigte Fall verwirklicht, daß die Fiktion neue Möglichkeiten des unheimlichen Gefühls erschafft, die im Erleben wegfallen würden.

Alle diese Mannigfaltigkeiten beziehen sich strenggenommen nur auf das Unheimliche, das aus dem Überwundenen entsteht. Das Unheimliche aus verdrängten Komplexen ist resistenter, es bleibt in der Dichtung – von einer Bedingung abgesehen [s. S. 274] – ebenso unheimlich wie im Erleben. Das andere Unheimliche, das aus dem Überwundenen, zeigt diesen Charakter im Erleben und in der Dichtung, die sich auf den Boden der materiellen Realität stellt, kann ihn aber in den fiktiven, vom Dichter geschaffenen Realitäten einbüßen.

Es ist offenkundig, daß die Freiheiten des Dichters und damit die Vorrechte der Fiktion in der Hervorrufung und Hemmung des unheimlichen Gefühls durch die vorstehenden Bemerkungen nicht erschöpft werden. Gegen das Erleben verhalten wir uns im allgemeinen gleichmäßig passiv und unterliegen der Einwirkung des Stofflichen. Für den Dichter sind wir aber in besonderer Weise lenkbar; durch die Stimmung, in die er uns versetzt, durch die Erwartungen, die er in uns erregt, kann er unsere Gefühlsprozesse von dem einen Erfolg ablenken und auf einen anderen einstellen und kann aus demselben Stoff oft sehr verschiedenartige Wirkungen gewinnen. Dies ist alles längst bekannt und wahrscheinlich von den berufenen Ästhetikern eingehend gewürdigt worden. Wir sind auf dieses Gebiet der Forschung ohne rechte Absicht geführt worden, indem wir der Versuchung nachgaben, den Widerspruch gewisser Beispiele gegen unsere Ableitung des Unheimlichen aufzuklären. Zu einzelnen dieser Beispiele wollen wir darum auch zurückkehren.

Wir fragten vorhin, warum die abgehauene Hand im Schatz des Rhampsenit nicht unheimlich wirke wie etwa in der Hauffschen ›Geschichte von der abgehauenen Hand‹. Die Frage erscheint uns jetzt bedeutsamer, da wir die größere Resistenz des Unheimlichen aus der Quelle verdrängter Komplexe erkannt haben. Die Antwort ist leicht zu geben. Sie lautet, daß wir in dieser Erzählung nicht auf die Gefühle der Prinzessin, sondern auf die überlegene Schlauheit des »Meisterdiebes« eingestellt werden. Der Prinzessin mag das unheimliche Gefühl dabei nicht erspart worden sein, wir wollen es selbst für glaubhaft halten, daß sie in Ohnmacht gefallen ist, aber wir verspüren nichts Unheimliches, denn wir versetzen uns nicht in sie, sondern in den anderen. Durch eine andere Konstellation wird uns der Eindruck des Unheimlichen in der Nestroyschen Posse *Der Zerrissene* erspart, wenn der Geflüchtete, der sich für einen Mörder hält, aus jeder Falltür, deren Deckel er aufhebt, das vermeintliche Gespenst des Ermordeten aufsteigen sieht und verzweifelt ausruft: Ich hab' doch nur *einen* umgebracht. Zu was diese gräßliche Multiplikation? Wir kennen die Vorbedingungen dieser Szene, teilen den Irrtum des »Zerrissenen« nicht, und darum wirkt, was für ihn unheimlich sein muß, auf uns mit unwiderstehlicher Komik. Sogar ein »wirkliches« *Gespenst* wie das in O. Wildes Erzählung *Der Geist von Canterville* muß all seiner Ansprüche, wenigstens Grauen zu erregen, verlustig werden, wenn der Dichter sich den Scherz macht, es zu ironisieren und hänseln zu lassen. So unabhängig kann in der Welt der Fiktion die Gefühlswirkung von der Stoffwahl sein. In der Welt der Märchen sollen Angstgefühle, also auch unheimliche Gefühle überhaupt nicht erweckt werden. Wir verstehen das und sehen darum auch über die Anlässe hinweg, bei denen etwas Derartiges möglich wäre.

Von der Einsamkeit, Stille und Dunkelheit [S. 269 f.] können wir nichts anderes sagen, als daß dies wirklich die Momente sind, an welche die bei den meisten Menschen nie ganz erlöschende Kinderangst geknüpft ist. Die psychoanalytische Forschung hat sich mit dem Problem derselben an anderer Stelle auseinandergesetzt [1].

[1] [S. die Diskussion über die Angst des Kindes vor der Dunkelheit in der dritten der *Drei Abhandlungen zur Sexualtheorie* (1905 *d*), *Studienausgabe*, Bd. 5, S. 127.]

Der Humor

(1927)

EDITORISCHE VORBEMERKUNG

Deutsche Ausgaben:

1927 *Almanach 1928*, 9–16.
1928 *Imago*, Bd. 14 (1), 1–6.
1928 *G. S.*, Bd. 11, 402–8.
1948 *G. W.*, Bd. 14, 383–89.

Freud schrieb diese Arbeit im August 1927; sie wurde an seiner statt von Anna Freud am 1. September auf dem 10. Internationalen Psychoanalytischen Kongreß in Innsbruck verlesen und im Herbst desselben Jahres veröffentlicht.
Die Arbeit nimmt, nach einer Pause von über zwanzig Jahren, ein Thema wieder auf, das Freud in den Abschnitten [7] und [8] des letzten Kapitels seines Buches *Der Witz*, welches den vorliegenden Band einleitet, erörtert hatte. Das Thema wird nun im Lichte seiner neuen Strukturvorstellung von der menschlichen Seele betrachtet. Im späteren Teil der Arbeit tauchen einige interessante metapsychologische Gesichtspunkte auf, und zum erstenmal wird uns das Über-Ich in freundlicher Stimmung vorgeführt.

In meiner Schrift über den *Witz und seine Beziehung zum Unbewußten* (1905 *c*) habe ich den Humor eigentlich nur vom ökonomischen Gesichtspunkt behandelt. Es lag mir daran, die Quelle der Lust am Humor zu finden, und ich meine, ich habe gezeigt, daß der humoristische Lustgewinn aus erspartem Gefühlsaufwand hervorgeht. [S. oben, S. 219.]

Der humoristische Vorgang kann sich in zweierlei Weisen vollziehen, entweder an einer einzigen Person, die selbst die humoristische Einstellung einnimmt, während der zweiten Person die Rolle des Zuschauers und Nutznießers zufällt, oder zwischen zwei Personen, von denen die eine am humoristischen Vorgang gar keinen Anteil hat, die zweite aber diese Person zum Objekt ihrer humoristischen Betrachtung macht. Wenn, um beim gröbsten Beispiel zu verweilen [ibid., 213], der Delinquent, der am Montag zum Galgen geführt wird, die Äußerung tut: »Na, die Woche fängt gut an«, so entwickelt er selbst den Humor, der humoristische Vorgang vollendet sich an seiner Person und trägt ihm offenbar eine gewisse Genugtuung ein. Mich, den unbeteiligten Zuhörer, trifft gewissermaßen eine Fernwirkung der humoristischen Leistung des Verbrechers; ich verspüre, vielleicht ähnlich wie er, den humoristischen Lustgewinn.

Der zweite Fall liegt vor, wenn z. B. ein Dichter oder Schilderer das Gehaben von realen oder erfundenen Personen in humoristischer Weise beschreibt. Diese Personen brauchen selbst keinen Humor zu zeigen, die humoristische Einstellung ist allein Sache dessen, der sie zum Objekt nimmt, und der Leser oder Zuhörer wird wiederum wie im vorigen Falle des Genusses am Humor teilhaftig. Zusammenfassend kann man also sagen, man kann die humoristische Einstellung – worin immer diese bestehen mag – gegen die eigene oder gegen fremde Personen wenden; es ist anzunehmen, daß sie dem, der es tut, einen Lustgewinn bringt; ein ähnlicher Lustgewinn fällt dem – unbeteiligten – Zuhörer zu.

Die Genese des humoristischen Lustgewinns erfassen wir am besten, wenn wir uns dem Vorgang beim Zuhörer zuwenden, vor dem ein anderer Humor entwickelt. Er sieht diesen anderen in einer Situation, die es erwarten läßt, daß er die Anzeichen eines Affekts produzieren wird; er wird sich ärgern, klagen, Schmerz äußern, sich schrecken, grausen, vielleicht selbst verzweifeln, und der Zuschauer-Zuhörer ist bereit, ihm darin zu folgen, die gleichen Gefühlsregungen bei sich entstehen zu lassen. Aber diese Gefühlsbereitschaft wird enttäuscht, der andere äußert keinen Affekt, sondern macht einen Scherz; aus dem ersparten Gefühlsaufwand wird nun beim Zuhörer die humoristische Lust.

So weit kommt man leicht, aber man sagt sich auch bald, daß es der Vorgang beim anderen, beim »Humoristen« ist, der die größere Aufmerksamkeit verdient. Kein Zweifel, das Wesen des Humors besteht darin, daß man sich die Affekte erspart, zu denen die Situation Anlaß gäbe, und sich mit einem Scherz über die Möglichkeit solcher Gefühlsäußerungen hinaussetzt. Insofern muß der Vorgang beim Humoristen mit dem beim Zuhörer übereinstimmen, richtiger gesagt, der Vorgang beim Zuhörer muß den beim Humoristen kopiert haben. Aber wie bringt der Humorist jene psychische Einstellung zustande, die ihm die Affektentbindung überflüssig macht, was geht bei »der humoristischen Einstellung« dynamisch in ihm vor? Offenbar ist die Lösung des Problems beim Humoristen zu suchen, beim Zuhörer ist nur ein Nachklang, eine Kopie dieses unbekannten Prozesses anzunehmen.

Es ist Zeit, daß wir uns mit einigen Charakteren des Humors vertraut machen. Der Humor hat nicht nur etwas Befreiendes wie der Witz und die Komik, sondern auch etwas Großartiges und Erhebendes, welche Züge an den beiden anderen Arten des Lustgewinns aus intellektueller Tätigkeit nicht gefunden werden. Das Großartige liegt offenbar im Triumph des Narzißmus, in der siegreich behaupteten Unverletzlichkeit des Ichs. Das Ich verweigert es, sich durch die Veranlassungen aus der Realität kränken, zum Leiden nötigen zu lassen, es beharrt dabei, daß ihm die Traumen der Außenwelt nicht nahegehen können, ja es zeigt, daß sie ihm nur Anlässe zu Lustgewinn sind. Dieser letzte Zug ist für den Humor durchaus wesentlich. Nehmen wir an, der am Montag zur Hinrichtung geführte Verbrecher hätte gesagt: Ich mach' mir nichts daraus, was liegt denn daran, wenn ein Kerl wie ich aufgehängt wird, die Welt wird darum nicht zugrunde gehen, – so müßten wir urteilen, diese Rede enthält zwar diese großartige Überlegenheit über die reale Situation, sie ist weise und berechtigt, aber sie verrät auch nicht die Spur von Humor, ja sie ruht auf einer Einschätzung der Realität, die der des Humors direkt zuwiderläuft. Der Humor ist nicht resigniert, er ist trotzig, er bedeutet nicht nur den Triumph des Ichs, sondern auch den des Lustprinzips, das sich hier gegen die Ungunst der realen Verhältnisse zu behaupten vermag.

Durch diese beiden letzten Züge, die Abweisung des Anspruchs der Realität und die Durchsetzung des Lustprinzips nähert sich der Humor den regressiven oder reaktionären Prozessen, die uns in der Psychopathologie so ausgiebig beschäftigen. Mit seiner Abwehr der Leidensmöglichkeit nimmt er einen Platz ein in der großen Reihe jener Methoden, die das menschliche Seelenleben ausgebildet hat, um sich dem Zwang des Leidens zu entziehen, einer Reihe, die mit der Neurose anhebt, im Wahnsinn gipfelt und in die der Rausch, die Selbstversenkung, die Ekstase einbezogen sind[1]. Der Humor dankt diesem Zusammenhange eine Würde, die z. B. dem Witze völlig abgeht, denn dieser dient entweder nur dem Lustgewinn, oder er stellt den Lustgewinn in den Dienst der Aggression. Worin besteht nun die humoristische Einstellung, durch die man sich dem Leiden verweigert, die Unüberwindlichkeit des Ichs durch die reale Welt betont, das Lustprinzip siegreich behauptet, all dies aber, ohne wie andere Verfahren gleicher Absicht den Boden seelischer Gesundheit aufzugeben? Die beiden Leistungen scheinen doch unvereinbar miteinander.

Wenn wir uns an die Situation wenden, daß sich jemand gegen andere humoristisch einstellt, so liegt die Auffassung nahe, die ich auch bereits im Buch über den Witz zaghaft angedeutet habe, er benehme sich gegen sie wie der Erwachsene gegen das Kind, indem er die Interessen und Leiden, die diesem groß erscheinen, in ihrer Nichtigkeit erkenne und belächle [ibid., 217]. Der Humorist gewinne also seine Überlegenheit daher, daß er sich in die Rolle des Erwachsenen, gewissermaßen in die Vateridentifizierung begebe und die anderen zu Kindern herabdrücke. Diese Annahme deckt wohl den Sachverhalt, aber sie erscheint kaum zwingend. Man fragt sich, wie kommt der Humorist dazu, sich diese Rolle anzumaßen.

Aber man erinnert sich an die andere, wahrscheinlich ursprünglichere und bedeutsamere Situation des Humors, daß jemand die humoristische Einstellung gegen seine eigene Person richtet, um sich solcherart seiner Leidensmöglichkeiten zu erwehren. Hat es einen Sinn zu sagen, jemand behandle sich selbst wie ein Kind und spiele gleichzeitig gegen dies Kind die Rolle des überlegenen Erwachsenen?

Ich meine, wir geben dieser wenig plausiblen Vorstellung einen starken

---

[1] [Vgl. die spätere lange Diskussion dieser verschiedenen Methoden zur Vermeidung von Leiden im II. Kapitel von *Das Unbehagen in der Kultur* (1930*a*), *Studienausgabe*, Bd. 9, S. 209 ff. Freud hatte jedoch schon in *Der Witz*, oben, S. 217, auf die Abwehrfunktion des Humors hingewiesen.]

Rückhalt, wenn wir in Betracht ziehen, was wir aus pathologischen Erfahrungen über die Struktur unseres Ichs gelernt haben. Dieses Ich ist nichts Einfaches, sondern beherbergt als seinen Kern eine besondere Instanz, das Über-Ich, mit dem es manchmal zusammenfließt, so daß wir die beiden nicht zu unterscheiden vermögen, während es sich in anderen Verhältnissen scharf von ihm sondert. Das Über-Ich ist genetisch Erbe der Elterninstanz, es hält das Ich oft in strenger Abhängigkeit, behandelt es wirklich noch, wie einst in frühen Jahren die Eltern – oder der Vater – das Kind behandelt haben. Wir erhalten also eine dynamische Aufklärung der humoristischen Einstellung, wenn wir annehmen, sie bestehe darin, daß die Person des Humoristen den psychischen Akzent von ihrem Ich abgezogen und auf ihr Über-Ich verlegt habe. Diesem so geschwellten Über-Ich kann nun das Ich winzig klein erscheinen, alle seine Interessen geringfügig, und es mag dem Über-Ich bei dieser neuen Energieverteilung leicht werden, die Reaktionsmöglichkeiten des Ichs zu unterdrücken.

Unserer gewohnten Ausdrucksweise treu, werden wir anstatt Verlegung des psychischen Akzents zu sagen haben: Verschiebung großer Besetzungsmengen. Es fragt sich dann, ob wir uns solche ausgiebige Verschiebungen von einer Instanz des seelischen Apparats auf eine andere vorstellen dürfen. Es sieht wie eine neue *ad hoc* gemachte Annahme aus, doch dürfen wir uns erinnern, daß wir wiederholt, wenn auch nicht oft genug, bei unseren Versuchen einer metapsychologischen Vorstellung des seelischen Geschehens mit einem solchen Faktor gerechnet haben. So nahmen wir z. B. an, der Unterschied zwischen einer gewöhnlichen erotischen Objektbesetzung und dem Zustand einer Verliebtheit bestehe darin, daß in letzterem Falle ungleich mehr Besetzung auf das Objekt übergeht, das Ich sich gleichsam nach dem Objekt entleert[1]. Beim Studium einiger Fälle von Paranoia konnte ich feststellen, daß die Verfolgungsideen frühzeitig gebildet werden und lange Zeit bestehen, ohne eine merkliche Wirkung zu äußern, bis sie dann auf einen bestimmten Anlaß hin die Besetzungsgrößen erhalten, die sie dominant werden lassen[2]. Auch die Heilung solcher paranoischer Anfälle dürfte weniger in einer Auflösung und Korrektur der Wahnideen als in der Entziehung der ihnen verliehenen Besetzung bestehen. Die Abwechslung von Melan-

---

[1] [S. eine Passage in Kapitel VIII von *Massenpsychologie und Ich-Analyse* (1921 *c*), *Studienausgabe*, Bd. 9, S. 105 f.]

[2] [S. Abschnitt B von ›Über einige neurotische Mechanismen bei Eifersucht, Paranoia und Homosexualität‹ (1922 *b*), *Studienausgabe*, Bd. 7, S. 224.]

cholie und Manie, von grausamer Unterdrückung des Ichs durch das Über-Ich und von Befreiung des Ichs nach solchem Druck hat uns den Eindruck eines solchen Besetzungswandels gemacht[1], den man übrigens auch zur Erklärung einer ganzen Reihe von Erscheinungen des normalen Seelenlebens heranziehen müßte. Wenn dies bisher in so geringem Ausmaß geschehen ist, so liegt der Grund dafür in der von uns geübten, eher lobenswerten Zurückhaltung. Das Gebiet, auf dem wir uns sicher fühlen, ist das der Pathologie des Seelenlebens; hier machen wir unsere Beobachtungen, erwerben wir unsere Überzeugungen. Eines Urteils über das Normale getrauen wir uns vorläufig insoweit, als wir in den Isolierungen und Verzerrungen des Krankhaften das Normale erraten. Wenn diese Scheu einmal überwunden ist, werden wir erkennen, eine wie große Rolle für das Verständnis der seelischen Vorgänge den statischen Verhältnissen wie dem dynamischen Wechsel in der Quantität der Energiebesetzung zukommt.

Ich meine also, die hier vorgeschlagene Möglichkeit, daß die Person in einer bestimmten Lage plötzlich ihr Über-Ich überbesetzt und nun von diesem aus die Reaktionen des Ichs abändert, verdient es, festgehalten zu werden. Was ich für den Humor vermute, findet auch eine bemerkenswerte Analogie auf dem verwandten Gebiet des Witzes. Als die Entstehung des Witzes mußte ich annehmen, daß ein vorbewußter Gedanke für einen Moment der unbewußten Bearbeitung überlassen wird [ibid., 155], der Witz sei also der Beitrag zur Komik, den das Unbewußte leiste [ibid., 193]. Ganz ähnlich wäre *der Humor der Beitrag zur Komik durch die Vermittlung des Über-Ichs.*

Wir kennen das Über-Ich sonst als einen gestrengen Herrn. Man wird sagen, es stimmt schlecht zu diesem Charakter, daß es sich herbeiläßt, dem Ich einen kleinen Lustgewinn zu ermöglichen. Es ist richtig, daß die humoristische Lust nie die Intensität der Lust am Komischen oder am Witz erreicht, sich niemals im herzhaften Lachen ausgibt; es ist auch wahr, daß das Über-Ich, wenn es die humoristische Einstellung herbeiführt, eigentlich die Realität abweist und einer Illusion dient. Aber dieser wenig intensiven Lust schreiben wir – ohne recht zu wissen warum – einen hochwertigen Charakter zu, wir empfinden sie als besonders befreiend und erhebend. Der Scherz, den der Humor macht, ist ja auch nicht das Wesentliche, er hat nur den Wert einer Probe; die Hauptsache ist die Absicht, welche der Humor ausführt, ob er sich nun an der eige-

---

[1] [S. die Darstellung in ›Trauer und Melancholie‹ (1917*e*), *Studienausgabe*, Bd. 3, S. 207–09.]

nen oder an fremden Personen betätigt. Er will sagen: Sieh' her, das ist nun die Welt, die so gefährlich aussieht. Ein Kinderspiel, gerade gut, einen Scherz darüber zu machen!

Wenn es wirklich das Über-Ich ist, das im Humor so liebevoll tröstlich zum eingeschüchterten Ich spricht, so wollen wir daran gemahnt sein, daß wir über das Wesen des Über-Ichs noch allerlei zu lernen haben. Übrigens sind nicht alle Menschen der humoristischen Einstellung fähig, es ist eine köstliche und seltene Begabung, und vielen fehlt selbst die Fähigkeit, die ihnen vermittelte humoristische Lust zu genießen. Und endlich, wenn das Über-Ich durch den Humor das Ich zu trösten und vor Leiden zu bewahren strebt, hat es damit seiner Abkunft von der Elterninstanz nicht widersprochen.

Brief an Romain Rolland

(Eine Erinnerungsstörung auf der Akropolis)

(1936)

EDITORISCHE VORBEMERKUNG

Deutsche Ausgaben:
1936 *Almanach 1937*, 9–21.
1950 *G. W.*, Bd. 16, 250–7.

Romain Rolland wurde am 29. Januar 1866 geboren; diese Arbeit wurde für eine Festschrift zu seinem 70. Geburtstag geschrieben. Freud hegte die größte Bewunderung für den Dichter; das zeigt sich nicht nur in der vorliegenden Schrift, sondern auch in der Grußbotschaft zu seinem 60. Geburtstag (Freud, 1926*a*) und den wenigen bisher veröffentlichten Briefen an ihn (Freud, 1960*a*); ferner in einer Passage zu Anfang von *Das Unbehagen in der Kultur* (1930*a*). Freud begann die Korrespondenz mit Romain Rolland im Jahre 1923; persönlich traf er ihn, wie es scheint, nur ein einziges Mal im Jahre 1924.
Eine frühere deutsche Veröffentlichung der Arbeit als die oben erwähnte im *Almanach* hat sich nicht feststellen lassen. Es bestand vermutlich die Absicht, die Festschrift in Deutschland zu veröffentlichen; und man kann sich vorstellen, daß Publikationen im Zusammenhang mit Romain Rolland zu jener Zeit von den Nationalsozialisten unterdrückt worden wären.

Verehrter Freund!

Dringend aufgefordert, etwas Geschriebenes zur Feier Ihres siebzigsten Geburtstages beizutragen, habe ich mich lange bemüht, etwas zu finden, was Ihrer in irgendeinem Sinne würdig wäre, was meiner Bewunderung Ausdruck geben könnte für Ihre Wahrheitsliebe, Ihren Bekennermut, Ihre Menschenfreundlichkeit und Hilfsbereitschaft. Oder was die Dankbarkeit für den Dichter bezeugen würde, der mir soviel Genuß und Erhebung geschenkt hat. Es war vergeblich; ich bin um ein Jahrzehnt älter als Sie, meine Produktion ist versiegt. Was ich Ihnen schließlich zu bieten habe, ist die Gabe eines Verarmten, der »einst bessere Tage gesehen hat«.

Sie wissen, meine wissenschaftliche Arbeit hatte sich das Ziel gesetzt, ungewöhnliche, abnorme, pathologische Erscheinungen des Seelenlebens aufzuklären, das heißt, sie auf die hinter ihnen wirkenden psychischen Kräfte zurückzuführen und die dabei tätigen Mechanismen aufzuzeigen. Ich versuchte dies zunächst an der eigenen Person, dann auch an anderen und endlich in kühnem Übergriff auch am Menschengeschlecht im ganzen. Ein solches Phänomen, das ich vor einem Menschenalter, im Jahre 1904, an mir erlebt und nie verstanden hatte, tauchte in den letzten Jahren in meiner Erinnerung immer wieder auf; ich wußte zunächst nicht warum. Ich entschloß mich endlich, das kleine Erlebnis zu analysieren, und teile Ihnen hier das Ergebnis dieser Studie mit. Dabei muß ich Sie natürlich bitten, den Angaben aus meinem persönlichen Leben mehr Aufmerksamkeit zu schenken, als sie sonst verdienten.

Eine Erinnerungsstörung auf der Akropolis

Ich pflegte damals alljährlich Ende August oder Anfang September mit meinem jüngeren Bruder eine Ferienreise anzutreten, die mehrere Wochen dauerte und uns nach Rom, irgendeiner Gegend des Landes Italien oder an eine Küste des Mittelmeeres führte. Mein Bruder ist zehn

Jahre jünger als ich, also gleichaltrig mit Ihnen – ein Zusammentreffen, das mir erst jetzt auffällt. In diesem Jahr erklärte mein Bruder, seine Geschäfte erlaubten ihm keine längere Abwesenheit, er könnte höchstens eine Woche ausbleiben, wir müßten unsere Reise abkürzen. So beschlossen wir, über Triest nach der Insel Korfu zu fahren und unsere wenigen Urlaubstage dort zu verbringen. In Triest besuchte er einen dort ansässigen Geschäftsfreund, ich begleitete ihn. Der freundliche Mann erkundigte sich auch nach unseren weiteren Absichten, und als er hörte, daß wir nach Korfu wollten, riet er uns dringend ab. »Was wollen Sie um diese Zeit dort machen? Es ist so heiß, daß Sie nichts unternehmen können. Gehen Sie doch lieber nach Athen. Der Lloyddampfer geht heute nachmittags ab, läßt Ihnen drei Tage Zeit, um die Stadt zu sehen, und holt Sie auf seiner Rückfahrt ab. Das wird lohnender und angenehmer sein.«

Als wir den Triestiner verlassen hatten, waren wir beide in merkwürdig übler Stimmung. Wir diskutierten den uns vorgeschlagenen Plan, fanden ihn durchaus unzweckmäßig und sahen nur Hindernisse gegen seine Ausführung, nahmen auch an, daß wir ohne Reisepässe in Griechenland nicht eingelassen würden. Die Stunden bis zur Eröffnung des Lloydbureaus wanderten wir mißvergnügt und unentschlossen in der Stadt herum. Aber als die Zeit gekommen war, gingen wir an den Schalter und lösten Schiffskarten nach Athen, wie selbstverständlich, ohne uns um die vorgeblichen Schwierigkeiten zu kümmern, ja ohne daß wir die Gründe für unsere Entscheidung gegeneinander ausgesprochen hätten. Dies Benehmen war doch sehr sonderbar. Wir anerkannten später, daß wir den Vorschlag, nach Athen anstatt nach Korfu zu gehen, sofort und bereitwilligst angenommen hatten. Warum hatten wir uns also die Zwischenzeit bis zur Öffnung der Schalter durch üble Laune verstört und uns nur Abhaltungen und Schwierigkeiten vorgespiegelt?

Als ich dann am Nachmittag nach der Ankunft auf der Akropolis stand und mein Blick die Landschaft umfaßte, kam mir plötzlich der merkwürdige Gedanke: *Also existiert das alles wirklich so, wie wir es auf der Schule gelernt haben?!* Genauer beschrieben, die Person, die eine Äußerung tat, sonderte sich, weit schärfer als sonst merklich, von einer anderen, die diese Äußerung wahrnahm, und beide waren verwundert, wenn auch nicht über das gleiche. Die eine benahm sich so, als müßte sie unter dem Eindruck einer unzweifelhaften Beobachtung an etwas glauben, dessen Realität ihr bis dahin unsicher erschienen war. Mit einer mäßigen Übertreibung: als ob jemand, entlang des schottischen Loch Ness spazierend, plötzlich den ans Land gespülten Leib des vielberedeten Ungeheuers vor sich sähe und sich zum Zugeständnis gezwungen fände: Also existiert sie wirklich, die Seeschlange, an die wir nicht geglaubt haben! Die andere Person war aber mit Recht erstaunt, weil sie nicht gewußt hatte, daß die reale Existenz von Athen, der Akropolis und dieser Landschaft jemals ein Gegenstand des Zweifels gewesen war. Sie war eher auf eine Äußerung der Entzückung und Erhebung vorbereitet.

Es liegt nun nahe zu sagen, der befremdliche Gedanke auf der Akropolis wolle nur betonen, es sei doch etwas ganz anderes, wenn man etwas mit eigenen Augen sehe, als wenn man nur davon höre oder lese. Aber das bliebe eine sehr sonderbare Einkleidung eines uninteressanten Gemeinplatzes. Oder man könnte die Behauptung wagen, man habe als Gymnasiast zwar gemeint, man sei von der historischen Wirklichkeit der Stadt Athen und ihrer Geschichte überzeugt gewesen, aber aus jenem Einfall auf der Akropolis erfahre man eben, daß man damals im Unbewußten nicht daran geglaubt habe; erst jetzt habe man sich auch eine »ins Unbewußte reichende« Überzeugung erworben. Eine solche Erklärung klingt sehr tiefsinnig, aber sie ist leichter aufzustellen als zu erweisen, wird auch theoretisch recht angreifbar sein. Nein, ich meine, die beiden Phänomene, die Verstimmung in Triest und der Einfall auf der Akropolis gehören innig zusammen. Das erstere davon ist leichter verständlich und mag uns zur Erklärung des späteren verhelfen.

Das Erlebnis in Triest ist, wie ich merke, auch nur der Ausdruck eines Unglaubens. »Wir sollen Athen zu sehen bekommen? Aber das geht ja nicht, es wird zu schwierig sein.« Die begleitende Verstimmung entspricht dann dem Bedauern darüber, daß es nicht geht. Es wäre ja so schön gewesen! Und nun versteht man, woran man ist. Es ist ein Fall von *»too good to be true«*, wie er uns so geläufig ist. Ein Fall von jenem Unglauben, der sich so häufig zeigt, wenn man durch eine glückbringende Nachricht überrascht wird, daß man einen Treffer gemacht, einen Preis gewonnen hat, für ein Mädchen, daß der heimlich geliebte Mann bei den Eltern als Bewerber aufgetreten ist, u. dgl.

Ein Phänomen konstatieren, läßt natürlich sofort die Frage nach seiner Verursachung entstehen. Ein solcher Unglaube ist offenbar ein Versuch, ein Stück der Realität abzulehnen, aber es ist etwas daran befremdend. Wir würden gar nicht erstaunt sein, wenn sich ein solcher Versuch gegen ein Stück Realität richten sollte, das Unlust zu bringen droht; unser psychischer Mechanismus ist darauf sozusagen eingerichtet. Aber warum ein derartiger Unglaube gegen etwas, was im Gegenteil hohe Lust verspricht? Ein wirklich paradoxes Verhalten! Ich erinnere mich aber, daß ich bereits früher einmal den ähnlichen Fall jener Personen behandelt habe, die, wie ich es ausdrückte, »am Erfolge scheitern«[1]. Sonst erkrankt man in der Regel an der Versagung, der Nichterfüllung eines lebenswichtigen Bedürfnisses oder Wunsches; bei diesen Personen ist es aber umgekehrt, sie erkranken, gehen selbst daran zugrunde, daß ihnen ein überwältigend starker Wunsch erfüllt worden ist. Die Gegensätzlichkeit der beiden Situationen ist aber nicht so groß, wie es anfangs scheint. Im paradoxen Falle ist einfach eine innere Versagung an die Stelle der äußeren getreten. Man gönnt sich das Glück nicht, die innere Versagung befiehlt, an der äußeren festzuhalten. Warum aber? Weil, so lautet in einer Reihe von Fällen die Antwort, man sich vom Schicksal etwas so Gutes nicht erwarten kann. Also wiederum das *»too good to be true«*, die Äußerung eines Pessimismus, von dem viele von uns ein großes Stück in sich zu beherbergen scheinen. In anderen Fällen ist es ganz so wie bei denen, die am Erfolg scheitern, ein Schuld- oder Minderwertigkeitsgefühl, das man übersetzen kann: Ich bin eines solchen Glückes nicht würdig, ich verdiene es nicht. Aber diese beiden Motivierungen sind im Grunde das nämliche, die eine nur eine Projektion der anderen. Denn, wie längst bekannt, ist das Schicksal, von dem man sich so schlechte Behandlung erwartet, eine Materialisation unseres Gewissens, des strengen Über-Ichs in uns, in dem sich die strafende Instanz unserer Kindheit niedergeschlagen hat[2].

Damit wäre, meine ich, unser Benehmen in Triest erklärt. Wir konnten nicht glauben, daß uns die Freude bestimmt sein sollte, Athen zu sehen. Daß das Stück Realität, das wir ablehnen wollten, zunächst nur eine Möglichkeit war, bestimmte die Eigentümlichkeiten unserer damaligen Reaktion. Als wir dann auf der Akropolis standen, war die Möglichkeit zur Wirklichkeit geworden, und derselbe Unglaube fand nun einen veränderten, aber weit deutlicheren Ausdruck. Dieser hätte ohne Entstellung lauten sollen: Ich hätte wirklich nicht geglaubt, daß es mir je gegönnt sein würde, Athen mit meinen eigenen Augen zu sehen, wie es doch jetzt unzweifelhaft der Fall ist! Wenn ich mich erinnere, welche glühende Sehnsucht, zu reisen und die Welt zu sehen, mich in der Gymnasialzeit und später beherrscht hatte und wie spät sie sich in Erfüllung

[1] [Abschnitt II von ›Einige Charaktertypen aus der psychoanalytischen Arbeit‹ (1916 *d*), *Studienausgabe*, Bd. 10, S. 236.]

[2] [Vgl. das VII. Kapitel von *Das Unbehagen in der Kultur* (1930 *a*), ibid., Bd. 9, S. 250–59.]

umzusetzen begann, verwundere ich mich dieser Nachwirkung auf der Akropolis nicht; ich war damals achtundvierzig Jahre alt. Ich habe meinen jüngeren Bruder nicht befragt, ob er ähnliches wie ich verspürt. Eine gewisse Scheu lag über dem ganzen Erlebnis, sie hatte schon in Triest unseren Gedankenaustausch behindert.

Wenn ich aber den Sinn meines Einfalls auf der Akropolis richtig erraten habe, er drücke meine freudige Verwunderung darüber aus, daß ich mich jetzt an diesem Ort befinde, so erhebt sich die weitere Frage, warum dieser Sinn im Einfall eine so entstellte und entstellende Einkleidung erfahren hat.

Der wesentliche Inhalt des Gedankens ist auch in der Entstellung erhalten geblieben, es ist ein Unglaube. »Nach dem Zeugnis meiner Sinne stehe ich jetzt auf der Akropolis, allein ich kann es nicht glauben.« Dieser Unglaube, dieser Zweifel an einem Stück der Realität, wird aber in der Äußerung in zweifacher Weise verschoben, erstens in die Vergangenheit gerückt und zweitens von meiner Beziehung zur Akropolis weg auf die Existenz der Akropolis selbst verlegt. So kommt etwas zustande, was der Behauptung gleichkommt, ich hätte früher einmal an der realen Existenz der Akropolis gezweifelt, was meine Erinnerung aber als unrichtig, ja als unmöglich ablehnt.

Die beiden Entstellungen bedeuten zwei voneinander unabhängige Probleme. Man kann versuchen, tiefer in den Umsetzungsprozeß einzudringen. Ohne näher anzugeben, wie ich dazu komme, will ich davon ausgehen, das Ursprüngliche müsse eine Empfindung gewesen sein, daß an der damaligen Situation etwas Unglaubwürdiges und Unwirkliches zu verspüren sei. Die Situation umfaßt meine Person, die Akropolis und meine Wahrnehmung derselben. Ich weiß diesen Zweifel nicht unterzubringen, ich kann ja meine Sinneseindrücke von der Akropolis nicht in Zweifel ziehen. Ich erinnere mich aber, daß ich in der Vergangenheit an etwas gezweifelt, was mit eben dieser Örtlichkeit zu tun hatte, und finde so die Auskunft, den Zweifel in die Vergangenheit zu versetzen. Aber dabei ändert der Zweifel seinen Inhalt. Ich erinnere mich nicht einfach daran, daß ich in frühen Jahren daran gezweifelt, ob ich je die Akropolis selbst sehen werde, sondern ich behaupte, daß ich damals überhaupt nicht an die Realität der Akropolis geglaubt habe. Grade aus diesem Ergebnis der Entstellung ziehe ich den Schluß, daß die gegenwärtige Situation auf der Akropolis ein Element von Zweifel an der Realität enthalten hat. Es ist mir bisher gewiß nicht gelungen, den Hergang klarzumachen, darum will ich kurz abschließend sagen, die ganze anscheinend verworrene und schwer darstellbare psychische Situation löst sich glatt durch die Annahme, daß ich damals auf der Akropolis einen Moment lang das Gefühl hatte – oder hätte haben können: *was ich da sehe, ist nicht wirklich.* Man nennt das ein »Entfremdungsgefühl«. Ich machte einen Versuch, mich dessen zu erwehren, und es gelang mir auf Kosten einer falschen Aussage über die Vergangenheit.

Diese Entfremdungen sind sehr merkwürdige, noch wenig verstandene Phänomene. Man beschreibt sie als »Empfindungen«, aber es sind offenbar komplizierte Vorgänge, an bestimmte Inhalte geknüpft und mit Entscheidungen über diese Inhalte verbunden. Bei gewissen psychischen Erkrankungen sehr häufig, sind sie doch auch dem normalen Menschen nicht unbekannt, etwa wie die gelegentlichen Halluzinationen der Gesunden. Aber sie sind doch gewiß Fehlleistungen, von abnormem Aufbau wie die Träume, die ungeachtet ihres regelmäßigen Vorkommens beim Gesunden uns als Vorbilder seelischer Störung gelten. Man beobachtet sie in zweierlei Formen; entweder erscheint uns ein Stück der Realität als fremd oder ein Stück des eigenen Ichs. In letzterem Fall spricht man von »Depersonalisation«; Entfremdungen und Depersonalisationen gehören innig zusammen. Es gibt andere Phänomene, in denen wir gleichsam die positiven Gegenstücke zu ihnen erkennen mögen, die sog. *»fausse reconnaissance«*, das *»déjà vu«*, *»déjà raconté«*, Täuschungen, in denen wir etwas als zu unserem Ich gehörig annehmen wollen, wie wir bei den Entfremdungen etwas von uns auszuschließen bemüht sind. Ein naiv-mystischer, unpsychologischer Erklärungsversuch will die Phänomene des *déjà vu* als Beweise für frühere Existenzen unseres seelischen Ichs verwerten. Von der Depersonalisation führt der Weg zu der höchst merkwürdigen *»double conscience«*, die man richtiger »Persönlichkeitsspaltung« benennt. Das ist alles noch so dunkel, so wenig wissenschaftlich bezwungen, daß ich mir verbieten muß, es vor Ihnen weiter zu erörtern.

Es genügt meiner Absicht, wenn ich auf zwei allgemeine Charaktere der Entfremdungsphänomene zurückkomme. Der erste ist, sie dienen alle der Abwehr, wollen etwas vom Ich fernhalten, verleugnen. Nun kommen von zwei Seiten her neue Elemente an das Ich heran, die zur Abwehr auffordern können, aus der realen Außenwelt und aus der Innenwelt der im Ich auftauchenden Gedanken und Regungen. Vielleicht deckt diese Alternative die Unterscheidung zwischen den eigentlichen Entfremdungen und den Depersonalisationen. Es gibt eine außerordentliche Fülle von Methoden, Mechanismen sagen wir, deren sich unser Ich bei der Erledigung seiner Abwehraufgaben bedient. In meiner nächsten Nähe erwächst jetzt eine Arbeit, die sich mit dem Studium dieser Abwehrmethoden beschäftigt; meine Tochter, die Kinderanalytikerin, schreibt eben ein Buch darüber [1]. Von der primitivsten und gründlichsten dieser Methoden, von der »Verdrängung«, hat unsere Vertiefung in die Psychopathologie überhaupt ihren Ausgang genommen. Zwischen der Verdrängung und der normal zu nennenden Abwehr des Peinlich-Unerträglichen durch Anerkennung, Überlegung, Urteil und zweckmäßiges Handeln liegt eine große Reihe von Verhaltungsweisen des Ichs von mehr oder weniger deutlich pathologischem Charakter. Darf ich bei einem Grenzfall einer solchen Abwehr verweilen? Sie kennen das berühmte Klagelied der spanischen Mauren ›*Ay de mi Alhama*‹ [›Weh, mein Alhama‹], das erzählt, wie der König Boabdil [2] die Nachricht vom Fall seiner Stadt Alhama aufnimmt. Er ahnt, daß dieser Verlust das Ende seiner Herrschaft bedeutet. Aber er will es nicht »wahr haben«, er beschließt, die Nachricht als »*non arrivé*« zu behandeln. Die Strophe lautet:

Cartas le fueron venidas
que Alhama era ganada:
las cartas echo en el fuego
y al mensajero matara [3].

Man errät leicht, daß an diesem Benehmen des Königs das Bedürfnis mitbeteiligt ist, dem Gefühl seiner Ohnmacht zu widerstreiten. Indem er die Briefe verbrennt und den Boten töten läßt, sucht er noch seine Machtvollkommenheit zu demonstrieren.

Der andere allgemeine Charakter der Entfremdungen, ihre Abhängigkeit von der Vergangenheit, von dem Erinnerungsschatz des Ichs und früheren peinlichen Erlebnissen, die vielleicht seither der Verdrängung anheimgefallen sind, wird ihnen nicht ohne Einspruch zugestanden. Aber grade mein Erlebnis auf der Akropolis, das ja in eine Erinnerungsstörung, eine Verfälschung der Vergangenheit ausgeht, hilft uns dazu, diesen Einfluß aufzuzeigen. Es ist nicht wahr, daß ich in den Gymna-

---

[1] [Anna Freud, *Das Ich und die Abwehrmechanismen* (1963).]

[2] [Der letzte maurische König von Granada, Ende des 15. Jahrhunderts. Alhama, etwa 30 Kilometer vor Granada, war die Schlüsselfestung der Hauptstadt.]

[3] [»Es wurden ihm Briefe gebracht, daß Alhama gefallen sei: Er warf die Briefe ins Feuer und erschlug den Boten.« Die spanische Strophe, in *G. W.* nicht ganz korrekt zitiert, ist hier korrigiert worden.]

sialjahren je an der realen Existenz von Athen gezweifelt habe. Ich habe nur daran gezweifelt, daß ich Athen je werde sehen können. So weit zu reisen, es »so weit zu bringen«, erschien mir als außerhalb jeder Möglichkeit. Das hing mit der Enge und Armseligkeit unserer Lebensverhältnisse in meiner Jugend zusammen. Die Sehnsucht zu reisen war gewiß auch ein Ausdruck des Wunsches, jenem Druck zu entkommen, verwandt dem Drang, der so viel halbwüchsige Kinder dazu antreibt, vom Hause durchzugehen. Es war mir längst klar geworden, daß ein großes Stück der Lust am Reisen in der Erfüllung dieser frühen Wünsche besteht, also in der Unzufriedenheit mit Haus und Familie wurzelt. Wenn man zuerst das Meer sieht, den Ozean überquert, Städte und Länder als Wirklichkeiten erlebt, die so lange ferne, unerreichbare Wunschdinge waren, so fühlt man sich wie ein Held, der unwahrscheinlich große Taten vollbracht hat. Ich hätte damals auf der Akropolis meinen Bruder fragen können: Weißt Du noch, wie wir in unserer Jugend Tag für Tag denselben Weg gegangen sind, von der ... straße ins Gymnasium, am Sonntage dann jedesmal in den Prater oder auf eine der Landpartien, die wir schon so gut kannten, und jetzt sind wir in Athen und stehen auf der Akropolis! Wir haben es wirklich weit gebracht! Und wenn man so Kleines mit Größerem vergleichen darf, hat nicht der erste Napoleon während der Kaiserkrönung in Notre-Dame[1] sich zu einem seiner Brüder gewendet – es wird wohl der älteste, Josef, gewesen sein – und bemerkt: »Was würde *Monsieur notre Père* dazu sagen, wenn er jetzt dabei sein könnte?«

Hier stoßen wir aber auf die Lösung des kleinen Problems, warum wir uns schon in Triest das Vergnügen an der Reise nach Athen verstört hatten. Es muß so sein, daß sich an die Befriedigung, es so weit gebracht zu haben, ein Schuldgefühl knüpft; es ist etwas dabei, was unrecht, was von alters her verboten ist. Das hat mit der kindlichen Kritik am Vater zu tun, mit der Geringschätzung, welche die frühkindliche Überschätzung seiner Person abgelöst hatte. Es sieht aus, als wäre es das Wesentliche am Erfolg, es weiter zu bringen als der Vater, und als wäre es noch immer unerlaubt, den Vater übertreffen zu wollen.

Zu dieser allgemein giltigen Motivierung kommt noch für unseren Fall das besondere Moment hinzu, daß in dem Thema Athen und Akropolis an und für sich ein Hinweis auf die Überlegenheit der Söhne enthalten ist. Unser Vater war Kaufmann gewesen, er besaß keine Gymnasial-

[1] [Gewöhnlich wird diese Anekdote im Zusammenhang mit der Krönung in Mailand erzählt, bei der sich Napoleon die Eiserne Krone der Lombardei aneignete.]

bildung, Athen konnte ihm nicht viel bedeuten. Was uns im Genuß der Reise nach Athen störte, war also eine Regung der *Pietät*. Und jetzt werden Sie sich nicht mehr verwundern, daß mich die Erinnerung an das Erlebnis auf der Akropolis so oft heimsucht, seitdem ich selbst alt, der Nachsicht bedürftig geworden bin und nicht mehr reisen kann.

Ich grüße Sie herzlich, Ihr

Jänner 1936. Sigm. Freud

Anhang

BIBLIOGRAPHIE

Vorbemerkung: Titel von Büchern und Zeitschriften sind kursiv, Titel von Beiträgen zu Zeitschriften oder Büchern in einfache Anführungszeichen gesetzt. Die Abkürzungen entsprechen der *World List of Scientific Periodicals* (London, 1963–65). Weitere in diesem Band verwendete Abkürzungen finden sich in der *Liste der Abkürzungen* auf Seite 301. Die in runde Klammern gesetzten Zahlen am Ende bibliographischer Eintragungen geben die Seite bzw. Seiten des vorliegenden Bandes an, wo auf das betreffende Werk hingewiesen wird. Die kursivierten Kleinbuchstaben hinter den Jahreszahlen der unten aufgeführten Freud-Schriften beziehen sich auf die verbindliche Freud-Bibliographie, die im letzten Band der englischen Gesamtausgabe, der *Standard Edition of the Complete Psychological Works of Sigmund Freud,* enthalten ist. Eine erweiterte deutsche Fassung dieser Bibliographie liegt in dem Band *Freud-Bibliographie mit Werkkonkordanz,* bearbeitet von Ingeborg Meyer-Palmedo und Gerhard Fichtner, S. Fischer, Frankfurt am Main 1989, vor. Für nichtwissenschaftliche Autoren und für wissenschaftliche Autoren, von denen kein spezielles Werk zitiert wird, siehe das Namen- und Sachregister.

ABEL, K. (1884) *Über den Gegensinn der Urworte,* Leipzig. (227 bis 234)

(1885) *Sprachwissenschaftliche Abhandlungen,* Leipzig. (229, 233)

BAIN, A. (1865) *The Emotions and the Will* (2. Aufl.), London. (138, 186)

(1870) *Logic,* London. (233)

BERGSON, H. (1900) *Le rire,* Paris. (175–76)

BLEULER, E. (1904) ›Die negative Suggestibilität‹, *Psychiat.-neurol. Wschr.,* Bd. 6, S. 249 und S. 261. (163–64)

BRILL, A. A. (1911) ›Freud's Theory of Wit‹, *J. abnorm. Psychol.,* Bd. 6, S. 279. (25, 33, 35)

DUGAS, L. (1902) *Psychologie du rire,* Paris. (137–38)

EHRENFELS, C. VON (1903) ›Sexuales Ober- und Unterbewußtsein‹, *Politisch-anthrop. Rev.,* Bd. 2. (105)

FALKE, J. VON (1897) *Lebenserinnerungen,* Leipzig. (19, 60, 69)

FECHNER, G. T. (1860) *Elemente der Psychophysik* (2 Bde.), Leipzig (2. Aufl., 1889). (164)

(1897) *Vorschule der Ästhetik* (2 Bde., 2. Aufl.), Leipzig (1. Aufl., 1876). (117–18, 127–28)

(o. J.) *Rätselbüchlein von Dr. Mises* (4. vermehrte Aufl.), Leipzig. (66)

FISCHER, K. (1889) *Über den Witz* (2. Aufl.), Heidelberg. (13–15, 17, 21–2, 33, 38–9, 42, 47–8, 65–8, 88, 91)

FREUD, A. (1936) *Das Ich und die Abwehrmechanismen*, Wien. (291)

FREUD, S. (1900*a*) *Die Traumdeutung*, Wien. *G. W.*, Bd. 2–3; *Studienausgabe*, Bd. 2. (10–12, 31, 85, 117, 139, 149–54, 160, 162–64, 179, 191, 226, 228, 229)

(1901 *b*) *Zur Psychopathologie des Alltagslebens*, Berlin, 1904. *G. W.*, Bd. 4. (11, 89, 101)

(1905*c*) *Der Witz und seine Beziehung zum Unbewußten*, Wien. *G. W.*, Bd. 6; *Studienausgabe*, Bd. 4, S. 9. (276, 277–82)

(1905 *d*) *Drei Abhandlungen zur Sexualtheorie*, Wien. *G. W.*, Bd. 5, S. 29; *Studienausgabe*, Bd. 5, S. 37. (11, 93, 129, 274)

(1905 *e* [1901]) ›Bruchstück einer Hysterie-Analyse‹, *G. W.*, Bd. 5, S. 163; *Studienausgabe*, Bd. 6, S. 83. (11)

(1908 *a*) ›Hysterische Phantasien und ihre Beziehung zur Bisexualität‹, *G. W.*, Bd. 7, S. 191; *Studienausgabe*, Bd. 6, S. 187. (224)

(1908 *d*) ›Die »kulturelle« Sexualmoral und die moderne Nervosität‹, *G. W.*, Bd. 7, S. 143; *Studienausgabe*, Bd. 9, S. 9. (105)

(1908 *e* [1907]) ›Der Dichter und das Phantasieren‹, *G. W.*, Bd. 7, S. 213; *Studienausgabe*, Bd. 10, S. 169. (129)

(1909 *b*) ›Analyse der Phobie eines fünfjährigen Knaben‹, *G. W.*, Bd. 7, S. 243; *Studienausgabe*, Bd. 8, S. 9. (113)

(1909 *c*) ›Der Familienroman der Neurotiker‹, *G. W.*, Bd. 7, S. 227; *Studienausgabe*, Bd. 4, S. 222.

(1909 *d*) ›Bemerkungen über einen Fall von Zwangsneurose‹, *G. W.*, Bd. 7, S. 381; *Studienausgabe*, Bd. 7, S. 31. (75, 77, 262, 263)

(1910 *e*) ›»Über den Gegensinn der Urworte«‹, *G. W.*, Bd. 8, S. 214; *Studienausgabe*, Bd. 4, S. 227. (163–64)

(1910 *h*) ›Über einen besonderen Typus der Objektwahl beim Manne‹, *G. W.*, Bd. 8, S. 66; *Studienausgabe*, Bd. 5, S. 185. (225)

Freud, S. (Forts.)

(1911 *b*) ›Formulierungen über die zwei Prinzipien des psychischen Geschehens‹, *G. W.*, Bd. 8, S. 230; *Studienausgabe*, Bd. 3, S. 13. (179)

(1912–13) *Totem und Tabu*, Wien, 1913. *G. W.*, Bd. 9; *Studienausgabe*, Bd. 9, S. 287. (242, 263, 265)

(1914 *c*) ›Zur Einführung des Narzißmus‹, *G. W.*, Bd. 10, S. 138; *Studienausgabe*, Bd. 3, S. 37. (259)

(1914 *f*) ›Zur Psychologie des Gymnasiasten‹, *G. W.*, Bd. 10, S. 204; *Studienausgabe*, Bd. 4, S. 235.

(1915 *b*) ›Zeitgemäßes über Krieg und Tod‹, *G. W.*, Bd. 10, S. 324; *Studienausgabe*, Bd. 9, S. 33. (264)

(1915 *e*) ›Das Unbewußte‹, *G. W.*, Bd. 10, S. 264; *Studienausgabe*, Bd. 3, S. 119. (113, 154)

(1916 *d*) ›Einige Charaktertypen aus der psychoanalytischen Arbeit‹, *G. W.*, Bd. 10, S. 364; *Studienausgabe*, Bd. 10, S. 229. (288)

(1916–17 [1915–17]) *Vorlesungen zur Einführung in die Psychoanalyse*, Wien. *G. W.*, Bd. 11; *Studienausgabe*, Bd. 1, S. 33. (11, 89, 144, 191, 228)

(1917 *e* [1915]) ›Trauer und Melancholie‹, *G. W.*, Bd. 10, S. 428; *Studienausgabe*, Bd. 3, S. 193. (281)

(1919 *h*) ›Das Unheimliche‹, *G. W.*, Bd. 12, S. 229; *Studienausgabe*, Bd. 4, S. 241. (121)

(1920 *g*) *Jenseits des Lustprinzips*, Wien. *G. W.*, Bd. 13, S. 3; *Studienausgabe*, Bd. 3, S. 213. (121, 242, 261, 264)

(1921 *c*) *Massenpsychologie und Ich-Analyse*, Wien. *G. W.*, Bd. 13, S. 73; *Studienausgabe*, Bd. 9, S. 61. (144, 259, 280)

(1922 *b*) ›Über einige neurotische Mechanismen bei Eifersucht, Paranoia und Homosexualität‹, *G. W.*, Bd. 13, S. 195; *Studienausgabe*, Bd. 7, S. 217. (280)

(1923 *b*) *Das Ich und das Es*, Wien. *G. W.*, Bd. 13, S. 237; *Studienausgabe*, Bd. 3, S. 273. (191, 259)

(1925 *h*) ›Die Verneinung‹, *G. W.*, Bd. 14, S. 11; *Studienausgabe*, Bd. 3, S. 371. (164, 267)

(1926 *a*) ›An Romain Rolland‹, *G. W.*, Bd. 14, S. 553. (284)

(1927 *d*) ›Der Humor‹, *G. W.*, Bd. 14, S. 383; *Studienausgabe*, Bd. 4, S. 275. (11, 213, 219)

(1930 *a*) *Das Unbehagen in der Kultur*, Wien. *G. W.*, Bd. 14, S. 421; *Studienausgabe*, Bd. 9, S. 191. (279, 284, 288)

(1933 *a* [1932]) *Neue Folge der Vorlesungen zur Einführung in die Psychoanalyse*, Wien. *G. W.*, Bd. 15; *Studienausgabe*, Bd. 1, S. 447. (179)

FREUD, S. (Forts.) (1933*b* [1932]) *Warum Krieg?*, Paris. *G. W.*, Bd. 16, S. 13; *Studienausgabe*, Bd. 9, S. 271. (83)

(1936*a*) Brief an Romain Rolland: ›Eine Erinnerungsstörung auf der Akropolis‹, *G. W.*, Bd. 16, S. 250; *Studienausgabe*, Bd. 4, S. 283.

(1941*i* [1873]) ›Ein Jugendbrief‹, *Int. Z. Psychoanal. Imago*, Bd. 26, S. 5; enthalten in Freud, S. (1960*a*). (236)

(1942*a* [1905–06]) ›Psychopathische Personen auf der Bühne‹, *G. W.*, Nachtr., S. 655; *Studienausgabe*, Bd. 10, S. 161. (129)

(1950*a* [1887–1902]) *Aus den Anfängen der Psychoanalyse*, London; Frankfurt a. M., 1962. (Enthält ›Entwurf einer Psychologie‹, 1895 [dieser jetzt unter (1950*c*) in: *G. W.*, Nachtr., S. 375].) (10, 222)

(1960*a*) *Briefe 1873–1939* (hrsg. von E. und L. Freud), Frankfurt a. M. (2., erweit. Aufl., 1968; 3., korr. Aufl., 1980). (284)

GRIESINGER, W. (1845) *Pathologie und Therapie der psychischen Krankheiten*, Stuttgart. (159)

GRIMM, J. und W. (1877) *Deutsches Wörterbuch*, Bd. 4, Leipzig. (249–50)

GROOS, C. (1899) *Die Spiele der Menschen*, Jena. (115, 119, 121, 195)

GROSS, O. (1904) ›Zur Differentialdiagnostik negativistischer Phänomene‹, *Psychiat.-neurol. Wschr.*, Bd. 6. (163–64)

HERMANN, W. (1904) *Das große Buch der Witze*, Berlin. (39)

HEVESI, L. (1888) *Almanaccando, Bilder aus Italien*, Stuttgart. (46)

HEYMANS, G. (1896) ›Ästhetische Untersuchungen im Anschluß an die Lippssche Theorie des Komischen‹, *Z. Psychol. Physiol. Sinnesorg.*, Bd. 11, S. 31 und S. 333. (16–17, 20, 39–40, 142)

JENTSCH, E. (1906) ›Zur Psychologie des Unheimlichen‹, *Psychiat.-neurol. Wschr.*, Bd. 8, S. 195. (243–45, 250–51)

JONES, E. (1962*a*) *Das Leben und Werk von Sigmund Freud*, Bd. 2, Bern und Stuttgart. (11)

KAMMERER, P. (1919) *Das Gesetz der Serie*, Wien. (261)

KEMPNER, F. (1891) *Gedichte* (6. Aufl.), Berlin. (201–2)

KLEINPAUL, R. (1890) *Die Rätsel der Sprache*, Leipzig. (90, 122)

KRAEPELIN, E. (1885) ›Zur Psychologie des Komischen‹, *Philosophische Studien* (hrsg. von W. Wundt), Bd. 2, S. 128 und S. 327, Leipzig. (15)

LICHTENBERG, G. C. VON (der Ältere) (1853) *Witzige und satirische Einfälle*, Bd. 2, neue, erweiterte Aufl., Göttingen. (79–83)

LIPPS, T. (1883) *Grundtatsachen des Seelenlebens*, Bonn. (11)

(1897) ›Der Begriff des Unbewußten in der Psychologie‹, *Records of the Third Int. Cong. Psychol.*, München. (11)

(1898) *Komik und Humor*, Hamburg und Leipzig. (11, 13–17, 20–2, 39–40, 67–8, 112, 138–39, 182, 185, 188, 218)

LOUISE ANTOINETTE MARIA VON TOSKANA (1911) *Mein Lebensweg*, Berlin. (117)

MACH, E. (1900) *Die Analyse der Empfindung* (2. Aufl.), Jena. (270)

MÉLINAND, C. (1895) ›Pourquoi rit-on?‹, *Revue des deux mondes*, Bd. 127 (Februar), S. 612. (218)

MEYER-RINTELN, W. (1909) Beitrag über Metathesis, *Kölnische Zeitung*, 7. März. (234)

MICHELET, J. (1860) *La femme*, Paris. (59)

MOLL, A. (1898) *Untersuchungen über die Libido Sexualis*, Berlin. (93)

RANK, O. (1909) *Der Mythus von der Geburt des Helden*, Leipzig. (222)

(1914) ›Der Doppelgänger‹, *Imago*, Bd. 3, S. 97. (258)

RICHTER, J. P. F. JEAN PAUL (1804) *Vorschule der Ästhetik* (2 Bde.), Hamburg. (15, 17, 21–2, 30)

SANDERS, D. (1860) *Wörterbuch der Deutschen Sprache*, Leipzig. (245–9)

SCHUBERT, G. H. VON (1814) *Die Symbolik des Traumes*, Bamberg. (229)

SELIGMANN, S. (1910–11) *Der böse Blick und Verwandtes*, Berlin. (262)

SPENCER, H. (1860) ›The Physiology of Laughter‹, *Macmillan's Magazine*, März; in *Essays*, Bd. 2, London, 1901. (137–38)

SPITZER, D. (1912) *Wiener Spaziergänge I, Gesammelte Schriften*, Bd. 1, München. (34–5, 41–2)

ÜBERHORST, K. (1900) *Das Komische* (2. Bde.), Leipzig. (67)

VISCHER, F. T. (1846–57) *Aesthetik* (3 Bde. in 4), Leipzig und Stuttgart. (15, 33, 216)

LISTE DER ABKÜRZUNGEN

Almanach 1927	*Almanach für das Jahr 1927,* Internationaler Psychoanalytischer Verlag, Wien, 1926.
Almanach 1928	*Almanach für das Jahr 1928,* Internationaler Psychoanalytischer Verlag, Wien, 1927.
Almanach 1937	*Almanach der Psychoanalyse 1937,* Internationaler Psychoanalytischer Verlag, Wien, 1936.
Dichtung und Kunst	S. Freud, *Psychoanalytische Studien an Werken der Dichtung und Kunst,* Wien, 1924.
G.S.	S. Freud, *Gesammelte Schriften* (12 Bände), Internationaler Psychoanalytischer Verlag, Wien, 1924–34.
G.W.	S. Freud, *Gesammelte Werke* (18 Bände und ein unnumerierter Nachtragsband), Bände 1–17 London, 1940–52, Band 18 Frankfurt am Main, 1968, Nachtragsband Frankfurt am Main, 1987. Die ganze Edition seit 1960 bei S. Fischer Verlag, Frankfurt am Main.
Neurosenlehre und Technik	S. Freud, *Schriften zur Neurosenlehre und zur psychoanalytischen Technik (1913–1926),* Wien, 1931.
S.K.S.N.	S. Freud, *Sammlung kleiner Schriften zur Neurosenlehre* (5 Bände), Wien, 1906–22.
Studienausgabe	S. Freud, *Studienausgabe* (10 Bände und ein unnumerierter Ergänzungsband), S. Fischer Verlag, Frankfurt am Main, 1969–75.

Sonstige in diesem Band verwendete Abkürzungen entsprechen der *World List of Scientific Periodicals* (4. Auflage), London, 1963–65.

REGISTER DER WITZE UND WORTSPIELE

NAMEN- UND SACHREGISTER

In dieses Register sind sämtliche Namen nicht-wissenschaftlicher Autoren aufgenommen. Es enthält auch Namen wissenschaftlicher Autoren, jedoch nur dort, wo kein spezielles Werk erwähnt ist. Für Hinweise auf bestimmte Werke wissenschaftlicher Autoren möge der Leser die Bibliographie konsultieren.

Band I *Vorlesungen zur Einführung in die Psychoanalyse* (1917); *Neue Folge der Vorlesungen zur Einführung in die Psychoanalyse* (1933)
Mit einer biographischen Skizze Freuds von James Strachey, einer Einleitung von Alexander Mitscherlich, Erläuterungen zur Edition von Angela Richards *

Band II *Die Traumdeutung* (1900)

Band III *Psychologie des Unbewußten*
Formulierungen über die zwei Prinzipien des psychischen Geschehens (1911)
Einige Bemerkungen über den Begriff des Unbewußten in der Psychoanalyse (1912)
Zur Einführung des Narzißmus (1914)
Triebe und Triebschicksale (1915)
Die Verdrängung (1915)
Das Unbewußte (1915)
Metapsychologische Ergänzung zur Traumlehre (1917)
Trauer und Melancholie (1917)
Jenseits des Lustprinzips (1920)
Das Ich und das Es (1923)
Neurose und Psychose (1924)
Das ökonomische Problem des Masochismus (1924)
Der Realitätsverlust bei Neurose und Psychose (1924)
Notiz über den ›Wunderblock‹ (1925)
Die Verneinung (1925)
Fetischismus (1927)
Die Ichspaltung im Abwehrvorgang (1938)

Band IV *Psychologische Schriften*
Der Witz und seine Beziehung zum Unbewußten (1905)
Der Familienroman der Neurotiker (1909)
Über den Gegensinn der Urworte (1910)
Zur Psychologie des Gymnasiasten (1914)

* [Im übrigen wird der editorische Apparat in diesem Gesamtinhaltsplan, der lediglich zeigen soll, welche Werke Sigmund Freuds in die einzelnen Bände der *Studienausgabe* aufgenommen wurden, nicht berücksichtigt.]

Das Unheimliche (1919)
Der Humor (1927)
Eine Erinnerungsstörung auf der Akropolis (Brief an R. Rolland; 1936)

Band V *Sexualleben*
Die Sexualität in der Ätiologie der Neurosen (1898)
Drei Abhandlungen zur Sexualtheorie (1905)
Meine Ansichten über die Rolle der Sexualität in der Ätiologie der Neurosen (1906)
Zur sexuellen Aufklärung der Kinder (1907)
Über infantile Sexualtheorien (1908)
Beiträge zur Psychologie des Liebeslebens:
Über einen besonderen Typus der Objektwahl beim Manne (1910)
Über die allgemeinste Erniedrigung des Liebeslebens (1912)
Das Tabu der Virginität (1918)
Zwei Kinderlügen (1913)
Die infantile Genitalorganisation (1923)
Der Untergang des Ödipuskomplexes (1924)
Einige psychische Folgen des anatomischen Geschlechtsunterschieds (1925)
Über libidinöse Typen (1931)
Über die weibliche Sexualität (1931)

Band VI *Hysterie und Angst*
Vortrag: Über den psychischen Mechanismus hysterischer Phänomene (1893)
Über die Berechtigung, von der Neurasthenie einen bestimmten Symptomenkomplex als ›Angstneurose‹ abzutrennen (1895)
Zur Ätiologie der Hysterie (1896)
Bruchstück einer Hysterie-Analyse (1905)
Hysterische Phantasien und ihre Beziehung zur Bisexualität (1908)
Allgemeines über den hysterischen Anfall (1909)
Die psychogene Sehstörung in psychoanalytischer Auffassung (1910)
Über neurotische Erkrankungstypen (1912)
Hemmung, Symptom und Angst (1926)

Band VII *Zwang, Paranoia und Perversion*
Zwangshandlungen und Religionsübungen (1907)
Charakter und Analerotik (1908)
Bemerkungen über einen Fall von Zwangsneurose (1909)
Die Disposition zur Zwangsneurose (1913)

Mythologische Parallele zu einer plastischen Zwangsvorstellung (1916)
Über Triebumsetzungen, insbesondere der Analerotik (1917)
Psychoanalytische Bemerkungen über einen autobiographisch beschriebenen Fall von Paranoia (1911)
Mitteilung eines der psychoanalytischen Theorie widersprechenden Falles von Paranoia (1915)
Über einige neurotische Mechanismen bei Eifersucht, Paranoia und Homosexualität (1922)
›Ein Kind wird geschlagen‹ (1919)
Über die Psychogenese eines Falles von weiblicher Homosexualität (1920)
Eine Teufelsneurose im siebzehnten Jahrhundert (1923)

Band VIII *Zwei Kinderneurosen*
Analyse der Phobie eines fünfjährigen Knaben (1909)
Nachschrift zur Analyse des kleinen Hans (1922)
Aus der Geschichte einer infantilen Neurose (1918)

Band IX *Fragen der Gesellschaft/Ursprünge der Religion*
Die ›kulturelle‹ Sexualmoral und die moderne Nervosität (1908)
Zeitgemäßes über Krieg und Tod (1915)
Massenpsychologie und Ich-Analyse (1921)
Die Zukunft einer Illusion (1927)
Das Unbehagen in der Kultur (1930)
Warum Krieg? (1933)
Totem und Tabu (1912–13)
Zur Gewinnung des Feuers (1932)
Der Mann Moses und die monotheistische Religion (1939)

Band X *Bildende Kunst und Literatur*
Der Wahn und die Träume in W. Jensens ›Gradiva‹ (1907)
Eine Kindheitserinnerung des Leonardo da Vinci (1910)
Psychopathische Personen auf der Bühne (1905)
Der Dichter und das Phantasieren (1908)
Das Motiv der Kästchenwahl (1913)
Der Moses des Michelangelo (1914)
Nachtrag zur Arbeit über den Moses des Michelangelo (1927)
Vergänglichkeit (1916)
Einige Charaktertypen aus der psychoanalytischen Arbeit (1916)
Eine Kindheitserinnerung aus ›Dichtung und Wahrheit‹ (1917)
Dostojewski und die Vatertötung (1928)
Goethe-Preis (1930)

Ergänzungsband

Schriften zur Behandlungstechnik
Psychische Behandlung (Seelenbehandlung) (1890)
Zur Psychotherapie der Hysterie (1895)
Die Freudsche psychoanalytische Methode (1904)
Über Psychotherapie (1905)
Die zukünftigen Chancen der psychoanalytischen Therapie (1910)
Über ›wilde‹ Psychoanalyse (1910)
Die Handhabung der Traumdeutung in der Psychoanalyse (1911)
Zur Dynamik der Übertragung (1912)
Ratschläge für den Arzt bei der psychoanalytischen Behandlung (1912)
Weitere Ratschläge zur Technik der Psychoanalyse: I. Zur Einleitung der Behandlung (1913)
Weitere Ratschläge zur Technik der Psychoanalyse: II. Erinnern, Wiederholen und Durcharbeiten (1914)
Weitere Ratschläge zur Technik der Psychoanalyse: III. Bemerkungen über die Übertragungsliebe (1915)
Über fausse reconnaissance (›déjà raconté‹) während der psychoanalytischen Arbeit (1914)
Wege der psychoanalytischen Therapie (1919)
Zur Vorgeschichte der analytischen Technik (1920)
Bemerkungen zur Theorie und Praxis der Traumdeutung (1923)
Die Frage der Laienanalyse (1926)
Die endliche und die unendliche Analyse (1937)
Konstruktionen in der Analyse (1937)
Die psychoanalytische Technik (1940)